U0943510

《农业软科学研究丛书（2010—2012）》之五

城乡发展一体化与农村公共服务

农业部软科学委员会办公室

中国财政经济出版社

图书在版编目（CIP）数据

城乡发展一体化与农村公共服务/农业部软科学委员会办公室．—北京：中国财政经济出版社，2013.9

（农业软科学研究丛书；5．2010～2012）

ISBN 978-7-5095-4751-9

Ⅰ.①城…　Ⅱ.①农…　Ⅲ.①城乡一体化-研究-中国②农村-社会服务-研究-中国　Ⅳ.①F299.2②D669.3

中国版本图书馆CIP数据核字（2013）第197826号

责任编辑：刘五书　林治滨　　　责任校对：杨瑞琦

封面设计：郁　佳　　　　　　　版式设计：董生平

中国财政经济出版社 出版

URL：http：//www.cfeph.cn

E-mail：cfeph@cfeph.cn

社址：北京市海淀区阜成路甲28号　邮政编码：100142

营销中心电话：88190406　北京财经书店电话：64033436　84041336

北京富生印刷厂印刷　　各地新华书店经销

787×960毫米　16开　27.25印张　409 000字

2013年11月第1版　2013年11月北京第1次印刷

定价：55.00元

ISBN 978-7-5095-4751-9/F·3841

（图书出现印装问题，本社负责调换）

质量投诉电话：010-88190744

反盗版举报热线：88190492　88190446

《农业软科学研究丛书（2010—2012）》

编辑委员会

序

多年来，农业部软科学委员会围绕党中央、国务院和部党组的重大决策部署，面向农业农村改革发展实践，组织专家学者和社会各方面力量开展跨学科、跨领域的综合研究，努力成为服务“三农”重大问题决策的思想库，发挥了重要作用。

党的十六大以来，我国实现粮食生产“九连增”、农民增收“九连快”，农业农村经济发展站到了新的历史起点上。随着工业化、城镇化快速推进，农业与国民经济的联系更加紧密；随着市场化进程加快和经济全球化深入发展，我国农业与全球农业的相互影响不断加深，这些趋势性变化对农业宏观调控的理念、方式和手段都提出了新的更高要求。适应新的形势，农业部软科学委员会不断加强全局性、战略性、前瞻性问题的研究，取得了一大批重要研究成果，为“三农”决策提供了重要的政策和理论支撑。比如，围绕现代农业发展、增加农民收入和农业宏观调控等重大问题组织开展相关问题研究，为谋划“十二五”农业农村经济发展思路提供重要参考；围绕粮食等重要农产品有效供给问题，组织开展粮食综合生产能力建设、主要农产品总量和结构平衡、农产品贸易与农业竞争力等对策研究，为推动出台相关政策提供政策和理论储备；围绕新时期农业农村发展阶段性特征，组织开展同步推进农业现代化、农村劳动力转移、农村社会结构变迁等重大问题研究，为推动农业农村经济转型升级提出战略思路等，这些重大问题研究在为领导决策提供咨询参谋意见，丰富“三农”理论研究成果，培养锻炼“三农”理论研究力量等方面都发挥了积极作用。

党的十八大指出，坚持科学决策、民主决策、依法决策，健全决策机制和程序，发挥智库作用，对科学民主决策提出了新的要求。当前，我国农村改革已步入深水区，农业发展步入传统农业向现代农业转型的关键时期，面临许多理论和实践问题亟待研究解决，为农业软科学研究提出了新的任务。农业部软科学委员会要紧紧围绕当前农村改革发展的重大理论和实践问题，始终坚持服务决策这个宗旨，组织搞好选题设计，开展深入调查研究，加强合作交流，鼓励理论创新，更好地发挥农业软科学研究队伍的聪明才智，为繁荣新时期“三农”政策理论研究、推动农村改革发展作出新的更大贡献。

二〇一三年八月

编者的话

呈现在读者面前的这套《农业软科学研究丛书》，是2010—2012年农业部软科学研究成果的汇编。

自1994年以来，农业部软科学委员会持续支持开展"三农"政策和理论研究，陆续编辑出版了《农业软科学研究丛书（1994—2000）》、《农业软科学研究新丛（2001—2003）》和《农业软科学研究丛书（2004—2009）》。这一系列丛书忠实地记录了我国"三农"理论和实践的发展历程，展现了认识与实践推进的时代脉络，许多成果在今天看来仍具有较高的学术价值，是研究"三农"政策理论的重要资料，获得了各界的广泛好评。

当前，农业发展正处于传统农业向现代农业转型升级的关键时期，农村经济社会正在经历一系列深刻变化，对"三农"宏观指导提出了新的要求。为此，农业部软科学委员会组织有关部门、科研机构和高等院校等研究力量，在2010—2012年间组织开展了100多项课题研究，选题涉及统筹城乡发展、现代农业建设、农产品有效供给、农业经营体制创新等诸多方面，形成了一批有较高理论水平和实践指导价值的研究成果，其中许多成果通过编刊《决策参考》等形式提供中央和有关部门领导参阅，对决策起到了重要参考作用，有力地推动了“三农”工作。为进一步强化农业软科学成果的转化利用，扩大农业软科学研究的社会影响，现将其中的优秀成果汇编成《农业软科学研究丛书（2010—2012)》继续公开出版，供读者研究“三农”问题时参考。

丛书按照全面系统、去芜存菁的原则编排成辑，每辑按主题分类论述，总的体例大致划一，共分5辑。分别是:《粮食安全与重要农产品供给》、《农民收入与权益保护》、《农业经营体制改革与制度创新》、《农业支持保护与可持续发展》、《城乡发展一体化与农村公共服务》。受农业部软科学委员会办公室委托，中共中央政策研究室、中央农村工作领导小组、国家发展和改革委员会、中国社会科学院、农业部等一批年富力强、造诣较高的专家学者承担了丛书的编写和审核工作，他们对研究成果进行了认真遴选和编排，对体例和文字做了必要订正，并在提炼观点、整理材料的基础上编写了内容综述。

限于编者水平，书中不妥之处在所难免，敬请读者批评指正。

农业部软科学委员会办公室

二〇一三年八月

目 录

综 述

新中国成立以来，以工业化城镇化为主要内容的现代化不断推进，工农城乡关系发生了阶段性的转折。20世纪后半叶，在特定历史条件和国家环境下，我国选择了汲取农业剩余推动工业化的道路，由此形成了城乡二元结构。21世纪以来，这种格局被逐步打破，2004年9月，在党的十六届四中全会上，胡锦涛总书记提出了“两个趋向”的重要判断，即“纵观一些工业化国家发展的历程，在工业化初始阶段，农业支持工业、为工业提供积累是带有普遍性的趋向；但在工业化达到相当程度以后，工业反哺农业、城市支持农村，实现工业与农业、城市与农村协调发展，也是带有普遍性的趋向”。2007年，党的十七大提出建立以工促农、以城带乡长效机制，形成城乡经济社会发展一体化新格局。2010年，党的十七届五中全会上，提出了“三化同步”，即“在工业化、城镇化深入发展中同步推进农业现代化”。2013年党的十八大提出“四化同步”，即坚持走中国特色新型工业化、信息化、城镇化、农业现代化道路，推动信息化和工业化深度融合、工业化和城镇化良性互动、城镇化和农业现代化相互协调，促进工业化、信息化、城镇化、农业现代化同步发展。中国统筹城乡发展步入新阶段的同时，也面临新的问题和挑战：主要农产品供求持续紧平衡状态，部分农产品供给压力进一步加大，农产品价格持续高位运行，调控难度日益增加，农民收入水平保持稳定增长，增收压力加大，农业组织化、规模化、集约化态势明显，农业社会化服务体系亟待完善，农业科技创新能力进一步扩大，但水平相对落后，农业对外开放进一步扩大，产业安全形势更加严峻，农民工市民化进程加快，农村社会事业和乡村治理难度更大。面对新的挑战和问题，必须进一步深化改革，增强农村活力，加快推进统筹城乡综合配套改革，联动推进城乡统筹的土地制度、户籍制度、就业制度、住房制度、产权制度、公共财政、公共服务体系和行政管理体制等改革，加快实现务工经商农民市民化、农村非农建设用地资本化、集体资产股份化、农民居住社区化、公共财政共享化、养老保障社会化、基本公共服务均等化和政府职能民本化。

建立平等的城乡要素交换关系。当前城乡要素交换关系具有流动方向的单向性、市场价格的失真性和交易条件的约束性，这些均表明城乡要素交换仍存在着某种程度的不平等、不完善特征，而要素交换的不对等直接导致农村居民经济利益受损，这不仅影响城乡之间生产要素的持续流转和有效配置，而且影响城乡统筹发展和城乡经济社会一体化新格局的推进程度。城乡要素平等交换关系的实质是在要素配置效率提高和收益均等分享的基础上，通过产权主体明晰化、交易市场完备化、收益分配均等化、体制支持长效化等途径，完善农村土地制度、金融制度、户籍制度、社会保障制度和农业农村扶持政策，形成自发型、内驱型的城乡统筹发展方式。

缓解农村劳动力短缺与农村空心化，加强农业人力资源优化配置。改革开放以来，随着我国工业化、城市化进程的加快，农村大量劳动力涌向城市，涌向非农产业。流入城市的已不仅仅是农村剩余的劳动力，也包括了大量从事农业生产所必需的劳动力。从事农业生产的劳动者数量和质量都不断下降，留守农村的大多数是妇女和老弱病残。农业生产比较效益不断下降的情况下，农村劳动力短缺已成一个严峻的现实问题。当前，缓解农村劳动力短缺的困境，必须加大农业生产扶持，真正把农业作为基础产业高度重视，提高农产品价格，稳定农资价格，积极推进土地流转，发展适度规模经营，加强对农民进行培训，提高其农业技能，加强对厌农青年的教育，培育后备主体农民，加强对农业社会化服务体系的建设和投入，改善农业劳动条件和农村生活环境，加强村庄规划，合理进行宅基地整治。发展现代农业，需要与之相适应的人力资源。在现代产业转型的背景下，要加强人力资源配置，培养农业科研人员、农技推广人员、农业生产经营人员和农村组织管理人员，完善教培机制，不断提高农业人才队伍的整体素质，完善选拔机制，形成公开、公平、公正的竞争氛围，完善考核机制，建立科学的绩效评价体系，完善激励机制，激发人才的工作积极性。推进农民工市民化进程，加快推进城镇化调整产业结构，促进农村劳动力转移就业，减少行政等级对资源分配的干预，明确城镇发展导向，发挥比较优势调整产业结构。加快推进户籍制度改革步伐，强化农民工公共服务，扩大农民工社保覆盖率，解决好农民工子女就学问题，着力争取改善农民工居住条件的机会。

推进城乡公共服务均等化，完善农村养老、医疗保险，加强进城农民工住房和子女教育保障。在农村新型社会养老保险方面，一要适当增加政府补贴规模，提高老年保障水平；二要加强个人账户管理，提高投资回报率；三要满足劳动力流动的需要，制定明确的跨地区转移方案；四要建立多支柱的养老体系，多渠道获取养老资源。完善农村新型合作医疗，一要采取措施保障农民参合率，降低农民自费比例；二要依据参合农民实际收入制定筹资水平，确保新农合筹资公平合理；三要提高新农合筹资水平，完善补偿方案；四要降低低收入人群共付率，合理确定起付线；五要实现住院补偿与门诊补偿相协调，提高补偿的公平和效率；六要合理确定贫困农民标准，加强医疗救助。加强进城定居农民住房保障制度改革，探索城乡住房福利置换制度，构建多元的农村住房保障体系，探索与农村住房保障体系相适应的宅基地自愿有偿退出机制，适当放开经济适用房、廉租房户籍限制，逐步建立全覆盖的城镇住房保障体系。逐步解决进城农民工子女教育问题，探索建立以居住地为基础的义务教育管理体制和适应人口大规模流动的义务教育财政体制，引导和扶持农民工子弟学校发展，继续加大对农村教育资源的投入，改善农村留守儿童教育条件。

推进农业信息化建设。农业信息化是通过信息技术在农业生产经营、农村管理和农民生活的应用普及，促进信息交流和知识共享，并推动农业经济发展和农村社会转型的进程。信息化对现代农业发展的贡献主要表现在农业信息的泛在和自动采集、农业生产装备的信息化改造、农业的自动化和智能化以及农业的信息化管理。由此引发的农业信息化，将有力推动农业生产工具的全新的变化，对农业进行全新的改造；将有力地推动农业科学技术不断取得新的突破，促进农业技术的跨越式发展；将更加有效地利用农业资源、市场信息和战略要素，从而全面提高农业的发展能力。一要创新农业生产组织方式，健全投入体制，大力推进农业生产信息化水平。拓展信息化发展空间，健全多元化投入机制，探索可持续生产信息化发展模式，围绕现代农业发展目标，着力推进农产品供给安全信息化建设，加强项目示范，发挥辐射带动作用。二要以完善市场体系为基础，以信用体系建设为保障，推进农业经营信息化化建设。完善市场体系，加大农产品物流配送体系建设，推进电子商务，强化标准建设，促进资源共享，加快制度建设，提高交易信用度。三要培育服务网络，培训服务人才，推进开放性农业服务信息化建设。提高建设投入力度，发展多元化服务模式，培育可持续发展机制，提高信息资源质量，加强农业信息服务人才的培养，增强信息素养教育，培育农业信息需求市场。四要以顶层规划为经，以标准建设为维，大力推进农业管理信息化水平。做好发展规划和顶层设计，统筹协调推进，构建管理制度和建设标准规范体系，促进信息资源整合，推进基层电子政务建设，提升农村公共服务与社会管理水平，加强农业重要业务管理信息化建设，提高农业市场监管和宏观调控能力。

完善乡村治理。乡村治理是包括政府和乡村社会以及其他组织和个人在内的多个主体，为了实现公共利益，对乡村进行组织、管理和调控的动态过程。随着我国行政管理体制由管制行政向服务行政的转型，以及现代化和城市化进程的加快，特别是税费改革和农业税的全面取消，乡村治理实践中产生了诸多问题。一是体制性困境。乡村事实上形成了“领导—被领导”关系，村委会换届频繁带来一系列问题。二是财政性困境。乡镇负债运行，大约2/3的乡镇财政债务负担沉重，治理能力弱化，经济调节能力减弱，社会管理能力下降，公共物品供给不足。三是组织性困境。村民代表大会流于形式，为村两委和村干部独断专行提供了可能，甚至可能消解乡村治理的合法性，摧毁乡村治理的成果。传统乡村治理机制在运行中已不能够完全胜任新的环境，迫切需要进行机制的改革创新，逐步走出一条适应新乡村发展背景的可持续的乡村治理之路。首先，创新乡村治理机制。一要实现乡村治理主体多元化，推动农村社区不同人群的参与，壮大农民合作组织，引导企业业主及大户，发展民间社会组织；二要实现乡村治理对象的需求与治理主体服务供给的对接；三要实现乡村治理基于制度化建设基础上的规则化操作；四要创新乡村治理的手段，强化群众参与，改善交流沟通渠道，创建社区公共交流空间。其次，加强有利于乡村治理机制改善的外部制度供给，依法治理，强化乡村治理中的法理型权威，逐步推进乡村基层群众性自治组织的角色回归，乡村治理机制完善需要顶层设计和底层自我创新的结合，加快乡村治理的人才队伍建设，逐步形成乡村治理的社会资源动员体制，加大农村公共服务投入，并使之成为动员农村社区参与的助推器。

加强农村社会管理与农业法制建设。农村社会稳定关系国家稳定的大局，随着社会形势的发展，农村群体性事件已经逐渐引起国家的深切关注。要全面深入地分析群体性事件发生的原因、过程以及化解机制，需要我们把这种突出影响社会稳定的现象放置在整个社会稳定和经济发展的环境中来考察和分析。资本进入乡村成为新时期农村纠纷及群体性事件的基本缘由，而基层权威碎片化是激化乡村纠纷与引发群体性事件重要因素。农村治理结构性失灵使乡村纠纷整体化解机制的层层瓦解，乡村传统的化解机制逐步解体，使得社区内约束力减弱甚至消失，基层政府制度性化解机制失效，导致纠纷化解层级快速“上移”，高层化解纠纷的体制性空置化，折返处理的循环性产生双重叠加。经过多年的努力，我国农业立法基本实现了有法可依，农业行政执法也步入法制化轨道。在维护农民权益、推动农村改革、保障农业发展方面发挥了积极作用。但是，我国农业法制建设的总体水平仍然不高，与农业和农村改革发展的需求不相适应。城乡法律资源不平等，农业立法落后于民商事立法，农民的法律主体地位未充分体现，对农业“倾斜性发展”的法律不够。统筹城乡背景下农业法制建设应该明确以下几个思路：一是统筹城乡的探索阶段，应该兼顾政策与法律；二是以农业法制建设推动农业制度创新，促进农业发展；三是用“平等”的理念来指导农业法律法规等的清理工作；四是以“平等”观念指导农业法律法规等的制定；五是推进农业综合执法。明确重点领域，加紧制定农业投入（资）法，及时制定农业保险法（或条例）。加强农村金融方面的法制建设。

第一章

中国城乡关系演变与统筹城乡发展

新中国成立以来，以工业化城镇化为主要内容的现代化不断推进，工农城乡关系发生了阶段性的转折。20世纪后半叶，在特定历史条件和国家环境下，我国选择了汲取农业剩余推动工业化的道路，由此形成了城乡二元结构。21世纪以来，这种格局被逐步打破，“农业支持工业、农村支持城市”转化成了“工业反哺农业、城市带动农村”。中国进入统筹城乡发展的中级阶段，工业化、城镇化和农业现代化进程加快，主要农产品供求持续紧平衡状态，部分农产品供给压力进一步加大，农产品价格持续高位运行，调控难度日益增加，农民收入水平保持稳定增长，增收压力加大，农业组织化、规模化、集约化态势明显，农业社会化服务体系亟待完善，农业科技创新能力进一步扩大，但水平相对落后，农业对外开放进一步扩大，产业安全形势更加严峻，农民工市民化进程加快，农村社会事业和乡村治理难度更大。面对新形势和新问题，应深入贯彻落实党中央、国务院相关精神，加快发展农业现代化，进一步增强农村发展活力，提高农业综合生产能力，保障重要农产品有效供给，培育新型经营主体，完善农村经济体制和城市相关保障制度，推进农民工市民化，促进城乡一体化发展。

第一节 城乡关系演变与阶段性特征[①]

一、城乡关系发展的阶段性划分

选择合适的时点进行历史分期，是把握当前农业农村发展阶段的前提。总体而言，统筹城乡发展针对的就是城乡二元结构，要实现的目的就是城乡一体化发展。以时间为轴来表达，统筹城乡的起点是城乡分治的二元结构，终点是城乡一体化发展。在这个时间轴上，有三个非常关键的时点，它们分别代表了三个历史转折点，把统筹城乡发展分别划分为初级阶段、中级阶段和高级阶段。分别如图 1－1 所示。具体而言，第一个时间点是在启动实施“以工补农、以城带乡”政策措施时。在此之前，普遍实施的是从农业提取剩余、获取农产品支持工业发展、从农村汲取资金、获得劳动力资源等推动城镇化。新中国成立后到 21 世纪初的年份中，我国工业化就是这样起步和发展起来的，一直到 2003 年左右开始，我国才逐步开始扭转这样的政策导向，转而实现工业反哺农业、城市支持农村，采取各种得力办法从各个方面去逐步打破城乡二元结构。这是统筹城乡初级阶段的开始。在这个阶段，打破城乡二元结构的政策陆陆续续出台，城乡平等发展的制度框架逐步建立，包括在教育、医疗、卫生、社会保障、基础设施建设等各个方面实现城乡平等发展的制度安排依次建立，一直到城乡平等的整个制度框架基本形成，也就是到了图 1－1 中的第二个时间点。此时，尽管城乡统筹的水平还比较低，但推动城乡平等发展的制度框架已经建立，今后工作的重点由“建章立制、填补空白”转向了“提高水平、填平补齐”。到了第二个时间点，我们认为，统筹城乡发展也就进

① 本节引自 2011 年农业部软科学课题“农业农村阶段性特征及发展趋势研究”成果，课题主持人：曹利群。

入了中级阶段。总体而言，这个时间点是在2010年左右出现的。从第二个时间点开始，通过加大投入、提高水平，到基本实现基本公共服务均等化之后，也就完成了统筹城乡发展的中级阶段。我们预计，第三个时间点会在2020年左右出现。基本公共服务均等化，意味着城乡居民可以享受到基本一样的教育、医疗、卫生、社会保障等服务，分割城乡的户籍制度也就相应地失去了存在的必要，城乡居民基本上可以实现自由地双向移动。这种自由移动，自然会迫使城乡发展的差距极大地缩小。此时，统筹城乡发展也就转入高级阶段，再经过若干年的努力，最终可以实现城乡一体化发展的目标。

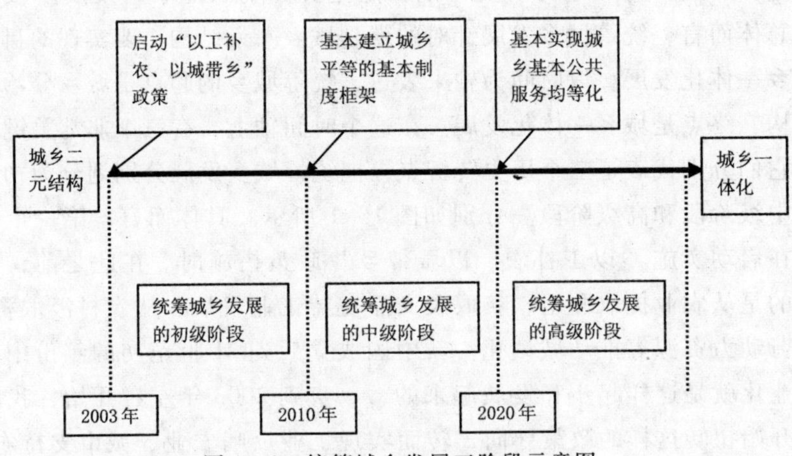

图1－1　统筹城乡发展三阶段示意图

二、现阶段城乡关系发展的特征

总体而言，当前我国统筹城乡发展出现了“四个进入”、“四个转向”，分别是：农村劳动力转移总体进入刘易斯转折区间，从“无限供给”转向“有限增加”阶段；农产品总体进入供求形势动荡期，供求格局从“大体平衡、丰年有余”转为“紧平衡、难均衡”状态；农业经营总体进入二次飞跃触发期，分散小规模经营逐步转向适度规模经营；农民收入总体进入结构深度调整期，农民收入来源从主要依靠农业转向主要依靠非农产业。这“四个进入”、“四个转向”，不仅是统筹城乡发展进入中级阶段最重要的标志，而且是当前农业农村发展最重要的阶段性特征。同时，这些特征代表着的一种发展趋势，随着统筹城乡力度的加大，这些特征还会进一步凸显和加强。

（一）农村劳动力转移从“无限供给”转向“有限增加”

《农业统计年报》显示，按照常住人口口径，2009 年我国乡村劳动力资源数为 57466 万人，第一产业就业人员将近 3 亿人（2.97 亿人），全部就业人员中仍有 38.1% 的人分布在第一产业。目前，我国第一产业占 GDP 的比重已降至 10% 左右，如果第一产业就业人员占比能够相应地下降到 25% 的话，农村仍有大约 1 亿人需要转移。总体而言，农村劳动力供给仍呈现出总量过剩的特征。但值得注意的是，经过 20 世纪 90 年代中期以来长时间大规模的农村劳动力转移，能够转移出来的劳动力数量在不断减少，10 多年前工资水平几乎不变下劳动力的“无限供给”格局正在被打破，现在劳动力转移总量只能在工资水平稳步提高后“有限增加”。

从总量上看，农村劳动力总量已经开始下降。据《中国人口老龄化发展趋势预测报告》，2014 年农村 60 岁以上老人将为 2 亿人，到 2020 年农村人口老龄化程度约为 25%，到 2030 年将达到 33.8%。全国 31 个省市区 2.3 万户农村固定观察点数据显示，户均劳动力总数由 2003 年的 2.68 个减少到 2009 年的 2.65 个。表 1－1 数据显示，农村 15—64 岁人口总数从 2001 年开始一直在缓慢下降，基本上是每年减少 200 万人到 300 万人，10 年来总共减少了 2545 万人，农村劳动力“总蓄水池”容量本身在不断下降。外出农民工的数量尽管还在增加，但增长的速度呈现出逐步放慢的趋势，2001 年到 2005 年年均增加 1040 万人左右，2005 年到 2009 年年均增加不到 500 万人，增长量缩小了 1 倍。可以预计，这种放慢的趋势还会一直延续。另据统计，近几年我国农民工后备力量呈现递减态势，每年减少 600 多万人，3 年累计锐减 2000 万人。

表 1－1　　农村劳动力和外出农民工数量

年份	农村 15—64 岁人口（万）	外出农民工人数（万）	年增长率（%）
2001	52662	8399	—
2002	52291	10470	24.7

续表

年份	农村 15—64 岁人口（万）	外出农民工人数（万）	年增长率（%）
2003	51767	11390	8.8
2004	51597	11823	3.8
2005	51424	12578	6.4
2006	51192	13212	5
2007	50894	13697	3.7
2008	50543	14041	2.5
2009	50117	14500	3.3

资料来源：蔡昉：“‘民工荒’现象：成因及政策涵义”，《开放导报》2010 年第 2 期。

经过 20 来年持续大规模转移，农村劳动力中大部分已经转移到了非农产业，从事农业生产的越来越少，可供转移的劳动力数量已经越来越少。同样根据全国农村固定观察点数据，农户家庭平均外出劳动力由 0.53 个增加到 0.71 个，占户均劳动力总数的比重由 19.8% 提高到 26.8%。农村全部从业人员中，从事非农产业的已经将近 50%（1997 年为 29.3%，2002 年为 34.1%，前 5 年增加了 4.8 个百分点；2007 年为 44.3%，后 5 年增加了 10.2 个百分点）。根据第二次全国农业普查资料，农村户籍从业人员中，38.9% 的劳动力从事第二、第三产业；农村住户中，只有将近一半（51.8%）以经营农业为主。10 年间，以从事农业为主、以农业为主要收入来源的纯农业户比重下降了 7.5 个百分点，以从事非农产业为主兼营农业的农户上升了 24.5 个百分点。农业劳动力中，老龄化、妇女化、低素质化的特征逐步显现，45 岁以上的中老年劳动力占比超过了 50%，妇女占比超过 50%（53.2%），小学及以下文化程度的超过 50%（50.6%）。“十一五”期末，主要从事非农产业且收入相对稳定的农民达到 22978 万人，占农村劳动力总数的近 50%，比“十一五”时期提高了 8.51 个百分点①。

① 中国社会科学院农村发展研究所课题组，“‘十二五’时期中国农村发展若干战略问题分析与思考”，《中国农村经济》2011 年第 1 期。

分地区来看，农村可转移劳动力数量减少的情况已经非常普遍，各地都只能是“有限增加”，且增量还有减少的趋势。即使是在农民工输出集中地的河南省，情况也不例外。根据河南省人力资源和社会保障厅统计，2004 年河南省富裕劳动力总数为 2800 万人，当年实现转移就业 1411 万人。到 2009 年年底，全省富裕劳动力总量为 3200 万人，转移就业规模达到 2258 万人。到 2013—2014 年，河南省富裕劳动力中能够转移就业的总量将达到 2400 万—2500 万人的峰值，并维持一段时间。河南省劳动力供应总量增速已明显放缓。2007 年河南新增劳动力 200 多万人，2008 年为 180 万人，2009 年不到 110 万人，预计 2013—2014 年将会“见顶”。劳动力供应趋于饱和甚至开始下降的这种先兆，在该省商丘市、固始县等人口大市、人口大县已经开始显现。

分季节看，“民工荒”现象已经开始出现，这是劳动力供求关系在短期内出现逆转的一个重要信号。春节期间，部分农民工返乡而暂时性退出劳动力市场，供应缺口马上出现。2009 年春节过后，广州、深圳、东莞、佛山等地劳动力市场求人倍率（每个人可找到的岗位数）在 1.14 到 1.51。2010 年“民工荒”来势更为凶猛，波及范围从珠江三角洲和长江三角洲地区等沿海经济发达地区扩大到内地，包括劳动力输出地在内全国普遍出现劳动力短缺。2011 年的形势也不乐观，中西部地区开始与东部展开争抢农民工的激烈竞争。深圳市当年 2 月用工缺口 20 万人，春节后用工总缺口大概在 80 万人左右。劳务输出大省四川也出现招工难，湖北省 2011 年春节前后用工缺口达 56 万人之多，成都富士康等企业不得不在火车站、汽车站招聘截留返程民工。农忙时节缺工的现象，在各地区尤其是劳动力输出大省，在各产业、尤其是劳动力密集型产业，已经相当普遍。

分年龄段看，农村年轻劳动力基本已经转移，以后再有大规模的增加已经不太可能。国务院研究室 2006 年《中国农民工调研报告告》显示：中国农民工平均年龄为 28.6 岁，其中 16—30 岁的占 61%，31—40 岁的占 23%，41 岁以上的仅占 16%。国务院研究发展中心 2011 年调查，农民工平均年龄 29.1 岁，16—25 岁的占 41.1%，26—30 岁的占 25.8%，

31—40 岁的占 22.4%，41—50 岁的占 9.1%，50 岁以上占 1.7%[①]。国家统计局对全国 31 个省的农民工监测调查结果显示，2009 年新生代农民工总人数为 8475 万人，占全部外出农民工总数的 58.4%。与农村从业劳动力相比，外出农民工的年龄构成更加年轻。在农村从业劳动力中，16—29 岁、30—39 岁、40—49 岁和 50 岁以上的比例分别为 26.4%、19%、25.3% 和 29.3%；而在外出农民工中，16—29 岁、30—39 岁、40—49 岁和 50 岁以上的比例分别为 58.4%、23.8%、13.1% 和 4.7%。蔡昉根据国家统计局和人口普查相关数据判断，农村劳动年龄人口呈逐年下降趋势，在农村剩余劳动力中，未来青壮年农民工短缺的问题无法避免，这意味着农村剩余劳动力的释放空间已经比较有限[②]。章铮（2011）用相似的办法测算，结果显示，37 岁以下可能成为农民工的农村劳动力资源已经枯竭[③]。

20 世纪 90 年代，由于农村劳动力大体上处于“无限供应”阶段，工资水平保持基本不变的前提下转移劳动力的数量还能够有较大幅度的增长。这种情况到近几年已经发生了很大的改变，能够转移出来的农村劳动力减少，农民工工资水平已经开始较大幅度上升。按照国家规定，最低工资标准应当至少每两年调整一次，应当相当于社会平均工资的 40%—60%。广州市总工会提高的资料显示，广州市从 1993 年 9 月开始实施最低工资标准，17 年来总共调整了 8 次，平均两年一次。调整幅度最小的一次是 2004 年，剔除工资结构调整因素后，实际只增加了 59 元。17 年间，最低工资标准增长了 2.44 倍，而社会平均工资增长了 6.48 倍。最低工资标准和社会平均工资的比例，从当年的 48% 一路下行到 2009 年的 22%。近几年来，农民工工资水平缓慢增长的趋势已经完全逆转。2010 年农民工月收入为 1690 元，比 2005 年的 875 元增长了一倍。2010 年，全国有 30 个省份上调最低工资标准，大部分省份调整幅度在 10% 左右，有的甚至达到 25%，农村外出务工劳动力月均收入达到 1864 元，同比增长

---

① 侯云春等：“农民工市民化与城镇人口空间合理布局研究”，国务院发展研究中心调查研究报告，2011 年第 78 号。

② 蔡昉：“解读当前扑朔迷离的就业形势”，《中国发展观察》2009 年第 1 期。

③ 章铮：“劳动生产率的年龄差异与刘易斯转折点”，《中国农村经济》2011 年第 10 期。

19.5%。2011年上半年，已有13个省份调高了最低工资标准，平均增幅为20.6%。农民工工资上涨，进一步吸引了农村劳动力转移，农业用工也出现了局部性、季节性的短缺情况，一些地区农业季节性用工工资已经快赶上外出务工工资水平。2010年三种粮食亩均总成本为663.3元，较上年增加10.5%，比2005年增加56.1%，其中平均人力工价从2005年的25.84元/日提高到62.23元/日，5年上涨了1.4倍[①]。

总之，无论存量还是增量观察，无论是分季节还是分区域分析，无论是从工资水平还是从年龄段考证，农村劳动力转移已经面临一个拐点，正在从"无限供给"向"有限增加"转折。

（二）农产品供求从"大体平衡、丰年有余"转向"紧平衡、难均衡"

从1998年开始，我国农产品供求总体形成了"大体平衡、丰年有余"的格局。随后，农业结构战略性调整力度不断加大，粮食产量随之一路下滑，直至2004年才开始企稳回升。2010年我国粮食产量实现了历史难得的"七连增"，达到5464亿公斤，但2010/2011年度需求总量5425亿公斤，产略大于需。这些年，粮食产量的增加部分地是以牺牲其他农产品为代价的。更重要的是，农产品需求量在不断增加，投入农业生产的要素却在不断流失，导致农产品供求呈现出紧平衡的状态，回旋余地不大，资源要素支撑绷得很紧。同时受各方面因素的影响，要实现品种均衡、供求均衡的难度加大，农产品市场经常受到干扰，呈现出波动频率增加、波动幅度加大的特征。农产品供求"紧平衡、难均衡"的这种特征将长时间存在，并有可能逐步强化。这对我们如何推动农业生产、保证农产品供给，提出了新的课题和挑战。

1. "紧平衡"特征逐步形成

所谓"紧平衡"，主要是供给勉强基本满足需求，但要为了达到满足需求的需求，需要充分调动各方面积极因素。一旦某个因素缺失，或者需求过快增长，就很容易出现供应缺口。

---

① 杜鹰："毫不动摇地抓好生产　切实保障主要农产品有效供给"，《求是》2011年第7期。

（1）形成“紧平衡”状态，主要是因为农产品需求增长较快。据测算，到2020年粮食自给率要稳定在95%以上，全国每年大体上要增加粮食需求400万吨、肉类80万吨、植物油50万吨。需求增长主要包括以下几个方面：一是人口的净增长增加农产品刚性需求。据第六次人口普查数据，2000年到2010年的10年之间，中国人口净增加7390万人，年均增长近740万人，自然增长率超过6‰，且增长趋势还将持续到约10余年。二是农村劳动力转移扩大了农产品商品性需求。我国城镇人口占总人口的比例由2006年的42.99%增加到2010年的47.5%，年均增长近1个百分点，年均增加约1200万人。若按最新的人口普查数据，城镇人口比重接近50%，增长速度更快。这不仅带来城镇人口数量的增长，也包括消费方式转变等质的变化。如果按城乡居民家庭人均消费差距来计算，2010年我国外出农民工总数1.57亿人，每年因城乡消费方式转变就要增加67万吨食用植物油、206万吨肉类消费需求。三是食品消费结构升级催生了农产品改善性需求。随着收入增长生活水平提高，2003年到2009年，城乡居民购买食品的支出分别增长了85.3%和87.4%，农民消费禽肉、食用油和水产品的数量分别增加了38.7%、18.9%和17.7%。近年来城乡居民的食品消费结构变化明显，优质口粮和肉蛋奶的消费需求快速增加。近20年，粳稻人均消费量从17.5公斤增加到30公斤以上，到2015年粳稻需求量将增加125亿公斤以上。尽管谷物和肉蛋奶等食物消费存在一定替代关系，但从消费习惯与我国接近的日本来看，1960年日本人均谷物消费占食物总消费量的比重为73.3%，到1980年大幅减少到51.2%，以后趋于稳定，到现在人均谷物消费量基本稳定在120公斤左右，约占食物消费总量的一半。在食品消费结构趋于稳定前，虽然直接粮食消费减少，但粮食转换带来的间接需求增长迅速。在这一变化过程中，人均消耗的粮食及对农业自然资源的压力实际上并没有降低，反而随着工业化与城市化带来的耕地减少而有所上升，因为2.5—3.5公斤饲料才能转化出0.5公斤牛肉，肉蛋奶也需要更多粮食来转化。四是用途拓展直接放大了农产品加工性需求。2007年9月国家发展和改革委员会《关于促进玉米深加工业健康发展的指导意见》规定，深加工用粮规模占玉米消费总量的比例控制在26%以内。加工利用是需求扩大的一个重要因素，人口因素、收入因素、消费结构调整因素导致需求的增长相对比较缓慢，且容易趋于饱和，加工利用则不同，只要能够通过加工盈利，这部分需求几乎是没有上限的。2011 年，我国生物燃料乙醇年产量达到 172 万吨，其中 80% 靠粮食生产。玉米由于加工产业链更长，能源化利用情况更为严重。2010 年全国玉米产量为 16575 万吨，而玉米深加工能力已达到 6850 万吨，实际消耗玉米数量达到 5000 万吨，比上年增加 11%，约占我国玉米消费总量的 29.4%，超过了 26% 的警戒红线。吉林省是我国第二大玉米深加工省份，深加工产能约占全国的 1/4。2010 年全省玉米深加工能力超过 1300 万吨，实际消耗玉米 1000 吨，加上饲料加工所用玉米，该省真正能够销售外调的玉米不到 600 万吨。

（2）形成“紧平衡”状态的另一原因是农产品供给面临的约束逐步趋紧。主要包括以下几个方面：一是耕地约束趋紧。我国耕地面积只有 18.23 亿亩，10 年来减少了 1 亿亩左右，每年减少 1000 万亩，人均耕地面积减少到 1.38 亩，仅相当于世界平均水平的 40%。目前，我国耕地的土壤有机质平均已降到 1.2% 以下，低于世界 2.4% 的平均值，不到美国平均值的 1/4。截至 2009 年年底，全国荒漠化土地面积为 262.37 万平方公里，沙化土地面积为 173.11 万平方公里，占国土总面积的 18.03%。截至 2009 年年底，全国具有明显沙化趋势的土地面积为 31.1 万平方公里，占国土总面积的 3.24%。二是水资源约束趋紧。我国可开发利用的淡水资源只有 7200 亿立方米左右，年缺水约 400 亿立方米，人均水资源占有量仅相当于世界平均水平的 28%，农业用水占全国总用水量的比例由 70% 下降到 62%。目前亟待治理的水土流失面积还有 180 万平方公里，其中包括 3.6 亿亩坡耕地和 44.2 万条侵蚀沟。全国地下水开采量超过 100 亿立方米的省份有 3 个，产粮过 500 亿公斤的河南省就是其中之一。目前，河南省已累计超采地下水 50 亿立方米，地下水年均下降 0.2 米左右。濮阳、许昌等地开始出现地面沉降现象，该省平原区浅层地下水漏斗区总面积达 7397 平方公里，约占全省平原总面积的 8.7%。三是环境约束趋紧。我国受重金属污染的耕地达 3 亿亩上，受农药和其他化学品污染的农田约 9 亿亩，并且这些数字还在扩大。全国 18 亿亩耕地总量中，约有 1 亿亩是盐碱耕地，我国盐碱地总量还在以每年 3% 的速度增长。我国东北地区黑土区土壤有机质含量已由开发初期的5%—8%下降到目前的1%—4%，现在还在以每年千分之一的速度下降。水利部统计显示，东北平原耕地黑土层已由开垦初期的80—100厘米下降到20—30厘米，每年流失的黑土层厚度为1厘米左右，而形成这一厚度的黑土大约需要三四百年的时间。

（3）农产品供求“紧平衡”的一个重要表现就是对进口的依赖程度呈现加大态势。由于供应跟不上需求的增长，我国农产品进口数量增加、占比提高。2010年我国谷物进口额同比增长70.1%，其中进口玉米157万吨，是2009年的18倍；进口小麦120万吨，同比增长36%；进口大米37万吨，同比增加2.9万吨。中国是农产品主要进口国，约占世界大豆进口总量的60%，世界玉米进口总量的40%，大豆油进口总量的20%。美国农业部预计，到2020/2021财年，中国将会占据世界2/3的大豆进口，45%的棉花进口。按照我国的单产水平折算，2009年大豆净进口4219.6万吨，棉花净进口158.9万吨，食糖净进口100万吨，食用油籽净进口4523.7万吨。大豆进口依存度已达70%，棉花进口依存度达20%。按照我国的单产水平估算，进口的大豆、食用油数分别相当于进口了4.09亿亩地和2.5亿亩地，再加上其他进口，我国进口的土地数量达到6.7亿亩左右，占到我国耕地面积的36.8%。

2. “难均衡”特征正在强化

所谓“难均衡”，主要指的两个方面，一是从总量上来说，即使在供求基本平衡且供求双方变动不大的情况下，但由于各种扰动因素，价格却出现大起大落，难以达成均衡，结果自然是供求均衡难。二是从结构上来看，由于农产品整体上供求处于紧平衡状况，各方面因素约束较多，粮食等主要农产品的增产往往以牺牲其他农产品为代价，实现粮食等供求平衡的同时，往往却造成其他品种失衡，结果自然品种均衡难。

近年来，品种均衡难的特征逐步强化。具体来说，包括三个方面内容。一是各品种之间均衡难。保证了大的品种，就很难保证其他品种供求平衡。2004—2009年间，三大谷物播种面积增加，但主要是以豆类、薯类、油料、棉花等作物播种面积的下降为代价的。应该说提高农业综合生产能力后，结构调整还有一定的空间，但目前来看，在现有耕地和复种水平下，我国播种面积也就在 23.8 亿亩左右，在扣除粮食 16.35 亿亩后，只剩下 7.45 亿亩，其中蔬菜、棉花、油料、糖料占了 5.84 亿亩，要保障所有品种都同时实现均衡的难度很大。二是大宗农产品均衡难。保证了粮食供给，就很难保证棉油糖等其他大宗产品供求平衡。以棉花供求为例，据农业部统计，2011 年棉花种植面积为 7400 万亩，总产量预计为 640 万吨，而我国每年纺织用棉总量都在 1000 万吨以上，供需缺口不断增大。再以食糖为例，"十二五" 期间，国内食糖需求保持较快增长，预计年消费量将达到 1800 万吨，国内供应却还在呈现萎缩态势，供需缺口也在扩大，2007/2008 榨季国内食糖产量为 1484 万吨，2008/2009 榨季为 1243 万吨，2009/2010 榨季为 1074 万吨，2010/2011 榨季预计为 1050 万吨。三是粮食各品种均衡难。保证了水稻小麦供给，就很难保证玉米供求平衡。稻谷是我国口粮消费的主体，占口粮的近 60%，消费量每年 1850 亿—1875 亿公斤，而国际市场大米贸易总量也就是 250 亿—300 亿公斤，仅占我国大米消费量的 15% 左右，通过国际市场调剂的空间十分有限①，保证供求平衡的要求更高。小麦的要求次之，而玉米主要是饲料用，通过国际市场回旋余地也大一些。近年来，随着畜牧业的快速发展，国内玉米供不应求，2010 年我国累计出口玉米 12.7 万吨，同比减少 1.4%；累计进口 157.2 万吨，同比增长 17.8 倍，净进口 144.5 万吨，自 1997 年以来首次出现净进口，国内玉米供求关系可能已经发生逆转。

与此同时，供求均衡难的特征也在逐步强化。受资本炒作等因素的影响，即使在供求没有多大变化的情况下，价格也经常出现大起大落，保证供求平衡的难度加大。大蒜的情况可谓是这方面的一个典型，2010 年，在全国主要大蒜产地山东，零售蒜价同比上涨了 40 多倍，达到每公斤 9 元左右。在北京等部分大城市，一些超市的蒜价高达每公斤 20 多元。2011 年 3 月中旬以来，全国大蒜价格持续快速回落，4 个月内下降了 56.7%。大多数农产品消费需求弹性较小，短期内需求水平基本保持不变。按照农产品供给弹性系数计算，对于大部分农产品而言，其产量变动

---

① "韩长赋解疑粮食问题：确保粮食安全的任务艰巨"，《农民日报》，2010 年 7 月 7 日。

1%，导致价格波动的幅度在5%左右。如果纯粹是供求关系变化带来的价格波动，价格要是上涨100%，供给要减少20%。像大蒜价格翻了10倍左右，对应的减产幅度应该在200%。2010年受灾害天气的影响，大蒜有所减产，但减产因素绝对不足以支持价格如此上涨。这种情况下唯一的合理解释就是：背后有资本介入进行炒作，大量买家囤积居奇，投机需求短期内迅速增加、市场上产品的供给大幅减少，导致价格急剧攀升。此外，价格曲线的走势也证明了炒作因素的存在，因为供求关系改变影响下的农产品价格上涨，是一个缓慢的、接近于匀速的过程；而炒作因素影响下的农产品价格上涨，是一个短促的、加速的过程，近期农产品价格的走势恰好符合后者所描述的轨迹。大蒜价格的这种大起大落在生姜、白糖、普洱茶等产品方面都有体现，“苹什么”、“姜你军”、“蒜你狠”、“糖高宗”等网络词汇是对这种难均衡情况的无奈调侃。更加危险的是，目前已经有资本进入粮食等大宗产品流通加工领域，开始对主要农产品进行炒作。2009年黑龙江省主要粮食品种加工能力6364万吨，超过全省粮食总产，而当年实际加工量只有2000万吨，这说明大量资本在从事粮食炒作。郑州粮食批发市场的统计显示，2011年春节后首个交易日，小麦期货单日冲破3000元大关。在两个交易日后，又冲至最高3110元，当日成交量接近百万手，几乎是春节前最后一个交易日的3倍。紧接着，随着小麦主产区大面积降雨，旱情解除。小麦市场上的旱情炒作题材立即淡化，小麦期货随后持续下跌，一度跌至月内低点2821元。此次价格大起大落现象，给我们敲响了警钟，说明粮食的金融属性增强，资本已经开始瞄向主要粮食品种进行炒作。

总体上看，我国农产品逐步进入了紧平衡状态，保障农产品供给的压力越来越大，总量平衡的脆弱性凸显，品种和区域失衡的传导性增强，农产品市场变化的敏感性彰显。在保障总量平衡的同时，保障结构均衡的难度增加。

（三）农业生产技术从土地节约型转向劳动力节约型

速水佑次郎和弗农·拉坦把农业技术变革看做是农业发展经济制度的内生变量，而不是独立于其他发展过程的外生变量。也就是说，农业技术的变化不是随着人类科学知识的发展和技术进步自发进步的产物，而是人们对资源禀赋变化和需求增长的一种动态反应，即是人们追求效益最大化的理性选择所致①。当要素需求的增加面临不同的要素供给弹性时，相对要素价格就要发生变化。具体来说，在一个人口密度较大而人口增长速度居高不下且非农产业扩张速度相对较低的国家，土地相对于劳动变得越来越稀缺，土地价格（地租）相对于劳动价格（工资）变得越来越高，农业技术向替代相对价格较高的土地和使用相对价格较低的劳动的方向发展，技术的发明创造以及应用是土地节约和劳动使用型的，这种技术变革就是生物技术进步，它主要导致土地生产率的提高。当非农产业扩张速度快于人口增长速度，劳动相对于土地变得更加稀缺，劳动价格相对于土地的价格不断上升，替代劳动的技术不断地被发明出来并被应用到生产实践，这种技术变革就是机械技术进步，生物和化学技术为代表的“土地节约型”技术逐步被替代为机械技术为代表的“劳动节约型”技术。进入21世纪以来，我国农村劳动力大规模转移，已经从“无限供给”转向了“有限增加”，农业生产中的人地比关系发生了重大的转折，农业技术由“土地节约型”技术向“劳动节约型”技术的转变正在发生，并将持续进行下去。

农业技术转变，首先集中体现在农业机械化步伐明显加快、水平持续提升。表1-2反映了农业机械总动力增加的情况，2010年已经是2000年的1.76倍，1995年的2.57倍，1991年的3.16倍。2010年全国农作物耕种收综合机械化率达到52%，比2005年提高16个百分点，大体上相当于之前的25年提高的幅度。专业化统防统治率2010年达到12%，统防面积比上年增加一倍②。2009年麦收期间，全国共投入联合收割机44万台，其中参加跨区作业的有28万台。农民以购买农机等社会化服务的方式丰富了双层经营的内涵。

---

① 速水佑次郎、弗农·拉坦：《农业发展的国际分析》，中国社会科学出版社2000年版。更加细致的评论，可以参见许锦英：“资源禀赋诱导技术变革理论述评”，《东岳论丛》2005年第6期。

② 韩长赋：“‘三农’兴　天下安　民心稳”，《中华儿女》2010年第29期。

表 1－2　　农业机械增长情况　　单位：万千瓦，%

年　份	农业机械总动力	大中型拖拉机	小型拖拉机
1991	29388.6	2682.4	6528.6
1995	36118.1	2404.1	7848.1
2000	52573.6	3161.1	11663.9
2003	60386.5	3229.8	13060.2
2005	68397.8	4293.5	14660.9
2007	76589.6	6101.1	15729.2
2010	92780.5	11167.0	17278.4
1991—1995	0.23	－0.10	0.20
1995—2000	0.46	0.31	0.49
2000—2005	0.30	0.36	0.26
2005—2010	0.36	1.60	0.18

近年来农业机械化水平的提高，典型的是以节约劳动为导向。一个具体体现就是，在农业机械中，大型农机具增长明显加快。如表 1－2 所示，在 1991 年到 1995 年，大中型拖拉机数量是在减少的，小型拖拉机却增长了 20%；即使是在 1995 年到 2000 年，小型拖拉机的增长速度也明显快于大中型拖拉机。到了 2000 年之后，情况发生了逆转，随后的 5 年里，大中型拖拉机增长速度开始快于小型拖拉机。2005 年到 2010 年期间，这种趋势得到了突出的强化，大中型拖拉机增长了 160%，远远高于小型拖拉机 18% 的增长速度。拖拉机配套农具的增长情况也基本类似，大中型配套农具年均增长率在 2000 年前的 20 年只是 0.1%，2000 年后 10 年为 13.7%，小型配套农具则相应地从 12.1% 下降到 6.9%。

农业机械化是对农业劳动力紧张、用工价格持续走高的一个理性反应。利用农村居民消费价格指数对雇工工价进行调整，可以得到了按 1998 年价格衡量的雇工工价（图 1－2）。从图 1－2 看到，不论是粮食作物、油料作物，还是规模生猪、蔬菜和棉花，在 2004 年之前，雇工工价处于波动状态；在此之后，雇工工价呈现稳步和迅速提高的趋势。2004年是雇工工价进入迅速上升态势的一个重要转折点。同样利用农村居民消费价格指数将家庭劳动日工价调整为按1998年价格衡量的劳动日工价，家庭劳动日工价呈现的变化趋势与雇工工价十分类似。1998年，家庭劳动日工价为9.6元/天，到2003年增长到11.2元/天，家庭劳动日工价提高较慢；2004年以后，家庭劳动日工价呈现迅速增长的趋势，从2004年的13元/天，迅速提高到2009年的20.3元/天。

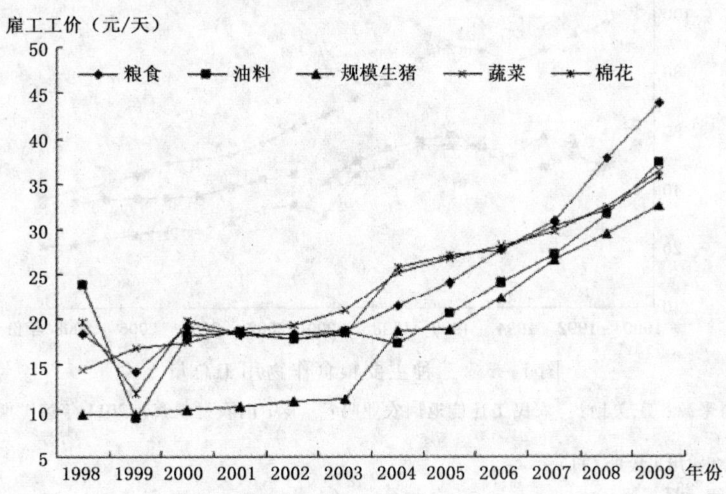

图1-2 雇工工价变化情况

资料来源：王美艳："农民工还能返回农业吗？"，《中国农村观察》2011年第1期。

农业机械大规模应用，对劳动力的替代效应非常明显，农业用工量持续减少。以水稻机收机插为例，一台插秧机一个小时能插3亩，相当于48个人工；使用农机后，长沙市"双抢"时间缩短了8到10天[①]。2009年，稻谷、玉米和小麦每亩用工分别为8.4日、7.5日和5.8日，分别为1990年的40.5%、43.4%和41.5%[②]。20世纪90年代中期以前，三种主

① "长沙县实现农业机械化，'双抢'至少缩短8天"，《长沙晚报》，2011年7月18日。

② 王美艳："农民工还能返回农业吗？"，《中国农村观察》2011年第1期。

要粮食作物单位面积用工数量处于较高的水平，而且保持稳定；20 世纪 90 年代中期以来迅速下降趋势，2004 年以后下降的速度加快，具体情况可以见图 1－3、图 1－4。由此可见，粮食作物生产中的劳动投入总量和单位面积劳动投入都呈现不断减少的趋势，农业生产呈现出节约劳动的倾向。

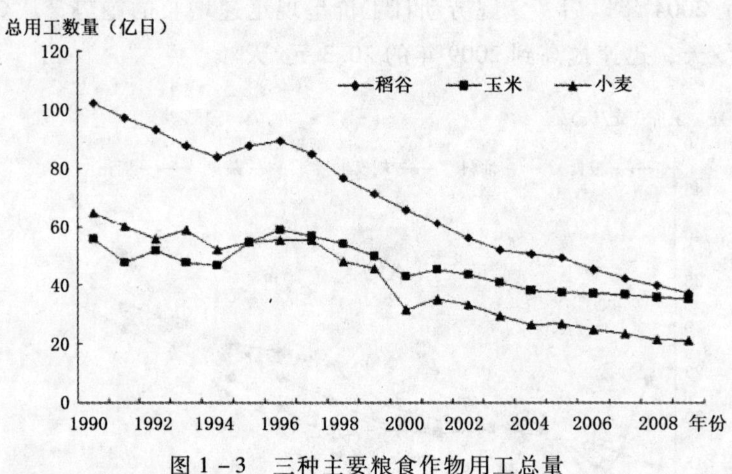

图 1－3　三种主要粮食作物用工总量

资料来源：王美艳：“农民工还能返回农业吗?”，《中国农村观察》2011 年第 1 期。

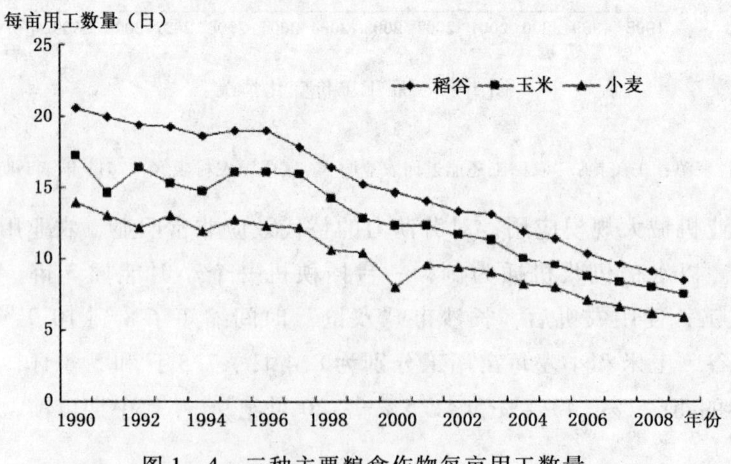

图 1－4　三种主要粮食作物每亩用工数量

资料来源：王美艳：“农民工还能返回农业吗?”，《中国农村观察》2011 年第 1 期。

（四）农业经营从小规模分散经营转向适度规模经营

一方面，农村大量劳动力进城务工经商，留在农村的劳动力平均占有耕地等资源增多；另一方面，农民可以获得更多的务工经商收入，经商收入增加意味着农业经营的机会成本提高，很多农民选择退出农业生产，市场空间扩大。两方面共同作用下，扩大农业经营规模的条件逐步成熟，小规模经营逐步向适度规模经营转变。

在农业各业中，畜牧业发展规模经营最早、发展的步伐也最快。第二次农业普查显示，1996年规模饲养量比重只有6.3%，2006年超过50%，2008年已超过60%①。到2011年，规模经营已经在畜牧业中占据主流。以生猪养殖为例，到2009年，全国生猪规模养殖比例（年出栏50头以上）标准计算，已经提高到61%，超过了散户养殖所占的比重；比上年提高5个百分点，比2006年提高18个百分点，发展步伐明显加快。在辽宁省，规模养殖所占比重2007年还是31%，随着两轮大的市场波动，大批散养户被迫退出，到2010年规模养殖比重已经提高了62%。河南省的情况也差不多，2008年该省生猪存栏4462万头，出栏11848万头，饲养量位居全国第二；2010年该省生猪规模化养殖比重已达60%左右，其中年出栏万头以上的猪场有370个。养鸡业的规模化程度更高、起步也更早，1998年，全国年出栏肉鸡2 000只以上的鸡场有32.9万个，出栏肉鸡26亿只，占全国家禽出栏总数的38%。2008年，全国肉鸡养殖场增加到51万个，年出栏肉鸡64亿只，占全国家禽年出栏总数的63%。1998年到2008年的10年间，1万—5万只的中规模饲养场户数和出栏量分别增长了2.65倍和2.95倍；5万只以上的大规模饲养场户数增长了3.33倍，肉鸡出栏数量增长了2.90倍；出栏规模在2000只到9999只的小规模饲养场，户数和出栏量分别增长0.25倍和0.24倍。由此可见，中大型规模饲养已经成为我国肉鸡规模饲养的主要模式。

种植业适度规模经营发展得没有畜牧业快，但总体来说，发展适度规模经营的时机应该说是成熟的。我们计算的结果显示，“种植业劳动力户

① 孙梅君：“农民就业及相关问题”，《农村经济文稿》2010年第7期。

均占有耕地数”全国平均值为21.6亩，超过40亩的省份包括北京、上海、黑龙江、内蒙古、天津、浙江、吉林、江苏、新疆。具体情况见表1-3。指标“种植业劳动力户均占有耕地面积”的含义是：把现有耕地平摊到种植业户，各种植业户占有的耕地数量；换言之，把从事种植业以外的其他农村人口的耕地流转到种植业户后，各种植业户占有的耕地数量。

表1-3　分省种植业户户均耕地面积　　单位：亩/户

全国	上海	北京	黑龙江	内蒙古	天津	浙江	吉林
21.6	180.0	81.7	69.3	59.6	58.5	53.0	47.4
江苏	新疆	宁夏	山西	辽宁	青海	甘肃	河北
45.2	44.6	38.0	36.9	34.2	27.0	26.2	24.2
西藏	陕西	山东	湖北	福建	安徽	云南	贵州
22.8	21.9	21.3	21.0	18.2	18.0	16.2	15.7
重庆	江西	广东	海南	河南	四川	广西	湖南
15.4	15.0	14.7	14.7	13.8	12.2	11.7	9.4

数据来源及计算说明：(1)《中国统计年鉴》表3-2给出了各省第一产业从业人员数量，表3-17给出了各省耕地面积数字，两者相除得出第一产业人员劳均占有耕地数。(2)《中国第二次农业普查资料汇编》表2-3-1-27给出各地区农村按行业分的常住从业人员数量，由此计算出各省种植业劳动力占第一产业从业人员的比重。用第一产业人员劳均占有耕地数，除以种植业劳动力占第一产业从业人员的比重，计算出种植业劳动力劳均占有耕地数。(3)《2009年中国农业发展报告》表30显示，农户家庭平均劳动力为2.42人，由此进一步推算出种植业劳动力户均占有耕地面积。

户均占有耕地如果能够达到40亩，意味着这些农户有可能培养成为专业户，其收入水平就有可能达到进城务工收入水平。依据吉林和安徽两省的调查结果估算，一个农户家庭种粮30亩可获得净收入1.2万—1.6万元，相当于人均年现金收入3000—4000元。如果种粮40亩，人均年现金收入4000—5000元。考虑到种粮大户或套种一些作物、或进行副产品利用、或利用农机为其他农户提供服务等，考虑到农民工在城市生活开支更大，种40亩粮食获得的净收入和外出务工净收入基本差不多。如果种植非粮作物，收入还能再高很多。到了这一步，专业大户也就没有必要外出了。户均40亩的规模，在现有机械化水平下，每个家庭基本上可以不长期雇工就能做到，也在现有户均规模的5倍左右，应该能够达到适度规模经营的“适度”要求了。如表1-3所示，全国至少已经有9个省份户均耕地面积超过了40亩，还有另外3个省份接近40亩。在这12个省份，只要把土地流转工作做好，让所有目前已经进城务工经商的农民把土地流转出来，并且保证绝大部分土地能够流入到在家耕作的劳动力手中，就完全可以发展起适度规模经营。

第二次农业普查显示，2006年经营规模在30亩以上的耕地所占比重达到22.1%，比10年前提高了8.2个百分点①。2010年，全国农户承包地流转比例为14.7%。而在2007年年末，全国农地流转总面积仅6372万亩，占全国家庭承包耕地总面积的5.2%。换言之，3年来时间内，土地流转率翻了将近2倍，发展速度不可谓不快。这一方面说明这几年政府对加快承包经营权流转非常重视；另一方面也客观上说明了发展适度规模经营的时机基本上成熟。一些省份发展得更快，黑龙江省2009年土地承包经营权流转面积达2808万亩，占农村耕地面积的21.3%，比上年增加468万亩，增长20%；其中200亩以上集中连片规模经营面积达1803万亩，比上年增加491万亩。到2010年，土地流转率进一步提升到了25.8%②。2009年江苏省60%以上的高效设施农业面积由农民专业合作社直接经营，农业适度规模经营面积达2696万亩，占耕地的38%。2010年，浙江省土地流转率已经达到38.9%。可以预计到，随着工作力度的加大，适度规模经营在全国发展得会更快。

（五）农民收入来源从农业产业为主转向非农产业为主

大量劳动力从农业转移到城镇和非农产业，收入来源也相应地从农业转向非农产业。2009年，农民人均纯收入为5153元，其中，代表农业产业所获收入的家庭经营收入2527元，占到49%，如表1-4所示。但是，这一比重却呈现不断下降的趋势，2000年，这一数字还是63%，2005年

① 孙梅君：“农民就业及相关问题”，《农村经济文稿》2010年第7期。

② 张红宇：“当前农业运行中的四个问题”，《农村经济文稿》2011年第5期。

还是57%。从2000年算起，10年时间下降了14个百分点；从2005年时间算起，5年时间下降了8个百分点；下降幅度相当可观的，并且呈加速下降的态势。与此同时，以工资性收入为代表的非农产业收入占比逐年攀升。表1－4显示，这一比重从2000年算起已经提高了9个百分点，从2005年算起提高了4个百分点，2009年已经达到了40%的水平。按照近5年家庭经营收入占比平均每年下降1.6个百分点、工资收入平均每年上升0.8个百分点来估算，大约2012年到2013年左右，工资性收入占比将达到甚至超过家庭经营收入，农民从非农产业获得收入超过来自农业产业。表1－4数据用形象化地表示如图1－5。

表1－4　农民收入各来源占比变化情况

年　份	1990	1995	2000	2005	2008	2009
工资性收入	0.20	0.22	0.31	0.36	0.39	0.40
家庭经营纯收入	0.76	0.71	0.63	0.57	0.51	0.49
财产性收入	0.00	0.03	0.02	0.03	0.03	0.03
转移性收入	0.04	0.04	0.03	0.05	0.07	0.08

从增量来观察，农民收入来源从农业产业转向非农产业的趋势来得更早、更加明显。表1－5数据清晰地显示，家庭经营收入对农民增收的贡献率一路下滑。从1995年起，工资性收入的贡献率已经超过家庭经营收入，到2009年已经超过50%。表1－5数据形象化地表达见图1－6。

表1－5　各收入来源对农民增收的贡献率

年　份	1990—1995	1995—2000	2000—2005	2005—2008	2008—2009
工资性收入	0.24	0.52	0.47	0.45	0.53
家庭经营纯收入	0.68	0.45	0.42	0.39	0.23
财产性收入	0.05	0.01	0.04	0.04	0.05
转移性收入	0.03	0.03	0.07	0.12	0.19

家庭经营收入对农民增收贡献率下降，一方面是因为大量农村劳动力离开了农业；另一方面是因为农业生产对资本要求比较高，大量企业进入后，农民收入在农业产值和增加值中所占的比重下降。换言之，部分农业

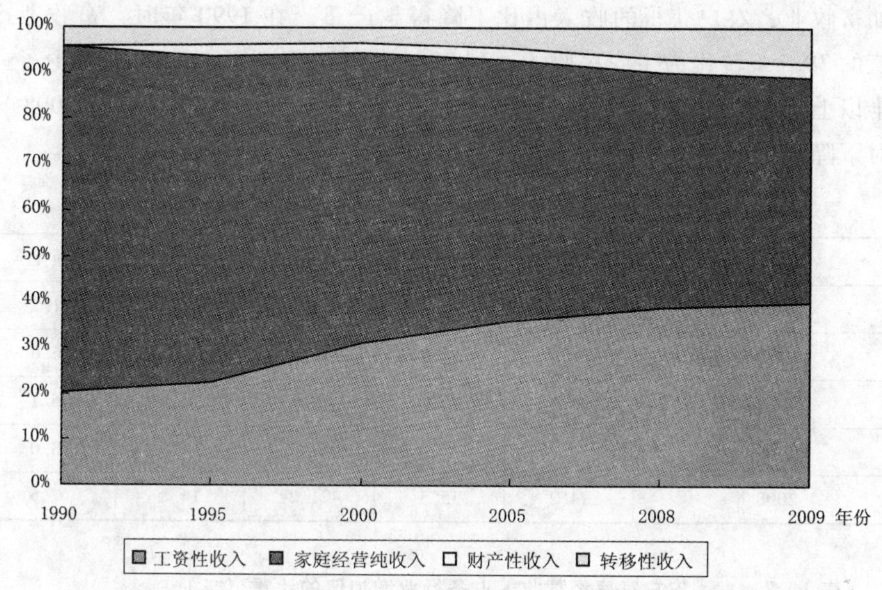

图 1－5　各收入来源占比变化情况

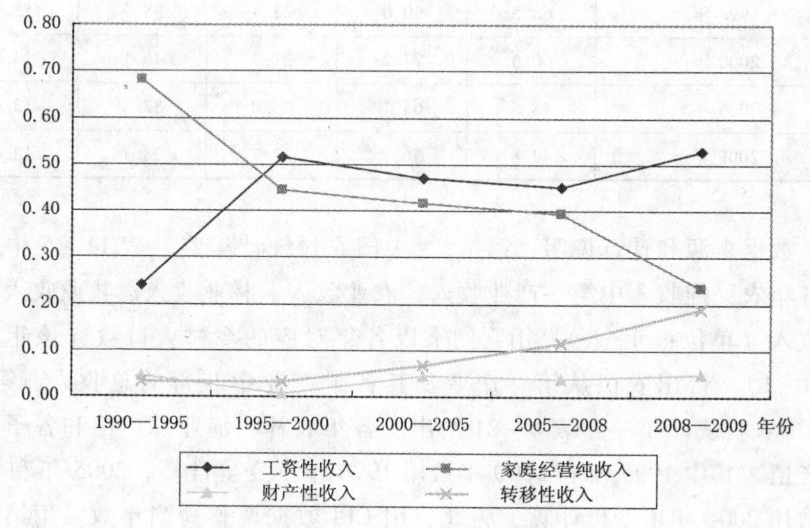

图 1－6　各收入来源贡献率

经营领域已经被企业等其他主体占据，不再是农民收入的增长点。表 1－6 和表 1－7 的数据反映了这一趋势。从中可见，越是投入要求高的行业，如畜牧业，农户获得的收入占比下降得越严重。在1990年时，畜牧业产值的39.7%转化为了农民收入，到2008年时下降到了14.8%，减少了一半以上。在1995年，畜牧业增加值的38.9%转化为农民收入，到2008年时下降到了28.7%。种植业的情况也差不多，只是程度相对轻一些。

表1－6　农户家庭经营收入占产值的比重（%）

	第一产业	农业	林业	牧业	渔业
1990年	47.1	55.9	16.7	39.7	11.2
1995年	38.4	58.5	11.7	16.6	6.6
2000年	29.6	42.0	13.6	18.9	6.1
2005年	27.8	42.0	24.2	15.6	8.0
2008年	24.2	35.5	21.2	14.8	7.5

表1－7　农户家庭经营收入占各行业增加值的比重（%）

	第一产业	农业	林业	牧业	渔业
1995年	68.5	90.0	22.4	38.9	13.2
2000年	60.3	77.2	27.3	46.1	13.4
2005年	48.5	64.1	35.0	32.5	13.6
2008年	42.8	56.7	32.7	28.7	12.6

数据来源和计算说明：第一，《中国农村统计年鉴》表11－5中列出了各年农民纯收入中第一产业收入、农业收入、林业收入、牧业收入、渔业收入（单位：元/人），用它们乘以各年对应的乡村人口数（该年鉴中表3－1），得出农民从第一产业及其各子产业中获得的总收入。第二，《中国农村统计年鉴》表6－21给出了各年农林牧渔业总产值和各子产业总产值，其中1995年和2000年数用1990年不变价计算，2005年和2008年数用2004年不变价计算，为此，用CPI数据调整为当年数。用第一步计算得到的农民从第一产业及其各子产业中获得的总收入除以对应的总产值数，得出表1－6数据。第三，《2009年农业发展报告》表2给出了1995年、2000年和2008年农林牧渔业和各子产业增加值（按当年价格计

算，单位：亿元），但缺 1990 年数。2003 年后统计口径调整，农林牧渔业增加值包括农林牧渔业服务业，为此，2005 年、2008 年数扣除了农林牧渔服务业增加值。用第一步计算得到的农民从第一产业及其各子产业中获得的总收入除以对应的调整后的增加值，得出表 1－7 数据。

从农村经济收益分配格局也可以看出来，农民获得收入占比是在下降的。2008 年，农民经营所得最终占到可分配净收入的 70.6%。这一比重在 2003 年为 74.3%，2000 年为 77%，进入 21 世纪以来基本上每年下降一个百分点。与此同时，企业各种留利占可分配净收入的比重从 2000 年的 5.90% 提高到 2003 年的 6.98% 和 2008 年的 9.01%；外来投资者分利占可分配净收入的比重从 2000 年的 1% 提高到 2003 年的 1.69% 和 2008 年的 1.81%。在一些发达地区，这一下降趋势看得更加清楚。浙江省绍兴市数据显示，农民经营所得占可分配净收入的比重，已经由 1989 年的 78% 下降到 1997 年的 64.2%，再下降到 2003 年的 51.1%，到 2009 年，这一比重已经跌落到了 47.3% 的低水平。

第二节 现阶段统筹城乡发展的挑战与政策选择[①]

一、城乡关系协调发展面临的挑战

（一）“三化”发展进一步加快，但农业现代化亟待同步推进

从国际经验看，工业化、城镇化与农业现代化关系密切，是一个相互依存、相互促进、相互制约的整体。进入工业化中期阶段以后，工业化进

① 本节引自 2011 年农业部软科学课题“农业农村发展阶段性特征及发展趋势研究”，课题主持人：孔祥智、曹利群（一题两做）。

程显著加快，同时通过交互作用，促进城镇化和农业现代化发展。当前，我国已进入工业化中期发展阶段，正处于工业化、城镇化快速推进、现代化加快发展的关键阶段（农业部课题组，2011）。2001—2009 年，第一产业产值占 GDP 的比重从 14.4% 持续下降到 10.3%；第二产业产值所占比重经历了先增后降的过程，从 2001 年的 45.1% 上升到 2006 年的 47.9%，接着下降到 2009 年的 46.3%；第三产业产值比重从 40.5% 上升到 43.4%[①]。从就业结构看，2001—2009 年，第一产业从业人员占全部从业人员的比重从 50.0% 持续下降到 38.1%；第二产业从业人员比重由 22.3% 上升到 27.8%；第三产业从业人员比重由 27.7% 上升到 34.1%[②]。2010 年工业增加值 160030 亿元，比 2009 年增长 12.1%，规模以上工业增加值增长 15.7%，增速比 2009 年加快 4.7 个百分点。结合当前的国内外宏观环境，尤其是国内的工业发展扶持政策力度依旧很大，可以判断，我国在未来一段时间仍将保持产业结构快速变革和工业化进程快速推进的趋势。从城镇化的角度看，在我国，尽管城镇化水平明显滞后于工业化水平，但城镇化进程已大大加快。2001—2010 年，城镇人口占总人口的比重从 37.7% 提高到 49.7%，年均提高 1.2%[③]。尽管转移农村剩余劳动力的难度越来越大，但随着一些工业加工、制造企业从东部向中西部迁移以及农村劳动力就业培训扶持政策力度加大，农村剩余劳动力就地转移在未来一段时期内仍是推动城镇化进程的重大力量。工业化、城镇化的快速发展必然要求农业现代化同步跟进。2004 年以来，“中央一号”文件回归到“三农”主题、“两个趋向”重要论断的提出和统筹城乡发展战略的深化，都为推进农业现代化发展创造了绝佳的机会。随着国家经济实力增强和财政收入稳步提高，“以工促农，以城带乡”有了更强的经济基础，我国工业化、城镇化和农业现代化“三化统筹”发展、协调推进将是必然趋势。

然而，我国农业现代化建设明显滞后于工业化和城镇化。农业基础还比较薄弱，耕地、水等资源约束日益加剧，农业生态环境局部改善、整体

① 《中国统计年鉴（2010）》，中国统计出版社 2010 年版。

② 《中国统计年鉴（2010）》，中国统计出版社 2010 年版。

③ 《中国统计年鉴（2010）》，中国统计出版社 2010 年版。

恶化趋势没有根本改变，农田基础设施建设滞后，机械与科技装备水平不高，农业经营主体整体素质较低等等。这些情况说明，夯实农业基础依旧任重道远，农业现代化建设急需转变发展方式，跟上工业化、城镇化步伐。

（二）主要农产品的供求可能持续紧平衡状态，部分农产品供给压力进一步增大

从近中期看，我国主要农产品的供求很可能继续维持紧平衡状态。从农产品需求角度看，随着人口增长，城镇化率上升，消费结构升级和工业用途拓展，我国农产品需求强劲，呈现出刚性增长态势。从供给角度看，由于受耕地不断减少，水资源短缺，青壮年农业劳动力流出，农田基础设施老化，作物品种结构调整余地缩小，单产提速减缓等因素的影响，我国农产品供给乏力，供给量呈现出增长缓慢的态势。即便是随着投入的增加，农业生产条件不断改善，但在科学技术发生转折性创新之前，上述趋势仍然不会发生根本性变化。以粮食为例，2010 年全国粮食总产量为 54641 万吨，比 2009 年增加 1559 万吨，实现了粮食产量连续七年增长①。但粮食消费结构也在发生深刻变化，粮食总需求不断增加，以至于粮食市场供求偏紧的状况没有得到有效缓解。

根据课题组的预测，未来 5 年我国粮食总产量将继续大于消费量，这表明国内粮食总量仍将保持供求紧平衡的状态。分品种看，稻谷、小麦的产量能够满足国内需求；如果玉米消费按照现有趋势发展，短缺状态愈演愈烈，在“十二五”时期内将需要通过不断进口来弥补国内需求；大豆产不足需的现状将进一步恶化，国内消费将需要越来越多的进口来进行补充。随着国民生活水平的提高，在未来一段时期内，农产品消费需求将保持扩张趋势，且推动需求刚性增长的因素日趋复杂化和多元化，而稳定和增加主要农产品供给的难度却在不断加大，再加上影响农产品供给的不确定因素也将明显增加，可以判断，近中期内我国主要农产品供求仍可能保

① 中国社会科学院农村发展研究所、国家统计局农村社会经济调查司：《中国农村经济形式分析与预测（2010—2011）》，社会科学文献出版社 2011 年版，第 83 页。

持偏紧态势，但压力较重，部分农产品供给压力将进一步增大。

（三）农产品价格将保持高位运行，调控难度日益增加

如前所述，我国农业生产已经进入高成本阶段，且在中长期保持上升趋势，这是推动农产品价格上升的重要原因之一。种植业中主要生产要素为劳动力、土地、化肥、农药、机械等，养殖业中主要生产要素为精饲料、仔畜、劳动力等。随着工业化和城市化的推进，第二、第三产业用工需求逐步扩大，由此带来大量农村劳动力外出务工，农民工工资不断上涨，农业用工成本将进一步上升；同时，我国城镇化正处于快速推进时期，工业与农业、城市与农村对土地要素的争夺会不断加剧，加上农业尤其是种植业对土地的极强依赖性，农业对土地的需求在长期内将保持一定的刚性，因此，土地成本将不断上升。对于化肥、农药、机械、精饲料等受国际能源价格影响很大的生产要素，其价格将随着国际能源价格的上涨而上涨。全球经济发展对石油等能源形成的强大需求，在没有重大科技变革的情况下，国际能源价格将持续上涨，由此推动化肥、机械、农药等现代生产要素的价格不断上升。从农产品供求关系看，由于大豆、玉米、油料、棉花等农产品产需缺口持续扩大，进口持续增加，农产品供求持续紧平衡，我国农产品价格将保持高位运行。

当前，影响农产品价格的因素不断增多，不同农产品的价格波动存在不同规律，调控难度不断增加。具体而言，粮食价格稳步上升，调控压力增大，但涨幅可控。从供给角度看，2011 年粮食供给应有保障。相关预测指出，2011 年我国粮食产量可能达到 5.5 亿吨，实现连续八年增产。从需求角度来看，消费需求稳步上升，国内生物能源生产量在国家的严格控制下比较小，投机性需求在国家政策的严格监督下也比较小。总体而言，粮食的供求处于紧平衡，但由于生产成本的上升以及国家粮食收购价格的稳步上行，预计短期内粮食价格将稳步上升但涨幅可控。猪肉价格属周期性上涨，本轮猪肉价格上涨从 2010 年 7 月开始，按照 1.5—2 年的上涨期计算，现已基本接近上涨尾声，猪价开始逐步下降。小宗农产品价格在持续上涨，但涨幅具有较大的不确定性，波动性较大，调控有难度。这主要是因为其供求关系具有很大的不确定性，如受局部天气的影响，供给

波动较大；消费需求比较稳定，但由于投机需求很难确定，因而需求波动也较大。

（四）农业组织化、规模化、集群化态势明显，农业社会化服务体系配套任务加重

随着农业分工的深化和农民专业合作社及各类农业产业化组织的蓬勃发展，我国农业生产经营日益呈现出组织化、规模化的趋势。2011 年上半年，全国实有农民专业合作社比 2010 年底增长 17.66%，是各类市场主体中增长最快的（内资企业增长5%，外资企业增长 0.15%，个体工商户增长 4.29%）。产业化组织发展逐步由数量扩张向质量提升转变，由松散型利益联结向紧密型利益联结转变，由单个龙头企业带动向龙头企业集群带动转变。目前，我国农业生产经营的组织化水平已经较高，但从政府扶持力度不断加大、农民合作意识逐渐增强、农村劳动力不断外流、合作社领办主体不断增加的情形看，即使农业生产经营组织化的发展速度可能会放缓，但持续提高的趋势仍然未变。在农业生产经营组织化程度提高的同时，农业生产经营的规模化水平也将持续提高，具体表现在两个方面：一是种植业规模化提高，截至 2011 年上半年，全国土地承包经营权流转总面积达到 2 亿亩，比 2007 年增加 2.13 倍；土地流转面积占承包耕地总面积的 16.2%，比 2007 年提高 11%。二是养殖业规模化提高，如 2010 年全国生猪、奶牛规模化养殖水平比 2009 年提升了 3%—4%。此外，我国农业生产经营活动开始呈现出明显的集群化趋势。如山东寿光的蔬菜产业集群，该产业集群以温室大棚蔬菜为发展起点，以寿光蔬菜批发市场为纽带，集聚了蔬菜生产、加工企业、物流配送、餐饮服务、交通设施等，形成了一个庞大的产业集群。

在农业组织化、规模化、集群化态势日益明显的同时，农业社会化服务体系配套任务加重，水、电、路、气、房等基础设施无法与组织化、规模化、集群化的现代农业相配套；农业社会化服务体系的制度设计还没有落到实处，如信贷机构对农民专业合作社的信贷支持、相关部门对发展农产品批发市场的土地优惠等。

（五）农业科技创新能力进一步提高，但科技水平仍相对落后

随着国家对农业科技投入的加大，农业科技进步的基础越来越坚实，科技贡献率也将进一步提高。据农业部估计，到2020年，我国农业基础科学和前沿技术研究综合实力将显著增强，取得一批在世界上具有重大影响的科学技术成果，使农业科技进步贡献率达到63%，农业科技整体实力进入世界前列。科技入户、科技特派员等项目将进一步实施，新型农民培育工程也将深入开展，工业的发展也将为农业科技进步提供更有力的支撑，引进国外先进农业技术的数量和质量将进一步提高，新型农业经营主体大量涌现，这些因素不仅将拓宽农业科技应用广度和深度，也将大幅度提高科技应用水平。此外，农业发展的资源环境约束也在逼迫农业科技进步，促进农业发展方式转变。我国农业科技进步的速度将加快，农业科技创新能力和科技进步贡献率将可能大幅度提高。

虽然我国目前农业科技贡献率已达50%以上，但仍远低于欧美发达国家水平，和农业科技强国以色列的差距更大，面临着许多障碍或问题。同时，全国各地的农业科技贡献率也很不平衡，如山东寿光市在2005年的农业科技贡献率就已经达到67%，北京市2010年的农业科技贡献率达到70%，但是一些地区却还在30%至40%之间徘徊。可见，我国农业科技贡献率的提高空间还很大。在单个环节上，我国与世界发达国家的差距也是明显的。以良种为例，我国现在持证种子经营企业有8700多家，但99%的企业没有研发能力，国内前10名企业的市场份额仅有13%，面对国际种业公司的垄断基本上无能为力。在农业基础设施方面，我国农田水利基础还很薄弱，遇雨成涝、晴久成旱等靠天吃饭的状况还没有根本改变，每年因自然灾害造成的减产依然偏大。此外，农业科技推广体系、创新体系还存在许多不足，科研与应用环节脱节，产学研、农技农艺的结合度不高，农业、农村创新人才匮乏等一系列问题还亟待解决。

（六）农业对外开放进一步扩大，但农业产业安全形势更加严峻

随着加入世界贸易组织过渡期的结束，我国农产品生产、贸易、加工、流通等环节逐步全面对外开放，农业对外开放程度将进一步扩大。

2001—2010 年，我国农产品贸易总额从 279 亿美元增加到 1219.6 亿美元，年均增速 33.70%；2001—2009 年，我国农业利用外资总额从 8.99 亿美元增加到 14.29 亿美元，年均增长 6.55%。加入 WTO 以后，我国农产品的整体竞争力进一步下降，劳动密集型农产品处于竞争优势，而土地密集型农产品处于竞争劣势。需要看到的是，随着中国农业开放度的提高，国家宏观调控难度加大，国外农产品将不断冲击国内市场，导致国内农产品市场竞争更加激烈。

然而，在我国农业对外开放进一步扩大的同时，农业产业安全形势也将更加严峻。优势农产品出口遭受贸易壁垒的要求越来越高。国外低价农产品大量冲击国内市场，尤其是大豆、棉花、羊毛、大麦、乳品、种子等国内产业。引进外资后，外资对国内种子、化肥行业的控制日益严重。响应“走出去”战略的企业又面临着政治与经营的双重风险、国内外的双重征税。中国某些农产品（如大豆、棉花）的自给能力不足，对外贸易依存度较高，不仅进口量庞大而且缺少定价话语权，往往被迫高价进口，逐渐恶化的贸易条件给我国农业安全带来严峻的挑战。

（七）农民工市民化进程加快，但农村社会事业发展和乡村治理难度加大

国际经验表明，农民工市民化是农民的发展要求。从理论上说，促进农民工市民化和推动农村劳动力转移对于调整经济增长结构、遏制城乡收入差距、转变经济发展方式有着非常重要的作用。从国内实践看，农村劳动力转移规模和农民工获得城镇户籍难易程度直接影响着农民工市民化进程。当前，我国已进入工业化、城镇化快速发展时期，在东部沿海地区产业不断升级的过程中，大量东部沿海地区的产业向中西部地区转移，使得中西部地区对劳动力的需求迅速扩张，这将加剧农村青壮年劳动力进一步流出。同时，近年来各地逐步提高最低工资标准。日渐上升的工资对农村劳动力的吸引力越来越大。另一方面，随着户籍制度改革的深化，农民工获得城镇户籍的门槛有下降的趋势。根据农业部课题组（2011）的估计，从 1978 年到 2009 年年末农村转移至城镇的 3.9 亿人中，有 1.7 亿人取得城镇户籍，占农村转移人口的 43.6%，在未来 10 年内新增农村转移人口中将

有8000万人可获得城镇户籍。[①] 如果考虑户籍制度进一步改革的政策因素，农民工落户城镇的条件可能会放宽，那么将有更多的农民工转为城镇居民。随着工业化、城镇化的快速推进和户籍制度的深化改革，越来越多的农村劳动力转向非农就业并获得城镇户籍。因此，在未来一个时期内，我国农民工市民化的步伐还将继续推进。

然而，随着农民工市民化进程的加快，农村劳动力转移将持续推进，特别是农村青壮年劳动力和高素质劳动力大量流出农村，导致农村留守人员老弱化、妇幼化现象愈加突出，农村留守老人、妇女、儿童、残障人员问题迅速凸显，形成“三八六一九九二五部队”。农村精英阶层的大量流失加速了农村经济农业化和村庄发展空心化，导致农村的自我发展能力和自治能力出现弱化，从而加剧农村萧条凋敝。农村留守人员呈现出老、弱、病、残特征，为依靠农民发挥主体作用建设新农村增加了难度。同时，这样的农村对加强基本医疗保障、养老保障、公共卫生、义务教育等公共服务的需求迅速增加。以农村基本医疗保障为例，尽管新型农村合作医疗保障已广泛推行，但保障水平仍然不高，留守农民因病致贫现象依旧突出。随着农民分化和农民流动空间扩大，农村的稳定性和自治机制面临严峻挑战，一些别有用心之人渗透到农村核心治理层，凭借恶势力掌控乡村治理权力，攫取农村资源，谋取私利，导致农村内部干群关系恶化，极易诱发社会不稳定因素。

（八）农民收入保持稳定增长，但增收压力进一步加大

一是家庭经营收入将稳定增长。我国主要农产品进入了“总量紧平衡、结构性短缺”阶段，农产品价格下行的压力减小，加之主要农产品最低收购价、临时性收储政策的实施，有助于农产品价格保持稳定上升的趋势。此外，农业经营的规模化、集约化、组织化水平持续提高、农田水利基础设施的加强、农业科技进步的推动，不仅使农业增产，而且降低农业生产的单位成本。

---

① 农业部课题组（2011）的估算方法是：先估算从1978年起，在没有农村人口转移的情况下，城镇户籍人口自然增长到达的数量；用当前城镇人口减去估算的城镇自然增长人口数量，得到由于农村劳动力转移增加的城镇人口数量；再减去期间农民落户城镇后生育子女的数量，得到农民转移到城镇的人口数量。详见农业部课题组：《农业农村经济重大问题研究（2010）》，中国财政经济出版社2010年版，第256—260页。

农产品价格的稳定上升和单位生产成本的下降将推动家庭经营收入保持稳定增长。二是工资性收入将快速增长。中国劳动年龄人口数将在2011年左右开始不再上升，2021年开始绝对减少。在目前农村剩余劳动力中，30岁以上的占到了80%，农村可供转移的“壮劳力”已经很有限[①]。与此相对的是，我国正处于工业化、城镇化快速发展时期，将需要大量劳动力。而且近年来各地相继宣布提高最低工资标准，也将有助于农民工工资稳定上涨。三是转移性收入将快速增长。目前我国农业国内支持总量约占农业增加值的15%，而发达国家一般都为30%—50%，发展中国家也在20%以上[②]。根据入世承诺，我国加大对农业支持力度尚有很大空间。按照《中华人民共和国农业法》的要求，确保国家财政对农业总投入的增长幅度高于国家财政经常性收入的增长幅度，“中央一号”文件也明确提出支农资金要“总量持续增加、比例稳步提高”。此外，随着农村新型养老保险、新型合作医疗、低保等社会事业的快速发展，将带动农民养老金、报销医疗费、低保费等转移性收入快速增长。四是财产性收入将快速增长。随着农村土地征用补偿水平提高、农民土地流转租金上涨、房屋出租增多、林权改革的深入等，农民获得的财产性收入将持续增长。综上分析，在农产品价格攀升、农民工工资上涨、强农惠农政策加强的情况下，农民收入将保持快速增长态势。

但是，农民增收压力也在进一步增大。一是农产品成本上升，会缩小农民家庭经营收入的增长空间；二是虽然工资性收入不断上涨，但国际金融危机深入不断增加，就业稳定性降低；三是农民土地产权政策一直改革困难，财产性收入存在不确定性；四是转移性收入将受国际贸易规则和国家财力限制，增长空间有限。

二、统筹城乡发展的政策含义

（一）培育职业农民，尤其是青年职业农民

农村劳动力大规模转移基本上结束，对城镇和非农产业而言，必须应

① 蔡昉：“人口转变、人口红利与刘易斯拐点”，《经济研究》2010年第4期。

② 郭建军：“‘十二五’时期我国农业支持和保护政策体系”，《经济研究参考》2010年第45期。

对农民工工资上升的挑战，加快技术进步步伐，这并不是本课题关注的重点。对农业农村而言，能够转移出去的青壮年劳动力基本上都转移出去了，留下来的基本上都是年纪相对偏大、素质相对偏低的劳动力。为此，必须加快培育职业农民、尤其是青年职业农民。

第一，大力发展农村职业教育，把部分农村未升学学生培养成职业农民。加快普及农村高中阶段教育，重点加快发展农村中等职业教育并全面实行免费。把农村职业技能教育纳入国家总体教育规划，健全职业教育培训网络，进一步加强基础教育、职业教育和成人教育统筹“三教统筹”，对未能进入高一级学校的农村初高中毕业生，由中央和地方财政安排专项资金，免费提供包括科学种田、科学养殖等内容的职业技能教育，并颁发职业技能鉴定证书。以中央财政为主、地方财政为辅，设立青年农民农业创业基金，对普通高中或职业中学毕业学生从事农业经营并达到一定规模的，给予相应的投资补助，支持其购买种子苗木、机械设备或开展基础设施建设。

第二，大力推动回乡创业，把部分返乡农民工培养成职业农民。当前，已有一大批农民工在外积累了一定的资金和阅历，在不能进城安家落户的情况下，准备回乡创业。要做好相关工作，引导其中一部分返乡务农并成为职业农民。地方财政可建立专项资金，加大对创业农民工从事农业经营的资金投入。县级财政可探索建立农民工创业基金，中央财政和省级财政给予相应的资金扶持。鼓励和引导技术研发、产品开发等机构为返乡农民提供定向技术服务。制定和完善大中专院校特别是农业院校的毕业生到农村务农的政策措施，鼓励和吸引大中专院校毕业生投身现代农业建设。对到农村务农的大中专院校毕业生，除享受上述扶持政策外，在户籍、社会保障等方面给予其和城镇居民完全相同的待遇，消除他们务农的后顾之忧，使这部分人成为我国现代化职业农民的重要组成部分。参照大中专院校毕业生相关优惠政策，探索制定吸引城市青年从事农业的优惠扶持政策，吸引和培养部分城市青年成为新型农民。

第三，大力培育发展家庭农场，把种养大户培养成职业农民。种养大户经营规模大，专业化程度高，收入相对较高。吉林省调查显示，规模在20—30 亩、30—70 亩的玉米种植大户，户均净收益分别为 1.2 万元和

2.3万元，基本上和外出务工经商收入相当，这部分人会安心以农业为主业，成为职业农民，不容易离开农村。因此，要鼓励发展多种形式的土地流转，引导同村同组农户以互换形式进行土地连片集中，采取先互换再流转等方式，把耕地集中到大户手中，实现连片耕作。提高粮食、生猪等生产大县奖励补助水平，并从中专门划出一部分资金用于对种养大户的补贴奖励，鼓励有条件的地方另设专项奖励基金。测土配方施肥、良种繁育基地建设、农业科技入户工程和新型农民培训项目，要向大户倾斜。加强对大户的信贷支持，每年安排一定额度的农业信贷资金，满足大户季节性、临时性的农业生产资金需要。对于实力强、资信好的大户，给予一定的信贷授信额度，并允许大户以联保等形式办理贷款。

第四，尤其要注意培育青年职业农民。首先，可考虑设立青年农民农业创业基金，以中央财政为主、地方财政为辅，专门用于扶持青年农民的农业创业活动。对普通高中或职业中学毕业、回乡务农的青年，从事种植业、养殖业生产，投资和经营达到一定规模，由创业基金给予相应的投资补助，用于支持购买种子苗木、机械设备或基础设施建设。获得农业创业基金支持的青年农民，要把经营农业作为专门职业，一般不得脱离农业生产经营活动，离农者则应将获得的创业基金补助全部退回。其次，可考虑农业补贴政策向青年农民倾斜。这是许多国家的通行做法，欧盟就专门设有直接针对青年农民的补贴，很多国家的农业补贴政策都有专门针对青年农民的特殊优惠。借鉴这些经验，我国现行的农业补贴政策也应向青年农民倾斜，特别是农机具购置补贴，要把扶持青年农民作为重点，补贴指标分配优先考虑30岁以下的青年农民，同时对青年农民还可适当提高补贴比例，鼓励青年农民购置多种农机具，成为农机经营大户和农机服务专业户，成为农业机械化的带头人。再次，可考虑土地流转向青年农民倾斜。农村土地承包经营权流转，在坚持自愿原则下，可引导转包农户将土地转向青年农民。扶持有经营能力的青年农民转入较多的土地，率先发展适度规模经营，成为粮食等主要农作物生产大户。通过土地流转等扶持措施，使青年农民成为农业规模经营的重要承担者。

第五，对职业农民，要加强培训。制定全国农民教育培训中长期规划，把职业农民培训工作纳入国家总体方案，统一部署，统一实施。加强农民教育培训基础设施建设，不断改善办学条件。加强对农民培训教师特别是基层培训教师的业务能力培训，提高农民培训教师的业务能力和水平。进一步增加新型农民科技培训补助资金规模，扩大政策覆盖面，创新培训形式，对留在农村从事农业生产的农民，每年提供免费的科学种养等知识更新培训。扩大农业科技入户补助规模，通过基层农技推广专家和技术员，对农业科技示范户进行手把手、面对面的指导和培训。探索建立职业农民补贴保障制度，对具备资格的职业农民从事农业生产给予补贴，提供长期低息或免息贷款，使职业化农民有能力扩大生产规模、提高生产能力、提升竞争力。新型农民培训、农业科技培训等，要把青年农民作为重点。农业科技入户工程，要将青年农民作为优先考虑对象。建立青年农民专门培训基金，每年在农闲季节选拔青年农民到农业院校进行专门培训。通过培训，使青年农民成为新型农民的主体，成为农业科技推广应用的领军人。

（二）扩大农产品供给，加强市场调控

要改变农产品供求紧平衡的态势，必须加强需求管理，主要是控制好农产品能源化加工利用，减少粮食消费过程中的浪费；更重要的是，必须在供给方面做文章，要采取各种办法大力提高粮食等主要农产品供给水平。要改变农产品供求难均衡的态势，必须加强对市场的预测预警，加强储备，把握进出口节奏，打击市场炒作行为。

在扩大农产品供给方面，主要包括以下几个方面的内容：（1）稳定农产品播种面积。播种面积是农业生产的首要基础，要把稳定播种面积摆在抓农业生产工作的首要位置。要始终坚持最严格的耕地保护制度和最严格的节约用地制度，加大耕地特别是基本农田保护力度，强化基本农田保护监管，划定基本农田实行永久保护，将基本农田落地到户、上图入库，实行乡、县、市、省、国家五级备案，形成基于“一张图”和国土资源综合监管平台的全国统一的基本农田监管体系，确保基本农田面积不减少、用途不改变、质量有提高。要通过发展设施农业、调动农民生产积极性等办法，提高农业复种指数。（2）大力建设旱涝保收高标准农田。改造中低产田为高标准农田，增产潜力巨大。低产田变中产田、中产田变高产田，可分别提高单产100—200公斤。如果把现有占耕地面积70%的中低产田逐步改造为中高产田，可增产粮食近2000亿公斤。要把大规模建设旱涝保收高标准农田作为提高农业综合生产能力、挖掘农业生产潜力的重点，实施高标准农田建设工程，大力推进农田水利建设和耕地肥力建设，加快中低产田改造步伐，推动高标准农田面积较快增加。（3）提高种业发展水平。种子是农业增产的关键要素。人多地少的基本国情决定了我国农业增产的根本出路在提高单产，而单产提高的关键又在良种。联合国粮农组织的研究表明，今后世界粮食产量增长，80%依赖单产水平提高，而单产提高的60%—80%又依赖良种的科技进步。因此，必须下大力气建设我国种业，把良种培育作为农业科技创新的重点和提高粮食单产的重要途径，切实把加快良种培育、做大做强现代种业作为战略举措来抓，加快构建以产业为主导、大企业为主体、大基地为依托、产学研结合、育繁推一体化的现代种业体系，快速提高种业科技创新能力，进一步加大良种覆盖率，加快良种更新换代，使主要农产品品种每隔一定年限就全面更新提高一次。（4）调动主产区政府重农积极性。主产区生产基础好、增产潜力大，是我国农业稳定增产的主力军，是国家食物安全的主要支撑。要充分利用适宜区已有基础，挖掘潜力，形成一批优势突出、布局合理、产能稳固的优势农业产业带。国家支持农业生产的政策措施要向主产区倾斜，农业基础设施建设投资和农业综合开发等资金优先向农业主产区安排，积极探索建立主产区与主销区的利益补偿机制、主产区县乡财政基本财力保障机制，增加对主产区一般性转移支付和产粮大县奖励补助等资金，提高农业生产大县人均财力水平，加快实现主产区农业增产、农民增收、财力增强相协调。尤其要调动好粮食主产区种粮的积极性，对主产区到主销区建立粮食储备、参与主销区粮食供应的企业，主销区应给予适当的费用补贴，对主销区企业到主产区建立粮食生产基地、参与主产区粮食生产和收购，也应给予适当的费用补贴；可考虑建议设立“粮食产业扶持基金”，主要是在主销区征收，根据粮食主产省每年销往省外粮食数量予以奖励。（5）调动农民务农极性。要通过提高农业生产比较效益来保证农民能够得到合理收益，使农民在经济上不吃亏，依此来保护和调动农民从事农业生产的积极性。要坚持把农产品价格维持在一个合理水平，稳步提高国家粮食等主要农产品最低收购价，保证按最低收购价敞开收购。要不断增加农业生产各类补贴，提高补贴强度，新增补贴重点向种粮大户倾斜，使补贴真正起到拉动农业增产的作用。

在加强农产品市场调控方面，总体方向应该是在保持价格基本稳定的基础上，允许农产品价格逐步合理上升；要逐步建立农产品价格与农业生产成本以及城镇低保水平联动机制；要统筹考虑国内政策与国际贸易政策，针对不同品种制定不同的调控和支持政策；努力保持粮食类基础性产品价格相对稳定，尽量减少大豆等贸易依存度高的产品价格大起大落，积极探索鲜活农产品的有效调控办法。（1）针对粮食等基础性产品逐步完善最低收购价等政策，提高种粮收益。继续落实稻谷、小麦最低收购价政策和玉米临时收储政策。考虑到我国粮食进口关税较高，且能采取关税配额等措施控制进口，小麦、稻谷的价格调控应以提高最低收购价为主，适当出口籼米，严格限制粳米出口。对像玉米这类短期内供大于需的产品，应在完善现有临时收储政策的基础上，适当放松出口限制。（2）针对大豆和油料等贸易依存度高的产品继续实行更加灵活的临时收储政策，探索直接补贴农民的办法。在认真执行好临时收储政策的基础上，可进一步加大花生、冬油菜等具有较强竞争优势品种的良种补贴、农资综合直补等的力度，以保护农民利益和调动生产积极性，增强市场竞争力。此外，要积极探索直接补贴农民的有效办法。（3）针对棉花等“两头在外”的产品，可通过进口管理、储备调节等措施保持市场相对稳定。逐步完善部门行业协会棉花进出口协调机制，通过调整滑准税政策调剂进口，防止国内棉价过度波动。同时，完善籽棉收购与皮棉挂钩的联动机制，把握好国储棉吞吐时机和节奏，利用国内国际市场调节国内供需，稳定国内市场，保护棉农利益。（4）针对鲜活农产品，要依据产品特性探索灵活有效的价格干预政策。对生猪、牛奶等生产周期长、与人民生活密切相关的产品，应通过国家储备调节、预案管理、进口调剂等手段稳定国内市场。对蔬菜、水果等鲜活农产品，加强市场监测和信息引导，做好产销衔接，加大营销支持力度，完善冷链物流等基础设施建设，落实好绿色通道政策。加快推进发展方式的转变。大力发展标准化、规模化、专业化种养殖，使我国鲜活农产品的生产由数量型向质量效益型转变。探索建立鲜活农产品市场调节基金，平抑市场价格波动。（5）严厉打击资本对农产品的炒作。加强对农产品市场运行和可疑资金来源、流向、用途等情况的监测预警，发现违法违规问题迅速查处、严厉打击。切实加强对农产品收购、流通等环节市场交易和价格行为的监管，组织开展专项检查，依法查处一批扰乱市场秩序的典型案件。整顿规范农产品电子交易市场，对交易价格严重偏离现货市场、没有现货资源依托、交易规模过小、投机性严重，以及存在市场主办方入市操纵价格、挪用保证金等行为的，坚决予以取缔。充分发挥社会监督作用，向社会公布举报渠道，鼓励群众举报炒作农产品价格等违法违规行为，新闻媒体要全面客观准确报道农产品市场情况，严禁虚假报道和恶意炒作。

（三）加快农业机械化步伐、提高劳动生产率

农村劳动力继续流出农业农村是一个必然的趋势，农业生产对机械装备的依赖程度加深。近年来，农业机械化步伐明显加快，但还有相当大的提升空间。必须抓住机遇，继续大力推进农业机械化。

一是突出重点，均衡发展。在全国水稻主产区全面推广机械化育秧、插秧和收获机械化技术，积极推广棉花、甘蔗、茶叶等薄弱环节机械化技术。结合《优势农产品区域布局规划》，充分发挥各地优势，发展有特色的主要农产品生产机械化，因地制宜地向经济作物、设施农业、养殖业和加工业发展，进一步拓展农业机械化的作业和服务领域，形成点上突破，梯度推进的发展格局，满足农业生产多样化需求。大力推广保护性耕作、旱作农业、精量播种、化肥深施、高效植保和秸秆综合利用等，以节水、节肥、节种、节药、节油和资源综合利用机械化技术为重点，加快节约型农业机械化技术推广步伐。加强自主创新，注重提高农业机械产品质量，突出综合性、节约性、高效性、适用性和安全性相结合。注重发挥丘陵山区等落后地区后发优势，推动实现跨越式发展。

二是培育主体，增强活力。《中华人民共和国农业机械化促进法》明确规定：各级人民政府应当采取措施，鼓励和扶持发展多种形式的农业机械服务组织，推进农业机械化信息网络建设，完善农业机械化服务体系。农业机械服务组织应当根据农民、农业生产经营组织的需求，提供农业机

械示范推广、实用技术培训、维修、信息、中介等社会化服务。农机服务产业化的主体，应以龙头组织为核心，通过利益诱导，吸收更多的农机户加盟，形成庞大的农机服务产业群。充分发挥具有龙头作用的农机经营联合体、农机专业协会、农机合作社等中介组织和农机大户的作用。通过法规的制定和实施，规范农机中介服务组织行为，明确权利和义务，形成与农机户利益分享、风险共担的运行机制。引导农机户按照市场需求变化开展服务作业，促进共同利用，获得良好效益。加强组织协调，提供信息、培训指导，进一步培育和提高农机专业户经营服务能力维护市场秩序，保护各类经营主体的合法权益等。政府从政策、资金、税收、信贷等方面积极支持这类组织的发展壮大。

三是完善政策，强化扶持。深入贯彻《中华人民共和国农业机械化促进法》，对农民和农业生产经营组织购买国家支持推广的先进适用的农业机械加大补贴力度，帮助农户组建农机合作社，对一些效率高、投资大、专业性强的机械，如经济作物作业机械、大型收获机械和农田基本建设机械等，通过补贴等办法鼓励过合作社集体购买。尽早实施农用燃油补贴政策，在燃油税改革中对农业用油实行免税政策，通过部门转移支付的方式对田间作业用油实行30%—40%的价格补贴，补贴对象以农业机械经营者为主。继续执行农机作业免税政策，以减轻农民负担，提高农机经营主体的收入。降低农机产品增值税和农机企业所得税，对农机新产品开发用关键部件的进口减免关税，减少农机化支出。引导、扶持农机大户和各种农机服务组织的发展，积极给予财政支持和信贷支持，并以试验示范基地为依托，为农民和农业生产经营组织无偿提供公益性农业机械技术的推广培训等服务。

四是培育市场，强化服务。大力培育农机作业、技术服务、销售、维修、信息咨询等农业机械化服务市场，构建公平竞争、规范有序的以农机作业服务和农机营销服务为核心的两大市场体系和服务网络。（1）建立公平有效率的交易平台，为供需双方提供方便快捷的交易渠道、场所和及时准确的供需信息；建立健全对交易违规的检查监督功能和体系；建立健全交易纠纷的仲裁功能和体系；在供需市场平衡尚未建立起来的过程中，以合作组织、投诉制度和政府补贴加指导价格等渠道和方式平抑市场垄断价格。(2) 加建立和完善农业机械化市场规则，规范市场经营活动。建立健全公开、平等、规范的行业准入制度。发展农业机械化市场中介组织，严格资格认定，建立中介组织自律机制，发挥服务、沟通、公证、监督作用。完善农机产品和作业服务价格形成机制，发挥价格机制对农机供求的调节作用。发挥农机流通对农机生产的引导作用，努力营造良好的产销衔接环境。建立农机产、销企业的利益协调机制，支持和鼓励产、销企业以市场导向形成多元化的合作格局。(3) 依法加强市场管理和监督，维护农机市场正常秩序，清除市场障碍。反对不正当竞争，保障市场竞争机制有效运行。严厉打击制售假冒伪劣农机商品和不合格农机服务的违法行为，保护农民利益和农机生产者的合法权益。

(四) 加快土地承包经营权流转、发展种养大户

以家庭承包经营为基础、统分结合的双层经营体制，是农村改革的最大制度成果，是当前和今后农村稳定繁荣的体制基础。改革完善农地制度的总体思路是：稳定完善农村基本经营制度，坚持土地集体所有不动摇，推动“承包权物权化、流转市场化、模式多样化”，赋予农民长期、稳定和完整的承包经营权，实现经营权的物权化，消除产权不清带来的种种弊端；建立健全土地流转市场体系，在有条件的地方发展适度规模经营，为农村劳动力转移创造更为便利的条件；针对各地生产力水平差距较大的实际，坚持多样化的方针，鼓励和支持基层进行进一步的探索和创新。

一是推动承包经营权的物权化和法定化。明晰的物权、无争议的土地边界是土地进入市场的必备条件。修改完善《中华人民共和国农村土地承包法》，明确界定土地承包经营权的内涵和外延，把农户对土地的单一使用权拓展到占有、使用、收益和处分四权统一。农户在土地承包经营期限内，对分配于己的集体土地有实际上的占有权，集体只保留法律上的最终归属权；农户在承包地上有自主种植和经营的权利，有剩余产品收益分配权。严格执行“增人不增地，减人不减地”政策，这样可以进一步把农户承包经营权落实到地块，使农户承包地的权属更加明晰，实现土地承包经营权的长期化和固定化。对于没有承包地的新增劳动力，主要通过技能培训和劳务输出、社会保障解决其就业和收入问题。

二是建立健全土地流转机制。按照规范、有序的要求和依法自愿有偿的原则，建立健全土地流转机制。鼓励发展出租、转让、托管、入股等多种流转形式，支持农民进行进一步的创新。健全土地流转的登记备案制度、合同管理制度和动态监测制度，形成规范的土地流转管理规程。建立土地流转风险评估和控制制度，严格规范大户、龙头企业参与土地流转的行为，认真审核其农业经营能力，保护农户土地承包经营权。建立土地流转风险保证金制度，规定业主必须按年交纳，防止业主因经营困难等原因无法履约。健全农村土地承包纠纷仲裁组织体系，建立适合农村特点的仲裁程序、方法、工作规程和档案管理等各项制度，建立信访、调解、诉讼等协调一致的土地承包纠纷调节机制和仲裁工作协调体系，有效调解和仲裁合同纠纷，保护农民利益。

三是培育和规范土地流转市场。积极支持和引导创办农地流转有形市场，建立土地使用权流转市场体系。探索采用竞价承包、招标租赁等流转方式，通过市场机制形成合理的土地转让价格，合理确定土地等级、地价、地租。培育和发展各种类型的土地流转服务中介组织，依托乡、村集体经济组织，建立各级土地流转中介机构，重点培育以乡镇农经管理部门为主体的非营利性农地流转中介服务组织，依托农经信息网建立农地流转信息网络，开展土地流转中介服务，为土地流转搭建一个良好的平台。建立农地流转调节机制，防止土地使用权过于集中，避免在土地流转中形成垄断，维护土地流转的公平性和竞争性，实现有序管理。

四是建立土地承包经营权退出机制。把农村土地承包的退出政策与农民工进城的政策统筹研究，把农民退出土地承包经营权与其享受城市公共服务和社会保障挂起钩来。考虑到目前进城农民工数量庞大，一次性地把他们完全转到城里来，城里一时也很难承受，建议考虑一些过渡性措施，分步骤分群体逐渐把他们融入城市。比如，建立面向农民工的廉租住房，先让农民工家庭在城里有负担得起的栖身之地，围绕让他们变成市民，逐步向其他领域扩展。也可考虑先把在县城以上城镇购买住房的农民一次性转入城镇，他们一般在城里有稳定收入来源，经济条件较好，融入城市具备更好的经济基础。可以由他们自主选择是否彻底进城，对于要求转变为市民的，城市一头要提供平等的公共服务和社会保障，农村一头则要求他们把承包地退出来，但不再交由当地村集体支配，而是交由当地政府进行招标流转，所得收入交由村集体兴办公益事业使用。之所以这样考虑，一方面农民进城政府负担了很大成本，他们的承包地交由政府支配也理所当然；另一方面也避免土地交由村集体用来解决人地矛盾，仍然分散经营，而流转收入补助村集体有利于减少操作阻力。

五是加强土地流转基础配套制度建设。土地流转要求有一系列的制度予以配套。(1) 建立农业土地用途分类与管制制度。农地具有农业生产、社会保障、资本增值等多种用途，要明确土地用途分类，制定完备细致的土地用途变更规则。抓紧制定并严格执行乡村两级土地利用总体规划，把它作为落实土地用途管制的重要手段，对各类用地需求作出合理的安排，划定基本农田保护区，正确处理好农用地与非农用地之间的关系。(2) 建立土地权利登记制度。切实做好农村土地承包经营权证到户工作，把承包地块、面积、合同、证书落实到户，把基本农田登记入证，并及时办理土地承包经营权变更、登记等工作。加强农村土地承包档案管理，建立健全农村土地承包信息化管理系统和承包经营权证书管理、流转管理等制度，形成规范的工作规程。(3) 加强土地流转法制建设。尽快完善土地流转法律法规，对土地权利界定、土地流转补偿标准、土地流转管理、土地纠纷处理等作出明确规定，使土地流转走上健康的法制化轨道。通过立法明确土地市场主体，制止工商企业长时间、大面积租赁经营农户的承包地，坚决杜绝集体组织强迫农民流转行为。对业主租赁土地从事农业开发修建必要的基础设施和临时性建筑物，法规上适当予以允许，并制定出相应的规定、实施细则和管理办法。

六是制定有关优惠扶持政策。各级政府应鼓励和扶持土地流转，财政应拨出专款设立农村土地流转专项资金，首先重点用于补贴土地流出户，其次用于补贴土地流转服务组织、农业龙头企业和规模经营大户。金融部门应制定有关信贷政策，为土地规模经营的企业和大户提供贷款；国土部门应免收土地规模经营企业和大户修建永久性固定建筑物的相关用地手续费用；对耕地规模经营企业和大户用于添置和更新机耕设备、扩大生产经营规模的贷款，应优先给予补贴和贴息。在确定土地整理项目和农业综合开发项目时，应优先安排积极申报和推进土地流转的地区；对土地流转集中成片的地区，优先推荐转出土地的农民到所在地的农业龙头企业就业，由劳动部门提供就业培训；对不再从事农业生产的农民，在用工就业、子女入学等方面，均享受和城镇居民同等待遇的优惠政策。

（五）发展农民专业合作社、实现合作增收

从一些发达国家的经历来看，农业、农村、农民问题的出现和解决有一个大体的先后顺序。最早是农业问题，是如何发展农业保障工业化对农产品的需求问题；之后是农民问题，是如何提高农民收入实现公共服务城乡全覆盖的问题；最终是农村问题，是大规模开展农村建设缩小城乡差距的问题。从我国现在所处的历史阶段观察，目前可能正处于由解决农业问题向解决农民问题转变的关键时期。当前和今后一个时期，应把更多的精力放在如何提高农民收入上。

在农民收入的四大来源中，家庭收入占的比重目前仍是最大的。2009年，农民人均纯收入为5153元，其中，家庭经营收入2527元，占到49%。但是，这一比重却呈现不断下降的趋势，2004年，这一数字还是60%。5年时间，下降了11个百分点，下降幅度还是相当可观的。家庭经营收入占比的下降，一方面是因为大量农民外出务工，农民工资性收入快速增加，这符合工业化城镇化发展的历史趋势；另一方面，则是因为大量资本进入农业农村经营领域，农民通过家庭经营中获得收入的比例不断下降，这是一个需要引起注意的倾向性问题。

在2008年全国农村经济收益分配格局中，农民经营所得最终占到可分配净收入的70.6%。这一比重在2003年为74.3%，2000年为77%，进入21世纪以来基本上每年下降一个百分点。与此同时，企业各种留利占可分配净收入的比重从2000年的5.90%提高到2003年的6.98%和2008年的9.01%；外来投资者分利占可分配净收入的比重从2000年的1%提高到2003年的1.69%和2008年的1.81%。在一些发达地区，这一下降趋势看得更加清楚。浙江省绍兴市数据显示，农民经营所得占可分配净收入的比重，已经由1989年的78%下降到1997年的64.2%，再下降到2003年的51.1%，到2009年，这一比重已经跌落到了47.3%的低水平。

在农业农村经营领域，农民获得收入的比重下降，主要是因为现代农业建设步伐不断加快，农业生产经营中的有机构成提高，需要的资本投入增加，而单个农户缺乏必要的资本，从事经营的领域逐步收窄，大量资本趁机“下乡”，资本获得收入的比重逐步上升。畜牧业是这方面的一个典型，规模养殖所占的比重稳步提高，1996年规模饲养量在全行业的比重还只有6.3%，2006年达到50%，2008年已超过60%。大多数规模养殖的是资本主导下的、以企业形式的养殖。真正农户主导的、家庭形式的所谓散养户占的比重逐步降低，农户逐步被迫退出畜牧业经营。统计数据上的表现就是，畜牧业占农业的比重不断提高，但出售畜禽产品收入占农户家庭收入的比重却不断下降。

资本逐步占领农业农村经营领域的局面，必须加以改变。要实现农民收入稳步增长，就一定要把农业农村经营领域留给农民，要让农民首先能够在农村通过经营获得收入。即使在日本和我国台湾地区，它们都明确限制资本进入农村占领农民经营领地。要解决单个农户资本不足和农业经营有机构成提高的矛盾，我们也应该学习日本、中国台湾等地的经验，大力发展农民专业合作社（以下简称合作社），要通过机制创新，让合作社能够支配一定数量的资本，能够进入农产品加工流通领域，守住农业农村经营领域；要让合作社有能力获取农产品加工流通环节的利润，再通过合作社内部的分配机制，把这部分利润转换为农民的收入。通过努力，如果能够止住目前农民经营所得占可分配净收入的比重每年下降一个百分点的趋势，农民收入就能够每年增加0.5%。如果再能够把这一比重提高2000年的水平，农民收入就能每年增加3.5%左右。

从数量上来看，近两年来，我国农民专业合作社发展速度很快。截至2009年9月底，全国农民专业合作社达到21.16万家，比2008年底增长90.8%；实有入社农户约2100万户，占全国农户总数的8.32%。但是，合作社发展质量还亟待提高。从目前情况看，合作社还不能很好地帮助农民合作支配资本获取经营利润。当前，合作社发展面临的主要问题可以归结为三个方面：（1）合作层次较低。绝大多数合作社局限在技术信息服务领域，真正能组织农户统一购买农资或销售农产品的为数不多，能开展农产品加工的更是寥寥可数。（2）合作机制不顺。合作社内部规范的治理机制尚未真正建立起来，社员大会、理事会、监事会等机构不健全，社员不太愿意参与合作社的管理监督，合作社对社员的民主权力也不太尊重。(3) 合作积极性不高。农民入社动机不强，退社较为随意。入社后参与活动较少，合作社内部凝聚力不足，一些社员与合作社的交易量小于市场交易量，一些合作社与社员的交易量小于与非社员的交易量。

这三个问题其实是有因果联系的。第一个问题是根本，它是产生第二个和第三个问题的原因。只要合作社无法进入农产品加工流通环节，它就无法获得这部分收益，分给社员的也就不多。农户入社得到的利益自然不多，加入和不加入的区别不大。因此，农户入社的积极性不高，且随时可能选择退出。在这种情况下，显然难以建立规范的治理机制，这样的合作社发挥的作用不大，且随时面临解散的危险。由此可见，合作层次决定了合作收益，且直接影响到合作机制的建立及合作积极性的提高。而合作层次不高，主要是因为合作社缺乏足够的资本，没办法进入农产品流通加工领域。

推动合作社发展，要在加强政府服务、培养合作人才等多方面加大政策支持力度，但最核心的是要保证合作社能够占有足够的资本。只有这样，它们才能够作为合格的市场经营主体，才能够进入农产品加工等领域，才能够拥有为社员谋利的手段。为此，必须创新体制机制，搭建好为合作社提供金融服务的平台，推动产业合作和信用合作的结合。

在20世纪90年代，西方传统合作社同样因为缺乏资本而陷入经营困境，这迫使它们进行制度创新，发展成为新一代合作社（New Generation Cooperatives），它们的做法值得我国借鉴。具体而言，我们在发展合作社时，首先要确定流通和加工的最佳规模，再据此确定所需资金数额，然后把加工规模分解成若干交易份额（deliver share）。社员入社时按规定必须认购交易份额，并同时要求按一定比例出资，通过调整比例，使得社员出资额之和刚好等于合作社所需资金数额。交易份额规定了社员交售给合作社的产品数量，社员交售产品总数刚好等于合作社流通加工的最佳规模。如果社员当年产出不够时，允许其从市场购买予以补齐；如果超出，超过部分由合作社视情况决定是否收购。通过这一系列制度创新，就可以为我国合作社发展建立起灵活的筹资机制和资金利用机制。合作社在出售交易份额的同时获得了一笔稳定的资金，藉此购买固定资产，开展农产品加工流通等业务。有了固定资产后，合作社就可以进入金融体系，获得银行贷款；就可以创办或控股农产品加工企业、铺设销售网络，获取加工销售环节利润。合作社利润按交易份额分配给社员，由于交易份额和社员认购资本额成正比，按交易份额分配也相当于按认购资本额分配。合作社通过参与加工和销售，扩大了社员合作的范围，也提高了社员分红回报率，增强了合作社对农民的吸引力。社员认购交易额的积极性增加，反过来又保证了合作社的资金来源，由此形成良性循环。在新一代合作社中，由于社员出资的数量始终从属于交易份额，而交易份额取决于农户生产的规模和与合作社的惠顾额，社员同时作为所有者与使用者的特征没有改变，合作社的本质属性没有改变。因此，引入资本后的新一代合作社仍然是基于农产品生产的合作，是劳动的合作，资本的合作处于被支配的地位。它仍然是以自愿联合起来的使用者为导向的，而不是以投资者的资本增值为导向的。

目前，我国合作社发展处于起步阶段，需要政府大力支持，但前提必须是政府要明确自身的功能定位，要有所为有所不为。政府要积极发挥其引导、支持、监督的作用，着重在立法、宣传、金融、信贷等方面为合作社的成长、发展提供市场不能提供的“公共产品”，解决市场不能解决的有关合作社发展的共同问题，而不是强制性推动和事务性干涉。同时，随着合作社的不断发展，政府的介入要逐渐减弱，给合作社营造一个宽松的发展环境。财政扶持的重点应逐步从现有的以农民专业合作社示范项目为主转向农民专业合作社示范项目与农民专业合作社建设项目相结合，并按照财政均等化的基本原则，实现让公共财政覆盖所有符合条件的农民专业合作社。

一是加大财政投入力度。提高各级政府和有关部门对农民专业合作组织的认识，在支农政策扶持和项目安排上，重点向农民专业合作组织倾斜。增加专项资金的投入，扩大支持范围，强化资金监管，使财政支持的项目切实落实在农民专业合作组织发展的基础性、关键性环节上。中央财政每年安排一定资金，对农民专业合作社开展信息、培训、农产品质量认证、农业生产基础设施建设、市场营销和技术推广、商标注册等给予必要的补助或奖励。地方财政也要安排资金，采取以奖代补等方式，扶持农民专业合作社开展各种服务。在贫困地区，财政扶贫资金可转化为对农民的配股，按新一代合作社的运作机制，农户在认购交易份额后，其出资份额的一部分由财政扶贫资金配齐，且财政资金不参与合作社盈利分配。对运作规范、成效显著的农民专业合作社，各级政府可给予表彰奖励。

二是落实税收优惠政策。农民专业合作社从事农、林、牧、渔业项目所得，依法减征、免征企业所得税。合作社从事农业机耕、排灌、病虫害防治、植物保护、农牧保险以及相关技术培训业务，家禽、牲畜、水生动物的配种和疾病防治项目取得的收入，免征营业税。对农民专业合作社销售本社成员生产的农业产品，视同农业生产者销售自产农业产品，免征增值税。增值税一般纳税人从农民专业合作社购进的免税农业产品，可按13%的扣除率计算抵扣增值税进项税额。对农民专业合作社向本社成员销售的农膜、种子、种苗、化肥、农药、农机等，免征增值税。对农民专业合作社与本社成员签订的农业产品和农业生产资料购销合同，免征印花税。

三是加大部门扶持力度。农业农村经济发展的建设项目，优先委托或安排有条件的农民专业合作社实施。各级发展改革、水利、农业、扶贫开发、农业综合开发等部门，要按照“渠道不乱、用途不变、各负其责、各记其功”的原则，对农民专业合作社申报项目给予支持。农民专业合作社要按照有关规定，严格管好用好项目资金。工商部门要放开农民专业合作社名称核准和成员资格条件，认真落实登记不收费、监管不年检的规定。税务、银行、质量监督等部门要采取费用减免等措施，为农民专业合作社办理税务登记、银行开户、机构代码证等提供优质高效服务。

四是保障用地用电。农民专业合作社创办农业科技示范基地、建设标准化生产基地、种养基地和从事农产品收购等需要的农业用地，坚持自愿、有偿的原则，由村组集体经济组织协调，动员群众采取租赁、经营权入股等流转方式予以解决。供电企业对农民专业合作社开辟绿色通道，提高用电业务办理效率；农民专业合作社从事种植业、养殖业生产用电，执行农业生产电价标准。

政策来源于实践、必须反映实践的变化；服务于实践，必须推动实践的发展。要发挥好政策效力，必须及时预见潮流所在和大势所趋，善于洞察事关全局的苗头性、倾向性问题，并据此作出准确地调整。农业农村发展正在发生的阶段性变化，既是前期政策转变和推动的结果，也是当前和今后一个时期政策调整和变化的依据。

第三节 未来十年我国统筹城乡发展面临的形势①

未来十年，是我国跨越中等收入陷阱、迈向中等发达国家的关键十年，也是农业现代化与工业化、信息化、城镇化协同推进的重要十年。这十年，人口结构、经济发展、资源环境形势乃至需求格局、市场机制等诸多方面将出现持续发生变化或出现新的变化，直接或间接地影响着农业发展的方方面面。

一、未来十年中国农业发展面临的形势

（一）人口结构持续变化使得保证粮食安全的政策导向确定更为复杂

人口结构变化使得食品消费结构发生重大变化，城镇化与老龄化同时发展，将使粮食安全的政策导向更为复杂。一是城乡人口格局变化持续改变总体消费结构。预计到2023年，我国的城镇化率将由目前的52%提高到60%左右。届时中国将拥有8.7亿城镇人口和5.8亿农村人口，与2011年年末的人口结构相比，将新增1.8亿城镇人口，减少1.2亿农村人口。从以往经验看，城镇居民动物性食物消费明显高于农村居民，而口粮消费大大低于农村居民。可以预见，未来十年我国的直接口粮需求将会下降，而饲料类需求将会有较大增加。二是人口老龄化会在一定程度上降低人均食品消费量。我国人口老龄化的趋势正在加剧，根据全国老龄工作委员会办公室公布的资料，2001—2020年是我国快速老龄化的阶段，从

① 本节引自2010年农业部软科学课题“未来十年我国农业发展的阶段性特征趋势”，课题主持人：孙梅君。

2021年进入加速老龄化阶段，并预计到2023年老年人口将增加到2.7亿人，与0—14岁少儿人口数量相当。根据钟甫宁（2012）[①]的研究，年龄对人均粮食需求有显著影响。随着我国老龄化速度的加快，未来十年将会对人均食品消费水平有较强的负面作用。城镇化、老龄化的影响一正一负，有总量的影响，更有结构的改变，作用机理复杂，效果不易把握，这将使粮食安全政策导向的确定更为复杂。

（二）人民生活水平提高促使农产品质量与数量安全面临两难困境

随着人民收入水平和生活水平的快速提高，广大群众消费习惯和消费结构发生了巨大变化，“吃得饱”已经不是问题，“吃得好、吃得安全”越来越成为关注的焦点，未来十年这种情况将更为突出。我们长期强调的粮食安全，关注的是数量安全，保证人民有饭吃，但对质量安全关注相对不足。数量安全满足的是全体消费者对能量的需求，而农产品质量安全是满足全体消费者对健康和安全的需求。数量安全对自然资源高度依赖，但资源的质量一定程度上决定农产品的质量。两者统一时，问题不明显。一旦两者发生冲突，数量安全的追求往往占据上风。比如2011年曝光的南方部分地区大米镉超标（即“镉大米”）事件，其主要原因是多年来采矿、冶炼、制革等工业的快速发展，造成工矿企业周边和河流灌溉区域的土壤严重污染所致。根据国家环保部和国土资源部的监测，我国耕地面积的10%以上已受重金属污染，按照有关规定，其中的大部分土地就应该转产，以保障农产品质量安全，但不言而喻会对数量安全带来威胁。随着人口增长和生活水平提高，在资源约束下，数量安全高度依赖科技水平的提高，但农业科技是把“双刃剑”，如果控制不当，就会带来质量安全隐患。在总结近百年来农业科技进步时，化肥、农药、兽药等化学制剂的应用是保障数量安全的主要贡献之一，但为了追求数量不加限制地滥用这些化学制剂，就会对农产品生产所依赖的环境及农产品本身造成污染，致使有毒有害物质残留超标，诱发农产品质量安全事件。例如2006年发生的“多宝鱼”事

---

① 钟甫宁、向晶：“人口结构、职业结构与粮食消费”，《农业经济问题（月刊）》2012年第9期。

件，养殖者为了增加产量，盲目增加养殖数量，使得养殖密度过大，鱼病频发，养殖者不得不大量使用硝基呋喃类抗生素，造成药物残留超标。产量的提高往往会降低质量安全水平，同样，提高农产品质量往往也要以降低农产品产量为代价。绿色食品和有机食品在生产过程中少用甚至不用化学投入品被认为是比较安全的食品，其实某种程度上是以牺牲产量来保证的。在今后相当长的一段时期内，一方面，随着我国人口数量的增长和消费结构的调整，对农产品总量的需求将持续增长，进一步提高农产品产量仍是农业生产的主要目标；另一方面，随着生活水平的不断提高，广大消费者对农产品质量安全的关注度越来越高，对农产品安全、健康的期望越来越强。如何妥善处理好农产品数量安全与质量安全之间的关系，满足人民对安全农产品的消费需求，是农业部门亟待解决的首要“两难”问题。

（三）全面开放的国际贸易格局可能会进一步冲击国内农产品市场

随着农业对外开放的扩大，国际上农业丰歉、能源价格变动、投机资本炒作、货币汇率波动等，对国内农产品市场的影响更为直接和明显。自2004年我国首次出现农产品国际贸易逆差以来，逆差规模不断扩大，逆差额由2004年的46.4亿美元扩大到2011年的337.8亿美元。农产品贸易逆差逐渐呈现出常态化趋势，并且有可能进一步加剧。我国进出口体量大，略有风吹草动，就会影响国际市场行情。一些国际依存度较高的产品，其价格走势往往只能被动地随着国际市场行情起伏。大豆最为明显，其进口依存度2011—2012年度已经达到83%。2007—2012年，某些重要农产品价格的大起大落就是这种格局的直接反映。未来十年，国际农产品价格仍面临诸多不确定因素，国际市场的价格波动将越来越明显地通过贸易的价格传导机制影响到国内的农产品供给。

（四）耕地、水资源日趋紧张制约农业生产力进一步提高

一是耕地资源。近年来，我国着力构建的耕地保护新格局成效初现，耕地锐减势头得到遏制。未来十年，随着我国工业化、城镇化进一步推进，每年仍将占用大量建设用地，随着人口持续增长，我国人均耕地面积仍将继续下降。另外，农业耕地质量的维持也面临考验。我国现有耕地中

70%是中低产田，生产能力大于每亩粮食产量1000公斤的耕地仅占6.1%[①]。这些年“重数量、轻质量”的倾向造成了耕地“占优补劣”现象严重。据农业部测算，近10年全国耕地“占优补劣”导致粮食生产能力至少减少120亿公斤[②]。另据农业部近期对全国107个国家级耕地质量监测点数据的分析，近10年多我国基础地力贡献率下降了5%[③]，耕地肥力下降，化肥依赖性增强。由于土地资源的无序开发和不合理利用，耕地质量加速退化，水土流失、荒漠化严重。每年因风蚀导致土壤损失的肥力折合化肥2.7亿吨，相当于全国农用化肥产量的数倍[④]。2011年年底我国水土流失面积达356.92万平方公里，占国土总面积的37.2%。荒漠化土地面积为262.2万平方公里，占国土面积的27.4%，近4亿人口受到影响[⑤]。二是水资源。我国水资源人均占有量仅为世界平均水平的1/4、美国的1/5，在世界上名列121位，是全球13个人均水资源最贫乏的国家之一。2011年全国水资源总量为23256.7亿立方米，比常年值偏少16.1%，为1956年以来最少的一年。农业用水持续增加，2011年全国农业用水3743.5亿立方米，同比增加54.5亿立方米，占总用水量的61.3%。淡水资源的减少已经开始制约我国农业生产。除此之外我国农业生产还面临着水质恶化、灌溉水有效利用率低的困境。随着工业化和城镇化的推进，我国废污水排放量不断增加，2011年全国废污水排放总量807亿吨，比2010年增加15亿吨，水体污染、富营养化等问题得不到有效控制。水利部对709个农业用水区和95个渔业用水区的水质情况进行测评，达标率仅为30.2%和47.4%[⑥]，不断增加的废水排放量使我国本已稀缺的水资源面临更大的挑战。另外，水资源利用效率不高是一个突出问题。与此相应的是农田水利建设滞后的问题，这已成为影响农业稳定发展和国家

---

① 宋洪远、赵海、徐雪高：“从积贫积弱到全面小康——百年以来中国农业农村发展回顾与展望”，《中国农村经济》2012年第1期。

② 肖俊彦：“警惕我国粮食安全保障能力下降”，《农业经济问题》2012年第6期。

③ 曲昌荣：“地力下降咋应对”，《人民日报》，2013年4月14日。

④ 张攀春：“现代农业的主导功能及其可持续发展”，《农业现代化研究》2012年第5期。

⑤ 资料来源：中华人民共和国国土资源部，土地百科，http://www.mlr.gov.cn/tdzt/zdxc/tdr/21tdr/tdbk/201106/t20110613_878377.htm。

⑥ 中华人民共和国水利部：《中国水资源公报》，水利水电出版社2012年版。

粮食安全的最大硬伤。

二、未来十年我国农业发展的趋势性特征

伴随着工业化、城镇化深入推进，未来十年我国农业发展将进入新的发展阶段。农产品供需总量平衡但结构性短缺渐成常态，农业综合生产成本持续上升，农业现代化有望取得长足进步，经营主体专业化、组织化水平进一步提高，农业社会化服务体系不断完善，可持续发展机制逐渐健全，利用两个市场两种资源的能力不断增强。

（一）供需总量平衡，结构性短缺渐成常态

从需求变化看，食品需求结构性调整将日益明显，口粮需求总量稳中有降，果蔬需求稳中有升，油料需求趋于平稳，肉蛋奶需求总量稳步上升，肉蛋奶需求增加将持续带来饲料需求的扩张；工业上，非食品类的纺织及农产品深加工发展逐步形成了部分农产品大进大出的格局，以世界市场为目标的工业需求旺盛。从供给层面看，过去十年农业综合生产能力得到大幅度提高，粮食实现九连增，果蔬棉糖以及畜产品产量产能都有了较大提高，较好地满足了快速增长的工业化、城镇化需求。其中，农业技术进步、政策支持以及物质投入的增加是增长的主要源泉。未来十年，尽管农业生产在耕地面积、耕地质量、水资源、气候变化等方面受到越来越明显的制约，但可以预计，农业技术进步、政策上对农业生态的重视以及农业基础设施的建设，农业产出能力及可持续发展能力将得到较为有效的保障。随着对粮食安全认识的深化，综合利用国内外两个市场、两种资源的能力将得到有效提高，保障粮食安全和农产品有效供给将更为从容。所以，从供需格局看，未来十年，我国可能出现的格局是：供需总量平衡，粮食确保自给，进口日趋多元，结构性短缺渐成常态。这种结构性短缺是相对于包括加工在内的总需求而言的，是一种在粮食安全可控的范围内产生的结构性短缺。

（二）农业生产阶段性的高成本、高价格不可避免

目前，我国农业生产的人工、土地成本，化肥农药、机械作业的生产

费用均呈现不可逆的上升趋势，我国农业跨入了“高成本”时代。以粮食生产为例。2007 年，稻谷、小麦、玉米三种粮食平均每亩成本 481.06 元，2011 年则高达 791.16 元，5 年增长 45%，年平均增长 9%。其中，物质与服务费用 5 年增长 49%，其中种子、机械作业分别达到 68% 和 81%；人工成本增幅达 77%，雇工工价的涨幅更高达 121%。未来十年，城镇化进程将进一步加快，土地、劳动力等农业生产要素的价格也将进一步上升。在生产力发展速度赶不上成本变化的时期，单位农产品的成本不断走高不可避免。与此同时，农产品价格的上涨也不可避免。过去几年，农产品价格波动较为频繁，与经济发展景气程度的相关性显著提高，但总体上的上升趋势相当明显。这与成本上升的总体趋势是匹配的。当然，从单位产品成本和价格的角度看，如果农业科技进步使得农产品单位面积产量大幅提高，可能高成本、高价格的格局会有所变化。

（三）专业化、组织化相结合的新型农业经营体系逐渐成型

随着越来越多的青壮劳动力外出打工，越来越多的农村家庭由留守的老人、妇女支撑着农业生产。这种方式对农业经营者来说是无奈之举，对提升农业生产力极为不利。“谁来种地、怎么种地”成了一个引人深思的问题。而且，面对市场竞争，一家一户小规模的经营也因为缺乏市场谈判能力经常处于极其弱势的地位。这些年，农村社会化服务不断发展，种田大户通过土地流转扩大经营规模，由种田能手、大户或村干部等领办的农业专业合作组织逐渐发展起来，企业加农户的协作方式也不断走向成熟。最近一个时期，中央不断发出推进农业经营体制创新的强烈信号。党的十八大报告、2012 年年底的中央经济工作会议及中央农村工作会议对推进农业生产经营体制机制创新作出了一系列重大部署。可以预见，在未来几年，农业组织化程度、专业化水平以及社会化服务能力将不断提升，新型的、多元的农业经营体系将逐渐引领农业走向现代化。

（四）农业社会化服务水平全面提高

农业社会化服务水平的提高是农业专业分工发展的必然和必需。随着农业专业化、组织化水平的进一步提高，农业化社会服务的发展也将更为

深入。在农业社会化服务问题上，2013 年“中央一号”文件指出，要坚持主体多元化、服务专业化、运行市场化的方向，充分发挥公共服务机构作用，加快构建公益性服务与经营性服务相结合、专项服务与综合服务相协调的新型农业社会化服务体系。农业公益性社会服务原来“线断网破人散”的局面在过去十年得到较大改观，乡镇或区域性的农业技术推广、动植物疫病防控、农产品质量监管等公共服务机构的服务能力在一定程度得到提升。未来十年，农技推广体系的改革将持续推进，基层水利、林业、防汛抗旱、气象等多领域的公益性服务将不断加强。另外，作为新生事物的农业经营性服务组织将得到蓬勃发展，现在已初步具备了一定的规模。主要包括农民专业合作社、专业服务公司、专业技术协会、农民用水合作组织、农民经济人、涉农企业等。这些经营性服务组织既可以提供经营性服务，也可以通过机制创新参与公益性服务（比如政府订购、定向委托等）。还有专家大院、农村科技服务超市、庄稼医院、专业服务公司加合作社加农户等多种社会化服务模式在不断创新、发展，信息化的发展也有望不断地消除农业社会化服务最后一公里的尴尬。有了农业社会化服务的全面支撑，农业现代化的步伐可以更加稳健。

（五）农产品质量安全并重

过去十年，是食品安全问题暴露最多最集中的时期，也是举国上下对食品安全问题最为关切的时期。因为生活好了，所以更需要关注吃得好、吃得健康，这是民之所望、执政之所向。食品安全之所以出现问题，在于市场治理机制建设跟不上市场经济发展的步伐，在于快速的发展使得一些地方政府、企业和个人急功近利，忽视了长远与可持续。新一轮的机构改革剑指多龙治水的格局，已经在制度建设上迈出了重要一步，接下去就是在制度建设上做足文章、做好文章，未来十年，食品安全上的制度建设有望取得实质性的进展，从根本上解决食品安全和生态环境上存在的问题，为人民吃得好、吃得健康建立有效的制度保障。

（六）可持续发展机制进一步健全

我们已经逐步意识到，确保粮食安全和主要农产品供给，追求的不是一时的产量，而是有效的综合生产能力以及可持续的供给能力。不能为了增产过度开发利用地下水资源，也不能放任土壤质量持续下降和水体污染一味地增加化肥、农药的使用。可持续发展与美丽中国、美丽农村逐步成为全社会共识，未来十年，农业可持续发展能力构建、农业综合生产能力构建必能得到足够的重视。在可持续发展问题上，建设节水型农业、鼓励使用有机肥料、发展种养结合和生态养殖、发展生物肥料和生物防虫技术会成为未来的重点。在综合生产能力构建上，保证耕地资源是首要的。在确保基本农田基础上，农田水利基础设施建设会进一步加强，打通农田水利最后一公里、构建长效的维护运营机制等问题有望逐步解决。农业综合生产能力不在于种什么，而在于确保有地可种，有好地可种。此外，农业关键生产技术的研发、储备和推广应用也会进一步加强。

（七）农业对外开放水平全面提升

在新的粮食安全观指引下，未来十年在利用国内外两种资源、两个市场问题上我们可能会更加从容。根据底线思维，我们要保证国内口粮自给，但在饲料用粮、工业用粮问题上，我们进口一些不是问题，尤其在大进大出的一些加工领域，用国外的原料加工，再出口，这也是好事。即便看待农产品进出口顺差或逆差，也得更深一层地看顺在哪里，逆在哪里，而不会眉毛胡子一把抓，看见顺差就是好事，逆差就是问题。如果更全面地把农产品进出口和相关工业品进出口结合起来看，可能就是另一种结论。还有，比如汇率，人民币升值导致进口品便宜了、出口的贵了，这在一定程度上也会影响我国的进出口格局，在这种情况下多进一些不涉及根本的农产品也不是坏事，需要防范的是对农民生产的冲击。对外农业合作思路也有望有进一步发展，比如与南美、非洲、东南亚的农业合作，提升当地的生产能力，对世界供给总量也是贡献，增加了总供给，在一定程度上也间接缓和了国内的供给压力，合作未必要直接为我所用。从这个角度考虑问题，可能在操作上更加游刃有余。另外，在使用国际期货套期保值问题上，适应国际市场游戏规则的能力应能进一步增强，化被动为主动。

三、中国农业政策趋向

党的十八大强调要“促进工业化、信息化、城镇化、农业现代化同步发展”（即“四化同步”），着眼点就是夯实农业基础、补上农业现代化这个短板。经过改革开放30多年的发展，我国综合国力和经济实力大大增强，也具备了补齐农业现代化短板的物质条件。面对未来十年我国的农业发展形势的变化，应对各种已知未知的困难和挑战，在政策方向上，我们应该做好以下准备。

（一）确保国家粮食安全和重要农产品有效供给

确保国家粮食安全和重要农产品有效供给，是治国安邦的头等大事。面对农产品供求“总量基本平衡、结构性短缺”渐成常态的格局和趋势，我们需要保持清醒的头脑，对粮食安全和农产品有效供给的隐患和风险高度警醒，也要有充分的战略智慧，妥善应对风险和挑战。

第一，调整粮食安全的范围和评价方法。现在的粮食功能日趋多元，粮食既可以作为基本口粮，也可以作为饲料、用于榨油，也可以通过深加工服务于能源、医药等领域。如果把粮食安全简单归结为确保粮食自给率，就容易因为工业用粮、饲料用粮、植物油用粮（大豆）的扩张引发粮食安全问题的不必要担忧。我国本已有限且日趋紧张的耕地、水资源已经绷得很紧，如果因为粮食功能的拓展泛泛强调粮食自给，容易造成供给结构失衡，并过度使用地力。对于以工业生产为目的的粮食，比如能源、医药等非食品类粮食深加工所需玉米，不宜纳入粮食安全保障体系考虑范畴；对于以榨油为目的的大豆，不应纳入粮食范畴，对大豆统计，应明确区分食品用大豆和榨油用大豆两类；对于以饲料为目的的粮食，如饲用玉米等，也不应笼统地用粮食安全的理念来看待。

第二，不断加大农业投入力度。在坚持最严格的耕地保护制度和水资源管理制度基础上，大力加强高标准农田和水利设施建设，加快农业科技进步和创新，继续推进农业机械化，不断提高土地产出率、资源利用率和劳动生产率，不断增强农业综合生产能力、防灾减灾能力和可持续发展能力，突破资源环境和青壮年劳动力短缺的约束。

第三，进一步完善农业补贴机制。虽然近年来农业补贴力度不断加大，但与发达国家相比还有很大差距，离WTO允许的补贴上限还有不小空间。要随着国家财力的增长不断扩大农业补贴规模、完善补贴机制，使之成为发展农业的有效政策工具。

第四，不断理顺农产品价格。要根据农业生产成本上升情况，通过提高粮食最低收购价、运用重要农产品临时收储政策和储备调节机制等措施，保持农产品市场价格稳步提高、并快于成本上升的幅度，让农民种粮务农获得合理利润。

（二）把农业可持续发展放在更重要的位置

第一，要把保证耕地资源放在首要位置，确保基本农田，大力推进高标准农田建设。用好用足各项相关政策，加快建设与农业生产紧密相关的各种水利工程；抓紧编制实施全国高标准农田建设规划，整合资金，连片推进，确保8亿亩高标准农田建设目标如期实现；强化农田基础设施建设，调动多方力量，打通“最后一公里”，并构建长效的维护运营机制。

第二，积极鼓励发展新型农业生产技术。要着重鼓励建设节水型农业，鼓励使用有机肥料，鼓励种养结合和生态养殖，发展生物肥料和生物防虫技术。着力解决化肥、农药和农膜的过度使用给土壤和水资源带来的不利影响。

第三，加强农村生态建设、环境保护和综合整治。加大三北防护林、天然林保护等重大生态修复工程实施力度，推进荒漠化、石漠化、水土流失综合治理。巩固退耕还林成果，统筹安排新的退耕还林任务。开展沙化土地封禁保护区建设试点工作。增加湿地保护投入，继续落实草原生态保护补助奖励政策。加快农村河道、水环境综合整治。

（三）把农业现代化与提高农民收入水平更好结合在一起

在实现城乡居民“收入倍增”进程中，重点和难点是促进农民收入快速增长。这些年来，尽管我们连续九年实现了农民收入较快增长，但仍低于同期国内生产总值和城镇居民收入增长速度。尽管近几年城乡居民收入差距有所缩小，但收入之比仍超过3∶1，仍处于历史高位。今后一段时间，农民收入至少应与城镇居民收入同步增长，并力争超过，只有这样才能使城乡居民收入差距过大的问题得到缓解。促进农民收入持续较快增长，要从战略上采取综合措施，营造有利的环境条件，不断开辟就业门路，拓宽增收渠道。充分挖掘农业内部增收潜力是其中最重要一环。

一方面，要把握农业现代化发展给提高农民农业经营收入提供的良好契机。种一亩粮食，一年也就挣几百元；种一亩设施蔬菜或食用菌，一年纯收益可以几千元、几万元。现在很多地方通过发展设施农业致富的已不在少数。在养殖业方面，推进适度规模的家庭养殖场也可以有效促进增收。如果一户能够养20—30头猪、10—20头牛，经营得当，收益并不比打工差。在粮食主产区，如果每家能种十几亩粮食，再有一两亩大棚或温室，不去打工也不用闲下来，收入也很可观。还有城郊的观光农业、山区的特色农业、有机农业等等，还有很多潜力可挖。在新的历史条件下，农民有机会通过改造经营模式挖掘增收潜力，有机会通过农业现代化进程富裕起来，相关政府部门要为农民把握农业现代化带来的致富机会创造条件，做好服务。改造传统经营模式，农民一缺资金二缺技术三缺营销，解决这三大问题是农业工作的重点。另一方面，要通过延长农业产业链扩大非农就业增收空间。引导农产品加工业在产区布局，推动农村工业结构调整和产业升级，大力发展农业生产性服务业，壮大农村社会化服务产业，为农民工返乡创业创造条件。

（四）持续推动农业发展的改革和创新

首先，深入推进农业生产经营体制机制创新。农业生产经营组织创新是推进现代农业建设的核心和基础。要尊重和保障农户生产经营的主体地位，培育和壮大新型农业生产经营组织，充分激发农村生产要素潜能。一是稳定农村土地承包关系，完善相关法律制度，规范土地流转程序。土地承包经营权流转坚持依法自愿有偿原则，鼓励和支持承包土地向专业大户、家庭农场、农民合作社流转，发展多种形式的适度规模经营。土地流转不得搞强迫命令，确保不损害农民权益、不改变土地用途、不破坏农业综合生产能力。逐步健全县乡村三级服务网络，强化信息沟通、政策咨询、合同签订、价格评估等流转服务。二是努力提高农户集约经营水平。

按照规模化、专业化、标准化发展要求，引导农户采用先进适用技术和现代生产要素，加快转变农业生产经营方式。创造良好的政策和法律环境，采取奖励补助等多种办法，扶持联户经营、专业大户、家庭农场。大力培育新型农民和农村实用人才，着力加强农业职业教育和职业培训。制定专门计划，对符合条件的中高等学校毕业生、退役军人、返乡农民工务农创业给予补助和贷款支持。三是大力支持发展多种形式的新型农民合作组织。按照积极发展、逐步规范、强化扶持、提升素质的要求，加大力度、加快步伐发展农民合作社，切实提高引领带动能力和市场竞争能力。鼓励农民兴办专业合作和股份合作等多元化、多类型合作社。安排部分财政投资项目直接投向符合条件的合作社，引导国家补助项目形成的资产移交合作社管护，指导合作社建立健全项目资产管护机制。完善合作社税收优惠政策，把合作社纳入国民经济统计并作为单独纳税主体列入税务登记，做好合作社发票领用等工作。引导农民合作社以产品和产业为纽带开展合作与联合，积极探索合作社联社登记管理办法。

其次，深化食品安全监管体制改革。随着我国生产力落后状况的不断改善和社会管理水平的不断提高，针对食品安全监管需要和食品安全问题产生的原因，要进一步健全农产品质量安全法律法规体系，理顺农产品质量安全监管体制，建立严格的、适度集中的监管制度，加大综合协调力度，完善从农田到餐桌多部门协调的分工机制。健全农产品质量安全和食品安全追溯体系。强化农业生产过程环境监测，严格农业投入品生产经营使用管理，积极开展农业面源污染和畜禽养殖污染防治。支持农产品批发市场食品安全检测室（站）建设，补助检验检测费用。健全基层食品安全工作体系，加大监管机构建设投入，全面提升监管能力和水平。加强农产品质量安全监管机构建设，健全县、乡两级监管机构，改善农产品质量安全监管条件。强化农业行政执法，完善执法体系，加大执法力度，提高违法成本，彰显司法威慑作用。加强农产品质量安全监管技术支撑，完善监测体系和监测制度，防范风险和危害，完善标准体系，加强科学研究，提高监管水平。

最后，完善农产品市场调控机制建设。优化粮食等大宗农产品储备品种结构和区域布局，完善粮棉油糖进口转储制度。健全重要农产品市场监测预警机制，认真执行生猪市场价格调控预案，改善鲜活农产品调控办法。完善农产品进出口税收调控政策，加强进口关税配额管理，健全大宗品种进口报告制度，强化敏感品种进口监测。推动进口来源多元化，规范进出口秩序，打击走私行为。加强和完善农产品信息统计发布制度，建立市场调控效果评估制度。扩大农资产品储备品种。加强农产品期货市场建设，适时增加新的农产品期货品种，培育具有国内外影响力的农产品价格形成和交易中心。

第二章

城乡发展一体化的制度改革与实现路径

新中国成立后确定并长期实行工业化战略、城市偏向型战略以及为确保倾斜战略实施而采取人为的制度障碍，使经济资源大量向城市重化工业集中，同时通过统购统销方式人为地压低农产品价格，通过严格的户籍制度限制农村劳动力向城市迁移。扭曲要素和产品价格的宏观政策、高度集中的资源计划配置制度和缺乏自主权的微观经营机制，构成“三位一体”的传统经济体制。在这种传统经济体制下，工农关系的主要特征是，通过实施工农产品价格“剪刀差”和征收农业税方式去实行“农业支持工业”的战略。城乡关系的主要特征是，公共服务供给上的城乡差别待遇、城乡居民收入消费差距以及城乡人口流动上的隔绝。这种长期实行的工业和城市偏向型发展战略引起国民收入分配在城乡的不均等，扩大了城乡发展差距，恶化了工农、城乡关系。立足国家发展大局，构建新型工农、城乡关系应以实现工农、城乡协调与融合发展以及结构协同转换作为政策目标。党的十六大提出统筹城乡经济社会发展战略，标志着党在国家发展理念上的重大创新。城乡一体化是我国现代化和城市化发展的一个新阶段，城乡一体化就是要把工业与农业、城市与乡村、城镇居民与农村居民作为一个整体，统筹谋划、综合研究，通过体制改革和政策调整，促进城乡在规划建设、产业发展、市场信息、政策措施、生态环境保护、社会事业发展的一体化，改变长期形成的城乡二元经济结构，实现城乡在政策上的平等、产业发展上的互补、国民待遇上的一致，让农民享受到与城镇居民同样的文明和实惠，使整个城乡经济社会全面、协调、可持续发展。

第一节 城乡发展一体化的制度创新与战略任务[①]

一、城乡发展一体化的制度改革

实施城镇化与新农村建设协调推进新战略，必须加快推进统筹城乡综合配套改革，重点是实现"八改八化"，也就是要联动推进城乡统筹的土地制度、户籍制度、就业制度、住房制度、产权制度、公共财政、公共服务体系和行政管理体制等改革，加快实现务工经商农民市民化、农村非农建设用地资本化、集体资产股份化、农民居住社区化、公共财政共享化、养老保障社会化、基本公共服务均等化和政府职能民本化，为深入推进城镇化、加大社会主义新农村建设的力度、促进城乡要素自由流动、优化城乡资源配置提供有效的体制机制。

（一）统筹城乡土地制度改革

土地制度是农村的基础制度，土地问题事关农民的根本权益和城乡改革发展的全局，特别是宅基地、承包地和集体建设用地，涉及农民的切身利益和农村的长远发展。协调推进城镇化与新农村建设，迫切要求统筹城乡土地制度改革，建立城乡统一的土地市场，促进城乡土地资源统筹配置，提高城乡土地资源利用效率，让农民共享土地增值的利益。

① 本节引自2010年农业部软科学课题"城镇化与新农村建设协调推进战略研究"，课题主持人：顾益康。

1. 探索宅基地在镇范围内置换机制

在总结试点经验的基础上，把农村宅基地置换作为加快推进城镇化与新农村建设的一项综合抓手，从推进经济、社会、政府转型的高度加以整体谋划、统筹部署，在全国范围内有计划、有步骤地推行。在具体操作中，主要以“镇”为单位，整合下山脱贫、农村危旧房改造、农村土地整理、村庄整治等政策和资源，积极探索推动农村宅基地的异地置换和农民集中建房。特别是要把县城、中心镇的扩容建设与城中村、城郊村、镇中村、镇郊村的整体改造和农民宅基地农房置换县城和中心镇的住房改革有序推进。同时，创新农村宅基地管理，允许通过整理而结余出的宅基地，采用收购、退还、置换、转让等方式，参照划拨国有土地补交出让金的办法，推行宅基地的有偿使用和产权化管理。

2. 健全集体建设用地“入市”机制

根据城乡建设用地增减挂钩试点已在相关省份面上推开的实际，积极开展农村集体建设用地“入市”的改革试点。为此，要尽快研究制定相关省份集体建设用地使用权流转管理办法，规范和引导集体建设用地“入市”，并构建与城市国有土地相协调的建设用地权利体系，基本实现与国有土地“同地、同权、同价”，建立健全集体建设用地流转的市场运行体系，逐步形成统一、开放竞争、规范有序的城乡建设用地市场。

3. 创新农村承包地流转机制

从统筹城乡综合配套改革地区和试点省份土地流转进程明显加快，但土地流转总量不够大，尤其是中长期流转的比重不够高，农业规模经营水平明显偏低的实际出发，进一步创新和完善农村土地的流转机制，加快推行农村土地股份合作制，鼓励组建土地入股的专业合作社，引导农民把土地承包经营权转化为长期股权，变分散的土地资源为联合的投资股本。同时，要建立完善县乡村的承包土地的流转服务平台，各级政府要采取财政补助土地流转，让长期转让土地的农户享受失地农民的社保等政策，促进承包农地向适度规模的专业大户等现代农业经营主体集中。

4. 完善农村征地补偿机制

改革征地制度，严格界定公益性和经营性建设用地，逐步缩小征地范围，完善征地补偿机制。依法征收农村集体土地，按照同地同价原则及时足额给农村集体组织和农民合理补偿，解决好被征地农民就业、住房、社会保障。在土地利用规划确定的城镇建设用地范围外，经批准占用农村集体土地建设非公益性项目，允许农民依法通过多种方式参与开发经营并保障农民合法权益。逐步建立城乡统一的建设用地市场，对依法取得的农村集体经营性建设用地，必须通过统一有形的土地市场、以公开规范的方式转让土地使用权，在符合规划的前提下与国有土地享有平等权益。

（二）统筹城乡户籍制度改革

户籍制度改革一个系统而复杂的工程，涉及社会各阶层的利益，是一个涉及国家稳定和公民权利保障的重要制度。要积极创造条件废除按农业人口和城镇居民人口分类管理和城乡居民权利不平等的城乡分割的户籍管理制度，全面建立按人口居住地登记的城乡统一的居民户籍管理制度，赋予农民和城市居民一样的平等的国民待遇。

1. 加快实施居住证制度

要积极推进城乡统一户籍管理的改革，改革户口迁移制度，强化户口登记管理工作，彻底废除“农业户口”与“非农业户口”的界限，以居住地划分城镇人口与农村人口，以职业划分农业人口与非农业人口（两者均仅具统计意义），全面建立按人口居住地登记的城乡统一的居民户籍管理制度，使户口登记能够如实反映公民的居住状况和城市化水平。

2. 大力消除城乡分割的二元结构

要根据党的十七届三中全会提出的“统筹城乡社会管理，推进户籍制度改革，放宽中小城市落户条件，使在城镇稳定就业和居住的农民有序转变为城镇居民”，通过户籍制度改革，逐步剥离附加在户籍制度背后的利益关系，消除二元结构，缩小城乡差距，真正在城市和乡村范围内统一调配资源，充分发挥城市对农村的带动作用和农村对城市的促进作用，实现城乡经济社会一体化发展。

3. 深化与户口相关的配套政策改革

要大力推进依附于户口的社会福利政策，如劳动就业、教育、社会保障、计划生育等诸多方面的改革，实现户口的完全“非物质化”、“非福利化”，使户口不再成为分配社会资源、产生歧视性差别待遇的基础，使户口回归证明公民个人身份及家庭与社会关系，服务公民个人社会经济生活需要，服务国家行政与社会管理需要的本来面目，降低户籍制度改革所面临的巨大社会阻力和社会经济成本，为推进户籍制度的整体改革创造良好政策环境。

（三）统筹城乡就业制度改革

城乡创业就业一体化是城乡经济社会一体化发展的民生重点。要根据中央经济工作会议和农村工作会议明确提出的“要把解决符合条件的农业转移人口逐步在城镇就业和落户作为推进城镇化的重要任务”这一精神，把推进城乡一体化的就业创业作为城乡经济社会发展一体化重要的民生目标和强大的动力机制。按照分类、分层、分阶段的要求，在城乡更广的领域、更高的层次，推动全民创业，以创业促进就业，以创业带动致富，以创业成就伟业，实现民营经济新飞跃，不断激发创业创富的热情和激情，为新型城市化和城乡一体化发展注入新的、更为强大的动力。

1. 努力促进全民创业氛围的形成

要进一步突破城乡居民创业就业的身份限制、地域限制、行业限制、所有制限制，进一步激发城乡居民创业的热情，既鼓励和支持农民进城务工经商、创业就业，也鼓励城镇居民到农村发展现代农业和农产品加工、服务业，形成一个多领域、多形式、多层次的全民创业的氛围。

2. 积极创造创业就业制度环境

要出台激励城乡居民创业的政策，培育城乡统一的劳动力、技术、资本市场，切实解决好创业场地、资金、技术服务等难题，减轻税费负担，创造有利于城乡居民创业就业的制度环境、保护创业投资者合法利益和劳动者合法权益的社会环境和法制环境，形成城乡居民竞相创业、劳动者充分就业的局面和城乡居民的工资收入、经营收入和财产性收入持续增长的机制，实现共同致富目标。

3. 充分发挥政府服务指导作用

以实现城乡劳动力平等就业充分就业稳定就业为目标，建立和完善城乡一体的就业指导、服务和信息管理体制。全面实施城乡劳动力统一的就业登记管理，建立按农业就业和非农产业就业分类的农村劳动力就业登记、求职择业、就业培训、录用备案、解聘备案等一整套就业信息管理制度，同时完善城乡一体的劳动力市场信息网络，着力构建以市职业介绍服务中心为龙头、所有镇（社区）职业介绍所为依托，街道（社区）再就业服务站、村级劳动保障专管员为补充的多层次、城乡一体的就业指导服务体系，健全市、镇、村（社区）三级就业服务联动工作机制。

4. 大力开展教育培训工作

通过进一步加强创业就业的培训教育，特别是职业教育，全面提高城乡劳动者创业能力和就业技能。要有针对性地培养紧缺的高技能高素质的人才和服务业新兴战略型产业需要的专业劳动力和专业人才。要把农村劳动力短期的培训转向职业培训，大力发展职业技术教育，深入实施特别职业培训计划。农业劳动力的培训要按照培育家庭农场主、现代农业企业经营者和农民专业合作社领头人的要求，提高职业培训的水平。同时，还要按照农业产业结构调整和拓展农业多种功能的要求，培训休闲农业、农家乐、设施农业、园艺农业、循环农业的专业人才。

（四）统筹城乡住房体制改革

从城乡住房现状来看，我国当前的主要问题是住房困难和住房闲置并存，即城市相对困难和农村相对闲置，特别是随着乡—城人口流动的增加，城市住房相对紧张、农村相对宽松的状况将更加突出。同时，无论是城镇还是农村，都存在住房的结构性困难和结构性闲置问题，农村住房还存在由于基础设施、公共设施和住房配套设施相对落后导致住房质量差等问题。为此，要深入推进统筹城乡住房制度改革，建立城乡统一的住房保障体系，不仅有利于完善城镇和农村现有的住房保障体系建设，也有利于解决大量农村人口进城带来城乡住房格局变化所产生的新问题、新矛盾。

1. 建立健全多层次的城镇住房保障体系

坚持住房保障制度与住房商品化相结合，实行差别化的城镇住房保障政策，解决不同收入家庭的住房问题。即对城市低收入家庭，通过增加廉租住房供应和城市棚户区改造，主要采用实物方式；对有一定支付能力的中等收入的工薪家庭，通过增加建设经济适用房、限价房等保障房；对不符合廉租住房保障条件、无力购买经济适用住房的家庭，则通过发展公共租赁房解决住房困难问题。

2. 将农民工逐步地、有区别地纳入城镇住房保障体系

考虑农民工的住房需求特点，建立永久性与临时性相结合、一般性与特殊性相结合等不同层面的住房保障体系。即对于在城市稳定就业一定年限、有一定经济实力的农民工，可以通过收购或置换其农村宅基地用地指标，将其纳入城镇住房保障体系，有条件地、永久性地解决其住房问题。加快建设廉租房、民工公寓等解决流动性强的农民工的住房问题。

3. 逐步建立农村住房（宅基地）的可流转制度

在完善现有农村宅基地和农村住宅管理制度的同时，逐步建立宅基地和农村住房的可流转制度，允许农民以农村住房（宅基地）置换城镇住房，还可以开展农村住房商品化的改革试点。这样，既可以调整城乡建设用地的指标，利于城乡建设用地的统一管理，实现城乡住房建设和流转的互动，又可以最大限度地实现农民所持有资产的经济价值，不断改善其住房及其居住环境的质量。

（五）统筹城乡产权制度改革

随着城中村改造、下山脱贫、村庄整治、土地整理和中心村建设的深入推进，特别是农民集中居住区的建设，大量农村人口异地居住，人户分离的现象比较普遍，而农村集体资产管理体制改革滞后，为农村人口跨村流动集聚留下后顾之忧。为此，要加快统筹城乡产权制度改革，促进农村集体资产的价值彰显和产权交易，从而有效推进城乡产权市场的一体化发展。

1. 逐步扩大农村集体资产改革范围

按照清产核资、清人分类、折股量化、建章立制、规范监管的程序，加快推进农村集体资产产权制度改革。将经营性资产股份量化到人，建立合理的流转收益分配机制，集体组织成员既能“持股在乡”，也能“持股进城”，并逐步将量化资产改革范围扩大到集体经济组织所有的资产，包括经营性资产和资源性资产。

2. 探索建立农村产权交易市场

农村产权流转是农村产权制度改革、实现农村资产资本化的核心环

节。在对土地承包经营权、林权、农村房屋产权、集体建设用地使用权等确权基础上，探索建立农村产权交易市场和城乡统一的建设用地市场，通过组建农村产权交易所和产权流转担保公司等，推动农村产权合理流动，促进农村资本有序流转，盘活闲置的农村建设用地资源，在城乡之间合理分配城市化发展带来的土地增值收益。

3. 完善农村集体资产运营管理机制

按照现代企业制度的要求，进一步完善农村集体资产管理公司的法人治理结构，建立健全管理制度，通过“资金、资产、资源”的创新经营，增强村级集体经济综合实力，增加农民的财产性收入，保障集体经济组织及其成员的合法权益，逐步建立起产权明晰、管理科学、收益共享的集体资产管理和运营机制。

（六）统筹城乡公共财政体制改革

统筹城乡公共财政体制改革，完善公共财政投入与增长机制，调整和优化财政支出结构，促进公共财政向农村倾斜，推进公共财政管理制度改革，建立以工促农、以城带乡的公共财政体制。

1. 完善公共财政投入与增长机制

合理界定公共产品和服务范围，明确公共财政投入边界，建立和完善统筹城乡的公共产品保障体制机制；改革和完善财政收入分配机制，加快税收收入改革，提高税收占财政收入的比重，建立稳定增长的财力保障机制。

2. 逐步建立土地出让金城乡共享共用的机制

要根据统筹城乡发展和让农村、农民共享城市化、工业化带来的土地增值利益的原则，逐步建立城乡共享共用的农地转为非农建设用地的土地出让金的机制和办法，逐步扩大支持农业和农村发展的比重。

3. 调整和优化财政支出结构

促进公共财政向农村倾斜，财政支出中明确投向农村的比例；以项目建设为依托，重点加强农村公共基础设施、公共服务设施和社会保障体系建设和投资，建立以工促农、以城带乡的公共财政长效机制；调整财政转移支付结构，将城乡基本公共服务财政投入纳入一般性转移支付，逐步提高一般性转移支付在财政总支出中的比重；积极争取上级财政政策，加大对统筹城乡发展和建设的财政转移支付力度。

4. 推进公共财政管理制度改革

继续坚持与完善财政省管县体制和预算民主恳谈制；全面推进预算编制改革，增强预算的透明度，积极开展公共财政绩效评价，提高资金使用效率；理顺财政层级管理和分配关系，建立县乡级财权与事权相匹配的公共财政体制；高度重视县、乡政府负债问题，完善县、乡财政监管制度。

（七）统筹城乡公共服务体系改革

统筹城乡公共服务体系改革应以增强以城带乡的机制，强化城乡公共资源统筹配置、公共设施长效管理、公共服务供给等方面的机制体制创新为着力点，进一步扩大公共服务覆盖范围、提升公共服务水平，促进公共服务从城乡二元向城乡一体转变。

1. 以农村为重点，逐步实现城乡公共服务对接

推进城乡公共服务均等化是一个系统工程，必须统筹谋划、综合考虑、分步推进。考虑城乡以及各地经济社会发展水平的差异，城乡公共服务均等化要分阶段、分步骤、有差异地推进。在经济发达地区，在建立城乡统一公共服务制度的基础上，把农村居民全部纳入公共服务保障范围，逐步提高农村公共服务供给标准，最终实现城乡公共服务水平差距的逐步缩小，城乡居民享受大致均等的公共服务；在欠发达地区，在完善农村基本公共服务体系的基础上，加快提高农村公共服务水平，在政策和制度设计上，预留城乡公共服务均等化的制度接口，为城乡公共服务对接积极创造条件。

2. 以政府为主导，拓宽城乡公共服务供给渠道

要进一步加快公共财政体制改革，把提供城乡公共服务放在支出预算的优先位置，确保城乡居民的公共服务需求都有预算安排。同时，要在坚持政府主导的基础上，充分发挥民间资本的优势，以公共服务需求为导向，积极探索社会力量参与城乡公共服务投资和运营的有效机制，形成政府主导、市场运作、社会广泛参与的公共服务供给机制。

3. 以改革为主线，创新城乡公共服务体制机制

在加大投入的同时，要更加重视用改革的手段推进城乡公共服务均等化，着力解决卫生、教育等城乡公共资源配置不均以及农村公路、饮用水工程等公共设施运行效率不高等问题。更重要的是，要深入推进城乡二元体制改革，以统筹城乡发展的思路，进一步整合城乡公共资源，促进公共资源优化配置，最大限度地提高公共资源使用效率，逐步建立城乡统一的公共服务制度。

（八）统筹城乡行政管理体制改革

按照建设服务型政府的要求，理顺权责关系，减少行政层级，提高行政效率，全面深入实施省直管县体制改革，加快强镇扩权改革，加强农村新社区管理服务，全面激活各级政府的发展活力。

1. 分类推进“省管县”体制改革

全面探索省直管县（市）体制改革，积极争取中央支持，积极扩大设区市发展空间。结合“扩权强县”，赋予部分强县设区市同等权利，通过委托、授权等权力下放方式，扩大其他县经济社会管理权限。

2. 加快推进强镇扩权改革

按照“依法放权、高效便民、分类指导、权责一致”的原则，通过委托、交办、延伸机构等方式，进一步向强镇延伸市县级经济社会管理权限，原则上赋予镇域范围内的经济类项目核准、备案权限，以及规划选择、市政设施、社会治安、环境保护、就业保障、户籍管理等社会管理权限；加大强镇在用地、财政、项目等方面政策扶持力度；推进强镇行政执法体制改革，加快赋予城市建设综合执法权，逐步建立与小城市相适应的管理体制。

3. 推进农村新社区管理服务改革

运用现代社区的管理理念，加强中心村为重点的农村新社区建设，建立社区管理委员会，建设社区综合服务中心，为社区建设提供组织保障，为社区居民提供基本公共服务；加强专业化、职业化的社区工作者队伍建设，培育发展服务性、公益性、互助性社区中介组织；不断深化“网格化管理、组团式服务”，不断创新社区管理新模式，建设群众自治、设施配套、服务完善、生态和谐的农村新社区。

二、城乡发展一体化的战略任务

在统筹城乡发展新时期，实现城镇化与新农村建设协调推进重点要在思想观念创新、城乡一体化规划制订、新型城镇建设、新型农村社区建设、公共服务建设、基础设施建设和推进统筹城乡综合配套改革等方面取得实质性的进展，形成有利于城乡协调发展的体制机制。

（一）把思想观念的创新作为城镇化与新农村建设协调推进的大前提

要针对现实中城镇化建设和新农村建设中存在的种种工作偏差和传统观念，以科学发展观为指导，推进思想观念的创新；要纠正“要地不要人、见物不见人、重工不重农、建城不建乡”的错误的城镇化做法，摒弃把“大圈地、大马路、大广场、大高楼”等同于推进城镇化的错误认识；也要克服就农业抓农业、就农村搞农村建设的片面的做法和认识。要把统筹城乡发展的方略贯穿于城镇化和新农村建设的全过程，以城乡一体化发展的新理念引领城镇化和新农村建设，形成以人为本、城乡一体、集成创新、和谐发展的城镇化与新农村建设协调推进的理论构架。

（二）把城乡一体化的建设规划作为基础点

要充分发挥规划的引领作用，重视做好各个行政区域层次的统筹城乡发展，推进城乡一体化的建设规划，把城镇化规划与新农村建设规划都纳入城乡一体化的规划之中。要根据到2020年城镇化的发展趋势以及全面建设小康社会的新农村建设目标，科学地编制好推进区域城乡一体化的发展规划。“十二五”的经济社会发展规划要与城乡一体化的规划思路统一起来，统筹做好城乡生产力布局、人口迁移、劳动力转移、土地资源利用以及城乡基础设施建设、公共服务体系建设和社区建设的规划。以这种城乡一体的规划建设为指导，具体地指导城镇化与新农村建设的各项工程，协调推进城镇化与新农村建设。

（三）把县域作为城镇化与新农村建设协调推进的主战场

县域是我国区域城乡经济社会层次中最完整的基本单元，县域经济是我国经济社会发展的基础，对农村经济社会的发展具有决定性的影响。县域作为贯彻统筹城乡发展方略、推进城乡一体化和新农村建设的基本实施单位，我们要把它作为城镇化与新农村建设协调推进的主战场，并且要把实施城镇化与新农村建设协调推进的战略作为促进县域经济社会发展转型的最重要的抓手。要根据我国东部、中部、西部不同的地域特点和经济社会阶段性特征，确定城镇化与新农村建设不同的任务和路径。从东部发达地区的县域经济来看，应该积极推动县域经济从工业经济主导向城市经济主导方向转变；中西部地区和欠发达山区也要把加快城镇化作为县域经济社会发展的强大动力，通过“小县大城”的战略路径，有效实施城镇化与新农村建设协调推进战略。

（四）把做大做强县城、中心镇和农民市民化作为城镇化的主攻点

提高县域城镇化水平是推进大中小城市和小城镇协调发展的中国特色城镇化道路的一个战略重点。做大做强县城和中心镇是推进县域城镇化的主要抓手，也是加快农民市民化的主要载体。县城和中心镇的扩容要与统筹城乡综合配套改革紧密结合，把有条件的县城培育发展成为区域中心城市，把有条件的中心镇培育成为现代化的小城市，通过综合改革的各项举措全面带动县域的新农村建设。把县城和中心镇作为以工促农、以城带乡的主要平台，以第二、第三产业的集聚发展、集群发展带动更多的农村劳动力转移就业和农村人口向城镇的迁移，充分发挥县城和中心镇的公共服务中心的作用，构建完善的从县城到中心镇到中心村的公共基础设施和公共服务的网络，逐步形成城乡一体化的产业体系和服务体系。

（五）把土地流转和现代农业主体培育作为现代农业的着力点

加快改造传统农业、建设现代农业是统筹城乡发展、建设新农村的首要任务，也是全面建设小康社会和现代化进程中的重点和难点。我国人多地少、农业规模细小、农业剩余劳动力多的基本国情决定了加快城镇化的进程，强化工业反哺农业、城市带动农村的新机制，加快农业劳动力转移，扩大农产品有效需求是建设现代农业必不可少的条件。因此，实施城镇化与新农村建设协调推进战略必须把加快现代农业建设放到特别重要的

位置，把实现农业劳动力稳定转移、农民工在城镇安居乐业、务工经商农民市民化作为城镇化建设的核心内容。同时要把搞活农户承包地的流转，推进农业适度规模经营，培育现代农业经营主体作为现代农业建设的基础工作。要致力于建立以专业化、规模化的家庭经营为基础，以农民专业合作社、龙头企业、农产品行业协会为产业化经营、社会化服务主体的新型农业双层经营体制，加快农业发展方式的转变，大幅度提高农业的经营水平和农业劳动生产率。在此基础上，要大力推进以农田水利的标准化建设为基础的农业园区化建设、农业科技推广体系建设、农产品质量安全体系建设、农产品现代物流体系建设和现代农业政策保障体系建设等一系列工程建设措施，形成完整的现代农业产业体系。

（六）把中心村和农村新型社区建设作为以城带乡、提升新农村建设水平的新载体

让生活在农村的农民有一个美好的家园和幸福的生活是社会主义新农村建设的主要目标，也是缩小城乡差距、推进城乡一体化最重要的标志。从我国农村基础设施、公共服务落后，村庄布局零星分散，农村生产生活条件普遍比较差的实际出发，必须把统筹城乡发展、建设新农村建设的主阵地放到村一级。要按照城镇化与新农村建设协调推进的新战略，把中心村和农村新社区建设作为农民居住中心、农村公共服务中心，作为农村接受城市现代文明的辐射点、城乡基础设施和公共服务的连接点。要把旧村改造与农房建设紧密结合起来，搞好村庄布局规划，推进环境整治和农村基础设施建设，完善公共服务体系，尽快改变农村环境脏乱差和生产生活条件落后的状况，形成村庄布局优化、环境洁化、四旁绿化、道路硬化、服务强化的新格局，让农民群众生活在特色农业与绿色村庄交相辉映的美好家园中。

（七）把城乡基本公共服务均等化作为关键点

实现城乡基本公共服务均等化是统筹城乡发展、建设社会主义新农村的一项重要任务，也是城镇化与新农村建设协调推进的重要标志。要充分发挥政府在公共服务中的主导作用和城镇在公共服务中的以城带乡的中心作用。要按照城乡基本公共服务均等化的要求，推动城镇基础设施向农村延伸，公共服务向农村覆盖，重点做好城乡一体的公共交通、供水供电、通讯信息等基础设施和教育培训、医疗卫生、文化体育、社会保障、科技服务、就业指导等方面的公共服务工作，做到“幼有所学、壮有所为、病有所医、住有所居、老有所养”，让农民过上无忧无虑的美好生活。

（八）把统筹城乡综合配套改革作为总抓手

为确保城镇化与新农村建设协调推进，必须坚持以改革创新为动力，破除阻碍城乡一体化发展的体制机制障碍、要素瓶颈制约、制度政策束缚。就是要围绕着突破城乡二元结构和体制障碍，优化城乡生产力人口布局，拓展城乡一体化发展的新空间，整体配套推进城乡各个领域的改革，实现在改革的目标取向上相互一致，在改革的时间进度上相互呼应，在改革的空间维度上相互衔接，在改革的政策举措上相互配套，在改革的作用效果上相互促进，把农民从农业生产就业增收转换为第二、第三产业创业就业致富，把农民户籍身份转换为城镇市民身份，把农村住房转换为城镇住房，把土地养老保障转换为社会养老保障，把土地共享的集体福利转换为量化到人的股权收益，从而在突破城乡二元结构和形成城镇化与新农村建设协调推进的机制体制上形成实质性的进展。

第二节
促进城乡要素平等交换[①]

城乡要素交换是一个多层次的复杂系统，要素对利润的追求、政策环

① 本节引自农业部软科学课题“完善城乡平等要素交换关系研究”，课题主持人：高帆、詹玲（一题两做）。

境、市场环境、文化环境、自然环境等因素是影响城乡要素交换的重要因素。新中国成立以后特别是改革开放以来，我国城乡要素交换关系不断变化，剪刀差问题仍未根除，城乡差距仍继续扩大，城乡平等要素交换关系尚未建立。造成城乡要素交换关系不平等的最根本的制约因素在于是城乡二元结构，也就是尚未形成统筹城乡要素配置的制度和体制安排。现有涉及城乡要素交换关系的政策和规定，是在没有根本触动城乡二元结构下的权宜之计，在完善城乡平等要素交换关系方面所起的作用有限。此外，政策约束机制不强、现行法律法规缺陷等因素也是完善我国城乡平等要素交换关系重要的影响因素。

一、我国城乡要素交换关系的变动轨迹及基本特征

（一）我国城乡要素交换关系的变动轨迹

城乡要素平等交换关系的实质是在要素配置效率提高和收益均等分享的基础上，形成自发型、内驱型的城乡统筹发展方式，而这点需要交易主体、要素市场和支撑机制的共同作用，这为理解中国的城乡要素交换关系提供了一个分析框架。从经济史的角度看，新中国成立以来，我国在不同时段面临着不同的经济发展水平和国家战略取向，相应的，城乡要素交换关系也伴随着经济发展水平和国家战略取向的转变而变化，其结果是城乡收入—消费差距以及二元经济结构也呈现出显著的阶段性特征。概括起来，我国城乡要素交换关系大致经历了如下三个演变时段：

第一阶段：1949—1978 年，计划经济时期，政策主导的农村资本要素的单向流出阶段。新中国成立初期，作为世界上最重要的发展中大国，中国面临着在物质基础极其薄弱的基础上实现经济起飞的重大使命，同时，国内外政治社会形势也逼迫中国将快速工业化（尤其是重工业优先发展）放在战略位置予以对待。在此背景下，我国在 1953 年提出的过渡时期总路线明确要求，“要在一个相当长的时期内，逐步实现国家的社会主义工业化，并逐步实现国家对农业、对手工业和对资本主义工商业的社会主义改造”。实现国家社会主义工业化的中心环节就是发展重工业，以形成国家工业化和国防现代化的坚实基础，可以说重工业优先发展战略是在我国在新中国成立初期为实现经济起飞和维持国家

安全而作出的重大抉择。问题在于，重工业优先发展战略所需要的资本密集投入与当时我国资本极度短缺的国情相冲突，为此，中国在经济体系中就自然内生出以扭曲要素和产品价格为主要内容的宏观政策环境、高度集中的资源计划配置制度以及缺少自主权的微观经济机制①。就城乡要素交换关系而言，国家需要利用指令性计划来确保资本要素从农村流向城镇，以确保重工业化发展获得较为充裕的资本原始积累；同时，政府也需要利用指令性计划来确保劳动力要素不会过度从农村流向城镇，以确保劳动力不会追随资本流动而“稀释”重工业所需的资本要素。

就资本要素而言，在这个阶段，国家主要是依靠工农业产品价格剪刀差等手段实现农业剩余向城镇的单向度流出，而工农业产品价格剪刀差的产生条件是国家实施农产品统购统销并具有工农业产品的“定价权”。1953 年 10 月 16 日，中共中央发布了《关于实行粮食的计划收购与计划供应的决议》，这标志着粮食统购统销制（以及工农业产品价格剪刀差）开始实施，此项制度对于缓解当时的市场波动具有积极作用，但同时也导致了农村剩余以隐形方式流向城镇和工业部门。根据不同研究者的估算，计划经济时期政府通过公开税、价格剪刀差和储蓄净流出等各种形式实现的农村资源向城市的无偿转移，估算下来大致有 6000 亿—8000 亿元②。即使按照马晓河（2004）的估算，如表 2－1 所示，改革开放前的 20 多年里，国家从农业转移出的资金远大于给予的资金数量，1952—1978 年农业向国家净流出资金总量达到 4054 亿元，年均资金流出量为 150. 2 亿元，且随着时间的推移年均资金流出量还呈现出上升的趋势，例如：1952 年农业资金净流出量为 48. 99 亿元，到 20 世纪 70 年代末年均资金流出量高达 241. 70 亿元。总之，在计划经济时期农业资金净流出的规模较大、时间较长，这种农业资金流出是我国能在短期内建立起独立完整的工业体系的关键因素。

---

① 林毅夫、蔡昉、李周：《中国的奇迹：发展战略与经济改革》，上海三联书店、上海人民出版社 1994 年版。

② 蔡昉、都阳、王美艳：《劳动力流动的政治经济学》，上海三联书店、上海人民出版社 2003 年版。

表 2-1　计划经济时期资本从农业部门流出和流入的情况　单位：亿元

时期	农业税及其附加	出售农产品少得收入	购买工业品多付资金	流出资金合计	财政对农业支出	流出—流入	年均净流出
1952 年	31.45	23.09	3.49	58.03	9.04	48.98	48.99
1953—1957 年	173.29	242.39	35.39	451.07	99.58	351.49	70.30
1958—1962 年	155.85	590.85	104.93	851.63	283.65	567.98	113.60
1963—1965 年	87.02	346.87	69.59	503.49	126.98	376.50	125.50
1966—1970 年	172.56	736.64	153.84	1063.04	230.45	832.59	166.50
1971—1975 年	171.66	1139.59	242.21	1553.46	401.22	1152.24	230.50
1976—1978 年	99.90	837.54	156.98	1094.42	369.27	725.15	241.70
合　计	891.53	3916.97	766.43	5574.93	1520.19	4054.74	150.2

资料来源：马晓河：《结构转换与农业发展：一般理论和中国的实践》，商务印书馆 2004 年版，第 96 页。

就劳动力要素而言，在不考虑政府干预的背景下，劳动力将追随资本流动以提高劳动生产率，由此所形成的产业结构很可能与政府试图推动的重工业优先发展战略不相吻合。据此，国家就依靠户籍制度来“抑制”农村劳动力和人口向城镇部门的自发流转，1958 年 1 月《中华人民共和国户口登记条例》开始实施，此文件将居民划分为“农业人口”和“非农业人口”，并对人口的自由流动实行严格限制和政府管制，这意味着此后的近 20 年中农村劳动力和人口的非农化流转是极其困难的。表 2-2 给出了 1952—1978 年我国农村人口占比和劳动力占比的变化情况，容易看出：在考察期内，农村人口占比的最低值是 80.25%（1960 年），最高值是 87.54%（1952 年），这说明在此阶段中国是一个农村人口占主体的发展中大国，且农村人口的非农化流转长期处在近乎停滞的状态。在考察期内，除了 1958—1960 年的三年“自然灾害”时期，其余年份第一产业劳动力占农村劳动力的比重最低是 92.43（1978 年），最高是 99.68%（1963 年），这说明在此阶段农村劳动力主要是从事第一产业的，他们向第二产业和第三产业的流动几乎是不可能的。

表 2－2　　1952—1978 年我国农村人口和劳动力占比的情况

年份	人口结构			劳动力结构		
	总人口	农村人口	农村人口/总人口	农村劳动力	第一产业劳动力	第一产业劳动力/农村劳动力
1952	57482	50319	87.54	18243	17314	94.91
1953	58796	50970	86.69	18610	17747	95.36
1954	60266	52017	86.31	19088	18151	95.09
1955	61465	53180	86.52	19526	18592	95.22
1956	62828	53643	85.38	20025	18544	92.60
1957	64653	54704	84.61	20566	19309	93.89
1958	65994	55273	83.75	21300	15490	72.72
1959	67207	54836	81.59	20784	16271	78.29
1960	66207	53134	80.25	19761	17016	86.11
1961	65859	53152	80.71	20254	19747	97.50
1962	67295	55636	82.67	21373	21276	99.55
1963	69172	57526	83.16	22037	21966	99.68
1964	70499	57549	81.63	22908	22801	99.53
1965	72538	59493	82.02	23534	23396	99.41
1966	74542	61229	82.14	24451	24297	99.37
1967	76368	62820	82.26	25368	25165	99.20
1968	78534	64696	82.38	26285	26063	99.16
1969	80671	66554	82.50	27400	27117	98.97
1970	82992	68568	82.62	28120	27811	98.90
1971	85229	70518	82.74	28752	28397	98.77
1972	87177	72242	82.89	28654	28283	98.71
1973	89211	73866	82.80	29264	28857	98.61
1974	90859	75264	82.84	29682	29218	98.44
1975	92420	76390	82.66	29946	29456	98.36

续表

年份	人口结构			劳动力结构		
	总人口	农村人口	农村人口/总人口	农村劳动力	第一产业劳动力	第一产业劳动力/农村劳动力
1976	93717	77376	82.56	30142	29443	97.68
1977	94974	78305	82.45	30250	29340	96.99
1978	96259	79014	82.08	30638	28318	92.43

数据来源：国家统计局：《新中国六十年统计资料汇编》，中国统计出版社2010年版。

就土地要素而言，《中国人民政治协商会议共同纲领》（1949年）规定：国家要有步骤地将封建半封建的土地所有制改变为农民的土地所有制，1950—1953年我国依照“耕者有其田”原则普遍实行了土地改革，3亿多农民无偿分得7亿亩土地和大批生产资料，土地产权制度随之转变为农民所有和农民使用，中国共产党人兑现了赋予农民土地所有权和使用权的“政治契约”。但是经过1953—1956年互助组、初级社、高级社的农业合作化运动，农民个体经济快速转变为社会主义集体经济，土地制度随之转变为集体所有、集体经营，土地产权制度的变化和人民公社制度的推行导源于国家为节约与分散农户的交易成本[①]。在土地产权性质改变之后，农村居民要自由配置土地要素显然是不可能的，事实上，人民公社这种“政社合一”的组织安排也有助于实现农业资本流出和农村人口管控。总之，在计划经济时期，我国政府为了在资本短缺的条件下推行重工业优先发展战略，以政府高度集权和指令计划作为资源配置方式，采取统购统销制和工农业产品价格剪刀差促使农业资本流向工业及城镇，采取户籍制度和人民公社制来抑制农村人口与劳动力流向工业及城镇。在此背景下，城乡要素交换的集中表征就是农村资金大量流向城镇，农村人口和劳动力难以流向城镇，农村土地资源配置服从国家的经济发展战略。可见，此阶段城乡要素交换关系是国家重工业优先发展战略的必然产物，而城乡平等要素交换也因为政府的指令性计划而变为农业剩余的单向流出。事实上，

① 杜润生：《杜润生自述：中国农村体制变革重大决策纪实》，人民出版社2005年版。

在政府高度集权和指令计划的条件下，城乡微观经济主体依靠市场价格信号来进行要素“交换”是不存在支撑条件的。

第二阶段：1978—1996 年，改革开放初速时期，市场—政府双轮驱动下农村内部的资本和劳动相结合阶段。1978 年，安徽省凤阳县小岗村率先实施的“大包干”，不仅拉开了中国农村经济体制改革的序幕，而且拉开了中国整体的改革开放战略的序幕，在此之后，虽然理论界和政策制定者针对市场—计划的关系认识存在波动，但市场化改革的方向在历次争论中渐趋明晰，直至 1994 年党的十四大明确提出我国经济体制改革的目标是建立社会主义市场经济体制。就城乡要素交换关系而言，这种体制变革的深刻意义在于：政府已经不能再像计划经济时期那样按照自身意志来配置资源了，市场将在城乡资源配置过程中发挥基础性作用，同时企业和居民（尤其是城乡要素交换中的农民）将成为要素交换的市场主体。在 1978—1996 年的改革开放初期，计划经济时期农村的“三位一体”制度安排均发生了程度不一的变革，1978—1982 年，家庭联产承包责任制普遍取代人民公社制，促使农民（或农户）在土地集体所有的前提下拥有了土地承包权和经营权，20 世纪 90 年代初期，农产品流通体制的市场化改革也导致早期的统购统销制逐步退出，而户籍制度的渐进式松动也导致农村劳动力和人口的流动成为可能，这些均为城乡要素交换关系的适应性变革提供了条件。

在此阶段，城乡要素交换无论在配置主体和配置方式上均出现了显著变化。就配置主体而言，在体制转轨时期，政府仍具有一定程度的资源配置和动员能力，以政府主导的农业资金流出依然具有“路径依赖”效应，按照 Huang，et al（2004）的估算，1980—2000 年，工业发展以各种渠道从农村汲取的资金约为 1.29 万亿元（以 2000 年不变价格计算），如果从城乡关系来看，同期大约有 2.3 万亿元资金从农村流向城市部门。但伴随着市场化程度的逐步提高，农村居民对劳动、资本和土地使用权的自发配置能力趋于增强，在追求收益最大化的前提下城乡要素的自发流动开始活跃。就配置方式而言，此阶段城乡要素交换主要是以乡镇企业为载体而完成的，在家庭联产承包责任制显著提高农业生产力之后，农村劳动力向非农产业的流动就成为经济主体的内在需求，但户籍制度的“路径依赖”

导致农村劳动力的跨地域流动成本较高。这样，乡镇企业就应运而生并成为城乡要素交换的重要平台，农村内部的资本积累（往往是以地方政府推动为特征）成为乡镇企业的资本来源，同时农村劳动力进入乡镇企业以实现“离土不离乡”式就业。如表 2－3 所示，1978—1996 年我国乡镇企业“异军突起”，成为除工业和农业之外带动国民经济快速发展的“第三元”。在该阶段，乡镇企业固定资产原值从 229.58 亿元快速增至 16050.01 亿元，19 年间增加了 69.9 倍，这表明农村资本的单向外流状况有了一定程度的缓解。同时，乡镇企业职工人数从 2827 万人激增至 13508 万人，1978 年农村就业人数与第一产业就业人数之间的差额为 2310 万人，第一产业就业人数/农村就业人数为 92.43%，但 1996 年农村就业人数与第一产业就业人数之间的差额增至 14208 万人，第一产业就业人数/农村就业人数也降为 71.02%，这说明在此阶段农村劳动力非农化流转主要是进入乡镇企业的。可见，在改革开放初期，农村的生产要素（资本、劳动和土地）是以乡镇企业为载体实现了部门内的重新组合，就整体而言，农村和城镇两大部门之间的要素交换并不普遍和活跃。

表 2－3　1978—1996 年我国乡镇企业主要经济指标的变化情况

年份	企业（万个）	总产值（亿元）	固定资产原值（亿元）	职工人数（万人）	增加值（亿元）	劳动者报酬（亿元）
1978	152	493.07	229.58	2827	208	87
1979	148	548.41	277.95	2909	228	104
1980	142	656.90	326.32	3000	285	119
1981	134	745.30	385.45	2970	321	131
1982	136	853.08	455.29	3113	374	153
1983	135	1016.83	537.80	3235	408	176
1984	607	1709.89	635.25	5208	633	239
1985	1222	2728.39	750.38	6979	772	472
1986	1515	3540.87	1057.23	7937	873	586

续表

年份	企业（万个）	总产值（亿元）	固定资产原值（亿元）	职工人数（万人）	增加值（亿元）	劳动者报酬（亿元）
1987	1750	4764.26	1489.54	8805	1416	736
1988	1888	6495.66	2098.70	9545	1742	963
1989	1869	7428.39	2499.56	9367	2083	1055
1990	1873	9581.10	2682.01	9262	2504	1130
1991	1909	11621.70	3188.10	9614	2972	1305
1992	2092	17659.70	4084.20	10625	4485	1747
1993	2453	31776.90	6439.03	12345	8007	2563
1994	2495	45378.50	8868.20	12017	10928	3003
1995	2203	57299.00	12841.12	12861	14595	4381
1996	2336	68343.00	16050.01	13508	17659	5244

数据来源：历年《中国乡镇企业年鉴》。

第三阶段：1996 年至今，改革开放深化时期，市场—政府双轮驱动下城乡之间多种要素再配置阶段。对城乡经济关系而言，1996/1997 年是一个重要的时间节点，这是因为：一方面，在 20 世纪 90 年代中期之后，乡镇企业急速发展的格局遇到了挑战，特别是伴随着整个市场格局从“短缺经济”走向“相对过剩”，乡镇企业越来越面临产业调整、产品创新和产权改革等多重压力。1996 年之后，乡镇企业在企业数和从业人员等方面均出现了比较显著的缩减，例如 1996—2000 年，乡镇企业的企业数从 2336 万个减至 2085 万个，从业人员数量从 13508 万人降至 12820 万人。在此背景下，单纯依靠乡镇企业已经很难实现农村内部的资本和劳动相结合了。另一方面，伴随着家庭联产承包责任制的制度边际收益递减以及 1994 年中央—地方“分税制”改革的实施，农业和农村经济日益面临产业弱质和政策压力的双重挑战，以致在此阶段“农村真穷、农民真苦、农业真危险”的“三农”问题以更加严峻的方式表现出来[①]。进入21世纪以来，我国政府在贯彻落实科学发展观的理念下着力推动城乡统筹协调发展，强调以“少取、多予、放活”为主线来促进农业农村经济发展，2004—2011年连续8个“一号”文件就集中体现了中国政府对“三农”问题的高度关注。2008年10月党的十七届三中全会通过的《中共中央关于推进农村改革发展若干重大问题的决定》，更是强调当前我国农业基础依然薄弱，最需要加强；农村发展仍然滞后，最需要扶持；农民增收依然困难，最需要加快，并指出当前我国总体上已进入以工促农、以城带乡的发展阶段，进入加快改造传统农业、走中国特色农业现代化道路的关键时刻，进入着力破除城乡二元结构、形成城乡经济社会发展一体化新格局的重要时期。这些战略取向和政策安排为我国解决“三农”问题、统筹城乡经济发展起到了积极作用，但从实践来看我国尚处在农产品持续增产长效机制和农民稳定增收长效机制的探索阶段，尽管农村改革在多方面取得重要进展，但目前制约农业和农村发展的深层次矛盾并没有消除，农业稳定增产、农民持续增收和农村社会稳定繁荣的制度基础并不牢固，特别是有利于消除城乡二元结构、合理配置城乡资源、促进城乡协调发展的体制和机制没有真正建立起来。理论上的重要性与实践中的艰难性同时并存，而这种不对称的根本原因是此阶段城乡要素关系出现了若干阶段性特征。

（二）我国城乡要素关系的基本特征

1. 流出方向的单向性

就流动方向来看，尽管在新时期城镇部分要素（例如产业结构梯度转移）开始流向农村，但城乡要素流动的基本方向仍是农村要素单向度流向城镇，且这种单向度流动涉及劳动、资金和土地等主要生产要素。表2-4给出了1996—2009年我国农村劳动、资本和土地等要素的净流出情况，就劳动力而言，农村劳动力资源与第一产业从业人员的差额总体呈现出逐步攀升态势，2009年这种偏差甚至达到了1.7亿人，在乡镇企业吸纳农村劳动力日益弱化的情形下，农村劳动力将更多采用跨地区、跨部门

① 李昌平：《我向总理说真话》，光明日报出版社2002年版。

方式流向城镇部门。如果以县域为地域范围将农村劳动力流出划分为本地就业和异地就业，则可以发现：进入21世纪之后，农村劳动力本地就业所占比重不断减少、异地就业比重不断增加，这表明当前农村劳动力的流动方向仍是规模化、普遍化的异地城镇就业。就资金而言，1990年之后正规金融机构向农业的贷款额度出现相对下降趋势，2007年农业贷款和乡镇企业贷款占金融机构发放短期贷款的比重仅为19.69%，2006年农业贷款占金融机构人民币各项贷款的比重仅为5.9%，远低于同期农业增加值占GDP的比重11.8%以及农业从业人员占总从业人员42.6%的水平。农村信用社仍是当前我国农村金融市场的主力军，但由于农村的产业弱质性、农信社经营目标的多元化以及产权改革的商业化，农村信用社在农村吸收的存款并未全部（或大部分）用于农业和农村发展，且通过上缴存款准备金、转存银行款、购买国债和金融债券、净拆出资金等方式形成对农村资金的“虹吸效应”。表2-4显示，1996—2005年农信社每年资金净流出规模最小为281.2亿元（1999年），最大为1319.75亿元（2004年）。就土地而言，伴随着工业化和城市化进程的持续推进，耕地的农业用途与非农业用途之间的“冲突”不断加剧，1996—2008年农村年末耕地面积已从130039.2千公顷降至121715.9千公顷，在这种耕地面积缩减过程中，由耕地面积转为建设用地面积的数量却非常惊人，例如2006年建设用地面积新增167.3千公顷。显而易见，从劳动、资金、土地三种主要生产要素来看，当前我国存在着农村要素单向度、持续化流向城镇部门的基本态势。

表2-4　1996—2009年我国农村劳动、资本和土地的净流出情况

年份	劳动（万人）			资金（亿元）			土地（千公顷）		
	农村劳动力	第一产业劳动力	净流出规模	新增存款余额	新增贷款余额	年资金净流出	年末耕地面积	年内减少耕地面积	年内建设用地面积
1996	49028	34820	14208	1620.7	1130.5	437.6	130039.2	—	—
1997	49039	34840	14199	1762.2	908.5	853.7	129903.1	—	—
1998	49021	35177	13844	1635.7	1067	568.7	129642.1	570.4	176.2
1999	48982	35768	13214	1166.6	885.4	281.2	129205.5	841.7	205.3

续表

年份	劳动（万人）			资金（亿元）			土地（千公顷）		
	农村劳动力	第一产业劳动力	净流出规模	新增存款余额	新增贷款余额	年资金净流出	年末耕地面积	年内减少耕地面积	年内建设用地面积
2000	48934	36043	12891	1771.3	1263.7	507.6	128243.1	1566.0	163.3
2001	49085	36513	12572	2134.1	1481.9	652.2	127615.8	893.3	163.7
2002	48960	36870	12090	2611.97	1966.51	645.46	125929.6	2027.4	196.5
2003	48793	36546	12247	3834.73	3040.98	793.75	123392.2	2880.9	229.1
2004	48724	35269	13455	3578.9	2259.15	1319.75	122444.3	1146.0	145.1
2005	48494	33970	14524	316.51	-556.98	873.49	122066.7	594.9	138.7
2006	48090	32561	15529	—	—	—	121800.0	582.8	167.3
2007	47640	31444	16196	—	—	—	—	—	—
2008	47270	30654	16616	—	—	—	121715.9	—	—
2009	46875	29708	17167	—	—	—	—	—	—

资料来源：劳动力数据来自历年《中国统计年鉴》、资本数据为农村信用社存贷款数据，来自历年《中国金融年鉴》，土地数据来自历年《中国农业发展报告》。

2. 市场价格的失真性

在农村要素单向度流出的背景下，如果市场价格能够相对精确地反映要素的“稀缺度”，则农民将通过要素流转而获取与其他社会成员相对均衡的经济收益。事实上，农村要素流出能够获得相对于农业生产的更多收益，但囿于现有的市场环境和制度安排，农民面临的要素价格仍存在着某种程度的“失真”特征。以农村劳动力外出就业为例，根据国家统计局农村外出劳动力农民工统计监测调查，2009 年我国外出农民工以从事制造业（占比 39.1%）、建筑业（占比 17.3%）和服务业（占比 11.8%）为主。从工资报酬来看，2009 年外出农民工月平均收入为 1417 元，外出农民工月收入在 600 元以下的占 2.1%，600—800 元地占 5.2%，800—1200 元的占 31.5%、1200—1600 元的占 33.9%，1600—2400 元的占 19.7%，2400 元以上的占 7.6%。分行业来看，2009 年农民工收入水平较高的是交通运输业（月均收入 1671 元）、采矿业（月均收入 1640 元）

和建筑业（月均收入1625元），收入较低的是住宿餐饮业（1264元）、服务业（1276元）和制造业（1331元）。同时，城镇单位就业人员平均月工资为2687元，分行业来看，城镇单位制造业就业人员月平均工资为2234元，建筑业为2013元，住宿和餐饮业为1738元，采矿业为3170元，交通运输、仓储和邮政业为2943元，均高于农民工的收入水平。从土地要素来看，农民在征地过程中所获取的补偿与其集体作为土地所有者、家庭作为土地使用者的地位很不匹配，按照我国《土地管理法实施条例》，“土地补偿费归农村集体经济组织所有；地上附着物及青苗补偿费归地上附着物及青苗的所有者所有”，农民个人所能明确获取的补偿费往往只是地上附着物和青苗补偿费，这些只占全部土地补偿费的5%—10%。在土地征用出让的利益中，农民只得其中的5%—10%，村级集体得到25%—30%，60%—70%为地方政府和各部门所得。上述情况意味着，无论是从劳动力报酬还是从土地征用补偿的角度看，农村要素的外流均伴随着要素价格（或要素使用权转移的补偿）的失真，且这种“失真”均表现为农村居民利益的相对受损。

3. 交易条件的约束性

要素市场的发育和完善对城乡要素平等交换具有至关重要的作用。改革开放以来，我国生产要素的市场化进程进展较快，但要素市场化进程滞后于商品市场化进程却是一个不争的事实。尤其是在城乡要素交换中，劳动、资本和土地等要素的市场化进程相对迟缓，诸多技术和制度因素相互交织、彼此缠绕，导致市场的自发拓展以及价格机制的正常作用遭遇阻力。就资金要素而言，农村正规性金融机构和非正规性金融机构所提供的“金融供给”与农村农民所需的“金融需求”之间存在偏差，农村合作性金融、商业性金融和政策性金融“三位一体”的架构尚未真正构建，农村融资体系和资本市场发育尚处“金融抑制”阶段，农村居民和乡镇企业获取信贷资金往往服药支付更高的“成本”。就土地要素而言，农村规范性的土地出让市场和土地使用权流转市场尚未普遍构建，在很多地方，由于正规性社会保障供给的相对不足，土地仍然承担者农民基本养老、基本医疗等社会保障功能，而这种功能会形成对土地生产要素功能的部分“弱化”。在此背景下，土地征用和土地使用权流转就不是一个单纯的要素再配置的经济效率问题，而必须考虑土地因承载社会保障功能而具备的社会公平属性。就劳动力而言，由于户籍制度的影响依然存在，因此农村劳动力转移通常难以同时完成农民身份转化，即农业工业化（职业转化）和农民市民化（身份转化）被割裂开来。根据笔者在陕西省Z县以及在安徽滁州等地的实地调研，当前阻碍农民工外出流转的最主要的两大因素是子女教育和养老保障问题，而这两者均与农村劳动力流转的身份转化紧密相关。图2-1给出了1978—2009年我国工业化率和城市化率的变动趋势，可以看出：我国第二、第三产业就业人口/总就业人口（工业化率）始终高于城镇人口/总人口（城镇化率），2009年第二、第三产业就业人口占比为61.9%，而城镇人口占比为46.59%，后者滞后于前者约15个百分点，城市化率显著滞后于工业化率，这表明：城乡劳动力的职业转变是不能同时内化身份转化的，这与其他经济体（例如日本和韩国）的发展历程是存在明显差别的。

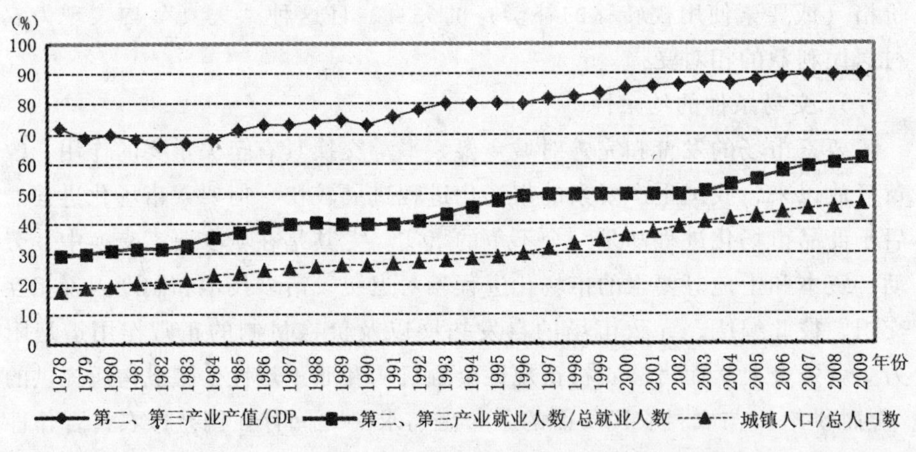

图2-1 1978—2009年中国工业化率和城市化率的变动情况

新中国成立以来，我国城乡要素交换关系并不是既定不变的，伴随着经济体制条件和国家发展战略的变化，城乡要素交换关系也出现了阶段性转变。表2-5给出了新中国成立以来城乡要素交换关系的演变轨迹。概言之，在1949—1978年的计划经济时期，我国在重工业优先发展的战略取向下促使农村资本外流，此阶段由于政府指令性计划甚至不存在真正意义上的“市场”、“价格”和“交换”，其结果是因为农业资本的单向外流而导致农村发展极为迟缓，城乡经济差距渐趋扩大。在1978—1996年的改革开放初期，我国正处在城乡经济关系的过渡时期，此时农村要素（劳动、资本和土地）主要以乡镇企业为载体在农村内部进行流转，这种流转使农民在农业收入之外可以得到部分非农收入，从而城乡居民的收入—消费差距有所缩减。在1996年之后，我国开始进入改革开放的深入推进阶段，相对于计划经济时期和改革开放初期，城乡要素交换关系均发生了重大转变，其集中体现是：劳动、资本和土地均从农村单向度流向城镇；农村要素交换的价格存在着失真状况；城乡要素交换所依赖的交易条件具有约束性质。这三者表明：改革开放以来，我国城乡要素的流动性不断增强，但城乡要素交换关系仍存在着不平等、不完善特征，而这是导致城乡经济差距在高位持续波动的根本原因。

表2-5　新中国成立以来我国城乡要素交换关系的演变轨迹

项　目	第一阶段	第二阶段	第三阶段
起止时期	1949—1978	1978—1996	1996年至今
体制背景	计划经济时期	改革开放初期	改革开放深化时期
战略取向	重工业优先发展	城乡关系过渡时期	城乡经济统筹发展
要素流动范围	城镇—农村	农村内部	城镇—农村
要素流动方向	资本外流 劳动、土地不可流动	劳动本地流转 资本、土地流动较小	劳动、资本和土地 均从农村流向城镇
要素定价方式	政府指令性计划 不存在真正意义的价格	乡镇企业以要素价格 促使资本和劳动组合	市场定价与政策 因素的相互叠加
农民利益获取	农业资本单向度外流 导致农村发展迟缓	农业经济得到部分 非农收入补充	农民收入在时序意义 上提高，但与城镇居 民差距拉大
城乡经济差距	渐趋扩大	有所缩减	在高位持续波动

二、我国城乡经济生产要素产出绩效的测算与比较

改革开放以来，随着社会主义市场经济体制的建立健全，限制要素流

动的城乡二元结构壁垒逐步被打破，城乡间的要素流动异常活跃。然而，从改革开放后我国城乡要素交换关系的特点可以看出，目前我国城乡二元结构还将继续存在，在城乡要素交换上存在着劳动力要素流动的单向性、资本要素流动与要素配置效率不一致等现象，这些问题不仅阻碍着我国城乡一体化的进程，而且直接影响着我国城乡经济安全。清晰了解我国城乡经济生产要素产出绩效以及优化资源配置的方向，是寻找城乡要素不平等交换的根源、促进城乡要素合理流动的重要根据。

（一）数据的选取和来源

目前国内大多数学者对城乡要素绩效的研究主要从城市或者农业经济的角度进行单一领域的研究。而将城乡间要素进行综合分析，并对要素绩效分析的研究相对较少。同时，研究要素绩效的成熟方法并不多见。姚耀军、和丕禅（2004）[①] 利用农村经济绿皮书的农村 GDP 数据，考察了 1981—2002 年我国农村固定资产投资绩效情况，他们是对城乡生产要素绩效比较的开创性研究。此外，中国社会科学院农村发展研究所（2006）对我国农村要素配置提出较为深入的论述，得出我国城乡生产要素配置存在着很大不平衡的结论。

基于众多学者的研究，本书依据《中国统计年鉴》、《中国农村统计年鉴》和《中国城镇统计年鉴》的数据，对相关经济数据按照城乡地域性进行划分，采用基础计算的定性判断和精确的计量方法，对城乡间要素生产要素效率进行多视角、全方位的测算。对单一要素和整体要素绩效进行详尽分析。此外，结合我国经济发展的实际情况，对产生要素偏离效率的内在原因进行简要分析。为了较为科学地测算出城乡经济生产要素绩效，本书选用单位 GDP 所需要的固定资产和就业人数对城乡生产要素效率进行衡量。考虑到《中国统计年鉴》关于农村固定资产投资的数据只更新到 2007 年，因此，本书以 1995 年到 2007 年间的我城乡固定资产投资和就业为基础数据，并按照要素效率比较公式进行比较研究。

① 姚耀军、和丕禅："农村固定资产投资绩效研究"，《农业技术经济》2004 年第 4 期。

（二）我国城乡经济单要素生产率绩效的测算与比较

1. 要素比较的测算公式

为了更加直观地衡量、合理地说明两者之间的差异，在借鉴相关学者的研究基础上，采用两者相对比值比较要素效率的有效性。公式如下：

$$I_c = \left(\frac{F_c}{F_t}\right) \bigg/ \left(\frac{G_c}{G_t}\right) \tag{2-1}$$

$$I_r = \left(\frac{F_r}{F_t}\right) \bigg/ \left(\frac{G_r}{G_t}\right) \tag{2-2}$$

$$P_c = \left(\frac{L_c}{L_t}\right) \bigg/ \left(\frac{G_c}{G_t}\right) \tag{2-3}$$

$$P_r = \left(\frac{L_r}{L_t}\right) \bigg/ \left(\frac{G_r}{G_t}\right) \tag{2-4}$$

公式（2-1）为城镇单位固定资产投资获取GDP比值。表示城镇固定资产投资占全社会固定资产投资的比重，与城镇GDP占全国GDP的比例之比。I_c 代表城镇的固定资产投资要素效率比值，F_c 代表城镇的固定资产投资，F_t 代表全国的固定资产投资，G_c 代表城镇的国民生产总值，G_t 代表全国的国民生产总值。

公式（2-2）为农村单位固定资产投资获取GDP比值。表示农村固定资产投资占全社会固定资产投资的比重，与农村GDP占全国GDP的比例之比。其中 I_r 代表农村的固定资产投资要素效率比值，F_r 代表城镇的固定资产投资，F_t 代表全国的固定资产投资，G_r 代表城镇的国民生产总值，G_t 代表全国的国民生产总值。

公式（2-3）为城镇单位就业人数获取GDP比值。表示城镇就业人数占全社会就业人数的比重，与城镇GDP占全国GDP的比例之比。P_c 代表城镇的固定资产投资要素效率比值，L_c 代表城镇的固定资产投资，L_t 代表全国的固定资产投资，G_c 代表城镇的国民生产总值，G_t 代表全国的国民生产总值。

公式（2-4）为农村单位就业人数获取GDP比值。表示农村就业人数占全社会就业人数的比重，与农村GDP占全国GDP的比例之比。P_r 代表农村的固定资产投资要素效率比值，L_r 代表农村的固定资产投资，L_t 代表全国的固定资产投资，G_r 代表农村的国民生产总值，G_t 代表全国的国民生产总值。

2. 资本要素的测算与比较

通过相关公式对基础数值进行计算，得出 1995 年至 2007 年的城乡要素效率比值。其中，城乡单位固定资产投资获取 GDP 比值为表 2－6 所示。

表 2－6　　城乡单位固定资产投资获取 GDP 比值

年份	乡村	城镇	乡村—城镇	年份	乡村	城镇	乡村—城镇
1995	1.27	0.92	0.35	2002	1.03	0.99	0.04
1996	1.12	0.96	0.16	2003	1.02	1.00	0.02
1997	1.08	0.98	0.10	2004	1.14	0.97	0.17
1998	1.14	0.96	0.18	2005	1.10	0.98	0.12
1999	1.12	0.97	0.15	2006	1.04	0.99	0.05
2000	1.03	0.99	0.04	2007	1.06	0.99	0.07
2001	1.04	0.99	0.05				

注：2010 年《中国统计年鉴》数据更新至 2007 年。

资料来源：固定资产投资数据来自《2010 年中国统计年鉴》；农村 GDP 来自《中国农村统计年鉴》；城镇 GDP 来自《中国城镇统计年鉴》。

表 2－6 可知，我国城乡之间的单位固定资产投资获取 GDP 比值相差逐年减少，每年的城镇单位固定资产投资都低于农村固定资产投资所获取的 GDP。1995 年至 2007 年的农村固定资产投资所获取的 GDP 收入平均高于城镇固定资产投资 1.12 倍。农村单位固定资产投资获取 GDP 比值由 1995 年的 1.27 下降到 2005 年的 1.06，平均每年下降 1.38%。而城镇单位固定资产投资获取 GDP 比值由 1995 年的 0.92 上升到 2005 年的 0.99，平均每年增加 0.57%。

比较城乡资本要素的绩效知，历年来，城乡单位固定资产投资获取 GDP 的波动不尽一致。城镇单位固定资产投资所获取的 GDP 比值相对较为平稳，基本维持在0.999左右。而农村单位固定资产投资所获取的GDP比值相对变化波动较大。1995年至2003年基本处于下降的趋势，由1.27下降到1.02。从2004年开始，比值强势反弹后，又继续下降，从1.14下降到1.06，但从图2-2可以看出，两者之间的差距逐步减少，要素绩效不断趋于一致，要素得到有效流动，并将逐步实现资本要素的平等交换。

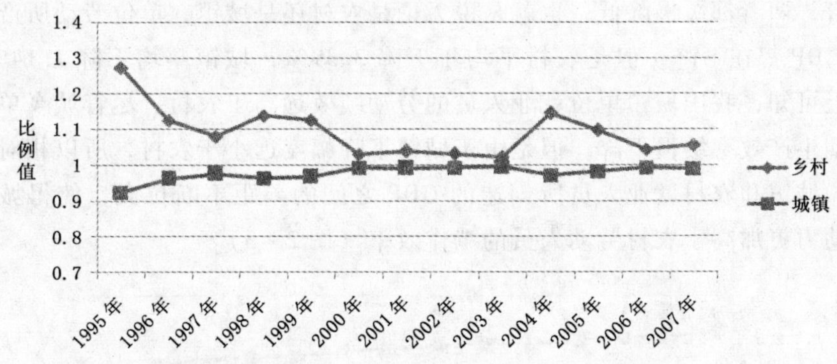

图2-2　城乡单位固定资产投资获取GDP比值

3. 劳动力要素比较

本书通过相关数值对1995年至2007年的城乡就业要素效率进行相关衡量。城乡单位就业人数获取GDP比值为表2-7所示。

表2-7　　城乡单位就业人数获取GDP比值

年份	乡村	城镇	城乡差距	年份	乡村	城镇	城乡差距
1995	0.39	2.58	2.19	2002	0.29	2.41	2.12
1996	0.37	2.56	2.19	2003	0.27	2.38	2.11
1997	0.35	2.52	2.17	2004	0.29	2.31	2.02
1998	0.34	2.49	2.15	2005	0.26	2.31	2.05
1999	0.34	2.45	2.11	2006	0.25	2.27	2.02
2000	0.31	2.46	2.15	2007	0.25	2.22	1.97
2001	0.30	2.44	2.14				

资料来源：劳动力数据来自《2010年中国统计年鉴》；农村GDP来自《中国农村统计年鉴》；城镇GDP来自《中国城镇统计年鉴》。

从表 2－7 可知，我国城乡之间的城乡单位就业人数获取 GDP 比值相差极大，每年的农村单位就业人数所获取的 GDP 都远低于城镇单位就业人数所获取的 GDP。1995 年至 2007 年间的城镇单位就业人数所获取的 GDP 平均值为 2.42，农村单位就业人数所获取的 GDP 平均比值为 0.31，前者是后者的 7.96 倍。对于城镇和农村的单位就业人数所获取 GDP 比值而言，两者都缓慢降低，也就是说无论是农村还是城镇，单位劳动所产生的 GDP 都在下降，但是农村平均年下降 3.39%，城镇年均下降 1.14%。从上可知，我国城镇单位就业人员的劳动绩效远高于农村。尽管城乡单位劳动生产效率缓慢下降，但是由于城镇下降幅度远小于农村，所以相对而言，城镇和农村就业人员所创造的 GDP 之间的差距不断拉大，使得城镇劳动力更加高于农村劳动人员的工作效率（图 2－3）。

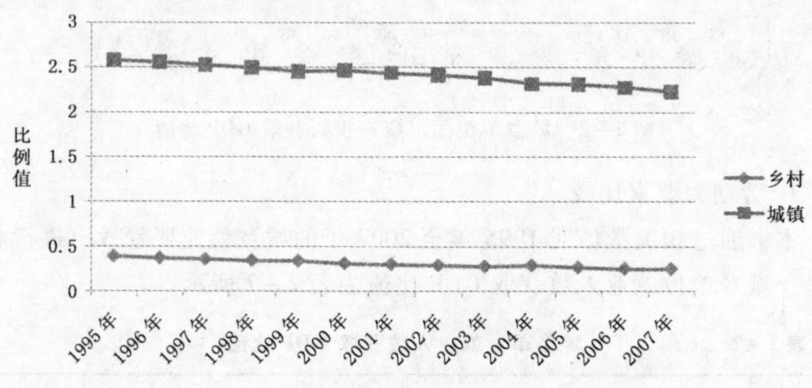

图 2－3　城乡单位就业人数获取 GDP 比值

从两者差距来看，城乡劳动要素的绩效仍存在相当大的差距，农村的低劳动产出绩效和城镇的高劳动产出绩效形成鲜明对比，表明当前我国农村剩余劳动力向城镇转移仍存在较大的困难，要素流动呈粘性，这导致城镇劳动力的短缺和农村劳动力过剩的局面，迫切需要制度变迁引导农村劳动力向城镇自由流动，从而促进城乡经济的协调发展。

（三）我国城乡经济全要素绩效的测量和比较

通过对单要素的绩效分析，我们明确了当前我国城乡经济各要素的绩效是存在差距的，同时也证明了要素配置的不合理。根据现代经济学的相关观点，单要素生产率只能衡量一段时间内某特定要素（资本、劳动力等）投入量的节约，即以尽可能少的投入达到尽可能多的产出，但不能确切地反映整个生产过程所表现出来的生产效率，即不能表示生产效率的全部变化。而全要素生产率考虑的是所有的投入要素（资本、劳动力等），是指总产出与加权综合要素投入之比率，因此全要素生产率在分析上要优于单要素生产率。为此，本书通过 C—D 生产函数估算出全国及城乡经济的全要素生产率，并以此为基础，比较研究我国城乡经济全要素生产率的绩效差异。

1. 我国城乡经济要素计量模型设定

根据经济学相关理论，影响生产总值，也就是 GDP 的因素按照大类主要是资本和劳动力投入以及技术进步、土地。但是，土地由于其有限性和计量数值难以真实反映生产中有效利用的数据，因此剔除土地这一要素。本计量模型选取的变量主要是代表资本的固定资产投资这一指标，代表劳动力的就业这一指标，同时，考虑到技术是随着时间的推移而进步，选择技术是时间的函数。然后，基于上述指标构建 C—D 生产函数这一计量模型。C—D 生产函数能够很好地将生产总值与其相关生产要素之间的关系进行较好的描述，并利用其函数形式以表示出各个要素对总体影响程度，以此为依据体现出个要素的绩效程度。

虽然我国城乡二元经济鸿沟不断减少，城乡间的要素流动也随着市场经济的发展而不断的增强，城乡要素的交换逐渐平等。但是不可否认，当前我国城乡间还是存在着较多的割裂经济要素正常流动的体制障碍，城乡间的生产技术差异越来越大，以及经济体本身的集聚效用都使得城乡经济分开比较是客观实在的。因此，构建影响城乡两个经济体生产的各项因素的 C—D 生产函数，并测算他们的全要素生产效率在科学上是可行的。

根据本书的需求，构建包含技术进步的 C—D 生产函数如下：

$$Y = e^{At} K^{\alpha} L^{\beta} \tag{2-5}$$

公式两边取对数得：

$$\ln Y = A + \alpha \ln K + \beta \ln L + \varepsilon \tag{2-6}$$

2. 全国 C—D 生产函数

选定全国的GDP的对数值这一指标，表示为GDP；全国固定资产投资对数值表示为TZ；全国就业人数对数值表示为JYEQ，技术随着时间增长项表示为YEAR。利用Eviews软件对1995年到2007年的数据进行计量回归得到下面结果：

$$GDP = 0.5455 \times TZ^{***} + 0.5225 \times JYEQ^{***} + 0.0253 \times YEAR^{**} \quad (2-7)$$
$$(10.23121) \qquad (11.35125) \qquad (3.107864)$$

通过模型模拟，显示调整后的R^2为0.9973，十分显著。因此，可以说明模型的效果十分好。

根据计量模型的估计结果显示，全国的资本弹性为0.5455，全国劳动力弹性为0.5225，技术进步的弹性为0.0253。也就是说，从经济学弹性的角度分析，在全国，固定资产投资每增加1%，GDP就增加0.5455%，就业增加1%，GDP就增加0.5225%。

通过上述计量结果我们可以看出，在全国，随着大量资本、劳动力的富集，导致规模报酬不断增加。为了印证上述观点，本书对其进行规模报酬不变的Wald检验，结果如表2－8所示。

表2－8　　Wald检验

Test Statistic	Value	Probability
F－statistic	84.30711	0.0000

根据对计量结果的检验，明显拒绝原假设，说明资本和劳动力要素呈规模报酬递增的趋势。而两者系数和为1.07，也大于1，确实是说明该两项要素规模报酬递增。

3. 城镇C—D生产函数

选定城镇的GDP_t的对数值这一指标，表示为GDP_t；城镇固定资产投资对数值表示为TZ_t；城镇就业人数对数值表示为$JIUYE_t$，技术随着时间增长项表示为T_t。利用Eviews软件对1995年到2007年的数据进行计量回归得到下面结果：

$$GDP_t = 0.4778 \times TZ_t^{***} + 0.6374 \times JIUYE_t^{***} + 0.0275 \times T_t^{***} \quad (2-8)$$
$$(7.995217) \qquad (11.24410) \qquad (3.331826)$$

通过模型模拟，显示调整后的 R^2 为 0.997053，十分显著。因此，可以说明模型的效果十分好。

根据计量模型的估计结果显示，城镇的资本弹性为 0.4778，城镇劳动力弹性为 0.6374，技术进步的弹性为 0.0275。也就是说，在城镇，每增加 1% 的固定资产投资就增加 0.4778% 单位的 GDP 总额，每增加 1% 的就业就增加 0.6374% 单位的 GDP 总额。

通过上述计量结果我们可以看出，在城镇，随着大量资本、劳动力的富集，导致规模报酬不断增加。为了印证上述观点，本书对其进行规模报酬不变的 Wald 检验，结果如表 2－9 所示。

表 2－9　　Wald 检验

Test Statistic	Value	Probability
F－statistic	1076.465	0.0000

根据对计量结果的检验，明显拒绝原假设，说明资本和劳动力要素呈规模报酬递增的趋势。而两者系数和为 1.12，也大于 1。也确实是说明该两项要素规模报酬递增。

4. 农村 C—D 生产函数

选定农村的 GDP_r 的对数值这一指标，表示为 GDP_r；农村固定资产投资对数值表示为 TZ_r；农村就业人数对数值表示为 P_r，技术随着时间增长项表示为 T_r。利用 Eviews 软件对 1995 年到 2007 年的数据进行计量回归得到下面结果：

$$GDP_r = 0.7142 \times TZ_r^{***} + 0.3649 \times P_r^{***} - 0.0157 \times T_r \quad (2-9)$$
$$(7.972614) \qquad (5.360064) \qquad (-1.441454)$$

通过模型模拟，显示调整后的方差为 0.984008，十分显著。因此，可以说明模型整体的效果十分好。

根据计量模型的估计结果显示，农村的资本弹性为 0.7142，农村劳动力弹性为 0.3649，技术进步的弹性为 －0.0157。而技术由于检验不显著而剔除。也就是说，在农村，每增加 1% 的固定资产投资就增加 0.7142% 单位的 GDP 总额，每增加 1% 的就业就增加 0.3649% 单位的

GDP 总额。

通过上述计量结果我们可以看出，在农村，随着大量资本、劳动力的富集，导致规模报酬不断增加。为了印证上述观点，本书对其进行规模报酬不变的 Wald 检验，结果如表 2－10 所示。

表 2－10　　Wald 检验

Test Statistic	Value	Probability
F－statistic	13.37567	0.0044

根据对计量结果的检验，明显拒绝原假设，说明资本和劳动力要素呈规模报酬递增的趋势。而两者系数和为 1.08，也大于 1，也确实是说明该两项要素规模报酬递增。

5. 基于 C—D 生产函数的城乡要素对比

从以上的计量模型的分析和测算知，城乡要素的绩效存在一定的差距（图 2－4）。

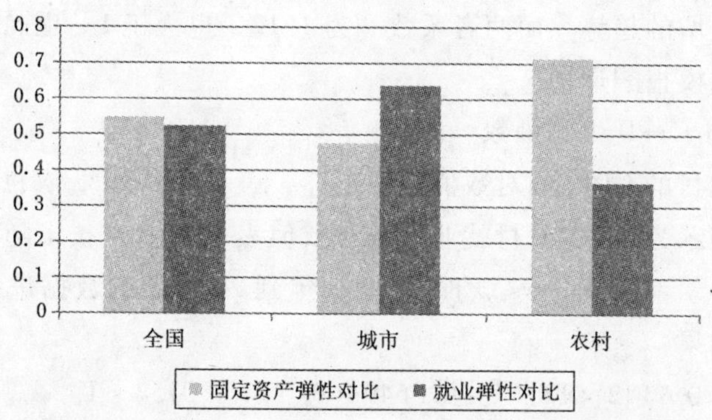

图 2－4　我国城乡固定资产弹性比较和就业弹性比较

从图 2－4 知，无论是固定资产还是就业的弹性，全国数值均处于中间水平。单就固定资产而言，农村的资本弹性要高于城镇，是城镇的 1.5 倍。而在就业方面，城镇的弹性要高于农村的弹性，是农村的 1.7 倍。可以看出，城镇的劳动力要素使用效率要高于农村，而农村的资本要素使用效率要高于城镇，全国居于中间水平。

6. 小结

基于 C—D 生产函数的城乡要素计量计算结果同单一要素所得生产绩效与定性分析上是一致的，都得出农村资本要素绩效相对于城镇要高出很多，而城镇劳动力要素的绩效高出农村很多。通过 C—D 生产函数的计量分析，更加准确地得出城镇各项生产要素同农村生产要素的定量上的差别，同时揭示了我国城乡经济都是规模报酬递增。这使得要素进一步流向规模报酬高的城镇。但是，随着我国经济体制的不断演进，C—D 生产函数仅从宏观上进行考量，缺乏具体到时间点上的生产要素贡献率。因此，本书以 C—D 生产函数计量结果为基础，对城乡全要素生产效率进行逐年计算，以更加清晰的方式来分析城乡要素的生产绩效。

（四）我国城乡全要素生产率比较研究

1. 城乡全要素生产率计算

为了对城乡全要素生产效率进行较为细致的研究，本书对其进行每年的全要素生产效率研究。依据相关学者的研究思想，对全要素生产率进行如下定义：

$$TFP_t = \frac{Y_t}{K_t^\alpha L_t^\beta} \tag{2-10}$$

在第 t 年，用该地区的总生产额除以 C—D 生产函数所估计出的生产能力，即资本和劳动力要素的组合生产能力，从而得出相应的生产效率。其中，TFP_t 表示第 t 年的全要素生产效率，Y_t 表示第 t 年的城镇（农村）的生产总值，$K_t^\alpha L_t^\beta$ 表示第 t 年全要素生产能力。经过上式的计算，本书算出全国、城镇和农村的全要素生产效率如表 2-11 和图 2-5 所示。

表 2-11　　历年全要素生产效率

年份	全国全要素生产效率	城镇全要素生产效率	农村全要素生产效率
1995 年	0.9104	0.8560	0.9119
1996 年	0.9156	0.8624	0.9052
1997 年	0.9199	0.8665	0.9053
1998 年	0.9194	0.8651	0.9059

续表

年份	全国全要素生产效率	城镇全要素生产效率	农村全要素生产效率
1999 年	0.9186	0.8636	0.9034
2000 年	0.9224	0.8684	0.8983
2001 年	0.9230	0.8686	0.8972
2002 年	0.9232	0.8687	0.8937
2003 年	0.9221	0.8681	0.8870
2004 年	0.9254	0.8701	0.8957
2005 年	0.9261	0.8717	0.8885
2006 年	0.9270	0.8729	0.8819
2007 年	0.9299	0.8753	0.8825

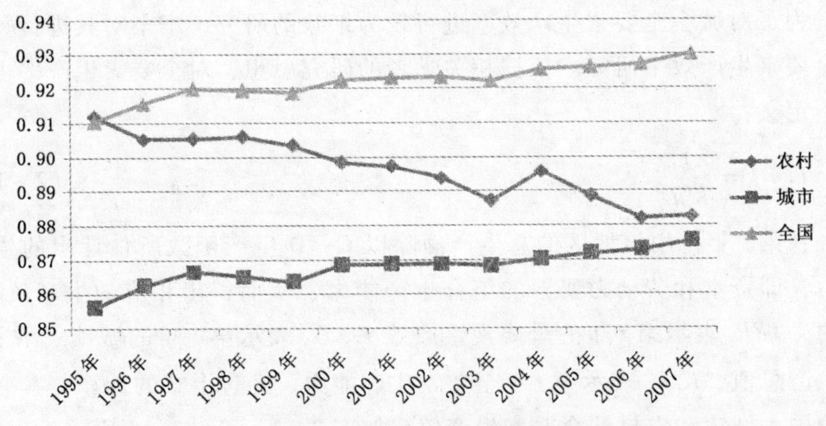

图 2-5　全国、城镇以及农村的全要素生产率

（1）农村的全要素生产效率实际一直高于城镇，但差距逐年缩小。近十年来，农村与城市全要素生产效率差距平均高出 3.24%。但是两者的趋势却是相反。农村全要素效率的走势是缓慢下降，而城镇的全要素生产效率为逐步上升。

（2）农村全要素生产效率下降，而城镇以及全国全要素生产效率上升。全国全要素生产率由 1995 年的 0.91 上升到 2007 年的 0.93，平均每年增长 0.18%；城镇全要素生产率由 1995 年的 0.86 上升到 2007 年的 0.88，平均每年增长 0.19%；农村全要素生产率由 1995 年的 0.91 下降到 2007 年的 0.88，平均每年下降 0.27%。通过时间趋势图可以看出随着时间的增长，城乡全要素生产效率的差距越来越小，截至 2007 年两者仅相差 0.0072。这反映了农村经济全要素生产率低于城镇经济的现实，并且两者增速不同，导致全要素生产效率在不断缩小，并且有望超过农村全要素生产效率。

2. 城乡要素相对生产率测算

城乡要素相对生产率表示为城镇（农村）全要素生产效率占全国全要素生产效率的比重，其中：

城镇全要素相对生产率 $RTFP_{ct}$：$RTFP_{ct}=\dfrac{TFP_{ct}}{TFP_t}$　　(2-11)

农村全要素相对生产率 $RTFP_{rt}$：$RTFP_{rt}=\dfrac{TFP_{rt}}{TFP_t}$　　(2-12)

经过测算，得出结果如表 2-12 和图 2-6 所示。

表 2-12　城乡要素相对生产率

年份	城镇相对生产率	农村相对生产率	城乡要素相对生产率差距
1995 年	0.9402	1.0017	-0.0615
1996 年	0.9419	0.9887	-0.0468
1997 年	0.9419	0.9841	-0.0422
1998 年	0.9409	0.9854	-0.0445
1999 年	0.9400	0.9834	-0.0434
2000 年	0.9414	0.9738	-0.0324
2001 年	0.9411	0.9720	-0.0309
2002 年	0.9410	0.9681	-0.0271
2003 年	0.9415	0.9620	-0.0205
2004 年	0.9402	0.9678	-0.0276
2005 年	0.9412	0.9593	-0.0181
2006 年	0.9416	0.9514	-0.0098
2007 年	0.9413	0.9490	-0.0077

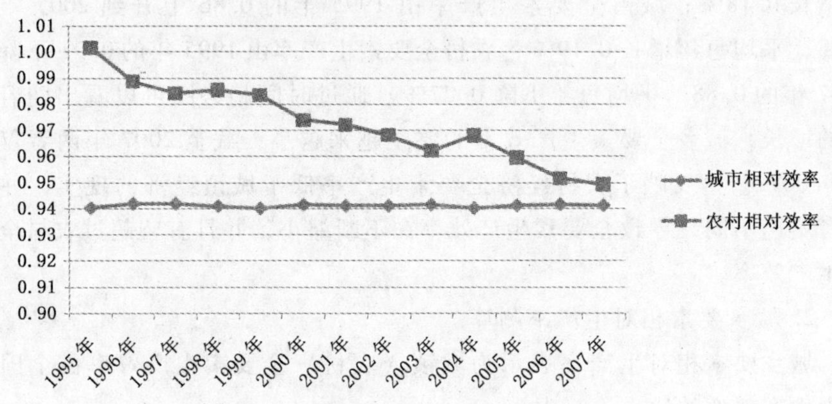

图2-6　城乡要素相对生产率

（1）农村全要素生产率相对效率要高于城镇全要素生产率。城镇全要素生产率相对效率始终低于农村全要素生产率相对效率，但是两者之间的差距不断缩小。

（2）农村和城镇全要素生产率相对效率趋势迥异。城镇全要素生产率相对效率表现平缓，基本维持不变，而农村全要素生产率相对效率则呈稳步下降的趋势。

从图2-6可知，两者走势不同主要是由于农村全要素生产率相对效率下降造成的。在1995年，农村全要素生产率相对效率为1.0017，而到了2005年全要素生产率相对效率降至0.9490，下降幅度为5.26%。而城镇基本维持不变，上升0.11%。从而反映出农村经济全要素生产率随着经济的开放逐渐丧失其优势，导致两者差距逐渐缩小。

（五）基于中国城乡单要素和全要素生产效率的比较分析

根据城乡要素的分析，无论是单要素分析还是全要素分析，都在生产要素配置上存在很大的不平衡，需要通过制度创新，实现城乡要素之间的平等交换。

1. 单要素绩效比较分析

（1）固定资产绩效差异并不大，但两者内部经济结构及其组织形式差异较大。从城乡固定资产主要投资行业看出，虽然城镇固定资产绩效相对较低，但是由于许多体制障碍，导致大部分资本还是流入城镇。而农村的资本绩效尽管略高于城镇，但是农村金融始终处于资本空心状态。从理性角度来看，尽管资本因其逐利性往往追求高额利润，但是目前我国城乡资本融资和投资环境有着天壤之别。由于体制上的缺陷（如农村正规金融机构供给缺位、农村金融组织结构单一、金融市场门槛高等）以及农业项目建设成本过高、投资风险高、回收期长等原因，使得即便农村资本绩效高，国内的资金仍主要流向城市，农村的资金也通过银行机构的存贷差向城市流动。同时，受固定资产投资的行业的差别，农村和城镇二者地域上的区别以及二者在金融上的基础设施等方面的巨大差距，城乡资金要素绩效差距也随着形成。就农村固定资产投资方向而言，乡镇经济的固定资产投资方向主要还是投向于普通的产品制造加工，对农业的投资为第二大固定资产投资行业。而城镇主要投资目标制造业、房地产以及物流等行业。此外，城镇地区对金融、软件、教育等高附加值行业的固定资产投资远远超过农村区域的投资。对于资本流动赖以存在的金融基础设施而言，随着国有银行大量撤离县镇两级行政区，使得农村地区变成了正规金融机构真空地带。这严重阻碍了农村吸纳资金，形成固定资产投资瓶颈。

（2）单位就业所产生的 GDP 差距很大。我国长期实行重城镇、轻农村的发展战略，政府用大量投资进行城镇建设，使得城镇成为代表先进生产力的地方，其劳动效率远高于农村，城镇单位劳动生产的 GDP 远高于农村。而两者生产效率均在不同程度的下降，这主要是因为随着我国经济逐渐打破二元经济结构，大量低技能的农村劳动力进入城镇，使得城镇的生产效率略微下降。而转移到城镇的劳动力往往是农村中优秀的劳动力，这又使农村失去了大量优质劳动力，降低了农村单位劳动生产效率，因此就造成了城乡劳动力绩效都下降的局面。

（3）从整体趋势看，城镇固定资产投资效率表现平缓，且略有上升的趋势，城镇劳动力效率相对平稳且缓慢下降。农村固定资产投资效率与劳动力效率缓慢下降，而劳动力效率下降程度较大。

2. 全要素生产率比较分析

基于 C—D 生产函数下的全要素生产率比较研究表明：

（1）农村和城镇的要素绩效不同。城镇的资本要素绩效低于农村，而农村的劳动力要素的绩效低于城镇。

(2) 城镇全要素生产率相对效率都有一定程度的提高，而农村全要素生产率相对效率却缓慢下降。

(3) 农村全要素生产率相对效率高于城镇，城乡全要素生产率相对效率差距不断拉大。无论是城镇占优的要素，还是城镇不如农村的要素，经过计算结果表明，城镇全要素生产要素增加速度超过农村全要素生产率，从而使要素效率或者差距减少，或者差距越拉越大。

(4) 综合考虑资本和劳动力的全要素生产率相对效率变化，资本生产率相对效率的变化影响远远大于劳动力生产率效率变化的影响。

尽管单要素分析比全要素分析存在某些不足，但是农村和城镇却得到相似的结果，即无论是资本，还是劳动力都存在一个稳定的变化趋势：随着时间的推移，农村生产要素的产出效率不断下降，而城镇生产要素的产出效率却不断上升。

(六) 小结

研究表明，农村地区的固定资产投资效率高于城镇，资本要素的贡献较大，而劳动力绩效远低于城镇。由于国家对资源二次分配的不合理以及制约要素自由流动的城乡二元体制的长期存在，当前城乡资本、劳动力要素“被迫”富集到城镇。城乡二元体制惯性使得要素流进一步强化、要素的绩效差距进一步拉大，这进一步恶化了城乡经济要素使用效率，造成了资本以及劳动力要素的扭曲配置。城乡要素流动方向与要素绩效的不一致性，降低了城乡要素的配置效率，这不仅反映了当前我国要素流动的不合理性和单向性，同时有助于我们在认识城乡要素交换关系的历史和特点的基础上认清要素配置的低效率现象，为研究城乡平等要素交换的制约因素打下基础。

三、我国城乡要素平等交换的制约因素

(一) 城乡要素交换关系的影响因素

改革开放以来，我国城乡之间的要素流动性不断增强，要素的再配置效应推动了中国经济的持续高速增长。根据计量经济学的分析，在改革期

间，劳动力从低生产率部门（农业）向高生产率部门（非农产业）的转移，对 GDP 增长率贡献了 16%—21%。城乡要素再配置也为农民收入的持续增长奠定了坚实基础，2009 年我国农民家庭人均纯收入为 5153.17 元，其中家庭经营性收入、工资性收入、财产性收入、转移性收入的占比分别为 49%、40%、3.3% 和 7.7%。但与此同时，当前城乡要素交换关系具有流动方向的单向性、市场价格的失真性和交易条件的约束性，这些均表明城乡要素交换仍存在着某种程度的不平等、不完善特征，而要素交换的不对等直接导致农村居民经济利益受损，这不仅影响城乡之间生产要素的持续流转和有效配置，而且影响城乡统筹发展和城乡经济社会一体化新格局的推进程度。问题的要害是：导致新时期我国城乡要素交换不平等的原因是什么？前文已经指出：城乡要素平等交换关系的实质是在要素配置效率提高和收益均等分享的基础上，形成自发型、内驱型的城乡统筹发展方式，而城乡要素交换关系是否平等的影响因素包括了交易主体、要素市场和体制安排三个维度，因此分析我国城乡要素交换不平等特征的成因也应从这三个方面展开。

1. 交易主体

在制度经济学意义上，产权主体的明晰化是财产得到有效配置的前提条件，同时按照集体行动逻辑，那些能够进行有效组织的群体才能在市场定价和政策制定中发挥较大的功能。就此而言，在当前城乡要素交换中，作为要素流出方的农民在交易主体特征上面临着不利格局，这表现在两个方面：一方面农村部门要素的产权制度尚存在主体不明晰的格局，改革开放以来，农村的劳动力和资本产权主体是较为清晰的，而土地所有者在法律上被界定为农村集体（乡镇、村和队），但在执行过程中，由于乡镇、村队兼有行政职能和社会管理等其他功能，因此其作为实际的土地所有者往往会与农民的利益诉求出现偏差，这是近期来我国频繁出现土地纠纷的重要因素之一。退一步讲，农民以家庭为单位拥有土地承包经营权，但迄今为止，土地承包经营权的权利期限和权利边界仍缺少较为精确的规定，《中华人民共和国农村土地承包法》规定："通过家庭方式取得的土地承包经营权可以采取转包、出租、互换、转让或者其他方式流转"。《农村土地承包经营权的流转管理办法》规定："承包方依法取得的农村土地经营权可以采取转包、出租、互换、转让或者其他符合有关法律和国家政策规定的流转方式”。这些法律文本均采取了不完全列举法，在罗列了转包、出租、互换、转让和股份合作等方式之后，法律政策文本还强调了“其他方式流转”、“其他符合有关法律和国家政策规定的流转方式”、“多种形式的适度规模经营”等，这种不完全列举法很可能会导致经济主体权利边界不清晰而影响要素流转。

另一方面，无论是在城市还是在农村，农民工的组织化有助于其增强与资方的市场议价能力，而农民在经济组织化则有助于依靠集体力量矫正要素市场中的定价劣势。然而，由于组织成本以及体制制约等因素的影响，当前我国农民在要素流出中的组织化进程整体是较低的。在非农化流转中，城市工会可以成为观察社会组织发育的一个视角，2008 年全国基层工会组织数为 1725492 个，但建立职工（代表）大会制度的企事业单位数为 1567647 个，本年度召开过职工（代表）大会的企事业单位数为 1310427 个，实行厂务公开的企事业单位数为 670587 个，本年度开展劳动竞赛的工会数为 244233 个，建立劳动争议调解委员会的单位数为 388853 个，工会开办的职业培训机构数为 2094 个，工会现有的职业介绍机构为 1819 个。上述数据显示，当前我国基层工会组织由于受资方和行政的干预较多，因此在代表劳方利益开展薪酬谈判、职工培训、就业介绍等职能时依然具有缺陷。就农村而言，根据《第二次全国农业普查资料汇编》，2006 年年底我国有专业合作经济组织的乡镇数为 12723 个，有实体型农业专业合作经济组织的乡镇数为 5636 个，其占乡镇总数的比重分别为 36.6% 和 16.2%。图 2－7 给出了 31 个省区这两个比重的对比情况，除了北京、浙江、江苏等地之外，我国广大省区农村的专业合作经济组织仍需大力发展，尤其是河南、安徽、湖南、湖北、辽宁、吉林、四川等农业大省，其有专业合作经济组织的乡镇数以及有实体型农业专业合作经济组织的乡镇数均较小，以我国粮食产量占比最大的省区——河南为例，2006 年底有专业合作经济组织的乡镇数为 657 个，有实体型农业专业合作经济组织的乡镇数为 306 个，这两者在河南乡镇数中的占比仅为 34.4% 和 16.0%。这些表明，当前农业分散化经营尚未普遍化地经过组织化进行适度整合，农民在商品市场和要素市场的谈判能力依然相对较低。

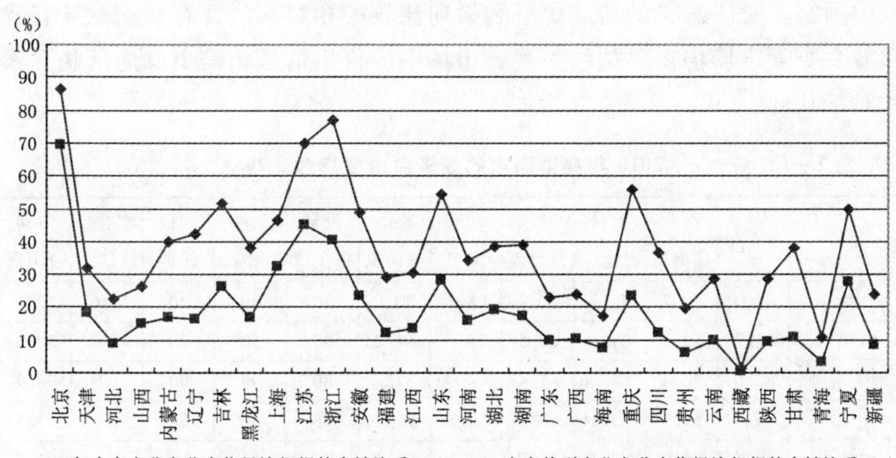

图 2－7　2006 年年底我国 31 个省区农村专业合作经济组织的发育程度

资料来源：《第二次全国农业普查资料汇编》。

2. 要素市场

城乡要素交换是在要素市场中完成的，要素市场的发育和完善程度将直接影响交换的绩效。在计划经济时期，我国不存在真正意义上的城乡要素市场，改革开放以来，我国要素的市场化程度渐趋提高，但与其他经济体相比，要素市场的自由化以及效力发挥仍存在广阔的改进空间。以劳动力要素为例，根据加拿大弗雷泽研究所的《2009 年世界经济自由报告》，1980—2008 年我国的经济自由度指数已经从 4.41 上升至 6.41，从分解指数来看，政府规模、法律结构和产权保护保持了相对稳定，而信贷、劳动力和商业（这标度了城乡要素的市场化程度）却呈现出较为显著的提升态势，从 1980 年的 3.04 提升至 2008 年的 5.62。但从横向比较的角度看，我国的城乡劳动要素的市场化指数仍存在相对较低状态。根据美国遗产基金会的 *2010 Index of Economic Freedom*，表 2－13 给出了 2010 年我国与若干国家经济自由度指数的比较情况，在样本国家中，中国的经济自由度指数为 51.0，高于俄罗斯（50.3）和越南（49.8），但与其他经济体相比依然具有较大差距，中国的劳动力自由度为 53.2，该指数落后于美国、英国、日本、法国等发达国家，甚至也落后于巴西、印度、越南、泰国等发展中国家。时序意义的持续提升和横向比较的相对落后并存，这意味着我国城乡要素市场仍需要持续扩展，市场中的价格信号仍需更好地反映要素相对稀缺度。

表 2-13　　2010 年典型国家的经济自由度指数比较

年份	总得分	商业自由度	贸易自由度	财政自由度	政府支出	货币自由度	投资自由度	金融自由度	产权保护	政府行政能力	劳动自由度
中国	51.0	49.7	72.2	70.2	88.1	70.6	20	30	20	36	53.2
阿根廷	51.2	62.1	69.5	69.5	75.6	61.2	45	30	20	29	50.1
澳大利亚	82.6	90.3	85.06	61.4	64.9	82.7	80	90	90	87	94.9
巴西	55.6	54.5	69.16	68.4	50.3	75.8	45	50	50	35	57.5
加拿大	80.4	96.5	88.1	76.7	54.1	75.4	75	80	90	87	81.5
法国	64.2	86.3	82.48	51.9	17.9	79.7	50	70	80	69	54.7
德国	71.1	89.6	87.48	58.3	41.4	79.9	85	60	90	79	39.9
印度	53.8	36.3	67.94	73.4	76.1	67.5	35	40	50	34	57.7
印度尼西亚	55.5	53.1	77.9	81.9	89.1	70.8	35	40	30	26	50.8
意大利	62.7	77.9	87.48	55.2	31.2	79.0	75	60	55	48	58.2
日本	72.9	84.5	82.38	67.2	61.1	88.8	60	50	80	73	82.4
韩国	69.9	91.9	70.8	71.1	74.9	77.4	70	70	70	56	47.1
马来西亚	64.8	69.9	78.74	84.3	81.3	76.7	30	50	55	51	71.4
墨西哥	68.3	83.0	82.04	83.5	85.2	76.3	65	60	50	36	61.9
巴基斯坦	55.2	71.7	67.02	80.5	88.8	69.4	30	40	30	25	49.8
菲律宾	56.3	48.1	77.8	78.8	91.2	72.7	40	50	30	23	51.9
俄罗斯	50.3	52.2	68.42	82.3	66.5	62.6	25	40	25	21	59.6
泰国	64.1	70.7	75.88	74.7	89.8	66.42	40	70	45	35	73.6
英国	76.5	94.9	87.48	61.8	41.9	73.68	90	80	85	77	72.8
美国	78.0	91.3	86.92	67.5	58.0	78.13	75	70	85	73	94.8
越南	49.8	60.7	68.86	76.1	73.4	58.07	20	30	15	27	68.4

资料来源：美国遗产基金会（Heritage Foundation）：2010 Index of Economic Freedom。

为了对城乡劳动力市场发育情况进行更为细致的分析，2011 年 7 月课题组对陕西省 Z 县的农民工就业行为进行了入户调查，访问家庭 100 余户，并获得有效调查问卷 112 份。调研结果汇总为表 2-14，从中可以看出：在所选取的样本中，农村劳动力外流的主要是18—35岁之间、初中教育文化程度的男性劳动力，他们外出务工主要分布在制造业、建筑业和服务业等行业中，且月工资在2100—3000之间的占比最大（此数据略高于国家统计局农村外出劳动力农民工统计监测调查的数据，这可能导源于2010年物价总水平持续走高以及农民工工资有所提升）。就这些劳动者的进厂方式来看，迄今为止，依靠亲戚朋友介绍的占比仍高达70.54%，在正规劳动力市场中通过市场信息跟随而完成劳动力外流的比例不足30%，这说明：当前城乡劳动力市场的发育程度是较为迟缓的，这点从农民工外出就业决策的最大影响因素中也可以得到证实，农村劳动力外流主要影响因素是子女教育和养老保障（这涉及户籍制度及其他社会保障资源配置方式），但除此之外，就业信息难以获取仍是影响农民工外出就业的重要因素之一，其占比为11.61%。

表2-14　对陕西省Z县112位农民工就业行为的调研结果

项　目	分　布	人数	占比
年龄结构	18岁以下	12	10.71
	18—35岁	59	52.68
	35—50岁	32	28.57
	50岁以上	9	8.04
性别结构	男	73	65.18
	女	39	34.82
受教育程度	小学及以下	19	16.96
	初中	68	60.71
	高中或职业中学	25	22.32
流转取向	跨省流转	58	51.79
	跨县但省内流转	41	36.61
	县内流转	13	11.61
流转行业	制造业	47	41.96
	建筑业	35	31.25
	服务业	16	14.29
	其他产业	14	12.50

续表

项　目	分　布	人数	占比
进厂方式	亲戚朋友介绍	79	70.54
	市场信息跟随	33	29.46
月工资分布	1200 元及以下	12	10.71
	1200—2100 元	23	20.54
	2100—3000 元	48	42.86
	3000 元及以上	29	25.89
最大影响因素	养老保障问题	31	27.68
	子女教育问题	42	37.50
	收入偏低	12	10.71
	工作岗位辛苦	8	7.14
	就业信息难以获取	13	11.61
	自身受教育程度较低	6	5.36

资料来源：本课题组调研数据整理。

我国城乡要素市场发育的相对迟滞不仅反映在劳动力市场中，而且反映在资本和土地市场中，事实上，城乡要素的市场发育与农村内部的要素市场发育是息息相关的。其原因是：农村内部的要素市场会通过部门内要素再配置而影响部门间要素再配置，例如农村资金融通非常活跃且具有效率，则资本单向度流向城镇的情形很可能会得以缩减；而农村内部土地使用权流转越是有效，则农村耕地流向城镇中的经济收益损失就越能避免，且农村劳动力也越能被更多地释放出来从事其他非农产业。但如表 2－15 所示，根据《中国第二次全国农业普查资料汇编》，2006 年我国农业生产经营户参与租出、包出过耕地的户占比仅为 3.27%，参与租入、包入和转入耕地的户占比仅为 9.17%，参与租入或租出的户占比仅为 12.20%，从整体上看，农村内部的土地承包经营权流转进展并不显著，这从侧面反映出农村土地承包经营权流转市场的发育是不充分的。更值得强调的是，城镇—农村之间的土地征用基本不存在真正意义上的市场，其原因是：地方政府往往通过土地征用将农村土地从集体所有转变为国家所有，然后再通过“招拍挂”等方式将土地使用权让渡给其他商业机构，作为土地所有者的“农民集体”是不可能与作为土地需求方的商业机构直接进行土地市场交易的。

表 2－15　全国按主要农业行业分的农业生产经营户参与耕地流转的户数和比重

名称	租出、包出过耕地的户		租入、包入、转入耕地的户		租入或租出的户	
	户数（户）	比重（%）	户数（户）	比重（%）	户数（户）	比重（%）
合计	6554718	3.27	18348186	9.17	24411699	12.20
农作物种植业	4483045	2.43	17313458	9.40	21350835	11.59
林业	1322251	32.16	125446	3.05	1439559	35.02
畜牧业	578964	5.85	785429	7.94	1334851	13.49
渔业	130655	8.75	90279	6.05	214722	14.38
农林牧渔服务业	35619	6.93	33573	6.53	67548	13.14

资料来源：《中国第二次全国农业普查资料汇编》。

3. 体制安排

城乡要素交换是在特定的经济社会体制背景下进行的，因此，经济社会体制安排会对我国城乡要素交换关系产生重要影响。计划经济时期，我国通过统购统销制度、户籍制度和人民公社制度等制度安排，形成了城乡分割的劳动力资源配置方式和城市偏向的社会保障与福利制度，这种经济社会体制安排甚至被社会学家概括为“城乡分治、一国两策”①。改革开放以来，这种经济社会体制依然具有某种程度的“路径依赖”效应，这主要是导源于经济社会体制的变革涉及利益格局调整，而利益格局调整能否推进取决于城乡居民对政策制定的影响力。改革开放以来，我国政府始终将“三农”问题放在战略高度来看待，但由于不同社会群体的政策影响力存在差异，这导致原有的“城市偏向”政策仍在某种程度得以延续。尤其是，1994 年我国实行“分税制”改革并在 2006 年普遍取消了农业税，由于农业和农村对地方 GDP 和财政的直接贡献度并不显著，因此，

① 陆学艺：《三农论——当代中国农业、农村、农民研究》，社会科学文献出版社 2002 年版。

许多地方政府往往会基于“行政锦标赛”而在执行中仍坚持重城镇、重工业和服务业的导向。在此背景下，城乡要素的自发性流动、平等性交换将受到外部影响。从2009年我国整体及各省区城乡居民参加养老保险的情况看，全国城镇居民参加城镇基本养老保险的人数为23549.9万人，占城镇居民的比重为37.87%，而全国农村居民参加农村基本养老保险的人数为7277.3万人，占农村居民的比重为10.21%。分地区来看，在29个省区中（西藏和青海缺少农村数据），除了北京之外其余28个省区农民参加养老保险的占比均显著低于城镇居民，如果联系到城乡居民人均养老保险费用的差异，则无论是在覆盖面还是在保障力度方面，城乡居民所享有的社会保障和公共服务均存在明显差异。这种格局的必然结果是农村土地的社会保障功能极为突出，农村土地的城乡流动受到制约，进一步的，农村劳动力也因土地社会保障不可流转而难以充分进行非农化转移。

一般来说，城镇企业和行政管理部门希望获取农村要素流入的好处，同时又试图规避农村要素流入可能产生的不利后果，这集中表现城乡户籍制度改革仍然步履维艰，尤其是在大城市中，因外来农村人口和本地户籍人口在就业岗位选择、工资福利待遇、公共资源占有等方面存在着差异而出现了“新二元结构”，例如：2009年和2010年上海外来人口（主要是外来农村劳动力）规模分别为819.58万人和897.95万人，其占当年上海常住人口的比重分别为37.08%和38.99%。在此背景下，有些城市会通过限制外来人口流动来进行城市管理，这种限制表现在多个方面，例如限制农民工从事的工种，有些行业（不是因为人力资本要求）仅仅面向本地户籍劳动力，而基于“身份”差异而将外来农村劳动力排除在外；限制对农民工的工资福利给予，在农民工可以进入的行业中，也会因外来人口和本地人的差异而出现“同工不同酬”，两者在社会福利和社会保障上的差异更是明显；对农村劳动力实行各种证件和收费制度，例如外来就业登记卡、就业证、暂住证等，需要交纳的费用有暂住费、暂住（流动）人口管理费、计划生育管理费、城市增容费、劳动力调节费、外来务工人员经商人员管理服务费等。本课题组在安徽滁州以及黑龙江哈尔滨等地针对农村劳动力就业行为的实地调研结果也清楚地表明：农民工子女教育和养老保障问题是影响农民工外出就业的最主要因素。容易看出，这些经济社会体制安排均会增加城乡劳动力流动的“交易成本”，农村劳动力流向城镇所获取的经济利益与其实际贡献是存在偏差的。

（二）城乡土地要素平等交换的制约因素

1. 土地产权没有全部赋权

现行法律对农村土地所有权主体规定不明确，农民只有土地经营权，产权归集体所有，国家法律规定国家有权利征收集体用地。现行《中华人民共和国土地管理法》第二条规定：国家为了公共利益的需要，可以依法对土地实行征收或者征用并给予补偿；国家依法实行国有土地有偿使用制度。这一法律规定造成了作为集体土地的所有者和使用者的农村集体组织和农民，并不拥有完全的土地所有权，因为其最重要的权利——土地处置权利被国家占有。所以，作为土地征收的供给者，集体组织的土地所有权在法律上是残缺的，这也决定了集体组织在土地被征收过程中处于一种弱势地位，不能像真正的所有者那样可以得到全部的土地增值收益。此外，土地要素交换主体的农民个体无法与政府谈判，话语权缺失。农民只是拥有土地的经营权，虽然这种经营权一再被延长，但一旦土地被征收，农民除了接受，别无选择，并且在这一过程中，农民连参与协商的权利都没有，因为他们不是土地的所有者，政府只会与土地的所有者——集体组织进行协商，协商安置方式、补偿标准等问题。而且在广大农村地区，农民与集体组织之间，也存在着矛盾。在征地活动中，被征地农民的利益受到的影响最大，但其在征地过程中的话语权却最小。

2. 土地需求方垄断

现行土地管理法规定用地方不得直接与农村集体组织或农户接触获取土地，征地多是由用地方向政府提出用地申请，然后政府向集体组织征地，因而用地方从制度上无法与农民直接面对面的进行价格买卖谈判。根据《中华人民共和国土地法》第四十三条规定：任何单位和个人进行建设，需要使用土地的，必须依法申请使用国有土地；但是，兴办乡镇企业和村民建设住宅经依法批准使用本集体经济组织农民集体所有的土地的，或者乡（镇）村公共设施和公益事业建设经依法批准使用农民集体所有的土地的除外。从法律的角度上赋予地方政府征收土地的权利，使政府在征地过程中居于核心地位，土地的供给与需求都需通过政府这一关。将用地方和供地方完全排除在正常的市场交换之外，让政府在一级市场之中完全的垄断。用地方如需用地只能向政府申请使用国有土地，而不能直接与农民及农村集体组织谈判而使用集体土地。同样，农用地如要转变为建设用地并进入土地市场也只能先由政府征收，再经由政府之手而供应给地方使用。地方政府作为国家的代理人，成为征地活动的主体。

3. 土地一级市场和二级市场剪刀差

我国土地市场化程度较低，土地交易沿袭了计划经济时期的体制框架，实行两级交易市场。一级交易市场是将集体土地转变为国有土地，二级市场是在国有土地市场上自由买卖使用权。在土地一级市场实行农村集体土地配给制，政府处于绝对垄断地位，否定市场交易原则，国家通过法律制度将计划经济时期的征地方式固化，这造成了价格的扭曲。土地二级市场按照市场机制进行配置，按市场价格进行交换，政府获得高额的土地出让金，这与农民在一级市场中获得的土地补偿金形成明显的差价（图2-8）。

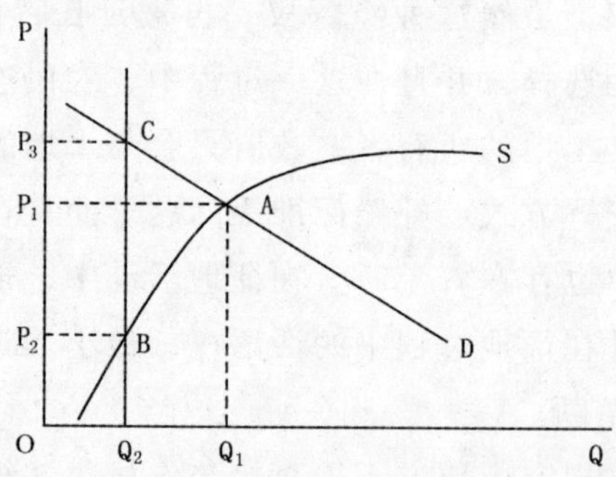

图2-8 土地一级市场的供求关系

从图2-8可知，初始均衡为点A，价格为P_1，平衡数量为Q_1。当政府参与土地一级市场时，土地供给变成固定值（刚性），这造成了土地市场的非均衡。对于土地提供者，受政府征地的限制，其提供的数量减少为Q_2。土地价格由政府确定，假定为P_2，但实际情况远远达不到P_2，政府通过法律形式固定了极低的土地补偿价格。对于用地者，由于土地供给量减少，因此将地价提高到P_3水平。对于农民，政府无偿占有了（P_1-P_2）

$\times Q_2$ 的利润。对于用地者，政府通过提高地价，无偿占有（p_3-p_1）$\times q_2$ 的利润。

但是，由于实行的土地制度中有大量的扭曲交换价格的制度因素，直接导致了土地市场发育不完善，土地交换价格有失公允。农民在土地流转过程中，仅获得行政补偿，土地征收补偿远低于市场经济下的土地供求价格，土地要素交换价格扭曲严重。行政征收补偿是一种纯粹的补偿关系，是政府以计划手段和方式配置土地资源，计划手段与市场交换价格之间的矛盾突出。

4. 土地征收过于简单化

法律规定，土地征用由县级以上地方人民政府予以公告并组织实施，由国土部门代表政府直接征地，企业不得进入土地一级市场。地方政府对征地过程的控制主要体现在以下两个方面：首先，禁止集体土地直接进入一级市场，即出让市场，并建立土地储备制度，拓展一级市场，相对弱化转让、出租市场；其次，地方政府确立统一征地，统一收购、统一开发、统一定价、统一出让的“五统一”模式，控制建设用地的供给渠道。现行制度下，政府动用征地权的门槛实际上是很低的，对公共利益的过宽过滥的解释，实际上使得地方政府无论是为公共利益还是非公共利益需要，都可动用征地权，征收征用集体土地。而征地的程序也较简单，只是受到上级政府的单向约束，不需要同级人大的授权许可。

5. 土地征收价格固化

国家征收土地主要按照被征收土地的原用途给予补偿。征收耕地的补偿费用包括土地补偿费、安置补助费以及地上附着物和青苗的补偿费。征收耕地的土地补偿费，为该耕地被征收前 3 年平均年产值的 6—10 倍。征收耕地的安置补助费，按照需要安置的农业人口数计算。需要安置的农业人口数，按照被征收的耕地数量除以征地前被征收单位平均每人占有耕地的数量计算。每一个需要安置的农业人口的安置补助费标准，为该耕地被征收前 3 年平均年产值的 4—6 倍。但是，每公顷被征收耕地的安置补助费，最高不得超过被征收前 3 年平均年产值的 15 倍。此外，我国法律规定的对征用农民的土地补偿仅仅包含农民丧失土地后部分经济成本，缺少对农地征用后生态环境、粮食安全等间接成本的考虑，严重低估农业用地综合价值，补偿上线远远小于农民丧失土地的综合效益，加上村集体的寻租行为，更加进一步地导致了农民在获得土地补偿时的不公。

（三）城乡资本要素平等交换的制约因素

目前，我国农村地区金融制度无法满足农村资本需求，农村金融市场依旧停留在改革层面。

1. 农村正规金融机构主体缺位及金融供给缺位

我国农村金融机构可分为正规金融机构和非正规金融机构，前者是农村金融的主体，后者是补充形式。在现实运行过程中，正规金融机构的职能分工存在严重错位，造成我国农村金融供给主体少，缺乏合适有效的金融机构为农村和农民提供金融服务，农村金融需求难以得到满足。中国农业银行曾在农村经济的发展中发挥着主导作用，但是1997年后市场定位发生变化，包括中国农业银行在内的国有商业银行收缩其县以下机构，且贷款权限上收，中国农业银行在农村金融中的主导地位不复存在。中国农业发展银行成立于1998年3月，专营农副产品收购资金的供应和管理工作，近年来随着粮食和棉花流通体制市场化改革的不断深入，其作用也大大减弱。农村信用社原则上是农村合作金融组织，但长期以来演变成中国农业银行的基层机构，新一轮的农村金融改革是把农信社改组为农村商业银行或农村合作银行。农村正规金融机构的改革并没有给农村资金带来更高的效益，相反，在每轮改革过程中农村资金在这些金融机构的存贷差更进一步的加速了农村资金向城市流动。

2. 农村金融发展受限

由于立法、监管的滞后，民间金融长期游离于国家金融监管体系之外，其经营管理不规范，尤其是其非法集资、高息揽存等行为，导致民间金融蕴藏着巨大的风险，严重扰乱了国家金融秩序，削弱了国家宏观调控力度。民间金融机构在农村正规金融机构主体缺位中得到快速发展，但由于其贷款利率过高、金融风险大，一直以来我国都在打击各种非正规金融活动，对民间金融行为进行压抑。1998—1999年，包括村级基金会在内的整个农村合作基金会被彻底解散并进行清算，从而结束了非（准）正规金融的有组织状态。除农村合作基金会外，经济服务部、金融服务部等类似信用合作组织，基本上均被取缔；其他非正规金融除了部分小额信贷、不计息的亲友借款和企业团体间借款之外，均属于非法。2007 年以来，国家出台了促进农村金融的相关政策。在保证资本金充足、严格金融监管和建立合理有效的退出机制的前提下，适度调整和放宽农村地区金融机构准入政策，降低准入门槛，鼓励和支持发展适合农村需求特点的多种所有制金融组织，并允许私有资本、外资等参股；同时鼓励在县域内设立社区金融机构，引导农户发展资金互助组织，大力培育由自然人、企业法人或社团法人发起的小额贷款组织。但是，国家对农村金融的融资方式、贷款范围以及贷款利率等方面都有着严格限定，在很大程度上限制了农村金融发展。

3. 农村信贷管理体制不适宜

一是贷款权限限制。近年来国有商业银行实行集约化管理，县级行基本上无贷款审批权，基层农信社的信贷自主权仅 3 万元，超过权限须到联社审批，一笔贷款顺利的话也要花费 1—2 周的时间；农业银行至少需 3—5 个月，影响需求时效。二是贷款期限不合理。当前农信社仍沿袭“春放秋收冬不贷”的老做法，这种季节性的短期信贷与现代农业周期不相适应，造成供需脱节。三是信贷结构调整滞后。大部分农信社以小额贷款为主，大额贷款受到严格限制，资金支持局限于传统小农生产，无法满足农业结构调整的规模资金需求。四是信贷责任管理严。各金融机构均实行严格的贷款责任终身追究制，对新增贷款本息回收率要达到两个 100%，否则停职或下岗收贷，严重抑制了信贷人员积极性。

（四）城乡劳动力要素平等交换的制约因素

影响我国城乡之间的劳动力交换的制度安排较多，主要有户籍制度、土地制度、保障制度和就业制度，这四种制度以户籍制度为首，相互捆绑，从制度上构筑出城乡二元结构。

1. 户籍制度

我国的户籍制度除了具有一般意义上的户籍管理功能外，还将人口区分为农村户口与城市户口，对两种户籍人口进行不同的资源配置，实行城乡分割的二元户籍管理模式。在二元户籍制度下，通过户籍认定，将户籍制度同教育制度、住房制度、社会保障制度，甚至口粮、日用品供应等等一切资源进行捆绑，并按照城乡进行配置，在制度上进一步增强城乡间之间的差异。改革初期，通过固化二元户籍制度形成了城乡之间劳动力身份认证，使得城市人恒为城市人、农村人永为农村人，除小部分通过高考、招工以及结婚、参军等方式获得城市户口外，城乡之间的劳动力流动基本停滞。近年来，随着经济社会的发展，我国逐步取消了口粮、日用品配给等制度，但户籍制度整体依旧没有改变，始终是我国城乡劳动力要素流动的巨大障碍。

户籍制度对城乡劳动力要素交换的影响主要表现为农村劳动力的暂时性流转、城乡就业政策和社会保障等公共服务的不公平导致的同工不同酬等方面。第一，农民工的暂时性流动是城乡劳动力要素交换的重要特征。第六次全国人口普查显示，我国居住地与户口登记地所在乡镇街道不一致且离开户口登记地半年以上的人口为 26139 万人，比 2000 年增加 1.1 亿人，增长 81.03%，约占我国总人口的 19%。可以说，流动人口只有“进口”，却没有“融合”的制度安排，很多人一直游离于制度保障之外。第二，城乡工资剪刀差。在城乡分割的户籍制度下，必然导致城乡劳动力在供需条件下，城市工资高而农村工资低。如图 2 - 9，D_1 代表城市的劳动力需求，S_1 代表城市劳动力供给。D_2 代表农村的劳动力需求，S_2 代表农村劳动力供给。如果将城乡看成两个单独的劳动力市场，假设都在完全竞争市场条件，可以看出，城市的劳动力效率要远高于农村，城市对劳动力的支付价格要高于农村，处于 w_1 的价格水平下。同理，在农村，由于其生产效率较低，在市场均衡时劳动力购买价格仅停留的在 w_2 水平。

2. 土地制度

一是土地产权不清。我国现行土地制度规定农民只有土地使用权，所有权则归集体所有，没有赋予农民全部产权。2002 年国家颁布了《中华人民共和国农村土地承包法》，我国农村土地制度改革进入了一个新阶段，农村土地使用权得到延长。但这个政策设计在一定程度上使农民更加依赖土地，制约了农村劳动力转移。村集体为保证公平，对土地进行分配时容易对土地资源进行进一步的细化，难以形成土地的规模经营和集约经营，固化了劳动力和土地的关系，使大量农村劳动力不能完全从农业生产

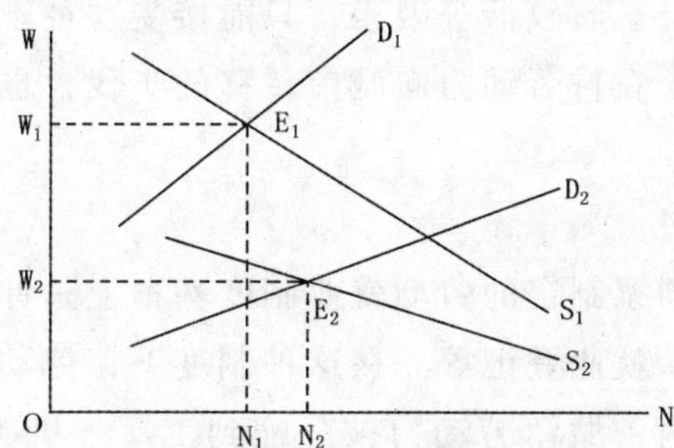

图2－9　户籍制度下的城乡劳动力价格形成机制

中脱离出来而向外快速转移。同时，土地权属和承包经营法律性质不明确，也阻碍了土地流转和土地市场的培育，致使短期的土地流转难以适应长期土地经营的需要，限制了流转作用的发挥。

二是土地社会保障功能。在我国土地是农民最大的社会保障。《中华人民共和国农村土地承包法》规定土地不允许买卖，如果农民的户口迁出本地，就必须交出承包地，土地作为农民福利保障的各项功能，如最低生活保障、养老保障等也就随之消失，并且得不到相关的补偿。因此，尽管农民向往城镇生活，但由于无法获取与城市居民一样的基本医疗、养老、住房等社会保障，农民只能选择土地作为最可靠的生活保障，这加剧了农村空洞化，制约了农民工市民化进程，也造成了农村劳动力要素流动的不彻底。

3. 社会保障制度

我国实行城乡差别社会保障制度，如医疗、养老、住房、劳动保护等福利保障基本上只有城市居民才享有，没有覆盖广大农民。目前，农村社会保障体系处于起步阶段，农村居民社会保障的内容、范围、方式和手段与城镇社会保障相比差距悬殊。究其根源，现行的社会保障制度是依托城乡差别的户籍制度建立起来的。在这种制度框架下，城市对雇用农民工的企业及农民工本人收取各项社会保险费，而不给予农民工同等的社会保险待遇。2008年1月1日，新的《中华人民共和国劳动合同法》开始实行，合同法要求各单位必须为职工购买保险，但实际情况并不乐观。许多企业为了维持生存，想尽各种办法不与农民工签订正规劳动合同。农民工由于法律观念欠缺、自身素质较低等因素，只能接受这种不平等的交换，这在一定程度上也影响了农村劳动力向城市转移的步伐，也成为城乡劳动力要素平等交换的障碍。

4. 就业制度

改革开放前，国家制定的劳动就业制度基本上是针对城市居民的，比如下岗再就业安置、就业登记等。在这种制度下，劳动力的配置和流动完全在国家的计划之内，城镇劳动力被分配到工厂、机关，工作相对稳定，并按照国家制定的标准领取工资，享受劳保福利待遇。同时我国的就业服务体系以及公共职业服务机构的服务对象定位也主要是城镇劳动力，政府的劳动力市场基本上是为城镇劳动力准备的。政府的劳动保障部门为城镇劳动者提供就业指导，为就业困难的城镇劳动者提供免费的职业技能培训等。而农民的就业安排和就业登记基本上处于自发状态。他们通过亲缘、老乡等非正式的就业渠道，进入城市的二级劳动力市场，即城市中的传统部门或非正规部门，与一级劳动力市场，即城市中的正规部门处于分割状态。我国转移出去的农村劳动力大部分在制造业、建筑业、商业、手工业、摊贩、运输、餐饮和服务行业就业。改革开放后，城乡就业分割的局面有所改变，但由于户籍制度障碍、城乡统一的劳动力市场缺乏、政府服务机构没有对接等原因，农村富余劳动力的流动仍然受到限制，农民难以在城市长期生存，“候鸟”式的迁移方式仍在继续。

四、完善城乡平等要素交换关系的基本思路和政策建议

要素交换是市场经济顺利运转的基础要件，而城乡要素交换涉及城镇—农村两大部门的经济利益获取状况。城乡平等要素交换的实质是在要素配置效率提高和收益均等分享的基础上，形成自发型、内驱型的城乡统筹发展方式。从实现条件来看，城乡平等要素交换关系的形成取决于交易主体（“谁来交换”）、要素市场（“何处交换”）和支撑机制（“怎样交换”）三种因素。新中国成立以来，我国城乡要素交换关系不是既定不变的，伴随着经济体制条件和国家发展战略的变化，我国的城乡要素交换关系也出现了阶段性转变。特别是，自20世纪90年代中期以来，我国城乡要素交换关系仍存在着如下特征性事实：劳动、资本和土地均从农村单向

度流向城镇；农村要素交换的价格存在着失真状况；城乡要素交换所依赖的交易条件具有约束性质。这些表明：改革开放以来，我国城乡要素的流动性不断增强，但城乡要素交换关系仍存在着不平等、不完善特征，而这是导致城乡经济差距在高位持续波动的根本原因。

就成因而言，从本书提出的城乡要素平等交换的支撑条件出发，我国城乡要素交换的不平等特征导源于体制转轨时期特定的交易主体、要素市场和体制条件：农村居民在土地产权执行中具有模糊性且在经济组织中具有分散性，要素市场发育程度较低且价格难以精确反映要素相对稀缺性，体制安排中仍存在社会保障分配的不对等以及社会管理的城市导向，上述因素均会影响城乡要素流动的充分性以及交换的平等性。以农村土地承包经营权流转和集体建设用地使用权流转为例的分析则表明：当前我国城乡要素交换的格局是多种主体交互作用的产物，特别地，地方政府的目标取向和行为方式是影响土地交换关系的重要变量，而地方政府的行为逻辑又与现行的行政绩效考核方式和财政管理制度紧密相关。概括说来，在地方政府追求 GDP 和本级财政收入的背景下，农村土地的非农化流转必定会衍生出政府强制、补偿失衡和程序模糊等客观后果，而这些后果暗示着农村居民在土地非农化流转中处在相对不利的位置。地方政府对城乡要素交换的影响在资本和劳动等维度中也有着非常明显的体现。显而易见，如果不通过体制改革深化来“矫正”部分地方政府的行为方式，则现有的城乡要素交换关系仍可能会得以延续，而城乡平等要素交换关系以及城乡经济社会统筹发展则很可能会被滞缓。

解析当前我国城乡要素交换的现状和制约因素，其根本指向在于给出改进的思路和对策。从上述理解中很容易给出新时期我国完善城乡平等要素交换关系的基本思路，即完善城乡要素平等交换关系必须体现“12345”：“1”即一个目标，通过要素平等交换构建自发型、内驱型城乡统筹发展方式；“2”即两种机制，市场的资源配置功能和政府的经济调控功能；“3”即三种要素，土地、资本和劳动；“4”即四种途径，产权主体明晰化、交易市场完备化、收益分配均等化、体制支持长效化；“5”即五个方面的制度完善，农村土地制度、金融制度、户籍制度、社会保障制度和农业农村扶持政策。图 2 – 10 给出了新时期我国完善城乡平等要素交换关系的示意图，此图展示了从政策起点出发、到传导机制和作用渠道、再到中间目标、最后达成最终目标的完整链条。此链条体现了对上述“12345”思路的有效回应，体现了对城乡要素平等交换关系影响因素的有效回应，体现了对当前我国城乡要素平等交换特征和成因的有效回应，如能得到积极执行和实施则可以预期必定会对我国加快形成城乡经济社会一体化新格局产生重要影响。

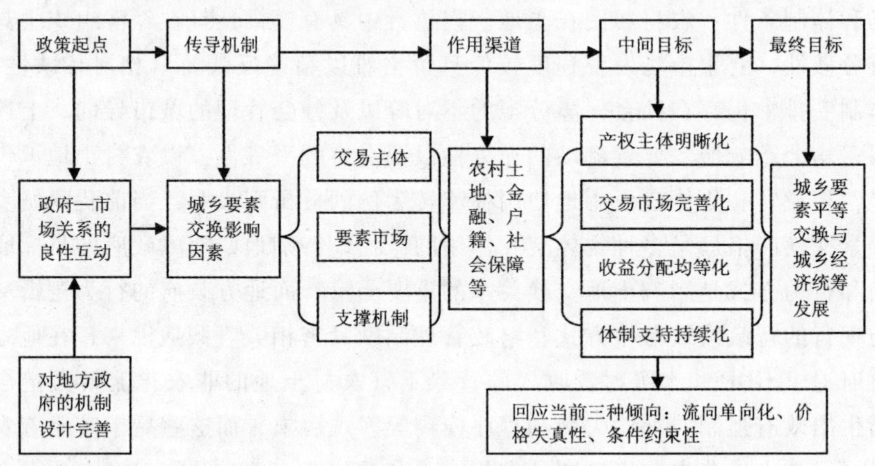

图 2-10　新时期我国完善城乡平等要素交换关系的基本思路

我国完善城乡要素平等交换关系的“12345”思路可以详细展开如下：

“1”即“一个目标：通过要素平等交换构建自发型、内驱型城乡统筹发展方式”。此概括给出了我国完善城乡平等要素交换关系的最终目标，其具体包括了三个层面的内涵：（1）新时期我国必须着力推进城乡二元经济结构和二元社会结构的持续转化，加快实现城乡经济社会的统筹协调发展。改革开放 30 多年以来，我国在总量经济持续高速增长的背景下，仍面临着城乡二元经济结构和二元社会结构的现实挑战，其集中表现为城乡居民收入差距呈现出在波动中不断走高的态势。这是导致我国内部需求难以有效启动、社会治理成本渐趋高企的重要因素，城乡统筹发展已经成为我国经济社会实现持续协调发展的重要途径。（2）新时期我国追求的城乡统筹发展应具有自发型、内驱型特征。实现城乡经济社会的统筹发展有两种基本方式："输血型"和"造血型"，在市场化改革不断深化的背景下，企业和居民等微观经济主体依据市场价格信号对资源的配置能力不断增强。在此背景下，主要依靠政府"输血"来实现城乡统筹发展越来越不具有可行性，我国必须在充分调动微观经济主体自发力量的背景下实现"造血"型城乡统筹发展方式。（3）自发型、内驱型城乡统筹发展有赖于城乡市场机制的作用，尤其是城乡要素平等交换关系的不断完善。在市场经济背景下，城乡居民根据商品市场和要素市场中的"价格"（对土地而言，其价格为土地流转收益；对资本而言，其价格为利息；对劳动而言，其价格为工资及福利）信号来展开经济活动，特别是在城乡要素市场有效的背景下，土地、资本和劳动等要素可以依据"产出最大化"或"收益最大化"原则在城乡自由流动，而要素所有者（或占有者）也可以在要素配置效率提高的前提下获取更高的经济收益，这正是城乡统筹发展长效机制发挥作用的集中体现。

"2"即两种机制：市场的资源配置功能和政府的经济调控功能。此概括给出了我国完善城乡要素平等关系的政策切入点，其具体内容包括了两个方面：（1）市场的资源配置功能是城乡要素平等交换的题中应有之义。区别于计划经济时期，在市场化改革的背景下，我国实现城乡要素平等交换说到底不是依靠政府的指令性计划，而必须依靠城乡居民和企业对生产要素配置的自我选择。因此，要素市场的资源配置功能越是显著，则政府和单个微观主体（例如个别企业）对市场的"操控"能力就越是微弱，城乡居民实现要素自由流动和有效配置的条件就越是充分。反之则反是，因此离开市场的资源配置功能来谈城乡要素平等交换关系是没有意义的。（2）政府的经济调控功能是城乡要素平等交换的体制性保障。即使在成熟的市场经济体制中，市场经济也往往存在着外部性、收入分配差距、公共品供给不足、信息分布不对称等"失灵"情形，因此，探求政府—市场之间的最优均衡和良性互动对城乡要素平等交换而言就具有重大的实践意义。更为重要的是，我国当前正处在从传统计划经济体制向现代市场经济体制转轨的关键时期，在此背景下，生产要素的市场化程度正在逐步提高，而政府、尤其是地方政府对城乡要素交换的"介入"仍较为普遍，其对城乡要素平等交换所依赖的"公共品"供给却相对短缺。这正是导致城乡要素交换失衡的重要原因，可见，矫正地方政府的行为方式、充分发挥政府的经济调控功能对于完善城乡平等要素交换关系而言就不可或缺。

"3" 即三种要素：土地、资本和劳动。此概括说明了我国完善城乡要素平等交换关系的主要对象。土地、资本和劳动是任何时期经济活动展开所以来的主要资源[①]，也是城乡开展经济活动、形成经济关系最为依赖的生产要素，其配置状态和收益方式对要素所有者（或占有者）而言意义重大。具体而言，（1）土地。土地在所有生产要素中"供给刚性"特征最为显著，且我国快速的工业化和城市化进程导致对土地的需求迅速增加。从国际经验来看，工业化和城市化加速时期城乡土地要素交换主要体现为农村土地的非农化流出，但在此流出过程中，农村居民能否与其他主体形成相对对等的市场谈判能力，从而充分知悉土地非农化流转的整个流程并有效获取土地增值收益就显得至关重要。（2）资本。资本对其他生产要素往往具有"粘合剂"的功能，传统的金融发展理论强调发展中国家的农村部门往往存在着"金融抑制"问题，近年来我国虽然有些地方已经出现了"资本下乡"（例如：有些城镇资本在中西部"招商引资"的背景下流向农村）的情形，但农村资金依靠各种正规和非正规渠道的非农化流转却是一个普遍现象，且农村融资成本也往往相较于城镇或工业部门来得更高，这种格局会通过资本形成困难而影响农村经济的现代化进程。（3）劳动。劳动者对劳动力的配置取决于在不同部门之间的经济报酬差异，改革开放30多年以来，我国农村劳动力的非农化流转是推动整体经济高速增长的一个重要"引擎"，但由于人力资本约束以及户籍制度等制度性因素的制约，当前我国农村劳动力非农化流转之后在岗位选择和薪酬获取等方面均处于不利地位，且往往农村劳动力的职业转化很难带动自身以及家庭的身份转化。

"4" 即四种途径：产权主体明晰化、交易市场完备化、收益分配均

① 马歇尔在1890年出版的《经济学原理》中指出，经济活动是建立在四种生产要素的基础上：土地（泛指广义的自然资源）、劳动、资本和企业家才能。在城乡要素交换关系中，我们将"企业家才能"进行了"剔除"，这是因为在当前农村要素单向度向城镇流转的背景下，农村的"企业家才能"是非常稀缺的。

等化、体制支持长效化。此概括说明了新时期我国完善城乡要素平等交换关系的中间目标。完善城乡要素平等交换关系就必须有的放矢，对症下药，着力破除已有的市场主体、要素市场和体制条件三个方面的制约因素。相应的，产权主体的明晰化、交易市场的完善化、收益分配的均等化、体制支持的持续化就应被放在关键位置，惟其如此，城乡要素的配置效率才能提高，城乡居民的利益分配才能更为均等化。具体而言，（1）产权主体明晰化。在经济学意义上，产权制度安排对于要素的配置方式和收益分配具有基础性作用，特别是，产权明晰不仅应具有“法律”上的概念意义，而且更应具有“实践”的执行意义。当前，我国城乡要素交换关系在产权主体明晰层面中仍存在很大的改进空间，尤其是农村土地的“集体”所有属性在执行中往往难以找到精确的“集体”载体。（2）交易市场完备化。城乡之间土地、资本和劳动市场越是完备，则城乡居民利用要素市场的“成本”就越低，或者说市场的“交易费用”就越小，而城乡土地、资本和劳动等要素的自由、双向流动就越有可能。当前我国农村土地市场、资本市场和城乡劳动力市场发育仍不充分，地方政府对要素市场的直接或间接“干预”仍然较为普遍。（3）收益分配均等化。在城乡要素市场中，要素的供给者和需求者可以从要素配置中获取多少收益在本质上是一个“讨价还价”的结果，因此收益分配均等化本身就具有动态演变以及“市场检验”的属性。但是，收益分配格局首先需要不同主体的市场议价能力是相对对等的，在存在政府过度“介入”或某些企业垄断的背景下，不同主体从要素交换中所获取的经济报酬很可能存在明显偏差。（4）体制支持长效化。在制度经济学意义上，政府的体制安排会通过确定行为边界、提供公共产品等方式而对市场交易产生影响。改革开放30多年以来、尤其是进入21世纪之后，我国政府在“少取、多予、放活”的思路下已出台了一系列的支农强农惠农政策，这些政策所取得的积极成效令人瞩目。但从构建自发型、内驱型城乡统筹发展的角度看，体制支持长效化应成为城乡要素交换关系改善的基本立足点。

“5”即五个方面的制度完善：农村土地制度、金融制度、户籍制度、社会保障制度和农业农村扶持政策。此概括说明了新时期我国完善城乡要素平等交换关系的政策改进基点，未来我国必须围绕土地、资本和劳动三种生产要素，以产权主体明晰化、交易市场完备化、收益分配均等化和体制支撑长效化为努力方向，深化对农村土地制度、金融制度、户籍制度、社会保障制度和农业农村扶持政策等方面的改革，以此消除制约城乡要素平等交换的体制因素，为不断完善城乡要素平等交换关系奠定坚实基础。具体而言：

（1）明确农村土地的集体所有性质。当前和在今后的较长时期内，我国农村耕地和宅基地仍应坚持土地的集体所有制。从产权安排来看，农村土地存在国有制、私有制和集体所有制三种基本方式。无论是从理论上还是经验上看，土地的国有制很容易诱发“公有地悲剧”；土地私有制则以土地仅为生产要素且农民社会保障供给充分为前提，考虑到当前我国农村土地仍兼有生产要素和社会保障的双重功能，因此可以判断：土地的“私有化”和“国有化”均不是当前我国土地产权改革的理想方案。尽管当前农村土地集体所有制存在改进空间，但权衡利弊得失之后，我国仍应将在较长时期内将坚持土地的集体所有制作为农村土地制度改革的基点。

（2）显性化农村土地的所有者主体。在土地集体所有制不可改变的前提下，应通过社会建设增强集体经济组织对土地所有权的实际执行力。当前乡（镇）、村、队三级土地所有制，很容易导致土地产权主体“虚位”以及其他主体的“过度进入”。为此，应在普遍开展土地清查的基础上明确三级所有土地的边界，明确农村耕地和农村集体建设用地的边界，规避乡镇以及其他外部力量对村、队两级土地所有权的“侵蚀”。同时，应增强村“两委”和生产队与农民利益的耦合度，或者依靠村内和对内的农民经济组织（此类经济组织应具有农有、农治、农享等特征）发育，促使土地集体所有的“集体”具有实质指向，且能真正代表农户利益诉求并可有效执行土地所有者这一产权主体的职能。最直接的方式是：农村集体经济组织成员按照自愿的原则，参照《中华人民共和国农民专业合作社法》，以土地使用权入股等形式，依法登记形成股份合作经济组织，解决当前大部分地区农村土地承包经营权和集体建设用地所有权主体“缺失”的问题。

（3）重塑集体经济组织与农村居民的关系。在集体经济组织作为土地所有者的前提下，应依靠土地承包经营权和集体建设用地的权利范围和期限确定，规范集体经济组织与单个农户之间的关系。“十二五”规划纲要强调要“完善农村土地法律法规和相关政策，现有农村土地承包关系保持稳定并长久不变。搞好农村土地确权、登记、颁证工作，完善土地承包经营权权能，依法保障农民对承包土地的占有、使用、收益等权利”。以此为出发点，就必须明确土地承包经营权“长久不变”的确切含义，例如可以考虑将农村土地承包经营权期限明确为70年。在土地确权赋能的过程中试点扩展土地承包经营权的权限，例如将抵押权赋予土地承包户，土地承包经营权权利范围的拓展、使用期限的延长将有助于稳定农民的土地承包经营权流转行为。

(4) 规范农村土地非农化流转的程序和收益分配方式。对农村土地非农化流转的程序应做到透明化、收益应兼顾不同主体（尤其是农村居民）的利益诉求。在农村土地征用和农村集体建设用地使用权流转中，应统筹照顾所有权收益（农村居民以集体组织来获取所有权收益）和政府投入回报，集体建设用地所有权人出让、租赁、作价出资入股建设用地使用权，其出让收益主要归土地所有者所有，此收益可通过银行结算方式直接分配给农村居民。市、县人民政府最多可按照出让、租赁、作价出资入股总额的15%收入土地流转收益，以弥补地方政府在基础设施、公益性建设以及环境改善等方面的投资。此外，为了克服城市近郊区农民土地单纯因为“区位优势”而形成的与边远地区农民土地的“溢价”收入，应在近郊农村土地市场化的出让收入中，提取部分收入作为社会保障基金，以使大部分社会成员能够相对均匀地分享土地增值收益。

(5) 改进农村集体建设用地使用权流转的市场环境。应规范现有的城乡建设用地增减指标挂钩方式，正确评估此项制度的实施条件和衍生后果，对导致“被上楼”的地区应限制甚至取消此项制度的试点。同时，以显性化农村土地所有权主体和规范农村土地流转程序为前提，可以建立农村建设用地指标有偿调剂制度，以市为单位将农村结余的建设用地有偿调剂给城市和集镇建设，并将有偿使用的收益全部返还给农村土地所有者(集体经济组织以及农村居民)。据此，可在市级建立新增耕地指标储备库和新增耕地指标市场交易平台，完善农村土地产权市场交易制度，为城乡土地资源的配置效率提高提供支持条件。

(6) 完善农村土地承包经营权流转的市场环境。就其本质而言，农村土地承包经营权流转是流转双方在流转市场上依靠契约来规定权利—义务关系的交易行为，因此交易费用将成为影响土地承包经营权流转的重要因素。我国不应按照某一流转方式要求所有地区，应赋予不同地区在法规范围内探索多元化流转方式的权利。同时，应按照自下而上、从小到大的原则逐步建立开放、竞争、公平、有序、规范化的土地承包经营权流转市场，依托市、县、乡镇、村集体等建立健全多层级的土地流转中介机构和信息网络，尽快开展土地承包经营权供求登记、信息发布、价格评估、法律政策咨询等中介服务。考虑到土地承包经营权流转之后的经营风险问题，还可因地制宜地建立土地流转风险保障金制度、合同档案管理制度以及纠纷调节仲裁制度。

(7) 夯实农村资金和金融的自我累积能力。就农村金融制度而言，长期以来，农村存在以正规型金融供给有限、非正规型金融需求旺盛为特征的金融抑制现象，我国要改变城乡资金要素的单向流出以及农村居民融资成本高企的格局必须着力推进农村金融体制改革。中央政府已经提出要构建商业性金融、政策性金融和合作型金融“三位一体”的农村金融体制，这是正确的。从路径来看，我国金融体制改革可在两个层面展开：一是体制内完善，着眼于激励正规性金融机构增加对农业的信贷力度，通过“窗口指导”推进农行和农发行对农村的金融支持力度，改变储蓄银行在农村“只存不贷”的不对称性，完善农信社运行机制、提高农信社经营效率，使其真正成为农村正规型金融供给的主要力量。二是体制外引入，着眼于降低非正规性金融机构从事农村金融的行业壁垒，在加强监管的基础上，引导中小金融机构进入农村领域，允许民营经济在农村从事金融业务，普及以利用农村民间信用资源为核心的小额信贷，大力发展农业政策性和商业性保险，形成较为综合的新型农村金融体系。

(8) 通过加快户籍制度改革完善城乡劳动力市场。城乡户籍制度是制约城乡劳动力充分流动的重要因素，改革开放以来，户籍制度改革已成为经济结构和社会结构转化的迫切需要。户籍制度改革不是简单的登记制度变革，而是涉及城乡教育、医疗、养老、就业等社会保障再配置的利益格局调整问题，考虑到户籍制度改革的复杂性，可以按照先试点后推广、先中小城市再大城市的次序渐进推进。当前，户籍制度改革应从两个方面展开：一是加大对农村基础设施和民生物品的投入力度，推进农村基础教育和职业教育发展，应在“低水平、广覆盖”原则下完善农村医疗和养老制度改革，努力实现农民教育、医疗、养老、就业和住房等社会保障的城乡差距，这种努力的着力点是缩减城乡户籍的“利益级差”。二是在农村劳动力流转的背景下，扩大城市社会保障和民生物品的受益群体，将农民工及其家属纳入城市社会保障的覆盖范围，在“土地使用权资本化收益置换社会保障”的思路下冲破户籍制度的利益藩篱。这个层面的着力点是扩展城市户籍的“受益群体”。依靠户籍制度改革引导农业劳动力基于收益比较在不同产业之间形成较为均衡的分布状态，改变当前农业劳动力“精英”单向流出的局面。

(9) 强化对农业农村农民的支持保护力度。就农业保护制度而言，政府实施农业支持保护政策主要是为了化解农业“重要但弱质”的矛盾，从而为改变农村生产要素的单向流出困局提供有利条件。从经验来看，发达经济体均实施了程度不等、方式各异的农业支持保护政策。当前，我国农业支出保护制度还具有不断完善的空间。这应围绕三个方面展开：其一，少取。在“工业反哺农业”的战略取向下，“少取”已成为农业支持保护的一个基点，农业税减免已体现了“少取”，未来着力点应放在对“费”的规范和缩减，防范基层政府在新农村建设背景下变相增大农民负担。其二，多予。基于城乡财政配置相对均等化的理念，未来应增大对农村基础设施和公共产品投入力度，扩展农业直接补贴的范围，强化粮食生产补贴、农业机械购置补贴和农业良种购置补贴，加大对农村水利、道路、桥梁、通信等基础设施的投入力度。其三，放活。农业和农村发展的基础是农民的自我发展能力，应允许农民按照依法、自愿和有偿原则进行土地流转，鼓励农业经济性合作组织的发育，深化户籍制度改革降低劳动力流转的交易成本等，完善农村生产资料和农产品流通体系，逐步形成有效的外部市场风险防范机制。

(10) 完善对农村居民的社会保障供给体系。农业社会保障体系关系到农民的生活状态和福利水平，关系到农业的长期发展潜力和国内需求格局，同时也关系到城乡平等要素交换关系的构建和完善程度。针对当前城乡二元社会结构依然突出的问题，必须在城乡居民享用公共财政均等化的要求下，扩大公共财政覆盖农村范围，完善农村社会保障制度安排。在农村教育方面，必须基于实现教育公平的目标，加大对农村基础教育投入力度，同时更加关注农村职业教育的发育和发展，创造有利环境鼓励接受高等教育的人才到农村创业发展，培养更多有文化、懂技术、会经营的新型农民。在农村医疗方面，必须在“广覆盖、低水平”原则下扩大农村新型合作医疗的覆盖范围，同时鼓励不同地区探索适合当地的农村合作医疗制度，不断完善农村医疗救助制度，最大限度地降低“因病致贫、因病返贫”现象的发生。在农村养老方面，必须贯彻广覆盖、保基本、多层次、可持续的原则，按照个人缴费、集体补助、政府补贴相结合的要求，建立新型农村社会养老保险制度，政府补贴的范围和力度应随着经济发展而逐步提高，探求对土地养老、子女养老等传统养老方式的有效替代方式。

（11）通过体制改革深化来优化政府—市场之间的经济关系。当前城乡土地、资本、劳动等要素交换关系与地方政府的行为逻辑紧密相关，有些地方政府在要素市场的过度“介入”体现了其职能“越位”，但在社会保障等公共产品供给中的相对“迟缓”则体现了其职能“缺位”，这种格局会通过“扭曲”市场价格信号等而影响城乡要素交换关系。为此，我国必须尽快通过绩效考核机制和财政管理体制的持续完善，使地方政府和基层组织在城乡要素流转和交换中发挥更为建设性的作用。“十二五”期间，我国将以科学发展为主题、以加快经济发展方式转变为主线来推进经济社会持续协调发展。为此，就应在地方政府的绩效考核中凸显结构转化、居民收入、生态建设、社会保障等因素，而尽快矫正以GDP增长作为主要指标的绩效考核方式。同时，考虑到地方政府事实上存在的“财权—事权”不匹配格局，中央政府还应按照财力与事权相匹配的要求，在合理界定事权基础上，进一步理顺各级政府间财政分配关系，通过财政管理体制改革试点（例如资源税改革、房产税试点和地方债试点等）来完善分税制，实现财权的适度下沉或事权的适度上移，增强地方政府对农民、农业和农村提供公共产品的能力，弱化地方政府依靠“操控”城乡要素市场配置来扩充地方财政来源的冲动。

第三节
城乡一体化发展的国际经验与国内实践[①]

一、国际上城镇化与农村发展的经验比较

（一）美国城镇化的基本做法及其启示

1. 美国城镇化的基本做法

今天，美国已有85%以上的人口居住在城市里，城镇化率高达85%，基本达到了城乡一体化和农村城镇化。美国在推进城镇化进程中，逐渐形成了一些成功的经验。

一是建立多层次的城镇体系。美国在城镇化过程中实行的是开放式城镇化，完全打破区域间的封闭状态，面向世界。从全国整体出发，采取圈域经济的“都市圈”模式，建立国际性的大都市、全国性的中心城市、区域性的中心城市、众多的地方小城市和中心镇等不同层次的城镇体系，以中心城市为主体，形成大“都市圈”和“城市带”。

二是重视中小城市和中心镇的发展。从城市规模看，美国城市规模大小差异很大，从几百万人口到几百人都有，但以3万—10万人口居多。近30年发展起来的大都市区、城市圈或称为卫星城集中起来的城市带，是大批小城镇的集合，而不是靠无限扩张中心城市管辖范围来实现城市规模；从城镇化发展道路来看，美国的城镇化没有走“集聚——扩散——再集聚”的弯路，而是依托大城市的辐射影响，着力发展众多的小城市和中心镇，逐步形成大规模的城镇连绵群，使得城镇与郊区、城镇与乡村的差异消失，各种生产要素处于一种完全的开放、流动状态。

---

① 本节引自2010年农业部软科学课题“城镇化与新农村建设协调推进战略研究”，课题主持人：顾益康。

三是城镇化建立在产业发展的基础上。美国在推进城镇化发展过程中，非常重视第一、第二、第三产业的聚集、关联和协调发展，注重城镇产业经济的扩展和升级。一方面，非常重视交通、通讯等基础产业的发展。美国交通十分发达，航空便捷，陆上交通更是四通八达，6—8 车道的高速公路已经成网。另一方面，重视第二、第三产业的转换和升级，注重高新技术产业的发展及其对传统产业的知识化改造。另外也很重视农业的现代化。

四是在强调市场化作用的同时，重视政府的宏观协调作用。美国政府在推进城镇化进程中，主要是为产业的发展和各种生产要素的流动营造一个社会化的市场环境和法制环境。同时，为解决大都市区发展中面临的区域性矛盾和问题，实行有效的区域协调和管理，如市县合并，建立权威的大都市区政府，组建半官方性质的地方政府联合组织等。

2. 对中国城镇化的启示

首先，城镇化的发展必须要以产业发展和企业的聚集为支撑。一个地区大企业和几个中小企业的持续发展，能带动当地就业机会、劳动收入和地方财政收入的跨越式增加，吸引众多外地人口的到来，带动服务业的发展和基础设施的完善。反之，一个没有企业聚集和产业支撑的城镇，必然是一个经济基础脆弱、功能不健全的城镇，必然是一个缺乏造血功能、没有发展动力的城镇，甚至是一个渐趋衰落的城镇。

其次，市场化是城镇化发展的制度前提。城镇化的内在要求是产业的聚集和扩散的统一，其实质就是要求各种生产要素的自由流动。因此，要促进城镇的发展和城乡的融合，最关键的是要建立一个生产要素自由流动的机制。

再次，大城市的超先发展要以中、小城市和小城镇发展为依托。从空间形态来看，美国的城镇带绵延数百公里，城市与边缘城市与郊区甚至城市与乡村的差异已不明显，似乎处于完全开放的松散状态，人口的密度因分布在若干小城市和小城镇而相对分散，特别是其区域性城镇体系布局合理，逐级辐射，带动能力强，同级城镇的个性特色较为鲜明。就我国而言，由于二元结构的现实，要求我国城镇化不能单轮驱动，要将扩大、提高大中城市与农村小城市和小城镇建设作为一盘棋来考虑，建立起太阳系式的中心城市——卫星城小城镇网络体系。从长远看，吸引农村人口更多的是星罗棋布的中心城镇，而且中心城镇农民容易迁入，容易把工业、流通同现代农业挂起钩来。

最后，人的需求和创造性是推动城镇化发展的原动力。城镇化的发展离不开人口的流动及其素质的提升。这就要求我国在推动城镇化的进程中，必须以人为本，重视人才的培养和人的积极性和创造性的发挥；必须增加教育投入尤其是要增加对农村的教育投入，加大对农民及其子女的培育，提高农民的文化和技术素质；必须在进行城市建设规划的时候，贯彻“三个代表”重要思想，以居民工作生活方便为重点，提高城市环境和文化品位，建设最适合人居的城镇。

（二）日本城镇化与农村发展路径及其启示

1. 日本城镇化与农村发展路径

日本自20世纪50年代城镇化开始快速发展，城镇工商业为农村富余劳动力提供了大量就业机会，农业人口转移速度大大加快。农业人口占总人口的比例由1970年的25.3%，分别下降到1980年的18.3%，1990年的14.0%，1997年的9.2%，农业人口的减少为农户生产规模的扩大及农业现代化创造了有利条件。农村人口的减少、农民收入的增加，极大地改善了农村的基础设施，加强了城镇间、城乡间联系，为实现城乡一体化提供了可能，而农村经济的发展也为城镇产业和人口的扩散开辟了道路。由此，农村不再是单一农户居住的区域，而成为专业农户、兼业农户、非农户混居的社区，农业不再是农村的支配产业，日本的农村面貌获得了极大的改观。

2. 日本城镇化与农村发展对我国的启示

20世纪50年代中期，日本在推进农村地区工业化、城镇化的阶段与我国目前的情况相似，也面临工农发展严重失衡的问题以及农民收入少、生活水平低下、农村基础设施落后等诸多难题。日本政府确定了发展农业现代化水平以带动农村经济的发展方针后，运用法律手段促进城乡协调发展。其中确保劳动力充分就业以及向农村地区引进工商产业的主要法规有《向农村地区引入工业促进法》、《新事业创新促进法》以及《关于促进地方中心小都市地区建设及产业业务设施重新布局的法律》等。在这些政策法规的引导下，农村工业化和城镇化有了长足的发展，特别是随着日本经济发展和工业化水平的提高之后，反哺农业使农村建设有了充分物质资金保障。

日本的经验证明，工业化、城镇化是解决农村发展的重要途径之一。其高度的工业化使科学技术装备农业的能力大大增强，技术装备的成本相对降低，国家支援农业的能力也大大增强，这样可以极大地提高农业现代化水平，全面缩小城乡差距。另外，城镇化的发展使其农村富裕劳动力在短期内迅速减少，余下的农民又有机会在城市经济部门得到兼业机会，这使得政府在支援农民时的负担得以相对减轻。

日本农村发展总的来说是成功的，但是我们也应当看到，日本农村发展也经历了一个曲折的发展过程。日本自20世纪60年代以来农村人口转移一直以向城市转移为主，从而形成了目前日本农村地区人口过疏、老龄化等问题，导致日本农业生产走向低谷，到20世纪90年代中期已成为发达国家中粮食自给率水平最低的国家。因此，我们在推进城镇化与新农村建设过程中，在借鉴日本农村发展的成功经验的同时，更要充分考虑我国的国情，积极处理好社会主义新农村建设与工业化、城镇化的关系，健康推进我国的现代化进程。

（三）韩国新村运动的实践及其启示

1. 韩国新村运动的实践

20世纪60年代，韩国启动了“出口导向”的工业化战略，工业化和城市化的步伐大大加快，城乡差距日益扩大。为此，韩国政府在20世纪70年代初把农村开发列为国家发展战略，开展了轰轰烈烈的“新村运动”。通过培养新村运动指导员，成立社区新村学校，对农民进行教育，以“勤勉、自助、合作”为“新村运动”的宗旨，以“摆脱贫困，走向富裕”为“新村运动”的目标。“新村运动”的重点在于“精神启发”，始终将“勤勉、自助、合作”作为一种民族精神加以启迪，唤醒国民，克服小农固有的懒散、易于满足的陋习，培养勤俭节约、自主自助、相互信任、相互帮助的良好社会风尚。进入21世纪后，韩国的“新村运动”进入了第三个阶段，运动初期由政府提倡、督导，带有很强的“官办”性质，目前完全变成了一个全民参与的民间社会运动，并提出了21世纪更高的发展目标。

历时近40年的“新村运动”，推动了韩国农业农村经济的快速发展。“新村运动”的开展改善了农村公路、住房条件，实现了农村电气化，让农民用上了自来水，推广了高产水稻品种，增加了农民收入，兴建了村民会馆，农协组织迅速发展起来，城乡发展的差距大为缩小。同时，“新村运动”对促进韩国城镇化进程和城乡协调发展也发挥了重要作用：“新村运动”为韩国经济高速发展提供了良好的人力资源，加快了其城镇化进程，使韩国在30年内城镇化水平提高了35个百分点，基本达到了发达国家的城市化水平；“新村运动”缩小了韩国城乡之间收入差别，使大多数农民安居乐业，保证了城乡协调发展和社会稳定；“新村运动”提高了韩国城乡资源的综合利用水平，实现了资源的有效配置。

2. 韩国农村改革对中国的启示

韩国“新村运动”成功的主要原因在于他们确定的工程项目都是切实可行的小项目，与农民生活息息相关，改善生活的作用立竿见影，容易调动农民的积极性；有一个专家委员会作指导，项目都由专家经过周密研究后设计，是用现代科学和理念决策的产物，而不是由领导人的头脑冲动产生的。今天，韩国“新村运动”对我国新农村建设的借鉴意义主要是：

第一，农村改革及其现代化建设需要政府更多的参与。韩国新农村运动的起步、拓展与深化大都是在政府主导下进行的，政府不仅是积极参与，而且直接发挥自己的推动作用。例如，韩国政府曾为农村基础设施的改造和农村人口的文化素质与质量的提升，直接提供过大量物力和财力的支持。在中国，农村的改革是从改变政府统治方式、实行农民自主经营开始的。借鉴韩国经验，我们有必要在新农村建设中进一步加强政府对农村改革和农村现代化建设的参与程度，加大政府对农村改革和农村一体化建设的物力和财力支持力度。如进一步扩大公共财政覆盖农村的范围，把农村基础设施建设、农村文化教育、农村医疗卫生等纳入政府统一规划建设中来。

第二，深化土地制度改革，从根本上解决土地粗放经营问题。韩国实施土地改革和中国推行家庭联产承包责任制以后，都先后遇到了同一个问题，即以地块分割为基础或以农村家庭（农户）为基础的“现代自耕农体制”与农业生产集约化和高效化要求的矛盾。但是，随着农村经济和整个社会的发展，这项制度便成了韩国农业发展的桎梏，农业生产的规模化和效率化均成为一个制度性问题。借鉴韩国和其他国家的经验，在土地制度改革过程中，要使土地使用权从分散化转向集中化、土地经营从粗放转向集约，并允许农户作为土地交易的主体，通过土地流转使土地逐渐走向集中，实现土地的集约化经营和高效运用。

第三，要让农民成为新农村建设的主体。要尊重农民的主体地位，尊重农民的意愿，让农民自己说话，从而激发农民建设社会主义新农村的内在的自信、决心和创造性、主动性，在此基础上，农民无穷的智慧与创造力才会体现出来。即使政府认为对农民有益的事情也要先征求农民的意愿，决不强行推行，让农民成为各项农村建设事业的主体。

二、国内推进城乡一体化发展的实践

统筹城乡综合配套改革是一项系统工程，涉及经济、社会、文化等诸多方面，其最终目标是要缩小城市与乡村的差距，促进要素在城乡之间的合理流动、公平分配，达到城乡经济协调发展、居民权利平等、社会文化融合，实现城乡一体化。从我们调查的四川成都和浙江嘉兴等地统筹城乡改革试点的实践情况来看，这一综合改革的本质和核心内容就是协调推进城镇化与新农村建设。

（一）成都的基本做法与经验

1. 成都统筹城乡发展的基本做法

自2007年成都被国务院批准为统筹城乡综合配套改革试验区以来，开展了一系列的积极探索，取得了很大的成就。三年来，作为全国性试验区，成都的改革经验也为全国统筹城乡发展提供了重要经验和知识来源。

成都作为四川省会城市的平原地区，从产业结构来看，它的三产结构中农业所占比重低，三次产业中以第三产业为重心，城乡居民收入差距相对较小。在此背景下，成都市统筹城乡综合配套改革试验可以概括为："三个集中"、"六个一体化"、"十大基础工程"和"九项重点任务"。其中"三个集中"是指工业向集中发展区集中、农民向城镇和新型社区集中、土地向适度规模经营集中。"六个一体化"包括城乡规划、城乡产业发展、城乡市场体制、城乡基础设施、城乡公共服务、城乡管理体制一体化。“四大基础工程”是指农村产权制度改革、农村新型基层治理机制建设、村级公共服务和社会管理改革、农村土地综合整治。体现在《成都市统筹城乡综合配套改革试验总体方案》中的“九项主要任务”是指，建立三次产业互动的发展机制、构建新型城乡形态、创新统筹城乡的管理体制、探索耕地保护和土地节约集约利用的新机制、探索农民向城镇转移的办法和途径、健全城乡金融服务体系、健全城乡一体的就业和社会保障体系、努力实现城乡基本公共服务均等化、建立促进城乡生态文明建设的体制机制。此外，还提出了按照“全域成都”的理念统筹城乡建设。

2. 成都综合配套改革的基本经验与不足

成都在统筹城乡发展试验的改革中起了重要作用，在加大投入的同时立足于突破“城乡二元”的体制和制度，在促进城乡资源自由流动、促进生产要素配置的市场化、促进进城务工农民的市民化以及促进城乡基本公共服务均等化方面做出了积极的尝试，并取得了明显的成效。但是，也存在不足之处。

从战略实现途径而言，成都市提出的“全域成都”与当地的经济实力和城乡发展阶段相适应。然而，成都市“全域成都”战略的不足在于农民工、失地农民与城镇职工、城镇居民的社会保障体系并没有很好地衔接和融合起来。再者，由于“全域成都”只是在地级市层面的融合，因而从全省层面看，更容易拉开与其他地区之间的距离，从而使四川更难在全省范围内实现城乡统筹，尤其是社会保障方面的统筹。

规模生产与分散生产。成都乃至全国其他地方，地方政府在统筹城乡发展、转移农村劳动力、流转农地的同时，更加重视土地的规模生产，而在一定程度上忽略了分散的土地，致使一些零散的土地在劳动力转移过后没有人耕种，而农业种植大户又对分散的土地没有兴趣。通过农村建设农地的复垦腾出来一些农地，这些农地往往也是分散的，这种情形使得一方面政府花费大笔的财政来复垦土地，另一方面复垦出来的土地有许多又在空置和抛荒。针对这一问题，成都市通过给农民发放每亩400元或300元的耕保补贴，使较多分散的土地也能够得到耕种。然而，这一补贴有可能使得本来可以放弃土地的农民更加不愿放弃土地承包权，从而一定程度上又会妨碍城市化的进程。因而总的来说，全国各地都没有普遍有效的方法来有效避免零散土地的抛荒。

城乡流动与乡村交流。最初的城市化政策更多地着力于土地的征用，被称为“要地不要人”；统筹城乡发展战略提出后开始着力于农村劳动力转移，却没有提供与城镇居民一致的社会保障和公共服务，农民市民化遭遇困境；在最近几年，无论是成都地区还是全国其他地区，都相对注重社会保障和公共服务的提供，甚至开始关注资本下乡和人才下乡，却普遍忽略了乡村到乡村的流动。农村从生产资料（耕地、山林）到生活资料（宅基地、农房）以及政治社会生活（村民自治）都只限于本村内部，跨村之间的资源流动面临层层障碍，使得乡村内部的资源流动和优化配置遭受壁垒，这种壁垒甚至比城乡之间的壁垒更为严重。农村资源配置的低效很大程度上是由乡村的“蜂窝”状组织形式带来的，乡村之间资源流动的障碍也会对城乡之间资源优化配置带来障碍。因而，这种状况在突破城乡壁垒的时候如果一并打破，将对乡村内部资源配置以及城乡之间的资源配置都有很大的促进作用。

土地流转与农房流转。成都在劳动力转移和耕地流转甚至户籍转换方面都已经有较大幅度的改革，这种改革较大地促使劳动力资源和土地资源的自由流转，从而形成了较为成熟的就业市场和耕地市场。然而，在实现农村耕地、农村集体资产全面股份制改革以及实现农村宅基地和农房的流转方面，改革还只是处于初始阶段，有许多制度约束还没有突破，从而使得耕地流转、劳动力流动，尤其是农房流转受到限制。农房流转受到的限制使得农村没有形成成熟的农房交易市场，也就不能形成农房交易价格体系。这种状况使得农民在保留农房的情况下不能将其资本化，而在退出农房的情况下其权益又往往会因为地方政府拆迁补偿较低而受到一定程度的剥夺。同时，因为农房流转市场没有形成，许多进城的农民将质量较好的房屋也退还给了政府，政府在将其复垦换取建设用地指标的同时，实际上也浪费了很多的资源。这一问题目前在全国范围内都没有得到较好的解决，因为农房流转制度的根本改革需要突破法律层面的障碍，地方政府在这方面无能为力。

政府角色与市场机制。虽然成都市提出了“用市场化的办法来解决城乡一体化的问题”的先进理念，但在实际操作中，这一理念却没有能够得到很好的贯彻，在不少领域更加偏重政府主导甚至主体作用。例如，在农民放弃农房、宅基地和农用地承包权的过程中，并没有形成市场化的价格机制，而是由政府统一定价，即使村民在与政府之间能够进行双边谈判，也只能在谈判中占下风。但是如果能够允许农地承包权、农房和宅基地自由流转，则会在其间形成价格机制，届时再由政府按照市场价格进行储备，则公平性会大大增强。但是如今虽然农地承包权自由流转的空间已经较大，但是农房和宅基地的自由流转空间则仍然很小，几乎没有形成价格机制。

改革推进与利益分配。在统筹城乡综合配套改革的过程中，地方政府仍然不能摆脱自身利益的驱使，相比之下农民利益和社会利益往往沦为改革的第二驱动力。例如，同样是为了促进农业生产，但地方政府往往更多地着力于大规模农业企业的招商引资，而对零散土地如何利用缺乏足够强力的政策，原因是更容易彰显政绩；在耕地领域，地方政府较为重视土地整理与复垦，而不太重视土地流转信息系统的建立与维护，因为这样能够申请到高层政府的财政补贴。同样，地方政府在促进城乡基本公共服务均等化方面的积极性远不如促进地方经济发展那么强烈，因为既能彰显政绩也能增加地方财政收入。成都的农村产权交易所偏重于建设用地流转（指标交易）而相对忽略了促进农用地流转的职能，因为政府能在交易中获益良多。如此看来，政府还要继续转变理念，从自身利益的小圈子跳出来，真正构建服务型政府。当然，服务型政府的构建需要进行财政体制和官员激励机制等方面的配套改革，在现有行政体制下，难以要求地方官员真正构建服务型政府。

（二）嘉兴的基本做法与经验

1. 以“两分两换”为总抓手的制度联动改革实践

嘉兴市“两分两换”改革的内涵是：宅基地与承包地分开，搬迁与土地调整分开；以承包地换保障、换股权、换租金，推进集约经营、转变农业生产方式；以宅基地换钱、换房、换地方，推进集中居住，转变农民生活方式。在具体工作中，嘉兴市的“两分两换”工作以乡（镇）为单位进行，在编制乡村建设规划和土地利用规划基础上，由农户自愿申请放弃农地承包权并转换农村住宅；农地承包权流转采取多种形式，可以以使用权入股（即换股），也可以采取由集体返租使用权（即换租金），对于自愿放弃承包权的农户，政府为其提供城镇居民的社会保障；宅基地的置换，在对原住宅进行评估的基础上，农户申请置换到城镇的安置房或转换到中心村；置换到城镇并放弃农地承包权的农户，经本人申请，转为城镇户口（嘉兴户籍制度改革后称为"无地居民"），成为真正的市民，推进农民生活方式的现代化；农村土地（包括村庄）经综合整理后，划分成各类农业功能区，进行统一的招商发包，推进农业生产方式的现代化。

"两分两换"的本质是经过多种相关制度的配套联动改革，实现农业生产方式、农民生活方式与农民户籍身份、农民享受公共服务的"双转换"。其中：农村土地使用制度改革是"两分两换"改革的核心；涉农工作管理体制改革为"两分两换"改革提供组织保障；村镇建设与规划管理体制改革是实施"两分两换"的龙头；户籍制度与公共服务均等化是推进农民身份转换的配套改革；城乡就业与社会保障均等化是推进农民生活方式、农业生产方式转换的配套改革；农村金融体制改革为"两分两换"提供资金保障。

2."二轮驱动、三位一体、五改五化"的嘉兴模式

根据嘉兴市统筹城乡综合配套改革的战略目标、基本途径、具体措施和主要经验的概括，嘉兴模式可以概括为"二轮驱动、三位一体、五改五化"，具体内涵是：选择城镇化与新农村建设二轮驱动的发展路径，依靠发挥政府主导作用、民众主体作用、市场基础作用三位一体的动力机制，以土地、户籍、社保、政府管理和投融资五项制度改革联动，实现进城农民市民化、集体土地市场化、公共服务均等化、政府职能民本化和投资融资多元化的改革目标，扎实有效地推进城乡经济社会发展一体化。

3. 嘉兴模式的适用性与示范意义

嘉兴模式有别于成都、江阴以及湖州的城乡一体化模式，作为东部沿海市（地）域城乡一体化模式，有其自身独特的有利条件，如综合实力较强；各县（市）经济发展相对均衡，区域间比较协调，小城镇建设比较发达；农村劳动力转移力度大；基础设施基本形成网络化等，这些都是嘉兴推进城乡一体化最重要的基础条件。

嘉兴模式是在既遵循经济发展规律，又充分发挥政府积极作用的前提下所推行的城乡一体化发展战略，在我国当前的经济发展阶段和条件下，对全国其他地区，尤其是东部沿海地区有着普遍的借鉴意义。对于大多数东部沿海地区来说，由于发展基础较好，市场化程度较高，工业化和城市化可以为城乡统筹发展提供好的基础，但没有政府的行政干预和制度创新，民众和市场的力量难以自发推进城乡的一体化。在这种情况下，是坐等城乡一体化进程的缓慢演变？还是积极地尝试城乡联动发展之路？嘉兴模式给了广大东部沿海地区有益的启示。由于政府在“嘉兴模式”中扮演了积极、恰当的角色，我们有理由相信，这样一种推动城乡一体化的方式在其他社会经济发展条件相类似的地区，也可以进行尝试。

（三）各地统筹城乡综合配套改革的实质与启示

通过对四川成都和浙江嘉兴等地的统筹城乡综合配套改革实践和由此而取得的城乡经济社会发展的绩效进行比较分析，我们可以发现，统筹城乡综合配套改革的实践实质上是加快形成城镇化与新农村建设协调推进的发展建设格局和体制机制，加快城乡一体化的进程。

1. 以综合配套改革促进城乡区域布局规划科学化

城乡区域布局规划在城乡改革建设发展中发挥着引领作用，突出完善优化中心城市、中心镇、中心村在城乡空间布局中的节点作用；都把区域中心城市、县域中心城市和中心镇的扩容作为城市带动农村、工业反哺农业的最重要载体，充分发挥中心城市和新市镇对区域经济社会发展的支撑作用和对农村经济社会发展的带动作用，积极推进城中村、镇中村的整体改造，实现向现代城镇社区的转变；都通过以农户宅基地、农房置换城镇经济适用房或建设农民公寓小区等改革举措，积极引导有条件的城郊、镇郊的农民向城镇集居，促进更多的农户到城镇安居乐业，实现城镇人口和社区的扩容；都以中心村新型社区建设为重点，搞好新农村新社区建设规划，优化村庄布局，推进村庄环境整治改造和农村基础设施建设，实现农村村容村貌和生产生活条件的根本改观，加快缩小城乡差别和推进城乡一体化的进程。

2. 以综合配套改革促进城乡资源要素自由流动、优化配置和快速增值

通过完善城乡空间布局规划和推进土地制度、户籍制度、住房制度、

社保制度和农村产权制度的整体改革来加快形成城乡统筹的资源要素自由流动、优化配置和快速增值的机制和体制。特别是通过搞活农户农业承包地的流转，建立农户宅基地、农房置换城镇经济适用房的机制和城镇建设用地增加与农村非农建设用地减少相挂钩的政策机制，实现农业承包田向专业大户、专业合作社、农业龙头企业等现代农业经营主体集中，务工经商的农民向城镇集居，促进各地的工业资本、工业企业向经济开发区、工业功能区集中，服务业等第三产业向中心城区和中心镇区集中，使区域城镇化、工业化和农业规模化、产业化、现代化的水平得到快速提升。这种“四集中”的做法和趋势有效地促进了城乡土地、资本、劳动力、人才、技术等资源要素的优化配置和快速增值，既有效地解决了城镇化、工业化的土地要素瓶颈制约的问题，又使农民集体所有的土地资源和农民的住房等财产得到有效的增值，也使农民的劳动得到升值。

3. 以综合配套改革促进城乡产业协调发展和拓展农民创业就业致富门路

各地在统筹城乡综合配套改革过程中，都十分注重城乡产业的转型发展和协调发展，通过第一、第二、第三产业各种功能区的建设实现产业的集中、集聚和集约发展。大力引导城乡分散的工业企业向经济开发区、工业园区、工业小区集中，促进制造业转型升级；结合城镇化推进，把大力发展服务业作为解决城乡就业难的重大举措，使服务业成为吸纳剩余劳动力的最有效载体；结合农村劳动力向城镇的转移就业和农用地的流转，加快现代农业园区建设，促进传统农业加速向规模化、专业化、产业化的现代农业的转变。通过这种第一、第二、第三产业的转型发展，使农业剩余劳动力稳定地向第二、第三产业转移，拓展农民创业就业的门路，开发现代农业的多种功能，形成农民持续增收的长效机制。

4. 以综合配套改革促进城乡基本公共服务均等化

各地把推进城乡基本公共服务均等化作为统筹城乡综合配套改革的重点和难点，出台了一系列促进城市基础设施向农村延伸、城市公共服务向农村覆盖、城市现代文明向农村辐射的政策举措和工程项目，农村的教育培训、医疗卫生、文化体育、社会保障各项事业都得到了快速发展。具体而言，农村的义务教育、职业教育、农民培训得到了长足发展，新型农村合作医疗基本上做到了全覆盖，农村文化体育设施建设全面展开，群众性的文化体育活动广泛开展，农村新型养老保障制度开始实行，一些发达地区已经做到了全覆盖，城乡一体的公共交通、供水供电、通讯信息网络基本形成，从而大大缩小了城乡公共服务的差距。

5. 以综合配套改革促进城镇化与新农村建设协调推进的体制机制的形成

从各地的改革实践来看，这项改革的成效极为显著，不但对当地的城市化、工业化、市场化起到了极为重要的推动作用，而且对社会主义新农村建设起到了全面的推进作用，更为重要的是这种统筹城乡的综合配套改革有效地纠正了以往“要地不要人、见物不见人、重工不重农、建城不建乡”的城市化建设的偏差，也纠正了新农村建设中脱离城市化，就农村建设抓农村建设的偏差，从而开创了城镇化建设与新农村建设整体规划、联动建设、协调推进的全新建设格局，并且初步探索了以工促农、以城带乡的实现路径，在形成城镇化与新农村建设协调推进的体制机制方面取得了改革的成果。从总体上来看，近年来各地统筹城乡综合配套改革的实践探索为我们提供了城镇化与新农村建设协调推进的典型经验，也揭示了城镇化与新农村建设协调推进的重大现实意义，为统筹城乡发展，全面提升社会主义新农村建设的水平提供了可供借鉴的实现路径。

第四节

协调推进工业化、城镇化与农业现代化[①]

党的十七届五中全会通过的《中共中央关于制定国民经济和社会发

① 本节引自2010年农业部软科学课题“中原经济区‘三化’协调问题研究”，课题主持人：马恒运。

展第十二个五年规划的建议》，明确提出了在工业化、城镇化深入发展中同步推进农业现代化的重大任务，将推进“三化”发展、均衡发展，作为促进工业化、城镇化健康发展的必由之路和解决“三农”问题的根本途径。

一、“三化”协调发展面临的困难与挑战

就全国而言，要实现“三化”协调下的农业现代化，仍然面临着一些很大的挑战和困难。总结起来，主要有如下几点：

（一）农业名义负担减轻，实际负担加重

我国在城乡发展关系中，“重城市、轻农村”的观念根深蒂固。从过去的优先发展工业，特别是重工业，到现在的低成本攫取农村土地超常规扩大城镇规模，都反映了一个事实：对“三农”剥夺的力度在继续加大，盲目扩大城市规模，发展畸形工业。因为，减免农业税等税费，远不能补偿以土地非农户化和剪刀差从“三农”中剥夺得多的收益。征地矛盾已成为影响科学发展的突出问题，继党的十八大报告提出改革征地制度，新一轮征地改革引发广泛的期待。国土资源部发布数据显示，2011 年全国国土资源违法线索处理中心共受理近 9 万件，其中农村集体土地违法占地投诉最多。目前农民主要反映征地补偿水平太低，改革征地分配制度已成为共识。

（二）工业化效率比较低，带动效应非常有限

在工业化快速发展的过程中出现了一个新的趋势，实际上也是世界工业化的规律，即是重工业产值占的比重越来越高，就是工业的中心化。全国重工业占工业产值比重，从 2000 年的 60.2%，提高到 2009 年的 70.5%，超过日本、德国、美国等在工业化过程中曾达到的峰值。但重工业是吸纳劳动力能力较低的部门，因而工业内部结构失调会造成吸纳劳动力能力显著下降。同样地，非常规扩大城市面积、吸纳城市人口却没有相应产业的支撑，带来公共资源短缺、拥挤、城市贫困等一系列社会问题。

（三）现有户籍保障制度，阻碍劳动力彻底转移

现有户籍制度和社会保障制度，不但阻碍了劳动力的彻底转移，而且也剥夺了农民的应有权利和国民身份。改革开放以来，农业劳动力仅仅转移了大约2.3亿人，长期的城乡分割体制，使得城市和农村在社会各方面形成鸿沟。而户籍制度改革短时期内难有大的突破，农民进城仅仅是没有城市身份的打工者。没有城市医疗、养老、住房、教育等相应制度的跟进，农民工就难以和土地、农村脱离开来。

（四）城市管理体制陈旧，管理机构过于集中

城市的布局形态不合理，这个布局不合理主要是资源集中于大城市和特大城市，而对于中小城市、城镇以及可以周边覆盖的农村社区缺乏产业经济发展规划和指导。中国城市规划管理体制的一个最大特点是，国家行政职能管理机构的布局过于集中，全部在相应的大城市，例如，首都及部委等职能机构在北京，省府以厅局等职能机构在相应的省会城市，其结果是，经济中心和行政中心紧密联系在一起，那么行政干预经济的现象可能就无法避免。而北美等国家的国家行政管理机构的布局与中国的布局恰恰相反，经济中心和政治中心是分开的。例如，加利福尼亚州的洛杉矶、圣弗朗西斯科（旧金山）、圣迭戈等都是很大城市，然而，州府却在鲜为人知的萨克拉门托。

（五）农业生产缺乏组织，市场需求波动较大

农业生产组织问题非常重要，所以有许多研究文献。实践中确实存在各种农业合作经济组织，例如公司+基地+农户。然而，这些农民合作经济组织本身也是一种政企合一组织结构，也就是说，他们的运动员和裁判员合二为一，因此，他们（如公司）从本质上来讲并不是为农民服务的，而是为了自身盈利的目的。我国的农业生产（特别是经济作物生产）盲目性很大，今年赚了明年又赔了的情况比比皆是。市场信息不灵是最直接的原因，但是农业生产缺乏组织是根本的原因；农业生产的弱质性不是体现在农业生产本身的特点（如自然再生产和经济再生产等），而是反映在

这个行业本身缺乏自己的组织，缺乏自己的代言人。

二、“三化”协调的定量评估——以中原经济区河南省为例

（一）“三化”协调的现状及特征

1. “三化”协调的总体趋势

1978 年以来，河南省产业结构的变化较大，其中农业总产值占总产值的比重变化较为明显，由 1978 年的 39.8% 下降为 2010 的 14.1%，一直呈快速下降的趋势；工业总产值占总产值的比重由 36.3% 上升为 51.8%，呈波动上升的趋势（图 2－11）。

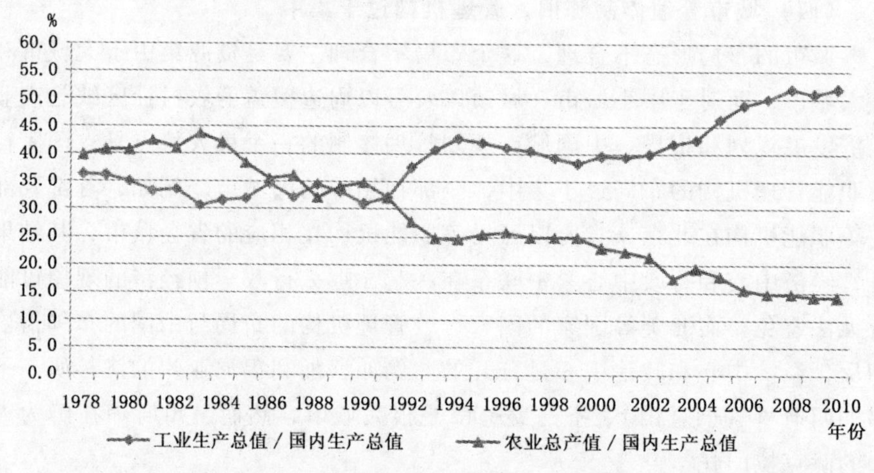

图 2－11 河南省产业结构变动情况（1978—2010 年）

1978 年以来，河南省第一、第二产业的就业结构变化较大，第一产业劳动力的比重基本上呈下降趋势，从 1978 年的 80.6%，下降为 2010 年的 44.9%；第二产业劳动力的比重由 10.5% 变化为 29%，32 年间增长了 1.75 倍，呈不断上升的趋势；第三产业就业人员的比重则从 8.87% 上升到 26.1%（图 2－12）。

从劳动生产率来看，第一、第二、第三产业劳动生产率的差别很大，特别在第一产业和第二产业之间差别更大。第二产业的劳动生产率一直高于第一产业劳动生产率，并且在 2002 年后呈直线上升趋势。2010 年工业劳动生产率是农业劳动生产率的 6.3 倍。从 1990 年开始，第一产业和第

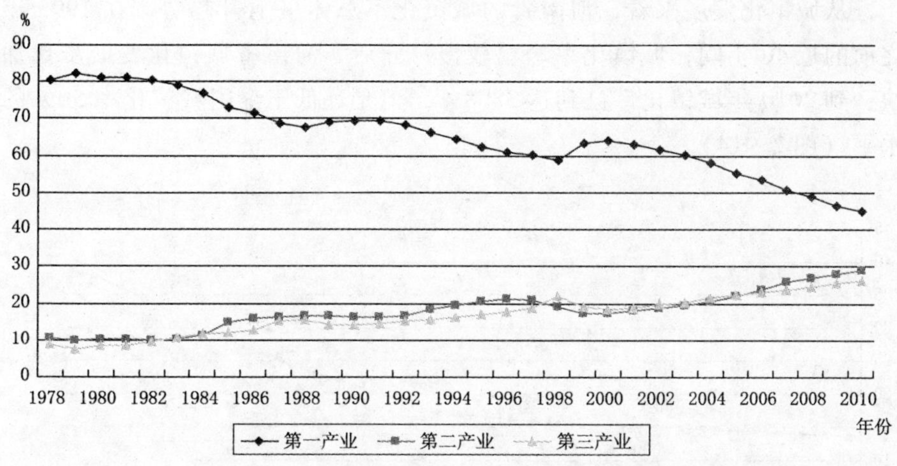

图 2－12　河南省历年各产业就业结构变动情况

二产业之间的差距持续扩大，在 2003 年到达 8.5 倍的一个高点，之后呈现下降趋势。同时，农业劳动生产率远远低于全社会劳动生产率，而第二产业的劳动生产率远高于农业劳动生产率和全社会劳动生产率。第三产业的劳动生产率增幅也是较快的，近年来和全社会劳动生产率呈现比较接近的增长态势（图 2－13）。

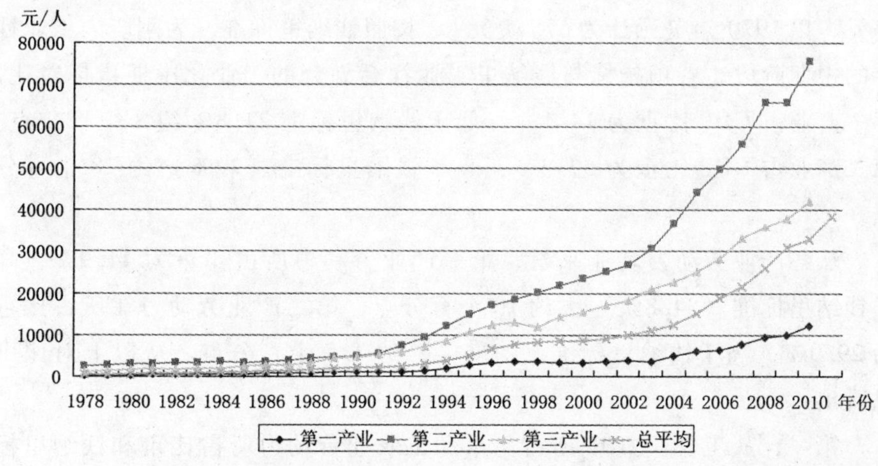

图 2－13　河南省历年各产业劳动生产率变动

从城镇化发展来看，河南省的城镇化率总体呈上升趋势。在 1995 年之前的近 40 年间，城镇化率增幅较慢；此后，河南省城镇化发展步伐加快，到 2010 年城镇化率已到达 38.8%，但是远低于全国城镇化率 50% 的水平（图 2 - 14）。

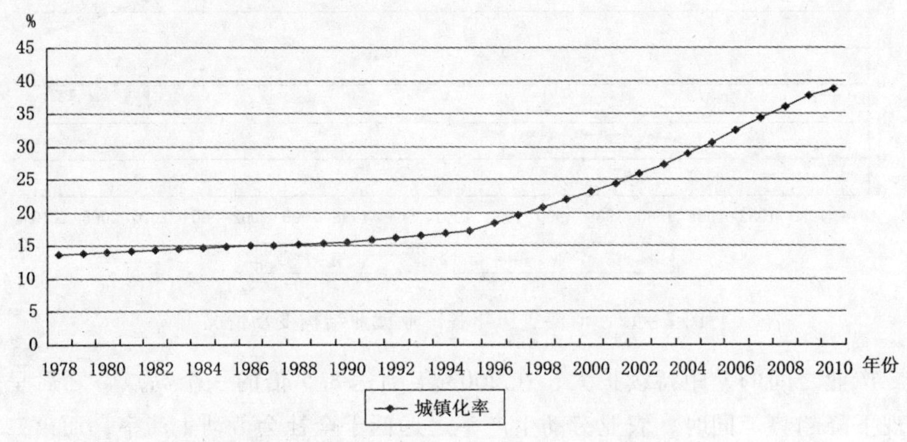

图 2 - 14　河南省历年城镇化率变动

2. “三化”协调的国际比较

河南省 2010 年人均 GDP 为 24446 元，按当年中间汇率计算折合 3610 美元，以 1970 年美元计为 675 美元①，按照钱纳里标准，为刚步入工业社会的中期阶段，各项指标与钱纳里工业社会划分的工业化中期指标对比，第一产业占 GDP 比重为 14.1%，低于钱纳里标准 21.8% 约 8 个百分点。第二产业占 GDP 比重为 57.3%，高于钱纳里标准（29%）约 28 个百分点。

从各产业劳动力就业来看，第一产业劳动力所占比重为 44.9%，高于钱纳里标准（34.8%）大约 10 个百分点。第二产业劳动力在所占比重为 29.0%，高于钱纳里标准（27.6%）约 1.5 个百分点。从以上对比可以看出：

第一，从工农业 GDP 所占比重和工农业劳动力所占比重和钱纳里标

① 2010 年美元与 1970 年美元的折算系数为 5.42805。

准的差距可以看出，目前，河南省农业发展速度远远低于工业发展速度、就业结构严重滞后于产业结构演进。根据发达国家的发展实践，当工业化进入中期后若不能及时调整工农业关系实行工业反哺农业，否则就会阻碍农业这一传统部门的现代技术改造，影响劳动力从农业部门流向工业部门，从而严重制约农业发展，导致第一产业的发展速度远远低于第二产业的发展速度，同时会反过来拖累工业部门的发展进程。

第二，在经济结构转变的过程中，农业产出的绝对量在不断增长。经济结构转变导致农业比重下降，但同时农业产出绝对量仍处于增长状态，如河南省 2010 年粮食总产量已接近 5500 亿公斤。这是因为一方面农业的增长率慢于工业和服务业增长率；另一方面农业份额的下降，主要是劳动力份额的下降所带来的。同时各方面指标和欧美国家相比出现差异，还可能因为亚洲国家和地区的人均耕地等农业资源明显低于欧美国家，具有典型的小农经济特征。它们的农业劳动力转移时间晚于欧美，受先行工业化国家技术进步引发的资本替代劳动力的影响，农业剩余劳动力向外转移的速度较慢。

第三，河南省城镇化发展滞后于工业化。世界发达国家的实践经验是工业化与城镇化相辅相成：城市是工业发展的重要载体，工业化是城镇化的经济内涵和发动机，城镇化是工业化的空间表现形式和促进器，两者相互促进、协调发展。然而，中国发展的实践则是先工业化、后城镇化；快速发展工业化、限制发展城镇化。就河南省而言，2010 年第二产业比重 57.3%，全国第二产业比重为 46.8%，河南大约要高于全国近 10 个百分点，但是，城镇化率却低于全国同期水平 11 个百分点。

（二）“三化”发展水平与协调度定量分析

从语义上讲，协调具有和谐、统筹、均衡的含义，意指“和谐一致，配合得当”。道家无为思想中的“行道”以及儒家中庸思想中的“允执其中”、“过犹不及”、“和而不同”均为协调的意思。经济学中，协调指在各种经济力量共同作用下，经济系统达到均衡状态。“三化”协调指在政府、社会等非市场力量和供给、需求等市场力量的推动下，工业化、城镇化和农业现代化 3 个经济子系统相互协作、相互配合、相互促进形成一种良性循环态势，达到经济系统的均衡状态。

“三化”协调的理论基础为可持续发展思想，可持续发展鼓励经济增长，但应同资源和环境承载力相协调，强调发展的目的在于改善人们的生活质量。以资源耗竭和牺牲农业为代价的工业化，不仅造成全球环境恶化，也带来了城乡二元分割矛盾。“三化”协调以可持续发展思想为指导，注重农业和粮食生产、生态和环境，强调“三化”相互促进、相互配合，城乡统筹发展，是可持续的增长模式。

1. 模型及指标选择

“三化”协调发展是一个复杂经济系统，该系统由工业化、城镇化和农业现代化3个子系统构成，在综合比较国内外“三化”指标的基础上，依据“三化”协调发展的机理，考虑数据的可比性，本书建立包括城镇化率、城镇居民人均可支配收入、第三产业劳动生产率、工业化率、第二产业劳动生产率、单位工业增加值能耗、农民人均可支配收入、第一产业劳动生产率、农用机械总动力等3类9项评价指标体系。

(1)“三化”发展水平。本书首先运用熵权法确定工业化、城镇化和农业现代化3个子系统中9个指标的权重，采用加权线性和法确定3个子系统的发展水平。

$$q = \sum_{j=1}^{m} w_j x_j \tag{2-13}$$

式（2－13）中，q 为城镇化、工业化和农业现代化的发展水平，w_j 为熵权法确定的权重，x_j 为指标值。

(2)“三化”协调发展度。根据平衡理论和效益理论，协调要求各子系统综合效益最大并保持平衡状态，通常以各种效益之和表示综合效益，乘积表示复合效益，目标是在3个子系统综合效益最大的基础上求得最大复合效益，构造公式如下：

$$C = \left[\frac{U \cdot I \cdot A}{[(U + I + A)/3]^3}\right]^e \tag{2-14}$$

式（2－14）中，C 表示协调度，共有7个等级，不同等级代表的协调程度不同（表2－16）；U、I 和 A 分别表示城镇化、工业化和农业现代化的发展水平；e 为调整指数。协调发展度是衡量区域三化协调发展水平高低的定量指标，计算公式为：

$$TC = \sqrt{C \cdot D} \qquad (2-15)$$

式（2－15）中，TC 表示三化协调发展度，D 表示城镇化、工业化和农业现代化的综合发展指数。

$$D = \alpha \cdot U + \varphi \cdot I + \gamma \cdot A \qquad (2-16)$$

式（2－16）中，α、β 和 γ 为城镇化、工业化和农业现代化的权重，满足：$\alpha+\beta+\gamma=1$。

表 2－16　“三化协调”程度等级划分

协调度	协调等级
0—0.39	失调
0.40—0.49	濒临失调
0.50—0.59	勉强协调
0.60—0.69	初级协调
0.70—0.79	中级协调
0.80—0.89	良好协调
0.90—1.0	优质协调

2.“三化”协调的影响因素

研究“三化”协调发展的影响因素，需要采用系统分析的方法。回归分析、主成分分析、方差分析等均为系统分析的方法，但要求信息量充分，而三化协调发展为部分信息已知，部分信息未知的系统，不适宜采用上述分析方法。灰色系统理论“小样本，贫信息”弥补了数理统计信息充分要求的缺点，适宜探寻三化协调发展影响因素。灰色模型是利用离散随机数经过生成，变为随机性被显著削弱且较有规律的生成数，并建立微分方程。由于涉及城镇化、工业化和农业现代化 3 个变量，适宜运用 GM(1,N)模型，该模型表示模型为 1 阶、包含有 N 个变量的灰色模型，反映三化协调发展中各变量之间相互依赖、相互影响、相互制约的关系。以三化协调发展度 TC(0)为系统特征数据序列，以城镇化、工业化和农业现代化 q =（U (0)，I (0)，A (0)）为相关因素序列：

$TC(0)=[TC(0)(1),TC(0)(2),\cdots TC(0)(n)]$

$U(0)=[U(0)(1),U(0)(2),\cdots U(0)(n)]$

$I(0)=[I(0)(1),I(0)(2),\cdots I(0)(n)]$

$A(0)=[A(0)(1),A(0)(2),\cdots A(0)(n)]$

令 TC(1)、U(1)、I(1)、A(1)为 TC(0)、U(0)、I(0)、A(0)的 1 - AGO（一次累加生成）序列，Z(1)（$Z(1)(k)=0.5TC(1)(k)+0.5TC(1)(k-1)$ $k=2,3,\cdots,n$）是 TC(1)的紧邻均值生成序列，建立三化协调发展模型：

$$TC(0)(k)=-aZ(1)(k)+b2U(1)(k)+b3I(1)(k)+b4A(1)(k) \quad (2-17)$$

式（2-17）中，-a 为系统发展系数，bi(i=2,3,4)为系统驱动系数。

通过系数 bi 可以看出城镇化、工业化和农业现代化对“三化”协调度的作用程度，如果 bi 为正数，说明该因素对“三化”协调度起促进作用；如果 bi 为负数，说明该因素对“三化”协调度起制约作用；bi 的大小反映了该因素作用程度的强弱。

3. 数据来源

中原经济区的核心地区为河南省，因此本书以 2006—2011 年的《河南统计年鉴》、《河南调查年鉴》和《中国经济年鉴》为主要数据来源，得出 2005—2010 年城镇化率、城镇居民人均可支配收入、第三产业劳动生产率、第二产业劳动生产率、单位工业增加值能耗、农民人均可支配收入和第一产业劳动生产率数据。另外，工业化率、农用机械总动力等数值通过计算得出。

4. 模型估计结果

（1）“三化”发展水平。城镇化、工业化和农业现代化各指标权重见表 2-17。比较国内外城镇化、工业化和农业现代化的指标取值，选取参考值，对指标值进行标准化处理，运用公式（2-13）计算城镇化、工业化和农业现代化的发展水平。

中原经济区的城镇化、工业化和农业现代化水平逐年提升（表 2-18），与 2005 年相比，城镇化提升比例为 54.4%，工业化提升比例为 31.5%，农业现代化提升比例为 86.0%；虽然提升比例增加，但城镇化水平仍落后于工业化水平。

表 2－17　中原经济区“三化”协调发展评价指标（以河南省为例）

“三化”系统	指　　标	指标权重
城镇化	城镇化率（%）	0.34
	城镇居民人均可支配收入（元）	0.31
	第三产业劳动生产率（元/人年）	0.35
工业化	工业化率（%）	0.34
	第二产业劳动生产率（元/人年）	0.35
	单位工业增加值能耗（吨标准煤/万元）	0.31
农业现代化	农民人均可支配收入（元）	0.31
	农业劳动生产率（元/人年）	0.35
	农用机械总动力（kw/平方公顷）	0.34

表 2－18　中原经济区“三化”协调发展水平（以河南省为例）

年份	城镇化指数（U）	工业化指数（I）	农业现代化指数（A）
2005	0.3385	0.4874	0.2013
2006	0.3712	0.5221	0.2238
2007	0.4173	0.5556	0.2528
2008	0.4554	0.5991	0.3004
2009	0.4847	0.6011	0.3213
2010	0.5225	0.6411	0.3744

（2）“三化”协调发展度

运用式 2－14、式 2－15 和式 2－16，计算出河南省“三化”协调发展度，结果见表 2－19。由表 2－19 可见，由于中原经济区的城镇化和农业现代化水平较低，“三化”协调程度不高，但随着城镇化水平和农业现代化水平上升的比例加大，“三化”逐步趋向协调。

表 2－19　中原经济区“三化”协调发展度（以河南省为例）

年　份	协调发展度	协调发展等级
2005	0.3207	失调
2006	0.3514	失调
2007	0.4029	濒临失调
2008	0.4959	濒临失调
2009	0.5576	勉强协调
2010	0.6502	初级协调

（3）“三化”协调影响因素

根据 GM（1，N）模型构建步骤，应用 DPS 软件，计算中原经济区“三化”协调发展的 GM（1，N）的灰色参数，动态方程如下：

TC(0)(k) = －0.4542Z1(1)(k) －2.6689U(1)(k) +1.5305I(1)(k) －2.0489 A (1)(k)

上述结果显示，工业化对“三化”协调的驱动指数为 1.53，是“三化”协调发展的驱动因素，城镇化的驱动指数－2.67，农业现代化的驱动指数－2.05，均为“三化”协调的影响因素，而城镇化的驱动指数低于农业现代化的驱动指数，是影响中原经济区“三化”协调的主要因素。

5. 分析与讨论

学者们对于“三化”协调发展问题的研究多偏重于定性分析探寻三者之间的关系，寻求协调发展的路径。定量分析中也有学者运用 Johansen 协整理论研究三者的动态关系①。本书运用灰色系统理论研究“三化”协调发展的制约因素，认为城镇化和农业现代化是河南省“三化”协调的制约因素，城镇化速度滞后于工业化速度是中原经济区“三化”协调程度不高的重要原因。在以城镇化为引领的“三化”协调模式中，应考虑以下四个关键问题：

① 王贝：“中国工业化、城镇化和农业现代化关系实证研究”，《城市问题》2011 年第 9 期。

（1）合理布局城镇体系，城镇化与产业集聚协同。中原经济区农业人口众多，城镇化道路要以区域中心城市、县城为主体，中心城镇和农村社区为载体，形成布局合理的城镇体系；在规划布局新型农村社区的同时，应积极发展与农业资源和劳动力资源相关的产业，通过要素集聚、劳动集约和规模化经营，形成产业集群，并解决迁入社区农民的就业和增收问题。

（2）高效利用城镇化集约土地，合理分配土地流转收益。新型城镇化通过建设农村社区节约了用地，如何合理使用结余用地是“三化”能否协调发展的关键问题，通过招标、拍卖、挂牌的出让方式转为城市用地，虽可在短期内实现土地收益最大化，但长期会导致农民利益受损，亦不利于工业化进程。考虑区域和农业的发展，节约的建设用地指标可按市场价格拍卖，留在县域内使用，收益归原村集体所有，以推进县域“三化”协调发展。

（3）循序渐进城镇化，保障农户土地权益。现阶段农村承包土地同时承担着农民的生存保障和就业保障，与房产紧密关联的宅基地更是农民安身的基础和权益，因此城镇化应考虑地区的实际情况循序渐进，并通过农村土地股份合作社等方式，最大限度地保障农户的土地权益。

（4）整合各类资金，破解资金瓶颈。资金困难是制约城镇化引领“三化”协调发展的瓶颈，政府各部委的资金可适当整合用于农村社区建设，如危房改造资金、沼气建设资金等，并出台相关政策，引导金融机构参与。

第三章

农业劳动力转移与优化配置

改革开放以来，随着我国工业化、城市化进程的加快，农村大量劳动力涌向城市，涌向非农产业。流入城市的已不仅仅是农村剩余的劳动力，也包括了大量从事农业生产所必需的劳动力。从事农业生产的劳动者数量和质量都不断下降，留守农村的大多数是妇女和老、弱、病、残者。农业生产比较效益不断下降的情况下，农村劳动力短缺已成一个严峻的现实问题。

第一节 农业劳动力短缺与农村空心化[①]

一、农业劳动力现状与农村空心化问题调查

（一）农村劳动力转移与留守务农人员特征

课题组选择四川省为调查区域，四川省是我国典型的农业大省

① 本节分别引自2011年度农业部软科学课题“我国农业劳动力短缺与对策研究”成果，课题主持人：胡小平。2012年度农业部软科学课题“农村空心化研究”成果，课题主持人：饶静。

(市)、人口大省和劳务输出大省，在改革开放之初，这个地区的就业压力、农村剩余劳动力转移压力在全国较为突出。但近些年，由于大量的民工输出，维持农业生产所必需的劳动力已出现短缺，已在一定程度上影响了农业的生产和农产品供给。课题组调查选点为四川省南充市仪陇县和南部县及绵阳市安县和三台县。

仪陇、南部、安县和三台县，均为农业大县和劳务输出大县。南充市的调查选点为4个乡（镇）8个村，分别为仪陇县马鞍镇蔡家坪村、柴井乡碑垭口村和狮子头村，南部县三关镇朝阳庵村、蒲民祠村、太和庵村、亭子沟村和大王镇繁荣村；绵阳市调查选点为4乡（镇）12个村，安县桑枣镇选取了石佛村、干柏村和玉溪村和兴仁乡选取了长沟村、石庙村和上游村，三台县新生镇选取了花屋村、新生村和苏河村和芦溪镇选取了五柏村、广华寺村和玉星村进行访谈和问卷调查。

南充市和绵阳市调查点概况如表3-1所示。

表3-1　　调查点概况表

指　　标	南充市	绵阳市	总　　和
自然村数（个）	43	41	84
户数（户）	2355	6587	8942
人口（个）	7988	20352	28340
耕地面积（亩）	5890.7	17741.16	23631.86
户均耕地面积（亩/户）	2.5	2.64	2.64
人均耕地面积（亩/人）	0.74	0.83	0.83

1. 农村劳动力转移状况

（1）举家外出的农户情况。在南充市和绵阳市调查的20个村里，2010年共有2324户农户举家外出，占农户总数的25.99%。其中南充市调查的8个村共有937户农户举家外出，占农户总数的44.03%；绵阳市调查的12个村共有1387户农户举家外出，占农户总数的21.06%。绵阳市全家外出的比例低于南充市的主要原因是调查点安县为汶川地震全国十大重灾区之一，一部分外出的农村劳动力回乡进行灾后重建工作，主要从事建筑业等；另外绵阳市的经济比较发达（表3-2）。

表3-2　全家都外出的农户情况统计表　单位：%

指　标	南充市	绵阳市	平均
全家都外出的农户占农户总数的比例	44.03	21.06	25.99

（2）土地撂荒情况。全家都外出务工农户的耕地，水田由村里人耕种，但不付任何使用费用，其中直补和粮补等补贴归农户所有。由于旱地一般位于山坡，交通不便，农民不愿耕作。因此，旱地抛荒十分普遍，但各村土地撂荒程度不等。南充市的土地撂荒情况甚于绵阳市。

南充市土地撂荒最严重的是朝阳庵村，约有180亩土地撂荒，占耕地面积的40%；其次是亭子沟村，约有250亩土地撂荒，占耕地面积的35%；再次是碑垭口村，约有260亩土地撂荒，占耕地面积的30%；太和庵村土地撂荒比例为20%，近160亩抛荒；蒲民祠村土地撂荒比例约为10%，大概有50—60亩；狮子头村约有40亩土地撂荒，占耕地面积4.08%。

绵阳市的土地撂荒情况不如南充市严重，受访村土地抛荒现象不普遍。在受访的12个村中，仅有3个村存在程度不等的土地抛荒现象。安县兴仁乡石庙村土地抛荒面积最大，大约为40—50亩，占该村耕地总面积的1.45%；安县桑枣镇浴溪村土地抛荒仅为3亩，占该村耕地总面积的0.33%；三台县芦溪镇广华寺村抛荒面积为10亩，占该村耕地总面积的1.60%。

（3）农村劳动力外出转移情况。在南充市和绵阳市调查的20个村里，2010年共有9879人外出务工，占农村总劳动力的58.24%，其中南充市调查的8个村外出务工的农村劳动力为2908人，所占比例为69.89%；绵阳市调查的12个村外出务工的农村劳动力为6971人，所占比例为54.46%（表3-3）。

表 3-3　　农村劳动力外出务工情况及务工地点统计表　　单位:%

指　　标	南充市	绵阳市	平均
外出务工占农村劳动力的比例	69.89	54.46	58.24
在本市县务工占外出务工的比例	18.74	20.77	20.17
在省内本市县外务工占外出务工的比例	31.74	23.31	25.79
在本省内务工占外出务工的比例	49.52	44.08	45.96
外省务工占外出务工的比例	50.48	55.92	54.04

注：本表劳动力统计年龄为16—60岁。

2. 留守务农人员的特征

留守劳动力指留守在农村从事农业生产，统计年龄在16—60岁。在南充市和绵阳市调查的20个村中，2010年留守在农村的劳动力共有7083人，占农村总劳动力的比例为41.75%。其中南充市调查的8个村留守的农村劳动力为1253人，所占比例为30.11%。绵阳市调查的12个村留守的劳动力为5830人，所占比例为45.54%。

（1）呈现老龄化现象。留守务农人员指留守在农村从事农业生产的人员，包括正常劳动力和超龄劳动力，统计的年龄阶段为16岁以上。

在本课题组调查的20个村中，务农人员共有10051人，40岁以上的为7074人，所占比例为70.38%。其中南充市的8个村中，总务农人员为2179人，40岁以上的为1819人，所占比例为83.48%。绵阳市的12个村，总务农人员为7872人，其中安县为5054人，三台县为2818人。40岁以上的有5255人，占务农人员的比例为66.75%，其中安县有3313人所占比例为65.55%，三台有1942人所占比例为68.91%。40岁以上务农的占务农人员比例超过70%的有5个村，其中安县有两个村依次为长沟83.56%、玉溪72%；三台有三个村，依次为玉星81.36%、广华寺

75.96%、新生74.76%。

60岁以上的务农人员为2986人，所占比例为29.53%，其中南充调查点为328人，所占比例为42.49%，绵阳调查点为25.94%。70岁以上的老人共有1816人，其中803人从事农业生产，所占比例为44.22%，其中南充调查点70岁以上还在务农的为328人，所占比例为49.32%；绵阳调查点70岁以上的老人共有1151人，其中从事农业生产的有475人，所占比例为41.27%。60岁以上还在务农的占总务农人口的3/10，70岁以上还在务农的占总务农人口近1/10，也就是说10个务农人员中，2个年龄在61—70岁，1个年龄在70岁以上，如表3-4所示。

表3-4　　留守的农村务农人员年龄结构统计表　　单位：%

指　标	南充市	绵阳市	平均
16—40岁占务农总人数的比例	16.52	33.75	29.62
40岁以上占务农总人数比例	83.48	66.25	70.38
其中：41—50岁所占比例	17.99	16.06	16.48
51—60岁所占比例	22.99	25.14	23.98
61—70岁所占比例	27.44	19.91	21.54
71岁及以上所占比例	15.05	6.03	7.99

（2）妇女占很大比重。南充市的调查点中，青壮年（16—40岁）留守劳动力中，妇女所占比重均值近60%，可以看出年轻留守劳动力多以妇女为主。在务农人员中，妇女也占很高的比重。绵阳市的调研资料中，16—40岁留守人员中，女性所占比例超过60%。留守劳动力中，女性所占比例：安县为53.74%，三台县为61.67%。

调查资料反映出农村留守务农人员中女性所占比例很高，女性成为农业生产的主力军，农业面临女性化现象。

（3）文化素质较低。转移出去的农村劳动力从身体素质和文化素质看，即高素质的农业劳动力向非农行业转移。当前外出务工的大多数是初高中文化程度、身体素质较好的青壮年劳动力。

对选点的绵阳市12个村进行问卷调查，调查问卷为199分，其中有效问卷为187户，调研问卷涉及的16岁以上留守人员为385人，其中从事农业生产的为313人（表3－5）。

表3－5　　务农人员文化程度统计表　　单位:%

学历	文盲	小学	初中	高中	大专及以上
比例	6.4	44.7	39.9	7.7	1.3

由表3－5可知，农业务农人员文化程度偏低，文盲半文盲占很大比重。50%以上的务农人员都是小学及以下文化程度，其中文盲有20人，所占比例为6.4%；小学文化为140人，所占比例为44.7%。初中文化的有125人，所占比例为39.9%。超过90%的务农人员都是初中以下文化程度，高中以上文化程度的不足10%，其中高中文化的有24人，大专及以上的为4人。

调研的187户，只有31户，所占比例为16.58%，家里有人参加过农业生产技术培训。可以看出知识型和技术性的人员在农村中越来越少。

上述调查数据显示：当地农村劳动力转移比例平均高达60%，有些村甚至高达70%更有甚者为80%以上，留守农村的劳动力比例不足20%，从事农业生产的劳动力已严重短缺。

（二）农村空心化问题调查

为了深入调查我国农村空心化问题以提出相应对策，课题组通过对江西省萍乡市芦溪县永丰乡浒岭村（HLC）、南坑镇兆佳村（ZJC）以及辽宁省凤凰城市宝山镇北大营村（BDY）进行实地调查，进行了村级调查、83份有效农户（入户）问卷调查和采访了相关的乡村干部（表3－6）。

表3－6　　调查村庄基本情况

村　名	省份	县城距离	地形	耕地面积	人均耕地面积	主要农作物	林场面积
浒岭村（HLC）	江西省	50公里	山区	680亩	0.82亩	水稻	7000亩
兆佳村（ZJC）	江西省	27公里	山区	800亩	0.52亩	水稻	24000亩
北大营村（BDY）	辽宁省	20公里	平原	7880亩	2.99亩	玉米	23000亩

江西省调查村庄属于丘陵和山区，农业生产的历史悠久，耕地质量较好，以耕种水稻为主，但人均耕地面积较少。辽宁省调查村庄属于平原地带，人均耕地资源多，空心化现象并没有江西两个村庄严重，但外出务工的兼业化农民（达到42.3%）表现很明显（见表3－6）。调查农户的样本分布、年龄、文化程度、性别和家庭纯收入分布情况见表3－7。

表3－7　83位调查农户的样本量、年龄、文化程度、性别和家庭纯收入分布情况

	样本量	年龄（岁）（%）						文化程度（%）					性别（%）		家庭纯收入（万元）（%）					
		20—29	30—39	40—49	50—59	60—69	≥70	<小学	小学	初中	高中	≥大专	男	女	≤0	0—0.3	0.3—0.9	0.9—1.5	1.5—2	≥2
HLC	28	1.20	1.20	3.61	18.07	7.23	4.82	6.02	16.87	9.64	3.61	0.00	3.61	32.53	1.20	4.82	7.23	6.02	3.61	0.12
ZJC	30	0.00	1.20	8.43	8.43	9.64	6.02	1.20	20.48	9.64	2.41	0.00	24.10	9.64	2.41	8.43	8.43	6.02	1.20	0.07
BDY	25	3.61	3.61	7.23	8.43	3.61	3.61	0.00	14.46	9.64	2.41	3.61	18.07	12.05	0.00	0.00	3.61	6.02	8.43	0.10
合计	83	4.82	6.02	19.28	34.94	20.48	14.46	7.23	51.81	28.92	8.43	3.61	45.78	54.22	3.61	13.25	19.28	18.07	13.25	0.29

1. 留守人口规模扩大，全家迁移现象增加

（1）留守人口规模不断扩大。农村人口外流，农村家庭基本以老人、妇女和儿童为主体，造成三大留守群体，改变了农村家庭的存在方式。表3－8显示，江西两个村庄打工家庭户数占全村户数的70%以上。在交通条件较好，城镇较为发达的村庄，留守人口较多，而在交通条件不好，城镇经济发展不佳的村庄，全家搬迁的现象较多。

表3－8　调查村庄的外出务工情况

村名	人口	户数	打工劳动力		打工家庭		全家外出务工户	
			人数	比例①	数量	比例	数量	比例
HLC	825人	217户	320人	38.8%	147户	70%	180户	57.1%
ZJC	1528人	328户	600人	39.2%	229户	70%	35户	10.6%
BDY	2628人	756户	521人	19.8%	320户	42.3%	52户	6.8%

① 此比例为村庄外出打工劳动力占村庄总人口的比例。

外出务工使得农村家庭结构和功能残缺，对家庭成员的心理和生存质量产生重要影响。留守儿童成长、留守老人的养老福利支持、留守妇女的情感和婚姻关系等都成为现实问题。

（2）全家迁移。进入21世纪以来，农民工外出务工出现新的形势，即完全脱离农业生产、长年在外打工的农民工比例增大①，带动了大量的农村家庭举家搬迁的现象。在调查村庄，特别是浒岭村，出现了大量全家搬迁的现象。表3－8所示，浒岭村全家搬迁的达到180户，兆佳村35户，分别占全村户数的82.94%和10.6%，而辽宁省北大营村全家搬迁也达到了52户。全家迁移现象是造成耕地抛荒和农村住宅荒废的主要原因。下面以浒岭村一个自然村为例对此现象进行阐述。

全家搬迁家庭在原有村庄中的耕地和住宅基本废弃，但仍然回村领取种粮补贴和各种粮食补贴。林权改革后分到户的山林不需要管理，偶尔自己或雇人回原村中砍些竹子或木材换钱。从以上案例可以分析该村全家迁移的主要原因有：

①为了就业而搬迁。村民为了打工赚钱，而去往离市区较近，有充分就业机会的乡镇就业。由于萍乡市乡镇企业较为发达，资源类、制造业类企业遍布全市很多乡镇。村民们可以选择在这类乡镇附近的村庄购买和租住当地的村民住宅，从而解决打工、子女上学的问题。其中，没有农户能够全家搬迁至广东、浙江等他们年青时选择的打工地点，而是选择了在当地城郊或工业较发达的乡镇安家。

②为了孩子教育而搬出原来村庄。2001年，农村中小学布局调整后，浒岭村小学被撤。由于长丰乡小学和乡中学距离村庄有十几公里山路，孩子们上学需要寄宿。孩子太小，大人需要在乡镇租房陪孩子上学。因此，很多家长选择搬出原有村庄，选择孩子方便接受教育同时也能有打工机会的乡镇居住。

③为了医疗需要而搬迁。2008年，浒岭村和兆佳村的医疗站都被撤

---

① 国家统计局："改革开放30年报告之八：农业与农村经济三十年辉煌成就"，2008年11月5日，http://www.stats.gov.cn/tjfx/ztfx/jnggkf30n/t20081105_402514634.htm

销，医疗资源集中在了乡（镇）卫生院。有些家庭，因为家庭成员得了大病，为了配合亲人治病，再加上生计需要，全家搬到交通更加便利的乡镇居住。

④为了“成家”（婚姻）而搬迁。随着自然村组的衰败，居住在交通不便自然村组的人，为了能够娶上老婆，而积极打工赚钱到交通条件好的村庄购买宅基地建房，从而从原有村庄中搬出。

2. 建新房弃旧房，空心村问题严重

最早的农村“空心村”研究聚集于农村宅基地闲置。农村人口流出村庄后，特别是举家外出户，其就业、教育、医疗和日常消费随之转移，很少返回村庄，原有的宅基地长久无人居住，很多基本废弃，出现“空心村”现象。调查村庄中，浒岭村的居民自2000年村小学撤销后外迁至其他乡镇的人数日益增多，67.41%的房屋长期无人居住。调查村庄中村庄空心现象情况见表3－9。

表3－9　调查村庄住宅和住宅闲置情况

村名	户数	房屋数	土屋	砖混屋	季节性闲置住宅①	其中废弃住宅
HLC	210户	178栋	150栋	28栋	120栋	18栋
ZJC	328户	302栋	60栋	242栋	40栋	20栋
BDY	756户	758栋	567栋	191栋	50栋	10栋

调查中发现农村住宅空心化的演变趋势主要有两种情况：

（1）交通不便、条件恶劣的自然村落甚至行政村面临着逐渐消亡处境。一类是行政村内部自然村的消亡，农民向主村迁移，兴建住房。如兆佳村，其偏远的大珑和大仙两个自然村的居民往主村和城镇迁移，两个自然村废弃住宅较多，耕地抛荒面积较多。大部分自然村迁移下来的村民选择在主村建房。由于行政村内部并不严格执行一宅一户政策，村民们一户多宅现象严重：“只要自己的承包地中有旱地，通过村委会，符合各种条件就能够批准。只要你想建，还是可以建的。当地人都比较活，一般你建

① 平时空置房是指每年大部分时间屋内没有人，只有在暑假和过年时有人回来。

了新房后，村委会也不会收回你原有住宅。因为老百姓不会认可这种做法。”第二类是农民纷纷去外村“先租、再买或再建”住宅。这就导致小产权房的大量兴建。在浒岭村约180户外迁农户中，至2012年大约有50%是租房住，大约有50%的农户购买或自建了住宅。村主任介绍到“不是本村集体经济组织的成员在其他村庄也能较容易地建起新房子。一般12万元就能建起一座。”他们购买的住宅实际是非本村村民的住宅，产权不完全也不清晰，有的只有农户之间的购房合同。但是因为价格便宜，能够满足外迁农户安家的需要，因此成交较多。“虽然宅基地确权工作在2008年全面铺开，但农民建房后只要获得一张（民事主体之间承认的）契约，即只要目前能住，并不在乎是不是国家确权的以及是否能够交易。因为流转、抵押、买卖等这些问题非常长远，而农民要解决的就是一个安身立命的地方而已。”这些在外迁农户的户口所在地的原有村庄住宅都继续留存，偶尔回家打理，或者撂荒。

（2）交通便利的村落或城镇面临着农村居民点用地面积不断扩大，侵占耕地的现象严重。由于城市中的商品房价格较高，少数富裕的农户才会选择购买商品房入城。而大部分外迁农户都会按照“先租、再买或再建”的路线选择城镇或城郊村落打工生活。他们首先选择租住城镇附近的便宜的农户家居住，经过资金累积和慎重选择后，他们一般选择沿村级公路或乡镇级公路“购买”他人的住宅，或者“购买”他人宅基地自建房。新增居民住房随交通干线延伸，这就导致村庄散乱、缺乏规划、基础设施配套难、侵占耕地现象严重，一户多宅，空心村的蔓延。

二、农业劳动力短缺与农村空心化的原因分析

（一）务农的强度方面

务农的强度很大，尤其是在南方丘陵地区。如在四川和南方的许多农村，干农活的劳动强度要远远大于现今城市里的绝大多数工作，城里人感觉很脏、很累的活他们感觉倒没什么，认为远比务农轻松些。由于地形限制，南方丘陵地区机械化程度很低，主要以人力为主，例如早稻犁田以小型机械和人力并重，强度很大，这一点制约了农业规模化经营，处于传统农业生产阶段。

对绵阳调研选点村的问卷调查结果显示，有效调查了187户农户，这些农户中共有61台农机具，其中打谷机有29台；旋耕机14台；耕整地机有8台；抽水机有2台；收割机1台；电动机1台；机动喷雾器2台；发电机1台；增氧机1台；水泵1台；汽油机1台。其中打谷机的价格平均在1566.9元、耕整机为3443.75元；旋耕机为3760元。可以看出，一般农户拥有的农机价值偏低，都是小型农业机械，但即使如此，户均拥有的农机具非常低，仅为0.33台。没有农机具的农户雇用机械耕种或是人工耕种。该地区农业生产机械化非常低，还主要依靠人工。

农忙季节，农民早上3点就要下地干活，一直干到上午11点多，下午3点又要下地，一直干到晚上八九点，一天劳作十三四个小时。秋收时节，下午3时气温在30多度，一般在33—34度。农忙时节，不仅劳动的强度大，而且劳作的时间久。

（二）农民收入构成方面

实行家庭承包制后，由于土地经营规模的限制，出现了许多兼业农户。据江苏省统计局1991年对全省3400个农户抽样调查资料，以农业为惟一收入来源的纯农户只有609户，占17.9%，以农业收入为主的兼业户占55.7%，以非农业收入为主的兼业户占26.4%[①]。河南省有1837.7万农户，农户兼业化程度达到80%[②]。随着非农产业的发展，大量农民外出务工，非农业收入占农民总收入的70%以上，农业收入比重下降（表3-10）。

存在兼业型农业劳动力转移的农户中，非农收入构成了家庭收入的重要组成部分。毋庸置疑，农业劳动力向非农领域的转移增加了农民的收入总量。农民人均纯收入从1990年的686.31元增加到2009年的5153.17元，按照可比价格计算的年均增长率约为4.5%，更为重要的是，农业劳动力转移促使农户收入结构逐渐摆脱了单一农业收入为主的格局。1990

① 陈吉元等："邓小平的农业'两个飞跃'思想与中国农村改革"，《中国农村经济》1994年第10期。

② 句芳等："创新培育理念、培育新型农民的几点思考——基于河南省326个农户劳动时间利用情况的调查"，《技术经济》2007年第11期。

年以来，农民非农收入比重明显上升，如表3－10所示。随着农村产业机构的调整和农业剩余劳动力的转移，农民收入结构也发生了很大变化。最显著的特点是，来自非农产业的收入在农民收入中的比重迅速攀升。由表3－10可以看出，1990年农民人均纯收入中来自农业的收入占66.45%，而非农收入只占到33.55%，仅为农业收入的一半。2000年，农业收入下降到48.4%，非农收入已经超过农业收入，占到51.6%。2005年，农民人均纯收入中的非农收入比重继续上升，达到54.85%，2009年非农收入比重为61.42%。可以预见，随着农业劳动力转移的继续推进，非农收入（尤其是工资性收入）的上升趋势将得以持续。非农收入增加对农民纯收入提高起到了至关重要的作用，1990—2009年期间，非农收入增长对农民人均纯收入增长的贡献率为65.70%，远高于农业收入34.30%的贡献率①。

表3－10　　1990—2009年我国农民人均纯收入结构变化表　　单位：%

项　　目		1990年	1995年	2000年	2005年	2009年
工资性收入	(1)	20.22	22.42	31.17	36.08	40
家庭经营 农林牧渔业收入	(2)	66.45	60.62	48.40	45.15	38.58
纯收入第二、第三产业收入	(3)	9.11	10.73	14.94	11.52	10.45
转移性和财产性收入	(4)	4.22	6.23	5.50	7.25	10.97
非农收入	(1)＋(3)＋(4)	33.55	39.38	51.60	54.85	61.42

资料来源：由2010年《中国统计年鉴》整理得到。

根据对绵阳市的187份问卷调查资料整理得，水稻平均亩产量为499.02公斤，价格0.55元/公斤，亩产值1097.84元。生产成本：化肥费用127.66元，种子费用为38.28元，农药费用为45.33元，地膜费用为21.51元，人工费用为10.52元，其他费用为6.25元，则生产成本为239.03元（不扣除人工成本），亩均利润为858.81元。油菜亩产量为

① 郝枫、赵慧卿："农业劳动力转移对农民增收与经济增长的影响分析"，《统计与信息论坛》2006年11月。

175.83 公斤，价格 1.25 元/公斤，产值为 879.15 元。生产成本：化肥费用 108.41 元，种子费用为 7.96 元/公斤，农药费用 34.81 元，用工天数为 11.05 个，其他费用为 30.5 元，生产成本为 189.64 元，亩均净利润为 690.51 元。这样算下来种一亩地不扣除人工成本，一年的收入为 1569.66 元，而该地区户均耕地面积为 2.64 亩，则户均从事农业的年收入为 4143.90 元。而外出务工一天收入最低为 60 元，则种一年地还真不如出去打工 3 个月呢。

近年来，国家陆续出台了一系列支农、惠农政策，特别是在提高农民种粮积极性方面，先后有粮食直补、良种补贴、农机补贴、粮食最低收购价等优惠政策，然而，这一切并未能让农民种粮的积极性调动起来。惠农政策留不住农民外出的脚步。调研的资料显示，四川地区曾一年发给农民的各项补贴总额为 110 元，而这 110 元对农民的作用不是很大，调研中的农民反映农资价格太高，而补贴太少，几乎无用处。

（三）农村家庭支出过大

现在农村家庭支出过大，农村家庭大额开支主要有教育、婚嫁、建房等三大项。现在农村，一个孩子光上大学就得 7 万—8 万元，要是从幼儿园开始算到大学毕业，最节省花费也需要近 12 万元，而农村一般两个孩子，光孩子的教育经费就是一笔很大的开支。另外还有子女婚嫁，一般在 5 万元左右。家里建房，盖两层楼房要 20 万元左右，现在农村子女婚嫁必须要建楼房。如此大额支出，对于农民来讲，只有靠外出打工积蓄才能支撑。要是靠在家中 2 亩薄田只能填饱肚子，根本就不能负担这些支出。农民不外出打工，孩子就上不起学，遇上子女婚嫁、建房等大事，没有钱，就办不成事。如果还摊上大病，根本没有办法应付。

（四）社会环境的影响

地方经济发展滞后，随着改革开放不断深入，农村外出人员眼界大开，思想解放。由于城乡收入水平和城乡生活水平的巨大差距，受社会环境的影响，尤其部分农村青壮年劳动力受城市多彩生活和便利舒适条件的诱惑，把“跳出农门，跨进城门”作为目标，而把务农和生活在农村看成是无能，所以他们的现实选择是大量外移，热衷于外出打工或经商，从而脱离农业生产。在南充市调查的 8 个中有 937 户农户举家外出务工，其中在外购置房产的有 230 户，占举家外出户的 1/4。

当然，农村劳动力外移以致出现短缺现象也与农民主观上的盲目和社会舆论的误导有关。从总体上说，我国的城乡存在劳动强度和劳动报酬两方面的巨大“势差”，农村劳动力从整体上向城市转移是一种必然趋势，但具体到特定的人和特定地区，情况却是千差万别的。一些农民并不具备在城市谋生的本领，却依然盲目外出，抛弃了能为其提供基本生存需要的土地，在城市贫困潦倒，艰难度日。少数农民掌握了农村特有的生产技艺，凭其技艺在农村也可生活得很好，却耐不住城市的诱惑，来到城市里面过着较低水平的生活。因此，倘若我们的社会舆论能全面公正一些，能给予农民正确引导，每个农村劳动力也都能从自己实际情况权衡考虑，应该说有一部分流到城市的农村劳动力是适宜留在农村的，农村劳动力短缺现象是不会发展到现在这般严重的①。

（五）农村内部因素

农村土地制度、宅基地制度和农村社会保障制度以及农民乡土情结，导致“人走地留屋留”。（1）我国农村的土地（耕地、林地和宅基地）归集体所有，农民只有使用权没有所有权。虽然随着改革的深入，特别是《中华人民共和国物权法》的出台，政府不断加强保护农民土地权利，不断创新土地流转制度。然而，在农业效益不高，土地难以产出利润时，空心化严重的农村中的耕地粗放经营和撂荒，难以形成有效流转，造成资源浪费和农业的缓慢发展。（2）宅基地方面，现行农村宅基地是基于本村村民成员的特殊身份，通过申请方式无偿取得、长期使用。一方面宅基地取得的无偿性、使用的无限期性以及无留置成本性，使得村民更倾向于尽可能多地占有宅基地，而非集约高效利用土地。宅基地作为不清晰的集体产权，禁止向本集体经济组织以外成员流转，缺乏明确的宅基地退出机制。在商业价值较低的区域，老旧住宅只能自然废弃，造成用地浪费。农

① 丁忠兵：“对当前农村劳动力短缺问题的思考”，《青海社会科学》2004 年第 3 期。

村新建房屋宅基地审批制度不健全，规划管理滞后。为了追求经济利益，乡镇和村级干部会利用紧缺的宅基地审批权进行谋利，造成农户宅基地规模大、面积超标、一户多宅等现象。宅基地使用权具有身份性、从属性、无偿性、无固定期限性等特点以及房屋和宅基地的不可分性使进城农民不愿轻易放弃农村的房屋所有权。宅基地使用权制度尚存在农村土地立法不健全、过分强调其社会保障性等弊端，致使用益物权性质不能得以彰显，成为空心村整治改造的重要阻力。（3）在农村社会保障制度方面，随着农村直接补贴的执行、各项社会保障制度的完善，农民享有越来越多的合作医疗、最低生活保障以及养老保险等社会保障和福利。农村人口自由流动的同时，各项社会保障仍然可以回村领取，这在一定程度上也成为农民是否转换农民身份，彻底告别农村的阻力。（4）农民对故土家园、乡村生活的眷恋等原因也令农民不愿意放弃村中住宅和耕地。

三、缓解农业劳动力短缺与农村空心化的途径与建议

（一）缓解农村劳动力短缺的途径

解决农业劳动力短缺的途径主要有两个来源：一是培育新型农民；二是吸引外出农民返乡。

1. 培育新型农民

新型农民是适应我国现代化大生产和社会主义市场经济发展的要求，具有现代思想观念，掌握现代科学知识技能，能够生存就业、自我发展的现代农民。目标是把农民培养成“有文化、懂技术、会经营”。

新型农民的培育应注重以下几个方面的建设：

（1）营造留住农村人才的有利环境。首先，增加农业基础投资，提升农业综合生产能力，改善农村基础条件，提高农民生活质量，这是把人才留在农村的前提，把人才留在农村最主要的条件是在农村务农或务工的收益不低于在城市务工的收益，这是阻止农民外出的根本途径。发展规模经营，提高务农收入，务农利益比较低，主要是农户经营规模小，扩大经营规模，相应收入对提高。除此之外应发展农村第二、第三产业，挖掘农业内部增收潜力，提高农产品附加值，拓展农村第二、第三产业的就业空间，提高农民就地务工收入。

（2）加大政府在义务教育方面的投入。诺贝尔经济学奖获得主舒尔茨认为，要改造传统农业，必须改造传统农民，用现代科学知识取代农民传统的生产经验和生活经验[①]。政府应加大农村基础教育投入，切实提高劳动力素质。重点支持以“基本普及九年义务教育”和“基本扫除青壮年文盲”为目的的攻坚战略，解决农民教育资源短缺问题，大力提高教师队伍的素质，全面贯彻和落实九年义务教育的免费政策，提高农民的文化水平。

（3）全面开展职业技能培训。加大对农民科技培训的投入，围绕国家农业产业化和农业结构性战略调整，创新科技培训体制，鼓励新科技的多形式推广培训，切实提高农民的科技素质。加强科技示范，让农民看到技术的增产增收效果。

2. 吸引外出农民返乡，发展农业生产

（1）调研的返乡人员基本情况。在南充市和绵阳市调研的资料中，共有返乡人员 615 人，其中从事农业生产的为 429 人，所占比例为 69.76%；从事其他行业的为 186 人，所占比例为 30.24%。专门从事种养殖业的有 377 人，主要从事蔬菜及粮食种植和猪、兔、鱼、鸡、等养殖，其中有 30 人进行水稻制种，制种规模均在 5 亩以上。返乡人员的年龄结构在 18—60 岁，30 岁以上的大约 90%。

（2）返乡原因。一是随着年纪渐增，在外打工工作越来越难找，在家乡从事种养殖或是就近务工，所占比例大约为 45%；二是由于在外打工难以融入城市生活，认为打工不可能打一辈子，所以想运用在外打工掌握的技能和市场信息，趁着年轻回乡发展自己的事业，所占比例大约为 25%；三是大约有 30% 是为了照顾子女和老人，尤其是子女教育问题。由于城里打工收入水平不高，难以负担子女进城教育和老人进城赡养。

（3）返乡人员面临的困境。返乡人员面临以下困境：融资渠道不畅，投资资金短缺；知识技术有限、产品技术含量低，缺乏创新；缺少政府扶持政策。

应加强农村职业技术培训，如提供种养殖技术，提高留守农民及返乡

① 西奥多·舒尔茨：《改造传统农业》，商务印书馆 2006 年版。

农民种养殖技能；创新金融服务，解决返乡创业资金；推进土地流转提供规模经营的土地。

（二）相关对策建议

1. 扶持农业生产，真正把农业作为基础产业高度重视

进一步加强对农业基础地位的认识。如果我国人口增长和耕地减少的状况不能得到有效控制，如果提高单产的技术没有大的突破，我国的粮食供求将会逐步出现缺口，且缺口还可能有增大的趋势，在任何时候，我国对农业的基础地位的认识不能变，尤其不能以牺牲农业来片面追求工业的发展，不能以牺牲农村来片面追求城市化和城市经济的发展。

现在农民有了生产经营自主权，要依靠政策激励与价格引导并举才能调动农民种粮积极性。全面提高粮食综合生产能力、抗风险能力和市场竞争能力。调动农民生产粮食和政府抓粮的积极性。保护和建设耕地和基本农田；发展科技支撑，建立科技兴粮的长效机制。加强政策支持，农村人才教育和培养，从政策支持和制度上创新①。

加大种粮增收的政策激励，激活人力要素。一是保护好农民、种粮大户的种粮积极性，对“种粮”的价外补贴应比照实际生产成本适当提高，让种粮有利可图；给粮食大省、粮食主产区以政策倾斜，实施差异性区域扶持政策，对粮食主产区改善生产条件给予更多的投入支持。二是引入粮食生产的现代化投入要素，提高土地装备率与劳动力生产率。使用现代化的耕作工具与技术改造传统农业的生产方式，把人力、畜力为主要动力的生产手段转变为以机械动力为主，以减轻对劳动者体力的需求，适应农业劳动力老龄化的趋势。

国家和地方各级政府要加大对农业的投入。近年来，政府虽然实行了免除农业税、增加种粮补贴、良种补贴、农机补贴等多项惠农政策，农民收入下滑的局面稍微改变，但是务农收入仍然较低。同时与国外一般水平相比，我国对农业的投入一直处于较低水平。国家财政和各级地方政府应

---

① 韩长赋：“要解决政府‘要粮’和农民‘要钱’的矛盾”，中国新闻网，2011 年 5 月 30 日。

逐步加大支持农业的力度，通过增加资金投入，带动劳动投入的增加，加强农田基本建设，兴修水利，修筑道路，增强抗御自然灾害的能力，改善农业和农村经济发展条件，通过增加投入，促进农业科学技术的研究和农业科技成果的推广运用，不断提高单产，大力提高农业综合生产能力；要进一步完善对农业的技术服务体系，提高现代农业科技的应用水平；对农业生产资料销售和主要粮食作物收购进行必要的干预，防止价格的暴涨暴跌；通过信贷和保险，对农业生产给予必要的金融支持。大力增加农民收入，根本改变城乡收入差距悬殊的局面。留住农民外出的步伐。

2. 提高农产品价格，稳定农资价格

加强对主要农产品的价格保护，对主要农用工业品进行价格补贴，降低农业生产成本，增加农民收入，提高农民从事农业生产的积极性。

农产品价格要与农业生产资料价格同步增长。制定农产品保护价格，农产品保护价格的水平，应该略高于物价总指数上涨水平的幅度，逐年调整。目前，农产品与工业品的比价关系严重扭曲，已危及农业的稳定发展。建议国家在有计划地调整重要农产品价格的同时，很好地研究和解决农产品与农业生产资料价格相协调的问题，并在农业生产资料的生产和供应上采取倾斜政策。农用工业部门当前应着重做好农用物资的生产和供应工作，特别是化肥、农药、农膜的专营工作，争取农业生产资料供应的数量、质量、价格和供应的办法等有明显的改善，力争使农业的生产成本逐步降低，把农民的投资兴趣重新吸引到农业生产上来。同时，还要狠狠打击出售伪劣农业生产资料的不法分子，整顿物资要素市场，严厉打击生产、销售假农药、假化肥、假种子的坑农害农行为，对造成严重后果者不仅要赔偿农民损失，还应绳之以法，保护农民的合法权益不受侵犯。

3. 积极推进土地流转，发展适度规模经营

国外的经济发展实践证明，要使农业稳定发展，并保证务农者能获得与务工者同样的收入，最根本的途径是实行农业规模经营。我国在条件具备的地方逐步发展农业适度规模经营，是提高农业劳动生产率、增加务农者收入从而避免农业劳动力短缺转移的有效途径。土地适度集中后，在农业科学技术和农业机械化的客观要求下，土地使用权的获得者必然从收益最大化原则出发，以不低于非农活动收益的报酬雇请较高素质的农业生产

者和管理者，形成农业部门与非农部门对高素质劳动者的竞争，从这一意义上讲，也有助于抑制农业劳动力短缺转移。

发展规模经营首先应推进土地流转，土地流转应该在家庭联产承包责任制的基础上进行。完善农业家庭联产承包制，通过多种形式实现土地集中。按照自愿原则，对一些长期外出打工、经商者的土地，依法采取转包、出租、转让或其他方式将经营权向种田能手转移。对不宜采取家庭承包的荒地、慌沟、荒丘、荒滩等，通过招标、拍卖、公开协商等方式承包给单位或个人，避免土地撂荒。鼓励组建农业开发企业，允许农民以土地入股，参与分红。发展特色农业，大力推进农业产业化进程。

在政策方面积极扶持农业合作经济和农业企业的适度规模经营。在工商、税务、保险、农业科技服务、生产资料供应、在农产品加工和流通服务、在财政转移支付和集体经济扶持等各个方面和各个环节上，应动员全社会力量在制度框架许可范围内，给予农业合作经济组织和农业企业的适度规模经营以扶持和最优惠的待遇，以促进农业适度规模和产业化的顺利发展。

4. 加强对农民进行培训，提高其农业技能

我国农村劳动力受教育程度低。我国农村人口的劳动力文化程度以小学和初中为主，文盲和半文盲的比重很大；同时，在接受过教育的劳动力中受过专业技能培训的占9%，而接受过专门的农业技术教育的不足5%。所以，大部分农民对农业新技术、新知识的接受能力较低，对农业市场化、产业化的认识还很模糊①。

面向农村基层干部、青壮年农民、农村妇女、后备农民以及农民企业家等不同培训对象，按照不同区域、不同产业及经济发展不同程度，采取形式多样、内容各异的分类培训。

主要对加强留守劳动力培训。要结合农村留守劳动力的实际，因地制宜，有针对性地举办农业科技培训班，培育有技术、会经营、懂管理的新型农民，使每位留守劳动力真正掌握1—2门适用技术，实现农村留守劳动力由体力型向技能型、知识型转变，弥补当前农村技术、劳力

① 李春红："开发农业劳动力资源 促进农村经济发展"，《农业科技通讯》2010年7月。

不足。

注重加强对农村妇女的农业技术培训。农村妇女在农业生产中起到主力军的作用，但由于众多妇女文化程度偏低，且受到传统的男主外、女主内观念的影响，仅满足于自家经营和操持家务，不太容易接受或掌握新的农业生产技术。可以借鉴河南省的“巾帼科技星火工程”的做法，妇联组织应联合农业培训机构进一步引导广大妇女树立终身学习、自主提高的观念，激发和调动妇女的潜能和智慧；充分发挥农村妇女科技服务中心和妇女学校的作用，加强对妇女的文化、使用技术、标准化生产和经营知识等方面的培训，帮助妇女学习新知识、掌握新技能，使她们成为适应农业现代化的有文化、懂技术、会经营的一代新型女农民。另外，各地妇联和农业培训机构还可以引导她们参与产业化经营，发展妇女合作经济组织，让妇女在互助互利中提高抵御农业生产风险和市场风险的能力。

培训立足于区域经济、科技和教育资源的现状，围绕各地的农业优势产业和特色农业开展培训。培训以经济建设为中心、以产业为依托、以市场为导向、以农民致富为目标，为地方农业结构调整和产业化经营服务。实施“绿色证书工程”、“跨世纪青年农民科技培训工程”、“新型农民创业培植工程”、“农村富余劳动力转移就业培训工程”和“农业远程培训工程”等五大“工程”，建立健全农民科技教育培训体系，全面推进新型农民科技培训工作。加大经费投入，保障农民科技培训工作的顺利开展。加大对农民科技培训工作的经费投入，建立以政府投入为主导的多元化农民科技培训投入体制，实行中央财政投一点，地方各级财政拿一点，各农业类基地建设、综合开发、科技推广等项目经费列一点的办法，解决农民科技培训经费不足的问题。要研究切实可行的经济补偿机制，减轻农民接受科技培训的经济负担，为农民接受科技培训创造条件。建议将农民科技培训经费列入地方本级财政预算，并要保证各级配套资金的及时落实。要积极拓宽融资渠道，鼓励农业产业化龙头企业参与农民科技培训工作，建立市场经济条件下的智力投入保障机制。对农民科技培训资金，要确保及时足额到位，并实行项目管理，做到专款专用，使资金发挥最大效益。

5. 加强对厌农青年的教育，培育后备主体农民

在农业的弱势地位和低报酬率状态没能彻底改变而区域非农业就业机会比较充裕的前提下，受比较利益和时代观念的影响，新生劳动力的非农就业倾向和农业产业得不到新生劳动力补充的状况将不可避免。20 世纪 80 年代出生的人，文化素质最高，但没有农业生产经验，学生直接留在城市，非学生则会外出务工，他们一般不愿回到农村，属长期固定的外移人员。90 年代出生的人没有从事农业生产经验，在跳出农门这一思想的影响下，这部分人极可能通过升学等各种途径离开农村。接受良好的教育，从事自己喜欢的工作，获得更高的收入，享受美好的生活，是每个社会成员的正当追求。应在深化农村经济体制改革和转变农业增长方式的基础上，通过多方面的政策支持，吸引更多的优秀青年到农业生产第一线建功立业，成为新一代农民。

农村中的青少年尤其是农村的新生一代无疑是农业劳动力的主要来源，所以要加强厌农青年的教育，对农村新生一代增加义务职业教育，培育他们对农村和农业的认同，使他们意识到他们才是未来农村发展的主力军，培育后备主体农民。

6. 加强对农业社会化服务体系的建设和投入

现阶段农业的适度规模和产业化生产经营，很大程度上仍需依赖于政府和农村集体经济支撑下的农业技术推广服务和社会化生产服务的支持。以镇级为重点，切实加强农业技术推广和社会化生产服务体系建设，成为推动农业适度规模经营的技术和生产服务的有力支点。这样既有利于以集约方式充分利用有限的技术人员资源，普遍提高农业生产技术水平，也有利于实施政府的财政转移支付，以优质和低价的社会化生产服务普惠农业生产，增加农业的实际收益。

7. 改善农业劳动条件和农村生活环境

随着现代科技的广泛应用，我国农业的耕作方式在逐步发生变化。但由于经营规模小，投入不足，农业机械的应用受到限制，农业劳动的强度高、环境艰苦，“面朝黄土背朝天”的景象没有改变。同时，城乡在环境卫生、商业服务业网店、文化娱乐设施等方面都存在巨大差别。因此，选择舒适的工作和生活环境，向往城市文明，也是人们走出农

村、脱离农业的重要原因。改善农业劳动条件和农村生活环境，国家需要采取多项措施：（1）继续加强农业机械、水利、文化设施以及农村道路、电力、电信、学校、医院、给排水、垃圾处理等基础设施建设，为改善农业劳动条件、减轻劳动强度和优化农村生活环境打下基础。（2）积极推广农业新科技，提高农业综合生产能力和现代化水平、逐步改变农业劳动脏、累、苦的状况。（3）全面提高农民的科技文化素质。一方面要使农民子女享受优质的教育资源，提高农村青年的文化素质；另一方面要积极推进基础教育与职业教育、继续教育的结合，加强对农民的科技培训，并逐步实施“绿色职业证书”制度。（4）加大对农村合作医疗和养老保险的支持力度，将农民纳入最低生活保障范围，提高农民的生活水平和质量，逐步缩小城乡差别，完善农村社会保障体系。应大力发展农村的各项福利事业和保险事业，接触农民的后顾之忧。如可兴建各种福利设施，包括幼儿园、敬老院和福利院等，还可以开展人身保险、养老金保险、财产保险等业务。为满足农民对文化娱乐方面的要求，提倡各地农村建立各种形式的文化娱乐场所，各文艺团体应努力多推出一些农民喜闻乐见的节目，丰富农民的精神文化生活。只有在农民的物质文化生活水平有了一定程度提高后，才有可能把农业必要的劳动力吸引在土地上。

8. 加强村庄规划，合理进行宅基地整治

农村用地浪费，建新宅弃旧宅现象严重。对于日益消亡的自然村落，建议鼓励恢复原始生态环境，不刻意发展生产，还应该注意保护仍然生活在那里的人们的生活和生产，尊重其权利和意愿。对于交通便利，新建住宅较多的村落，应该加强其用地规划和利用，改革农村宅基地使用制度，建立旧宅基地转让市场，鼓励旧宅基地的转让、合并，保证农民的土地权益。要因地制宜，根据村情不同，综合考虑社会、经济与生态效益，把宅基地整理与小城镇建设，中心村的扩展与自然村合并结合起来，使村庄建设既不浪费土地，又能满足广大群众生产、生活需要。

第二节

产业转型对农村劳动力流动格局的影响①

产业转移与产业转型的交替进行，势必对农村劳动力流动格局产生深远的影响。农村劳动力流动格局产生与形成，无疑农村劳动力自身的选择与考虑是一个重要的因素。在当前产业转移与产业转型交替进行，农村劳动力大量流动的背景下，从农村劳动力自身的角度看待其流动行为，以农村劳动力的意愿及其需求为基础，分析农村劳动力流动的现状、观念、态度及行为差异，确定农村劳动力流动的影响因素及其方向，有针对性地提供政策建议，无疑具有一定的理论和现实意义：理论上充实了农村劳动力的择业行为研究，进一步深化对产业转型与农村劳动力流动之间关系的理论探索，为劳动力流动理论在中国的进一步发展提供新的资料和证据；实践上，将这些因素整合到现实社会环境中，消除不利因素的影响，发挥有利因素的作用，引导与优化农村劳动力流动，为解决企业招工难及农村劳动力就业难提供相应的政策建议，从而提高农村劳动力就业率，使得农村劳动力合理和有效地流动，推进产业转型，最终实现农民稳定增收，使产业和农村可持续发展。

一、农村劳动力流动规律及其原因分析

（一）农村劳动力流动变化规律

所谓“就业流动”是指农民以寻找更多的就业机会为主要目标的劳

① 本节引自2012年农业部软科学课题“产业转型对农村劳动力流动格局影响研究”，课题主持人：陈瑶玖、申鹏。

动力流动行为[①]。随着中国工业化和城市化进程的不断加快，农村劳动力的流动行为越来越频繁。参与就业流动的农民与各种非农产业联系在一起，由于他们的户籍在农村而在非农领域就业，这就形成了大量处于流动状态中的中国“农村劳动力”。随着东部沿海发达地区经济快速发展，产业结构升级将加快，劳动力成本也将继续上升，一些劳动密集型产业将向相对落后的地区转移，不少原来在珠江三角洲地区务工的农村劳动力将继续转向全国其他地区。目前我国农村劳动力流动有下面几个特点：

1. 整体规模上农村劳动力流动数量继续增长

据国家统计局抽样调查结果推算，2011 年外出农村劳动力 15863 万人，增加 528 万人，增长 3.4%。住户中外出农村劳动力 12584 万人，比上年增加 320 万人，增长 2.6%；举家外出农村劳动力 3279 万人，增加 208 万人，增长 6.8%。本地农村劳动力 9415 万人，增加 527 万人，增长 5.9%[②]（表 3－11）。

表 3－11　　我国农村劳动力数量

	2008 年	2009 年	2010 年	2011 年
农村劳动力总量（万人）	22542	22978	24223	25278
1. 外出农村劳动力	14041	14533	15335	15863
（1）住户中外出农村劳动力	11182	11567	12264	12584
（2）举家外出农村劳动力	2859	2966	3071	3279
2. 本地农村劳动力	8501	8445	8888	9415

数据来源：国家统计局抽样调查，本章下同。

2. 农村劳动力在中西部地区务工的增长较快

近年来，中西部地区有计划的承接沿海产业，地区经济发展较快，对农村劳动力的吸纳能力进一步增强。据国家统计局公布的数据看，2011 年在中部地区务工的农村劳动力 4438 万人，比 2010 年增加 334 万人，增长

① 王春超、张静：“中国农户劳动力流动就业决策行为的特征及其影响因素”，《经济前沿》2009 年第 10 期。

② 数据来源于国家统计局农村司：《2009 年农民工监测调查报告》，2010 年 3 月，下同。

8.1%；在西部地区务工的农村劳动力4215万人，比上年增加370万人，增长9.6%。

3. 农村劳动力在长江三角洲和珠江三角洲地区务工的比重有所下降

中西部地区经济的快速发展，中西部地区务工工资得到相应的提高，东中西部地区务工工资趋向同等水平，导致长江三角洲和珠江三角洲地区对农村劳动力的吸引力下降，从而降低了农村劳动力在这两个地区的务工比重。据2011年的统计数据，在长江三角洲地区务工的农村劳动力为5828万人，比上年增加18万人，增长0.3%，在珠江三角洲地区务工的农村劳动力为5072万人，比上年增加7.4万人，增长0.1%，在长江三角洲和珠江三角洲地区务工的农村劳动力增加数量和增幅均明显低于上年水平。

4. 省内流动的农村劳动力数量增加。国家统计局2011年农村劳动力监测报告数据显示，在外出农村劳动力中，在省内务工的农村劳动力8390万人，比上年增加772万人，增长10.1%，占外出农村劳动力总量的52.9%；在省外务工的农村劳动力7473万人，比上年减少244万人，下降3.2%，占外出农村劳动力总量的47.1%。在省内务工的比重比上年上升3.2个百分点。2011年；去省外务工人数减少，改变了多年来跨省外出农村劳动力比重大于省内务工比重的格局，并且在省内的流动中，农村劳动力流往地区以上城市的比重有所上升（表3-12）。

表3-12　不同地区外出农村劳动力在省内外务工的分布比例

地　区	2011年		2010年	
	省内	省外	省内	省外
全国	52.9	47.1	49.7	50.3
东部地区	83.4	16.6	80.3	19.7
中部地区	32.8	67.2	30.9	69.1
西部地区	43.0	57.0	43.1	56.9

5. 农村劳动力从事建筑业的比重有所提高

据近几年调查数据显示，变化较明显的是建筑业，农村劳动力从事建筑业的比重在逐年递增，从2008年的13.8%上升到2011年的17.7%，从事制造业的比重则趋于下降（表 3 - 13）。

表 3 - 13　　　农村劳动力从事的主要行业分布比例

行业（%）	2008 年	2009 年	2010 年	2011 年
制造业	37.2	36.1	36.7	36.0
建筑业	13.8	15.2	16.1	17.7
交通运输、仓储和邮政业	6.4	6.8	6.9	6.6
批发零售业	9.0	10.0	10.0	10.1
住宿餐饮业	5.5	6.0	6.0	5.3
居民服务和其他服务业	12.2	12.7	12.7	12.2

（二）我国农村劳动力流动原因分析

1. 根本动因：经济政策背景

自新中国成立以来，国家的经济政策进行了多次调整，主要分为以下几个时期。20 世纪 50 年代，新中国成立后经历了国民经济恢复时期。50 年代后期，“大跃进”运动的开展，提出经济建设“大干快上”，开始了大规模的经济建设。

20 世纪 60—70 年代，计划经济时期。由于政治运动频繁，国民经济处于崩溃的边沿，国家大规模压缩建设项目，同时严格实行户籍管理制度和粮油凭票定量供应制度。在农村实行“一大二公”的人民公社和生产大队从事有计划的“集体生产”制度。

20 世纪 80 年代，改革开放初期。80 年代初期开始改革开放，人民公社解体，在农村实行家庭联产承包责任制，极大地解放了农村生产力，农民生产热情得到极大的鼓舞。全国粮食产量连年增加，不断超过历史水平。

20 世纪 90 年代，经济高速增长时期。在经历了经济社会改革与发展的“三年整顿”之后，尤其是邓小平南方谈话之后，逐步确立了我国社会主义市场经济体制的改革目标，经济增长进入高速增长时期。

进入 21 世纪以来，国家提出全面建设小康社会这一伟大目标。相应地国家在产业政策上提出了一系列的措施。特别是近几年来，国家连续的提出《关于中西部地区承接产业转移的指导意见》、《工业转型升级规划(2011—2015年)》、《“十二五”国家战略性新兴产业发展规划》等产业政策措施，不断优化产业结构，保持经济的快速、稳定发展。

第一个五年计划开始到改革开放前，我国政府实行优先发展重工业的工业化道路，导致产业结构畸形。改革开放到1996年，国家经过一系列的改革措施，产业结构得到了极大的改善，主要表现在三个方面，首先是农业的解放。在优先发展重工业时期遭到破坏的农业有了较大的发展，农业内部结构得到很大程度的改善。各种农作物的产量均大幅增加，并且还呈现出了不断提高的趋势，第一产业的内部结构日趋合理。

其次是劳动密集型制造业迅速发展。由于国有企业改革及非公有制经济的发展，同时亚洲四小龙的劳动密集型产业转移带来的机遇，在内因和外因的共同作用下，我国劳动密集型制造业得到了较快的发展，并成为带动全国经济发展的主导力量。工业结构得到优化，国有及国有控股企业创造的产值在工业总产值中所占的比重不断下降，非国有企业比重则不断上升。到1996年国有及国有控股企业产值在工业总产值中的比重降为36%，并有继续下降的趋势。

再次就是服务业在国民经济中的比重不断上升。自从国家对非国有企业开放市场以来，以消费性服务为主的服务业迅速发展，以生产性服务为主的行业也有所增长。服务业占国民生产总值的比重在1985年首次超过农业在国民生产总值中所占的比重，到1996年达到了33%，比1978年提高了8.8个百分点。从而使得三次产业间的比例关系更趋合理。

2. 直接动因：产业转型升级加快推进

三次产业的划分是世界上较为常用的产业结构分类，但各国的划分不尽一致。本书借鉴国家统计局的定义进行产业结构分类。第一产业是指农业、林业、畜牧业、渔业和农林牧渔服务业；第二产业是指采矿业，制造业，电力、煤气及水的生产和供应业，建筑业；第三产业是指除第一、第二产业以外的其他行业。

从图3-1可见，2005—2010年间第二产业占GDP的比重呈波动状态，但整体上呈下降趋势。2006年第二产业占GDP的比重较2005年有所上升，随后下降，从2006年的47.9%下降到2009年的46.3%。2010年第二产业占GDP的比重又略微上升，达到46.3%。从图3－1可以还看出，2005—2010年间第三产业占GDP的比重整体上表现出上升的趋势，其中，第三产业占GDP的比重从2005年的40.5%上升到43.4%，随后又略有下降，降到2010年的43.1%。

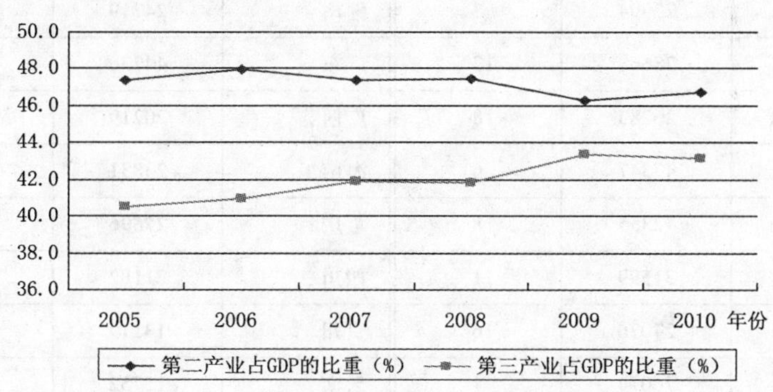

图3－1　中国的产业结构（2005—2010年）

数据来源：根据历年《中国统计年鉴》和国研网数据整理得出。

3. 势能动因：地区差异仍然较大

由于中国分层次推进、逐渐扩大开放的对外开放政策以及各地的要素禀赋的差异，造成了中国区域经济发展不平衡。现以人均国内生产总值为例，分析中国区域经济发展的差异。2010年中国各地区的人均地区生产总值见表3－14。

从表3－14可见，2010年人均地区生产总值最高的是上海，达到76074元，人均地区生产总值最低的是贵州，仅为13119元，还不到上海人均地区生产总值的1/5。2010年人均地区生产总值最高的五个地区分别是上海（76074元）、北京（75943元）、天津（72994元）、江苏（52840元）、浙江（51711元），这五省份主要分布在东部地区，人均地区生产总值均超过5000元。2010年人均地区生产总值最低的五个地区分别是贵州（13119元）、云南（15752元）、甘肃（16113元）、西藏（17319元）、广西（20219元），这5个省份主要分布在西部地区，人均地区生产总值基本上均在21000元以下。因此，从人均国内生产总值来看，各地经济发展存在较大差异。

表3-14　中国各地区的人均地区生产总值　单位：元

	2010	排名		2010	排名
北京	75943	2	湖北	27906	13
天津	72994	3	湖南	24719	20
河北	28668	12	广东	44736	7
山西	26283	18	广西	20219	27
内蒙古	47347	6	海南	23831	23
辽宁	42355	8	重庆	27596	14
吉林	31599	11	四川	21182	25
黑龙江	27076	16	贵州	13119	31
上海	76074	1	云南	15752	30
江苏	52840	4	西藏	17319	28
浙江	51711	5	陕西	27133	15
安徽	20888	26	甘肃	16113	29
福建	40025	10	青海	24115	22
江西	21253	24	宁夏	26860	17
山东	41106	9	新疆	25034	19
河南	24446	21			

数据来源：根据国研网数据整理而成。

二、产业转型对农村劳动力流动影响因素实证分析

为进一步验证产业转型对农村劳动力流动规律的影响进行分析，本部分将利用调查数据，采用实证分析的方法进行研究，首先提出相应的理论假设，选择模型及变量，然后，通过对江西省农村劳动力流动的实地调研数据进行农村劳动力流动影响因素计量结果分析，最后提出相应的政策启示。

（一）制约因素与理论假设

1. 农村劳动力流动的制约因素分析

从经济理性的角度讲，农村劳动力选择外出务工的具有一定的期望收益和自我提升的优势。然而，农村劳动力选择在本地务工可以享有就业稳定、生活环境熟悉、兼顾家庭生活和农业生产等便利。“十五”规划以来，工业园区开始在江西兴起，同时为了壮大县域经济，近年来江西辖属各县市加快招商引资的步伐，大规模地承接长江三角洲和珠江三角洲内移的产业，本地企业不断增加，进而就业岗位也大幅增加，同时，长江三角洲和珠江三角洲地区提出的打造全球贸易和金融中心，使得当地政府对劳动密集型企业在土地等方面的支持力度降低，增加了劳动密集型企业运营成本，外出农村劳动力的外出务工工资增幅较慢。这些因素势必影响农村劳动力流动方向的偏好。基于以上几个方面的考虑，结合本书的研究目的，认为影响农村劳动力流动的因素有个人特征（性别、年龄、婚姻、受教育程度、打工时间及技能等）、家庭特征（人口、收入等）、工作因素（时间、条件、工资等）、政策因素（关注程度、宣传力度、培训及影响程度等）、本地情况（经济发展、交通等）等。现针对这些影响因素进行分析。

（1）个人特征

①性别。在广大农村，男性劳动力是家庭的经济支柱，经济来源主题，为了承担整个家庭，同时男性具有较强的风险偏好，选择到外地务工的流动期望更加强烈。所以，相对来说女性选择留在本地就业的可能性高于男性。

②年龄。根据人口迁移理论知识，年轻劳动力接受新事物的意愿和能力相对较强，同时与年长者相比，年轻劳动力和土地打交道的时间相对较短，对土地和农业感情较浅，从而对土地和农业的依赖性较低，因此他们更倾向于外出务工。但是，近年来沿海经济发达地区产业内移的加剧，可能会给本地带来较多高质量的就业岗位，吸引年轻农村劳动力回流本地，进而削弱年轻农村劳动力的外出意愿。

③婚姻。未婚农村劳动力对家的依赖较低，向往大城市美好生活，所

以未婚农村劳动力外流的可能性较大。然而，已婚农村劳动力需要承担照顾家庭的责任，出于这方面考虑，已婚农村劳动力更偏向于本地务工。然而，上老下小的抚养，需要较强的经济实力，家庭经济的压力可能会刺激已婚农村劳动力选择到外地经济收入较高的地区就业。

④受教育程度。舒尔茨的人力资本理论认为，人力资本的优劣程度直接决定劳动力的劳动生产效率，影响劳动力就业区域和行业的选择。通常我们认为，文化程度较高的劳动力对预期收益的要求较高，相对来说更倾向于外出务工。但是，高素质的劳动力对高质量生活的追求，可能会考虑闲暇的环境和舒适的居住条件，从而提升幸福感，在一定程度上，本地就业能够满足这些要求。文化程度较低的劳动力预期收益较低，可能外出的可能性较低，选择本地就业的可能性较高。

⑤打工年限。外出务工时间越长，越容易适应省外务工的生活，容易形成惯性，相对来说流动的愿望不强，回流的可能性比较小。但是，也有可能长期的在外务工，对外面务工的生活及增长了见识，有了一定的经济实力的务工者愿意返乡创业或者务工。

⑥技能。技能在一定程度上影响劳动力的生产效率。劳动力所具有的技能决定了其从事的行业，行业的特征影响其流动方向的选择。不同的企业由于行业性质不同，在地理位置上的分布并不均衡，对劳动力的就业吸纳能力也不一致。类似于制造业、建筑业这样的劳动密集型行业是劳动力就业的主要领域，其区域布局对劳动力空间流向的选择具有关键影响，而高技能行业劳动力的空间流向又取决于技能型岗位的分布状况。具有一定技能的农村劳动力相对来说对技能有一定的依赖性，同时具有一定的技能对工作的预期收益相对也较高，可能更偏向于外出务工。

（2）家庭因素

①家庭收入水平。经济理性人具有一定的比较心理，在与周边的家庭相比较下，家庭收入水平减低的劳动力为了家庭生活水平，改善家庭经济状况，相对倾向于到外地寻求更高的经济收益的工作。反之，如果家庭收入相对较高的劳动力可能更偏向本地务工。

②家庭人口结构。由于大量农村劳动力的外流，导致近年来留守儿童的家庭教育问题和留守老人的抚养问题都受到社会的普遍关注。农村劳动

力在外出务工的过程中，可能会考虑家庭教育和老人的抚养问题，在一定程度上家庭的人员结构会影响农村劳动力外出。可能为了照顾老人和教育小孩，愿意在本地就业。

（3）当前工作因素

①工作时间。当前就业机会比较多的前提下，工作时间的长短在一定程度上会影响农村劳动力的去留。长时间的工作队身体素质有一定的要求，如果有相对时间短的同等工作，劳动者可能会选择工作时间较短的工作。

②工作条件。工作条件的好坏会影响劳动者工作的心态和效率，同时在一定程度上也会影响劳动者的工作满意度。农村劳动者在选择工作的时候更倾向于工作环境好的工作。

③工资。工资的高低较大程度上决定劳动者的去留。农村劳动力外出务工在一定程度上是为了追求较高的预期收益。

（4）政策因素

①对就业政策的关注程度。对江西省的就业政策的关注度越高的农村劳动力，在一定程度体现了其回乡务工的愿望，可能更加偏向于在本地就业。反之，不太关心本省的就业政策，可能相对更愿意外出务工。

②关注江西就业培训和讲座的程度。地方政府执行国家的惠农政策的力度越大，为本地劳动力提供职业培训的机会越多，关注这方面的信息可能对劳动力选择在本地就业有一定的影响。

③就业政策的宣传满意度。地方政府在就业宣传上的力度在一定上可能对农村劳动力有一定的影响。

④是否愿意到政府倡导的企业务工。地方政府在承接产业的同时也是在调整产业结构，在企业的招工等方面也会有一定的支持和帮助。农村劳动力是否愿意到政府倡导的企业务工，直接决定其外出务工还是本地就业。

（5）本地情况

①本地经济发展情况。本地经济发展的好坏，决定农村劳动力对当地工作收益上的认识，经济条件好，在一定程度会提升工资水平，可能会促进农村劳动力本地就业。

②本地交通便利。近年来，江西县域经济发展较快，“村村通”公路等一系列基础设施建设改善了农村的交通，道路更宽阔，外出交通比以前更方便了，这可能会影响农村劳动力本地就业。

2. 理论假设

通过以上影响因素的分析，本书提出以下几个理论假设。

假设 1：性别对农村劳动力本地务工产生负影响，年龄会对农村劳动力本地务工意愿产生负向影响，文化程度对农村劳动力本地务工产生负的影响，未婚对农村劳动力本地务工产生负影响。

假设 2：打工时间长对农村劳动力本地务工产生负的影响，技能对农村劳动力本地就业产生负的影响。

假设 3：家庭人均收入和家庭人口结构会对农村劳动力本地务工产生负的影响。

假设 4：目前工作的时间、条件和工资对农村劳动力本地就业产生正的影响。

假设 5：政策因素对农村劳动力本地就业产生正的影响。

假设 6：本地经济情况对农村劳动力本地就业会产生正的影响。

（二）模型选择与变量选取

1. 模型的选择

因变量是不满足一般线性回归约束条件的二元品质型变量，因此无法直接使用二元线性回归，而 Logistic 回归模型则可以很好地解决上述问题，Logistic 概率函数模型为：

$$p_i = F(y) = F\left(\beta_0 + \sum_{i=1}^{n} \beta_i x_i\right) = 1\Big/1 + exp - \left(\beta_0 + \sum_{i=1}^{n} \beta_i x_i\right) \tag{3-1}$$

式（3-1）中 p_i 表示农户有农村劳动力流动的概率，y 是因变量，表示农村劳动力本地务工（$y=1$）或外出务工（$y=0$）；β_i 表示影响因素的回归系数；n 表示影响因素的个数；x_i 是自变量。将（3-1）式进行变形，得到：

$$Ln = \frac{p_i}{1 - p_i} = y = \beta_0 + \sum_{i=1}^{n} \beta_i x_i \qquad (3-2)$$

2. 变量选择与赋值

表 3－15　　变量选择与赋值

变量	代码	定义与赋值
是否本地务工	Y	1＝有，0＝无
性别	X1	1＝男，0＝女
年龄	X2	连续变量
婚姻	X3	1＝未婚，0＝已婚
受教育水平	X4	1＝小学以下，2＝初中＝，3＝高中或中专，4＝大专及以上
打工时间	X5	连续变量
技能	X6	1＝是，0＝否
家庭人口结构	X7	
家庭人均收入	X8	连续变量
目前工作满意度	X9	1＝满意，0＝不满意
工资满意情况	X10	1＝很不满意，2＝不满意，3＝一般，4＝满意，5＝非常满意
就业政策关注度	X11	1＝不关注，2＝关注一点，3＝比较关注
就业培训与讲座关注度	X12	1＝不关注，2＝关注一点，3＝比较关注
政府宣传满意度	X13	1＝很不满意，2＝不满意，3＝一般，4＝满意，5＝非常满意
是否愿意到引导企业工作	X14	1＝是，0＝否
本地经发展感受	X15	1＝没发展，2＝发展一般，3＝发展较快
回家频繁程度	X16	1＝一个月及以上，2＝半月，3＝每周，4＝每天

（三）数据获取及描述性统计

1. 调查内容及方式

于2012年7—9月对江西省6个县市区工业园（赣州、瑞金、兴国、赣县、万载及袁州区）16家企业的务工人员进行了实地调查。调查内容包括调查对象的个人特征、家庭特征、村特征、工作现状、技能与培训、就业变动及政策因素等七方面情况。

2. 影响因素描述性统计

（1）样本年龄分布。390个样本中年龄在20岁以下的占10.77%，21—30岁的占49.74%，31—40岁的占29.23%，41—50岁的占9.23%，51—60岁的占0.77%，61岁以上的占0.26%。样本年龄分布最集中的是在21—30岁。

（2）样本性别分布。在被调查的样本中，男性占51.03%，女性占48.97%，样本相对较均匀。

（3）样本受教育水平分布。在调查的农村劳动力中，教育水平在小学以下的占5.64%，初中的占39.49%，高中或中专的占33.85%，大专以上的为21.03%。说明目前农村农民大多数的教育程度还比较低，处于初、高中文化水平的较多。

（4）样本的婚姻状况。样本统计结果显示，已婚的比例占60.51%，未婚的比例占39.49%。

（5）样本的工作时间长度。在390个调查对象中，打工时间1年以内的有3.85%，1—5年的占50.77%，6—10年的占30.51%，11—15年的占10.26%，16—20年的占3.85%，20年以上占0.77%。

（6）对家乡经济发展的认知程度。在390名被调查的农村劳动力中，认为家乡经济发展与以前相比，发展迅速的有98人，占25.13%；认为发展速度一般的有227人，占58.21%；认为没什么发展的有65人，占16.67%。

（7）样本的回家频率。在390名被调查农村劳动力中，每天回家的有占52.05%；至少每周回家一次的有占16.15%；两到三个星期回一次家的有11.28%；一个月及以上回一次家的有20%。

（8）接受的技能与培训情况。在被调查的390名农村劳动力中，具有技能的有209人，占53.59%；不具有技能的有181人，占46.41%。

在具有技能的209人中，拥有建筑施工业技能的占2.7%；拥有化工、机械制造业技能的占11.8%；拥有酒店餐饮娱乐业技能的占4.1%；拥有电子电器行业技能的占7.1%；拥有社区保安、社区公共服务业技能的占0.8%；拥有服装纺织业技能的占11.5%；拥有商业贸易技能的占2.2%；拥有矿藏开采业技能的占0.8%；拥有农副食品加工业技能的占41.5%；拥有其他技能的占17.5%。

在具有技能的209人中，通过社会培训机构获得技能的占8.5%；通过职业技术学校学习获得技能的占15.9%；通过政府培训机构获得技能的占3.3%；通过企业培训获得技能的占13.4%；通过学徒获得技能的占9.6%；通过其他途径获得技能的占49.3%。

（9）就业变动情况。在被调查的390名劳动力中，原来工作地点在外省的有241人，占61.79%；原工作地点在本地的有149人，占38.21%。

（四）实证结果与分析

1. 回归结果

根据调研数据，在上述统计分析的基础上，本部分运用Logistic回归分析模型，各变量赋值之后的统计如表3－16所示，在spss17.0软件运行后，回归结果如表3－17所示。从表3－17中可以看出模型中LR值达到足够大，说明模型的总体拟合效果良好，说明模型对被解释变量几率变动是有一定作用的，也具有一定的实际意义，所以本书的分析仍以此为基础。从模型结果可以看出，年龄（X2）、受教育水平（X4）、打工时间（X5）三个变量通过了1%的显著性检验，对工资的满意度（X10）通过了5%的显著性检验，说明这四个因素是影响农村劳动力流动的主要因素，其P值分别为0.003、0.005、0.001和0.046，具有统计学意义。尤其是年龄、受教育水平和打工时间分别达到了99.7%、99.5%和99.9%的显著性水平。其他变量虽然没有通过显著性检验，但是在影响农村劳动力流动的方向上给出了一种可能的解释。

表 3－16　样本均值及方差

变量名	代码	均值		方差
		统计量	标准误	统计量
性别	X1	0.5103	0.02535	0.251
年龄	X2	29.7385	0.41525	67.248
婚姻	X3	0.3949	0.02478	0.240
受教育水平	X4	2.7333	0.04954	0.957
打工时间	X5	6.4949	0.27515	29.527
技能	X6	0.5359	0.02529	0.249
家庭人口结构	X7	0.4282	0.02509	0.245
家庭人均收入	X8	27.3301	26.26269	268994.298
目前工作满意度	X9	0.7615	0.02161	0.182
工资满意情况	X10	2.9179	0.04135	0.667
就业政策关注度	X11	1.9308	0.03359	0.440
就业培训与讲座关注度	X12	1.7448	0.03402	0.449
政府宣传满意度	X13	2.6923	0.04851	0.918
是否愿意到引导企业工作	X14	0.7404	0.02226	0.193
本地经发展感受	X15	2.0872	0.03238	0.409
回家频繁程度	X16	3.0000	0.06097	1.450

表 3－17　模型回归结果

变量名	回归系数	统计量
性别	0.373	2.444
年龄	－0.064 ***	9.274
婚姻	－0.543	3.385
受教育水平	－0.356 ***	8.255
打工时间	0.121 ***	11.365
技能	0.306	1.633

续表

变量名	回归系数	统计量
家庭人口结构	0.277	1.298
家庭人均收入	0.000	0.072
目前工作满意度	-0.212	0.448
工资满意情况	-0.340**	4.128
就业政策关注度	0.062	0.068
就业培训与讲座关注度	0.280	1.451
政府宣传满意度	-0.116	0.670
是否愿意到引导企业工作	0.018	0.004
本地经发展感受	-0.317	2.778
回家频繁程度	0.047	0.218
LR statistic		19.42
Prob（LR statistic）		0.013
Log likelihood		455.952

注：*，**，*** 表示统计检验分别达到10%、5%、1%显著性水平。

2. 模型中显著性因素分析

（1）年龄。从表3-17的结果可以看出，年龄越小的越不愿意在本地务工。年轻人对外面世界的好奇，对沿海经济发达地区的新兴事物感兴趣，对城市生活的向往，促使他们不愿离留在本地。在调查的390人中，30岁以下的占60.51%，这年龄段的劳动力刚结婚不久或者是没有结婚，父母年轻，即便有小孩也有家庭中年长者照看，从而对家庭的依赖相对较小，他们来自家庭更多的压力就是获得尽可能多的收益。同时，这些新生代的农村劳动力和年长的劳动力相比，对事物的态度具有很多新兴的观点和看法。

（2）受教育水平。文化程度越高的劳动力越愿意到外地就业。虽然江西很多地方在打造生态城市和宜居城市，但是相对落后的经济在推进基础设施建设和推进城市化建设的道路上需要一个相对较长的过程。而且当前江西的很多县工业园园区现在还是停留在概念上，基础设施和配套设施都刚规划或者是刚刚起步推进建设。同时，江西目前的高新技术产业相对较少，规模大和待遇好的企业相对较少，劳动密集型产业较多，所以满足不了文化水平高的劳动力预期收益，达不到其要求，所以在本地务工的意愿较低。

(3) 打工时间。打工时间越长，相对刚初中毕业的新生代来讲年龄更大，对家的依赖促使其回流。同时，在外务工时间长，理论上具有一定的积蓄，家庭经济实力雄厚，经历长时间打工的农村劳动力可能会认识到，外出务工不是长久之计，随着年龄的增大，身体等各方面不如年轻的时候，迟早是要落叶归根。所以打工时间长的农村劳动力可能更愿意利用积蓄在家创业，或者就近就业。

(4) 工资。虽然近年来我国农民生活水平在不断提高，但是没有工作就没有收入，缺乏保障的他们只能通过不断的工作来积累养老的资本，所以工资水平高低仍然是当前农村劳动力择业的首要考虑因素。当地工资水平高的就业环境对农村劳动力更具吸引力。这类企业的劳动力流动也较低。在赣州的问卷调查当中，就有些企业工资水平在全省排得较前，甚至可以与沿海经济发达城市相比。进入企业的劳动者都不愿意离开，劳动力流动率很低，当然也就不存在招工难的问题。

3. 不显著因素可能性分析

(1) 性别 (X1)。从表 3－17 中可以看出，性别对农村劳动力流动具有正向的影响，说明男性更愿意在本地就业，女性更愿意外地务工。在我们日常的生活中，相对来说女性在本地务工可以方便照顾老小，从而更愿意留在本地务工。事实上当前我国农村留守的“38、61、99”部队中女性就排在第一位。造成这种与事实相反结果的可能原因是由于样本中男性的比例稍大，男女样本比例不均衡。

(2) 婚姻 (X3)。从表 3－17 中我们可以看出，婚姻对农村劳动力回流具有反向影响，说明已婚的农村劳动力更愿意在本地就业，未婚的农村劳动力更愿意外出务工，这和假设相符。在一定程度上说明婚姻在一定程度上影响了农村劳动力的外出，增加了农村劳动力回流的可能。

(3) 技能 (X6)。从检验结果看，是否拥有技能对农村劳动力外流具有正向的影响，说明具有一定技能的农村劳动力更愿意留在本地就业。具有技能的农村劳动力在选择行业和企业的时候，具有一定的选择性。目前，国家产业转型在全国上下积极推行，一些沿海的劳动密集型行业和企业在一定程度上内迁，而目前农村劳动力具有的技能都是在制造业、建筑业和服务业等劳动密集型产业方面，所以有一定技能的农村劳动力更愿意在本地就业。这就是当前国家产业转型，产业结构调整影响农村劳动力流动的一个有效说明。

（4）家庭人口结构（X7）。从模型运行参数来看，家庭人口结构对农村劳动力流动具有正向影响，说明家中有年过六旬老人和年幼小孩的农村劳动力更愿意在本地就业。在当前，农村留守老人和儿童赡养和照顾问题成为当前社会关注的热点，对于在外务工的农村劳动力也越来越关注家中的老小，这在一定程度上说明，家中老小在当前农村劳动力回流上有所影响。

（5）家庭收入（X8）。检验结果显示，家庭经济收入越高的农村劳动力越愿意在本地就业。家庭收入水平相对较高的劳动力经济压力较小，在本地务工可以兼顾家庭，同时在自己熟悉的地方工作更方便，幸福感也越强。但是由于收入具有较高的隐私性，在实际调研中较难获得真实有效的数据，故问卷中的答案真实程度值得怀疑，这可能是导致家庭收入对农村劳动力流动影响不显著的原因。

（6）目前工作的满意度（X9）。目前工作的满意度对农村劳动力流动具有负影响。在实际生活中，如果一份工作的工作环境、工作条件和工作时间等都让劳动者比较满意的话，劳动者的流动意愿自然就低了。

（7）当地就业政策的关注度（X11）。在实际生活中，人们越重视的事物越愿意关注。对江西有关就业政策的关注度，在一定程度上说明劳动者在本地就业的可能性越大。

（8）当地就业培训与讲座的关注度（X12）。在当前江西省积极推进产业转型，产业结构调整和产业承接时期，内移的企业越来越多，新兴产业和特色产业越来越多，不断增加的就业岗位在技能上也会有一定的要求。特别是在江西劳动力资源丰富的农业大省，具有一定的技术在一定程度上可以增加预期收益。

(9) 就业政策的宣传满意度 (X13)。在当前，国家高度重视“三农”问题，连续九年出台“中央一号”文件服务农业和建设农村，同时也出台了一系列服务农村劳动力就业的措施。从是否大力有效的宣传就业政策可以看出当地惠民政策上的执行情况。当前江西积极推进产业转型的时期，政府在一定程度上会加强宣传，帮助企业招工，服务农村劳动力就业，解决招工和就业难问题。可能是由于当前省内的岗位工资水平相对较低，所以宣传越满意，内流的可能性就越小。如赣州的部分工作条件好，待遇好的企业，劳动力资源充足，宣传力度较小，也不需要政府的宣传支持。也有可能是调查对象在回答的时候更多地选择了一般的原因，所以统计结果显示负相关，并且不显著。

(10) 是否愿意到政府倡导的企业务工 (X14)。在产业结构调整的过程中，政府在一定程度上会有偏向性的引导劳动力到着重发展的的企业工作。在赣州的部分地区，当地为了发展主导型产业，有偏向性的承接的相关企业，承接的企业相对较多，提供的岗位也较多，劳动力吸纳能力也较强，政府在一定时期内就会引导劳动力往这些企业就业。

(11) 本地经济发展情况 (X15)。本地经济发展越快，在当地提供的岗位也相应地会有所增加，应该有更多劳动力回流，但是结果却显示感觉当地经济月发展，农村劳动力越不愿意在本地工作。造成这种现象的可能原因是本地经济越发展，当地的工资水平也有相应的提升，所以受周边家庭收入的影响，农村劳动力出于对家庭的考虑，更愿意通过外出流动获得更高的预期收益。

(12) 回家的频次 (X16)。农村相对于城镇来说，基础设施相对较差，孩子的教育和老人的医疗都相对差些，外出的劳动力更需要照顾家庭。出于这方面考虑，离家越近的工作，对农村劳动力来说更具吸引力。从样本的统计显示，被调查的390人中52.05%的农村劳动力每天回家，16.15%的人每周回家一次或者更多。

江西省是个农业大省，经济相对落后，但是矿产资源丰富，劳动力资源丰富，加上靠近珠江三角洲地区、长江三角洲地区和闽江三角洲地区，地理区位优势明显，经济发展潜力很大。随着大力的招商引资和快速的产业承接，县区工业园的不断发展，县域经济的不断壮大，大批招商引资企业落户江西，使江西经济呈现快速发展局面，带动了农村劳动力流动的新趋势：农村劳动力外流趋缓，就近转移加速。通过计量模型分析，农村劳动力的年龄、文化程度、打工时间和对目前工资的满意程度显著影响他们的流动行为。选取的其他因素虽影响不显著，但我们可以从统计结果的回归系数的符号知道，这些因素对劳动力流动行为的可能影响方向。近年来返乡农村劳动力不断增加，但返回的大部分是文化水平不高和年龄较大的劳动力，一些劳动密集型企业（如服装企业和电子制造企业）对年轻的、文化程度较高的劳动力，从而导致本地企业出现招工难问题，劳动力市场供求不均衡。当前急需解决的问题主要有以下几个方面：一是加大农村劳动力技能培训的力度。二是本地企业应适当提高工人工资。从目前情况看，从沿海经济发达地区内移的大多是劳动密集型企业，这些企业主要依仗廉价的劳动力生存，盈利空间不大，政府应当给予适当的扶持。更重要的是，地方政府应抓住当前产业转移和中央振兴苏区的大好时机，结合当地实际，发展特色产业，在大力承接劳动密集型企业的同时发展高新产业，不断壮大县域经济，形成工业强省的发展局面，利用本地优势资源大力发展第三产业，努力提高本地收入水平。

三、产业转型背景下促进农村劳动力合理流动的政策建议

劳动力供求矛盾不能仅仅依赖本地化的劳动力市场来解决，要通过不断发掘当前的农村剩余劳动力，并通过合理的地区和城乡匹配，有效解决当前社会劳动力的需求。然而有限的劳动力资源将会引起更加突出的地区间争夺。本书的统计分析结果显示，文化程度高的青壮年劳动力在流动过程中优先外流，这现象不利于流出地区经济的发展和当前农村城镇化的推进。

（一）基于政府视角

当前经济环境下影响农民就业的因素有很多，根据本书的实证分析可知，从宏观整体层面及农村劳动力就业供给层面影响农村劳动力就业的不利因素主要有年龄、技能、择业态度、工资收入、工作环境、教育程度、性别。根据研究结论，在当前经济环境下解决农村劳动力就业问题，基于

政府视角应从如下方面减少对农村劳动力就业的不利影响：

1. 设计合理的农村劳动力就业机制和培训机制

设计合理的农村劳动力就业机制和培训机制，是促进农村劳动力就业长效推进的制度保障。当前各地针对农村劳动力就业的机制和培训机制设计都在进行积极探索，但各地机制都存在临时性及碎片化的现状，要使促进农村劳动力就业问题得到根本解决，就应注重农村劳动力就业机制及培训机制设计的长效性及系统性。这样才能使就业机制及培训机制真正保障农村劳动力就业，将农村劳动力就业也纳入整个国民就业体系，使促进农村劳动力就业及农村劳动力培训成为常态。

（1）合理设计农村劳动力就业机制。当前国家针对农村劳动力就业的机制设计相当匮乏，要建立系统的农村劳动力就业机制，就要努力实现农村劳动力“上岗有培训，劳动有合同，工资有保障，伤病有保险，维权有渠道，环境有改善”的目标，确保农村劳动力共享改革发展成果、稳定就业，为构建和谐社会打下坚实基础。

首先，统一农村劳动力就业管理。改革城乡分割的就业管理体制，改变多头管理的现象，确定农村劳动力就业工作由劳动保障部门负责实施，加大财政投入，集中政府分散的就业扶持经费、发挥其最大效应，并且健全“培训—就业—维权”三位一体的工作模式，其他相关部门切实配合、协助，要消除部门利益之争，以大局为重，切实为解决农村劳动力问题、统筹城乡发展、经济社会进步做出成效。

其次，建立统一的劳动力市场。消除劳动力市场分割局面，认真构建劳动力统一市场，所有的劳动力市场、行业、工种、企业、事业、机关对农村劳动力免费开放，农村劳动力只要凭身份证就可以进入任何一家劳动力市场，各行业和工种尤其是特殊行业和工种要求的技术资格、健康等条件，对进城就业农村劳动力和城镇居民一视同仁，不得以城乡身份设置门槛。

复次，建立广覆盖的信息公开制度。信息交流不畅已成为制约农村劳动力就业的一个瓶颈，各级劳动力市场信息中心、职业培训机构以及正规的职业中介机构应当建立统一的信息网络以减少信息不对称的负作用；建立覆盖农村劳动力的就业信息服务系统，构建劳动力供需信息公共网络，统一集中各职业介绍机构的就业信息，完善信息发布渠道，不仅要在劳动力市场和互联网上公布，而且要在报刊等媒体上公布，还可以发送各种宣传资料，使农村劳动力普遍能够平等获取可靠、有效、优质的就业信息。

再次，建立平等的就业激励制度。鼓励用人单位招用农村劳动力，根据招用农村劳动力的人数给予融资担保和一定数额的税收减免，缴纳社会保险费的给予社会保险补贴，对小企业给予小额贷款，对重点企业给予贷款贴息，就业培训经费计入成本在税前列支；采取补贴或奖励等办法鼓励公共职业介绍机构对农村劳动力免费提供职业介绍服务；鼓励农村劳动力自谋职业或回乡创业，对农村劳动力从事个体经营的，给予定额的税收减免，免缴登记类、证照类和管理类的各项行政事业性收费，自筹资金不足的，还提供小额担保贷款与贴息。

最后，完善劳动合同制度。所有用人单位实行法定代表人或负责人负责制，必须依照法定程序直接与农村劳动力本人订立并履行劳动合同，不得以劳务派遣合同、集体合同或与包工头的合同代替与农村劳动力个人的劳动合同；明确与之建立了劳动关系的农村劳动力也是用人单位的职工，实行同工同酬和“一金一卡”制度，必须将农村劳动力工资按月足额直接发放到农村劳动力本人。

（2）科学设计农村劳动力就业培训机制。对于农村劳动力的培训，各地也在不断地探索，但今后的方向应是建立统一规范的农村劳动力就业培训机制，建立开放的就业培训制度。向农村劳动力发放“技能培训券”，建立一站式就业培训与多种模式技能培训相结合的全员培训教育制度，加强对农村劳动力进行技能培训，允许农村劳动力低息或全额贴息贷款参加培训，对通过技能鉴定或获得技能资格证书的给予补助或奖励，对技能培训合格的优先推荐就业。同时按照“劳务基地+外地企业”的模式，对转移民工实行“培训—输出—就业”一条龙服务，确保农村劳动力出得了、有岗位、有收入。

为了提高农村劳动力培训的效果，还必须建立县乡（镇）联系点和监测点，将“上门问岗”和“企业挖掘岗位”结合起来，积极开展订单式、定向式、援助式、输出式的职业技能培训，并采取“一帮一”、“手拉手”等多种形式的结对帮扶活动，实现培训与上岗就业的无缝对接，引导农村劳动力就近就地就业。同时，开展农民创业园建设，努力拓展返乡农村劳动力转移就业渠道。鼓励有资金积累、有管理经验、有创业愿望、有创业条件的返乡农村劳动力积极主动参加创业培训，通过扶持他们创业带动其他农村劳动力就业。完善职业培训制度，提升劳动者的就业能力。

针对城乡就业困难群体整体素质不适应岗位需求的现实，通过加强职业教育和培训提高就业能力、工作能力和职业转换能力，解决劳动者素质结构和岗位需求不对接的问题。通过政府加大财政支持农村劳动力转移就业培训的力度，逐步建立起以政府投入为主导，受教育者、用人单位和社会共同分担、多种所有制并存和多渠道增加农村劳动力转移培训经费投入的新机制。建立多元化的培训经费保障机制。改变过去单一由就业培训部门承担培训工作的做法，整合各类培训资源，广泛建立培训基地，形成培训网络。建立多轮驱动的培训体系。形成政府购买培训成果、城乡劳动者积极参与培训的新机制。

2. 完善有利于农村劳动力就业的产业发展政策

产业发展政策是指围绕产业发展旨在实现一定的产业发展目标，而使用多种手段所制定的一系列具体政策的总称。产业发展政策与产业结构政策、产业组织政策共同构成产业政策体系。完善产业发展政策，使之有利于促进农村劳动力就业，也即在产业政策制订及完善过程中在可能的范围内充分考虑与促进农村劳动力就业有关的相应政策。

（1）完善产业技术政策，促进农村劳动力就业。产业技术政策是指政府对产业的技术进步、技术结构选择和技术开发所进行的预测、决策、规划、协调、监督和服务等方面的政策措施。其主要内容包括技术发展规划、技术开发政策、技术结构政策、技术改造政策、技术引进政策、人力资源开发政策等，其中与促进农民要就业相关的政策主要体现在技术开发政策、技术结构政策、人力资源开发政策，在技术开发政策方面要将农村劳动力的技术开发也纳入产业发展技术政策的范围，进行支持与奖励。在技术结构政策方面，就应考虑多采用有利于促进农村劳动力就业的技术结构，尤其是在农村劳动力就业比较集中的行业。在人力资源开发政策方面，要将农村劳动力也纳入国家人力资源开发政策的范围，增加对农村劳动力的教育投资，把教育看成是一个产业，把人力看作资本，把人才看做是产出；重视农村劳动力的职业培训，推行农村劳动力终身教育；在相关产业中合理安排高，中、初级人才结构，形成有层次的人才布局，调动各种层次人才的积极性。

（2）完善产业布局政策，促进农村劳动力就业。产业布局政策旨在全国产业总体布局的前提下，充分发挥地区优势，使资源配置在空间上达到最有效率的状态，实现全国产业结构和地区产业结构双优化的任务。其主要内容包括制定合理有效的地区产业政策，合理划分产业布局的决策权限，正确选择地区主导产业，鼓励发展地区间的横向联合，推进资源优化配置，地区产业布局政策与全国产业结构政策相结合，实现产业政策区域化，区域政策产业化。因此，在完善有利于促进农村劳动力就业的产业布局政策方面就应做到，在产业布局上充分考虑农村劳动力的人力资源，当前农村劳动力的流出地主要在中西部地区，而流入地主要在东部地区，当然流动趋势呈现出向西移动的态势。因此，为充分利用农村劳动力人力资本，减少人力资本流动成本，应在产业布局政策上考虑将劳动密集型产业向西布局。

（3）完善产业外贸政策，促进农村劳动力就业。产业外贸是指产业的对外贸易活动，它包括一国同别国进行的工业产品及生产要素的交换活动，如产品、技术、劳务等外贸活动。产业外贸政策包括许多方面的内容，如关税和出口税政策、汇率政策、出口刺激和对进出口额的控制政策等等。在完善有利于农村劳动力就业的产业外贸政策方面，主要应从汇率政策及出口刺激政策入手，当前应严格执行有管理的浮动汇率政策，积极推进人民币汇率形成机制改革，充分考虑劳动密集型出口企业对汇率变动的承受能力，把握好人民币升值的空间与速度。同时采取积极的出口刺激政策，鼓励企业加大出口，在 WTO 允许的范围内尽量给农村劳动力就业较为集中的行业以资金、技术及政策支持。

（4）完善产业金融政策，促进农村劳动力就业。一个国家的产业发展及其状况如何，与该国实行的金融和货币政策关系极大。从某种意义上讲，金融和货币政策可以决定产业是兴旺繁荣还是停滞不前。而产业的兴旺繁荣还是停滞不前又直接影响就业状况，解决就业问题归根到底还是应依靠产业的发展与兴旺。当前我国的货币政策总体采取稳健基调，甚至适度从紧。因此，应充分发挥好货币政策的灵活性与针对性，不能将货币政策实行一刀切，针对农村劳动力就业较为集中的行业应加大货币政策支持，主要支持中小企业、小微企业及农业产业化企业。使其繁荣壮大，以吸纳更多的农村劳动力就业。

（5）完善产业财税政策，促进农村劳动力就业。财税政策是国家运用权力参与经济收入和支出流量的行为，从而达到推动产业发展、实现产业发展目标的目的。财政收支的基本实现形式有征税、政府投资或政府购买、转移支付三种。这三种基本形式都对产业的均衡发展起着自动稳定器的作用。因此，应对农村劳动力就业采取财税支持政策，具体在政府投资上多向“三农”倾斜，重点向与“三农”有关的基础设施、教育、医疗、卫生、社会保障等方面投资，给农村劳动力就业较为集中的行业给予税收优惠，加大对对农村劳动力集中地区的转移支付。

（6）完善产业收入分配政策，促进农村劳动力就业。收入分配政策是调节社会各集团、各阶层成员收入和经济利益的政策。在收入分配中，必须坚持按劳分配为主体、多种分配方式并存的原则，体现效率优先、兼顾公平，把国家、企业、个人三者的利益结合起来。在农村劳动力就业较集中的行业，收入分配要实现对农村劳动力的公平、公正分配，甚至尽量向农村劳动力倾斜，通过转移支付，税收调节等来缩小农村劳动力与市民的差距，并通过实现基本公共服务均等化等手段实现农村劳动力社会福利的增加，以充分调动农村劳动力就业及创业的积极性。

3. 完善以扩大内需为主导的政策

要从根本上解决农村劳动力的就业问题，还需从发展经济入手，使经济尽早摆脱金融危机的影响，以经济持续发展解决就业问题。在中国经济发展过程中内需一直是发展的短板。完善以扩大内需为主导的政策，不仅有利于解决农村劳动力的当前就业问题，而且可以成为农村劳动力可持续就业的解决之道。

（1）完善扩大国内投资需求的政策。要扩大内需，最直接有效的方法是扩大国内投资需求，特别是振兴民间投资。多年以来，投资的高速增长一直是我国经济高速增长的主要推手。这既与我国高储蓄和高资本形成率的投资条件有关，也与我国政府主导的投融资体制有关。借助这一条件和体制，不仅建立了发达和完备的交通、通讯等基础设施，而且推进了城市化和工业化的进程，不断缩短与工业化和城市化先行国家之间的差距。当前要扩大内需，仍要依托投资需求的不断扩大。但在已实施过的“四万亿元”投资驱动计划的基础上，新的投资驱动着力点放在哪里，需要慎重选择。上一轮的投资重点是“铁（路）、公（路）、机（场）”等交通基础设施，根据当前国内具体情况，建议新一轮的投资重点应选择保障性住房和水利设施。投资的来源，既需要政府继续实施积极的财政政策，充分发挥政府投资的引领和乘数效应，但更重要的是，要通过政策创新，最大限度地调动民间投资的积极性。为此，需要彻底拆掉制约民间投资的政策“玻璃门”和“弹簧门”，并加大对民间资本和中小企业减税和扶植力度，既让民间资本能够广泛进入能源、铁路、金融、市政公共事业等垄断领域，又让民间资本在这些领域留得住、活得下。

（2）完善扩大国内消费需求的政策。要扩大内需，最重要的是扩大居民消费需求。客观地讲我国以社会商品零售额所表现的居民消费需求增速并不是很低，再进一步扩大消费的政策空间何在？通过有关居民消费需求调查发现，当前制约我国居民消费扩大最根本的因素在于收入偏低和保障缺失。因此，扩大居民消费的政策选择，首先，要提高劳动者和普通居民的收入，彻底改变劳动所得占国民收入比重和居民所得占国民收入比重的分配格局。不仅如此，还要调整收入分配结构，让更多的收入流向边际消费倾向较高的农村居民、年轻人群和城市中下收入阶层，进而形成更多的有效消费需求。既要加快建立工资与物价、GDP 同步增长的联动机制，又要严格职工最低工资立法和居民最低生活保障标准，切实保证劳动所得和居民所得占国民收入比重的逐步提高。其次，要加快完善失业保障、养老保险、新型合作医疗、新型农村社会养老保险等制度建设，努力实现城市和农村居民全覆盖，进而增强广大城乡居民的消费信心。同时，要进一步优化居民消费环境，严厉打击假冒伪劣行为，发展消费信贷，充分调动居民消费积极性。

4. 构建的农村劳动力创业政策保障体系

（1）提升创业扶持政策的整体水平，优化创业扶持政策体系，使农村劳动力感觉可以创业。

通过对已经创业农村劳动力对政府扶持政策总体评价及各项扶持政策评价的分析，我们发现已经创业的农村劳动力对政府扶持政策的总体及分项满意度都不高。因此，政府应尽快提升创业扶持政策的整体水平，优化创业扶持政策体系。政府制定的包装创业项目，提供创业信贷扶持，提供创业技能培训，搭建创业信息平台，提供创业税费减免，提供创业用地优惠，设立创业园或创业街，简化工商登记手续等政策应根据各地具体情况进一步细化。除此之外，有条件的地方还要在这些政策的基础上制定更多的扶持政策。比如说可以对农村劳动力的合作创业进行引导扶持，对农村劳动力的创业管理进行扶持。设立专门的农村劳动力创业扶持机构，对农村劳动力创业扶持政策进行整合，形成合力以更好的扶持农村劳动力创业。

（2）培育农村劳动力的创业技能，提高农村劳动力的财务与企业等管理能力，使农村劳动力自身能够创业①。

通过分析调查数据可知，农村劳动力的创业技能对农村劳动力的创业非常重要，有没有好的技术能力是农村劳动力能不能走出创业第一步的关键因素之一。而当农村劳动力的创业走出了第一步之后，农村劳动力要把自己的创业项目做强做大。光有创业技能还不够，农村劳动力还应具备一定的财务管理，市场营销，企业管理等方面的能力。因此，政府不仅要培育农村劳动力的创业技能，今后政府要更加注重对已经创业农村劳动力财务管理、产品营销、企业管理、成本控制等方面知识的培养。培训他们的敏锐度、独立性和冒险性等创业精神。

（3）采取适当有效的扶持政策宣传形式，加大创业扶持政策及创业成功案例的宣传力度，使农村劳动力的内心想要创业。

通过对调查数据的分析表明，各级政府虽然都制定了基本的农村劳动力返乡创业扶持政策，但农村劳动力对这些扶持政策的了解程度不高，而且农村劳动力对政府采取的扶持政策宣传形式及政府的宣传力度都不太满

---

① 朱红根、翁贞林、陈昭玖：“政策支持对农民工返乡创业影响的实证分析”，《江西农业大学学报（社科版）》2011年第3期。

意。当前，政府对农村劳动力创业成功案例的宣传也不够。因此，在当前农村其他传媒手段及设施还不够成熟及发达的情况下，政府应根据当地情况采取农村劳动力愿意接受的电视或广播、村干部开会宣传及乡镇干部到村宣传等形式对扶持政策进行宣传，并且加大政府扶持政策的宣传力度及农村劳动力创业成功案例的宣传，营造人人想创业的氛围。

(4) 紧跟农村劳动力的创业扶持政策需求，注重对农村劳动力最需要的创业扶持政策的提供，使农村劳动力行动上积极创业。

通过对调查数据的分析表明，当前农村劳动力最需要的返乡创业扶持政策为创业技能培训、创业项目支持、创业用地优惠及创业信贷扶持等。因此，政府应对农村劳动力的创业扶持政策需求，注重对农村劳动力最需要的创业扶持政策的提供，为农村劳动力提供最急需的创业技能培训、创业项目支持、创业用地优惠及创业信贷扶持等政策。除此之外，政府还应根据时间及地点的变化，因地因时制宜提供农民所需要的扶持政策，做到扶持政策稳定性与灵活性的统一。让农村劳动力在创业的过程中体会到想要政府什么扶持就来什么扶持，想要政府什么时候扶持政府就什么时候扶持。激发农村劳动力创业行动的积极性与主动性。

(5) 重视农村劳动力在创业之前及创业过程中所遇困难，积极帮助甚至代替农村劳动力解决困难，尽量扶持农村劳动力成功创业。

通过对调查数据的分析表明，目前，农村劳动力返乡创业面临的最主要困难为缺乏创业信息、缺乏资金、缺乏技术、缺乏人才、找不到合适项目等。因此，政府就应区分轻重缓急，急事急办，特事特办，及时推出一系列的扶持政策及解决这些困难的办法，如搭建好创业信息咨询服务平台，提供创业信贷资金支持及信用担保，包装推介创业项目，提供创业技能、创业思想及创业精神培训及培养。让农村劳动力在创业道路上感觉不孤独，有人助，增强其创业的成功的信心，以尽量提升农村劳动力创业的成功率。

(二) 基于企业视角

从农村劳动力就业需求角度看，也即从企业角度看，影响农村劳动力就的因素主要有企业技术进步、农村劳动力工资、企业资本投入、政府给予企业的优惠政策、企业产出、企业管理者素质等。针对这些主要影响因素，要想减少企业对农村劳动力就业的不利影响就应从企业的视角着手解决。

1. 推进技能培训与企业技术进步同步

对农村劳动力的技能专长的培训进行强化，不仅可以提高其自身掌握技能的情况，还有掌握新的技能的机会，不断更新知识储备，提升自身的人力资本存量，提高其就业能力。首先要转变农村劳动力的培训观念，积极调动农村劳动力主动参加技能培训的意愿，让他们充分认识到技能培训的重要性，应从长远的发展去考虑，而不仅仅只是看到眼前的需求。

对于用工企业而言，应用前瞻性的眼光来对待农村劳动力培训，他们的投入是为自己培育人才，可以将其视为一项福利，提供多元化的技能培训，如短期的岗前培训、长期的岗位培训、相关的专题培训、学位课程的培训、大学课程的培训等等。这些对于农村劳动力在岗或转岗都能发挥一定的效能，提高岗位所需要的技能知识和能力，提高其适应能力和竞争能力，同时也为企业的未来发展储备力量。

对于政府而言，投资农村劳动力技能培训应加快构建多元化技能培训体系的步伐，让农村劳动力可以结合自身的实际情况，选择一种更为适合自己的方式参与技能培训，提升就业能力。例如可以采取岗位的培训和职业学校的培训相结合、培训和就业相结合、政府、企业和个人共同出资相结合参与培训等。对于组织农村劳动力参加技能培训的企业，政府可以适当地给予经济上的补贴，积极鼓励企业培养和开发农村劳动力的就业能力。

此外，培训单位可以根据需要适时适当地添加培训设备，加强培训能力，提高培训人员的素质，为农村劳动力的培训提供更优越的条件，提高农村劳动力培训的质量。

2. 积极争取政策支持及优惠向企业倾斜

基于企业视角的农村劳动力需求影响因素的实证研究表明，政府给予企业的优惠政策对扩大农村劳动力需求具有明显的促进作用。因此，政府要进一步在企业厂房的租用、土地、税收及其农村劳动力培训方面给予企业优惠政策，扶持企业的发展。这些优惠政策一方面有助于企业进一步扩大生产规模，从而对农村劳动力产生新的需求；另一方面企业享受到政府的一些优惠政策，有利于降低企业的生产成本，提高企业在国内外市场上的产品竞争力，使企业不会因外部经济环境不好而对农民需求产生不良影响。然而，课题组成员在江西和广州对企业的调研发现，目前接受过政府的厂房租用、土地优惠政策企业数量占被调查企业数量的比重较低。尽管政府帮助大部分企业发布农村劳动力需求信息的，但仅有少数企业得到政府对所需求的农村劳动力进行岗前培训。因此，政府需要在厂房租用、土地优惠和农村劳动力岗前培训等方面进一步加大扶持的力度。此外，政府要以中小企业为重点，在政策上对中小企业的发展给予扶持，促进能够吸纳大量农村劳动力就业的一些企业，如农业开发企业、城乡工业企业、建筑装潢及房地产开发企业等企业的健康发展。

3. 不断改善农村劳动力就业环境状况

对于农村劳动力的劳动力供给来说，如果收入水平达到一定程度，他们也可以分享一下城市现代化所带来的便捷。但要做到这一点，还必须做很多努力。农村劳动力收入水平之所以低，的确与其自身的知识和技能水平有关，而这似乎主要是由于过去对农村劳动力的政策歧视情感导致的对于劳动者的人力资本投资水平、职业构成、就业选择等的影响，从而造成就业机会和工资水平上的差别。

(1) 加大教育投资，让农民有足够好的受教育条件和平等的受教育机会发展教育，首先，发展农村地区的基础教育。一方面要推行素质教育，实现农村学生能力的全面提高；另一方面，要确保义务教育的普及率，尤其是要解决好农村中的留守儿童和在城市中的农村劳动力子女教育问题。其次，要加强针对农村人口的职业教育。政府需要有农村劳动力培训的专项投入，并且在推进专门针对农村劳动力教育培训工程的同时，应当规范农村劳动力的劳动关系，努力实现农村劳动力就业的稳定。只有让农村劳动力安居乐业，针对农村劳动力的技能培训才能够收到实效。

(2) 社会保障制度对农村劳动力生活的各方面要有一定的保障农村劳动力在城镇就业与生活，遭遇着诸如工伤事故风险、疾病风险、失业风险、其他意外生活风险及生活贫困，因为户籍制度的制约，他们遭遇的上述风险只能依靠自己去解决。因此，国家应当赋予农村劳动力社会保障权，政府应当承担起为农村劳动力构建合适的社会保障安全网的责任。

（3）工作制度保证农村劳动力正常的工作时间雇主必须遵守国家的劳动法规及相关法律与政策，平等地对待农村劳动力，并承担起相应的社会责任。而在这个过程中政府应采取各种手段，对损害农村劳动力权益行为给予严厉的制裁。只有劳动法制健全，农村劳动力权益才能在法律制度的保障下得到维护，用人单位或雇主才能完全明白自己的责任。在解决农村劳动力问题使农村劳动力的生活得到改善方面，除了农村劳动力自身要积极提高文化修养和技能水平外，更需要政府担当，社会保障机制的运转需要政府加大投入，对农村劳动力融入城市也需要政府完善相关的法律和政策体系。

（三）基于农村劳动力视角

根据研究结论，在当前经济环境下解决农村劳动力就业问题，基于农村劳动力自身视角应从如下方面减少对农村劳动力就业的不利影响。

1. 农村劳动力要大力提升自身的人力资本

人力资本因素是农村劳动力进行理性择业的基础，大力提升农村劳动力的人力资本有助于提高农村劳动力的就业稳定性。虽然农村劳动力的如今的受教育程度已经明显高于改革开放初期，但是他们大多所接受的还是基础性教育，在职业技能的培训上还存在着很大的不足。因此，当前农村劳动力应积极主动参与政府组织的职业技能培训，尽量接受完善的初、中、高级和继续教育培养，通过健全农村劳动力技能培训渠道或得更多的培训。同时，农村劳动力要主动根据市场的需求、就业实践和个人兴趣爱好参加有针对性的培训，使自身掌握一门适合个人发展，又有市场需求的相关就业技能，找到自己的职业发展方向，有条件的农村劳动力，如在外务工时间较长，通过自向努力已经进入企业的中层甚至高层的人员，可以申请修读 MBA、甚至 EMBA 等专业学位，从而提高农村劳动力自身的就业能力及稳定性。

2. 农村劳动力要积极形成正确的择业观念

观念是行动的先导，择业观念对农村劳动力自身的就业稳定性起着非常重要的作用。当前农村劳动力要积极转变自身的就业观念，主要通过求职登记、职业介绍、职业指导、职业培训等途径，逐步转变自身的就业观念。同时，农村劳动力应积极主动建立自身的职业生涯发展规划，形成正确的自我评价，在充分分析个人和外界环境因素的基础上，作出正确的职业选择，选定适合个人发展的职业生涯路线，对自己未来发展方向有清晰的认识，减少盲目的选择一分职业，又轻易地放弃一分职业的随意性，在就业过程中努力找寻与自身教育及培训内容相关的行业，并尽量找寻朝阳行业进行就业，当然一旦选定就业行业与企业，就应保持行业与企业的稳定性，踏踏实实的，一步一个脚印，坚持从基层做起，不断积累行业及企业经验，最终获得自身的长远发展。

3. 农村劳动力要参与建立农村学习型组织

学习型组织（Learning Organization）最初的构想源于麻省理工学院的佛瑞斯特教授，是起源于西方企业管理中的一种人力资源开发的有效模式。他的学生彼得·圣吉在《第五项修炼——学习的艺术和实务》中首次将学习型组织系统化和理论化。学习型组织是一个能熟练创造、获取以及传递知识的高效组织。可以将学习型组织这一理论应用到我国农村、农业发展、农村劳动力的培训教育中来。倡导“终身学习”的理念和全民学习的风气，倡导农村劳动力要善于修正自身行为，以适应新的见解与知识。农村劳动力除积极参加农村劳动力就业培训教育，不断提升自身劳动力素质的同时，在农村劳动力内部农村劳动力应建立一个较为紧密的学习型组织，相互学习，取长补短，互通有无，以实现学习型组织给增强农村劳动力的就业能力增加正能量。

4. 农村劳动力要掀起自身创业的高潮

当前为了引导、支持、鼓励农村劳动力创业，国家在提供创业技能培训、提供项目支持、提供信息咨询、设立创业园区或创业一条街、提供税收减免、提供用地优惠、简化工商登记手续、提供信贷扶持等方面出台了一系列扶持政策。有条件的农村劳动力要在国家政策扶持的大好时光下，在国家掀起全民创新、创业的背景下，根据自身的特点，选择自身熟悉的行业，积极投身创业，以创业带动就业。不仅解决自身的就业问题，还通过创业创造工作岗位，承担社会责任，体现自身的价值。

第三节 现代农业人力资源开发与配置[①]

发展现代农业，需要与之相适应的人力资源。面向市场，特别是面向国际市场，需要农业从业者具有市场意识、竞争意识，需要有一批懂市场的经营人才，同时还需要一批具备现代企业经营管理能力的农业企业家以及农业干部等管理人才；发展农业科技，要求大量具备农业生产知识新型农民与一批能进行农产品技术开发的农业科技人员；从规模化发展方面看，现代农业要求大量具备熟练加工技术的工人和产业化各个环节中的新型农民；转变农业生产方式，需要大量掌握现代科技的农民、会使用现代物质装备的农民、懂现代经营管理知识的农民；实现可持续发展，需要农业从业者整体树起环境保护意识，能自觉地摒弃短期行为，不搞掠夺式经营；优化调整农业结构，则对农业生产经营的主体——农民提出了更高的要求：要具备相应的文化知识，要掌握相应的经济知识，要具备专门的农业生产技术与技能等等。可以说，建设现代农业需要以全新的理念、开放的视野和科学的态度，重新调整人力资源配置。

一、农业现代化与人力资源配置

传统的经济发展理论认为，主导经济发展的因素是土地、资本和人。但随着经济社会发展和生产方式的变革，人们发现人作为资源性要素在发展中作用越来越突出。20 世纪 50 年代，经济学家舒尔茨在研究美国农业经济问题时发现，人类的知识、能力和技术水平的提高成为提高农业产量和农业生产效率的重要因素。同时，伴随着现代人力资源理论的成熟和在实践中广泛应

① 本节引自 2012 年农业部软科学课题“农业现代化过程中人力资本配置问题研究”，课题主持人：张杰。

用并取得成功，农业发展中人力资源开发配置问题为各国所重视。

中国政府历来高度重视人力资源的开发与配置，尤其是经过近30多年生产 关系调整和生产资源配置的市场性导向，中国人力资源建设工作取得了巨大成绩。但一个颇为尴尬的现象，受农业产业效益低下、城市化工业化对农村农业人力资源的抽出效应等影响，农业领域中人力资源呈现出不断减少和突出的结构性短缺特点。而当前中国农业又面临向现代化加速推进的重要任务，这又对人力资源的配置和开发提出了更高要求。如何着眼于农业现代化，推动中国农业人力资源开发与优化配置工作，成为摆在各级政府面前的一项重要任务。

（一）人力资源和人力资源配置定义

人力资源是指在一个国家或地区中，处于劳动年龄、未到劳动年龄和超过劳动年龄但具有劳动能力的人口之和①。人力资源具有一些特点②：一是时效性。开发和使用在时间上受到一定限制。二是社会性。人是社会活动的主体，是社会政治、文化、科学等活动的载体。三是能动性。作为资源时，能实现主动开发与被动开发。四是消耗性。人力资源既表现为自身的消耗，同时也表现为对于精神和物质投资的消耗。五是两重性。指人是生产者和消费者的统一体。六是智力性。它是指孕育在人的物质体中的精神性能量。七是可再生性。它是指人力资源的再生产和代际接续。

人力资源配置，从社会经济管理的角度来说，就是将社会中的所有人力资源充分合理地运用到社会生产及其经济活动之中，达到适当分布，保障人力资源对经济社会发展的有效供给和优化组合，以取得尽可能大的社会生产能力与管理效果，实现人力资源的社会价值和经济价值最大化，维护经济再生产和人力再生产的机能；从企业管理的角度来看，人力资源配置，就是将企业内外的人力资源通过一定的方式与手段，合理地运用到既定的组织结构中，在企业经营与生产过程中实现人、财、物各类要素的有

① http://baike.baidu.com/view/2537.htm

② 董佰生："基于农业转型期的人力资源缺失及相关对策研究"，东北林业大学硕士论文，2012年。

机结合与充分发挥，提高企业的活力与实力，取得最大的企业经济效益；从劳动人事管理的角度来看，人力资源配置，就是将适应本生产组织的劳动者通过一定的方式与手段，合理地吸引并且分配到组织内部的工作岗位上，使能干的人做要干的事，会干的人操纵好用的设备，保证各项组织目标任务按时按质按量完成。[①]

（二）农业人力资源分类

全口径的农民，除参与社会化分工外，农业内部也存在分工问题，农业人力资源还可能从行业外流入。但无论是现有存量还是未来增量，涉农人力资源按职能划分，本书主要将其归为四类[②]：农业科研人员、农技推广人员、农业生产经营人员、农村组织管理人员。对这四类的人力资源开发既包括数量层级的开发也包括质量层级的开发，关键在于加大投资力度，加强教育和培训，做到“量质并行”。同时，四者因属性、特点各不相同，在人力资源配置方面也应区别对待。

1. 农业科研人员

目前，中国农业科研人才 27 万人，其中农业科研机构 6.6 万人、涉农高等院校 3.4 万人、省级以上农业龙头企业 17 万人。

2. 农技推广人员

目前，中国农技推广人员 77.7 万人，其中，国家农技推广机构 55.6 万人、高等院校 0.6 万人、企业 21.5 万人。

3. 农业生产经营人员

这类人员的数量最多，素质总体不高且参差不齐。其内部还包括普通农民、合作社管理者、社会化服务提供者等不同种类。按照户籍人口计算工，目前这类人员近 9 亿人。而以城市化率来计算，目前仍有 7 亿多人。而减去这类人员相当部分流动部分，目前这类人员的规模在 4 亿人左右。而且从长远来看，这类人员相当一部分必将转移出这个行业。

---

① 肖鸣政：“试论人力资源配置及其作用与模式”，《中国地质大学学报（社会科学版）》2001 年 12 月第 1 卷第 4 期。

② 这里课题组没有将涉农人力资源将外延扩得很大，而且在称谓上也借用了一些业已成型的约定叫法。

4. 农村组织管理人员

指在基层组织管理农业生产的人员，主要是农村基层组织中各类人员。目前，中国近500万名包括村党支部书记和村主任在内的各类“村官”。[①] 各级农业系统的行政管理人员也包括在内。

（三）当前中国农业人力资源配置存在的问题分析

1. 整体素质不高，供求呈现结构性短缺

目前，农业科研、科技人员严重不足，而普通农业生产者不但素质不高而且还大量过剩，总体是呈现出结构性短缺特点。现代农业发生对农业科研人员、农技推广人员、普通农业生产者和农业生产经营管理者都提出更高的要求。据国家统计局统计，城镇人口首次超过农村人口，但农村人口仍近7亿人。农业人口多，潜在资源丰富，但相当比重的农民文化程度普遍较低，科技素养差，对现代科学技术运用少，农业粗放经营现象仍比较严重，制约了农村经济的发展，影响农业现代化的进程。据统计，1000户农户中，粮食生产从业人员50岁以上的占了63%，20—29岁的只有3.5%，30岁到49岁的约占25.3%；从文化程度来看，小学文化占17.2%，初中文化67.7%，高中及以上学历的，仅仅15.1%[②]。

2. 开发和保障投入力度不够

一是表现在政府对农业人力资源的开发与配置的重要性认识不足。目前，各级政府普遍重视GDP的增长，不重视农业发展后劲积累，遑论重视农业人力资源的开发利用。一些政府官员把农村人口多、素质低当成一种负担，而没有认识到提高农民素质、挖掘农民内在潜能也是经济发展的重要支撑点，没有真正下大力气培训广大农民，开发农业后备人力资源。二是开发投入经费不足。近年来，国家加大了对“三农”的投入力度，但是由于农业人口总数过大以及农业人口总体上的弱质性，大口径投入仍旧是捉襟见肘，能用于人才的培养和素质提升科目上的，更是寥寥无几。

① 转引自http://www.gxcounty.com/Article/ShowArticle/17548_1.html 2008年5月30日新华网上海频道报道：中国村社发展促进会副会长余展29日在上海说，目前全国总计有68万个行政村、9亿名农民、500万名包括村党支部书记和村主任在内的“村官”。

② “明天，谁来种地?”，《人民日报》，2012年12月23日。

以农业科技投入为例，“十五”时期，中国政府对农业科技的投入有较大增长，政府拨款从2000年的53亿元增长到2005年的108亿元。但是由于长期欠账，到2009年，中国农业科研投资强度（农业科研投资占农业总产值或农业GDP的比重）依然仅为0.6%。当前，发达国家农业科研投资强度达到2%以上，中国仍然低于1996年联合国粮农组织建议的发展中国家应确保的1%的水平①。再以农民成人教育为例，近些年政府为提高农民素质建起一些农民职业学校，但相对于我国7亿的农业人口规模相比较体现出我国农民所受教育，无论是在总数的比例上还是学校数量以及师资力量上的支撑力度都远远不够。三是人员经费和公用经费严重不足。以农业部部属科研单位为例，2009年在职人员实际支出为74296.98万元，而财政拨款为26834.49万元，仅为实际支出的36%；日常公用经费实际支出为111745.07万元，财政拨款为15292.95万元，仅为实际支出的14%。

3. 开发配置机制运转不畅

农业人力资源管理体系不全、水平不高，潜力有待发掘。受传统思想的影响，中国农业人力资源开发与管理还有很多计划经济的影子，在开发机制上人为的行政命令、指令性计划的模式还在发挥作用，并没有做到根据中国农业实际去促进农业人力资源队伍的建设。这样就使许多人才无法做到学有所用。在管理机制上，价值规律、竞争机制和市场配置等一些先进的模式与理念并没有真正用到实处，方式比较落后，增加人为管理的成本，造成大量人才资源的浪费。开发与管理机制的不健全使农业人力资源的作用没有全部发挥出来。

（四）农业人力资源配置的目标、原则与内容

农业现代化进程中的人力资源配置是指人力资源在推进农业现代化进程中的空间配置和组合，它包括农业从业者在地区间（包括跨国）、产业间、产业内的不同行业间以及季节间的优化配置，从而形成高效率的工作

---

① “我国农业科技改革发展的成就与问题”，国务院发展研究中心“新时期我国农业科技改革发展的目标与任务”课题组，国研网。

体系，既让每个劳动者各尽所能，又充分发挥群体的最佳组合优势。这里强调的是对现有存量的一种调配。但考虑到人力资源配置与人力资源开发联系紧密，在讨论农业现代化进程中人力资源配置时，需要将人力资源的现存调配与后备资源开发结合起来，综合考虑。

1. 配置目标

人力资源配置是为了充分利用人的体力、智力、创造力和技能，促使人力资源与物质资源实现有效结合，产生最大的经济社会生态效益。其目的就是通过统筹规划、政策引导、物质扶持、教育培训等措施，实现农业领域人力资源的合理配置和有效利用，充分发挥人力资源在农业生产中的作用，更好地推动农业发展方式转变，建设中国特色农业现代化。农业现代化人力资源配置目标可以分为三个：一是数量目标；二是质量目标；三是结构目标。总的来说是要积极转移、减少农业人力资源的数量，提高农业人力资源的质量，在此基础之上实现中国农业人力资源结构的优化组合。

（1）数量目标。人多耕地少是中国重要国情。尽管近些年来中国农村劳动力不断转移，但这种状况仍没有得到根本改观。目前，中国农民人均耕地约 2 亩地①，而美国农民平均耕地约 250 亩，即使与以土地资源少著称的邻国日本相比，中国农民人均耕地也仅是日本的 1/8。世界各国的经验表明，农业劳动者阶层的规模缩小是一个国家现代化的必然结果②。与此同时，农民人均占有耕地少、经营规模小，导致农业效益低，农民从事农业的积极性不断降低，农业老龄化、兼业化现象日益突出。“今后谁来种地?”这是个必须回答的问题。2006 年，在第二次全国农业普查时，50 岁以上的农业从业人员上升为 32.5%，较 1996 年第一次全国农业普查提高了 14.4%，平均每年增长 1.44%。据统计，到 2010 年 50 岁以上农业从业人员已经达到 40%，自 2006 年以来平均每年以 2% 的速度增长，预计到 2016 年第三次全国农业普查时，农业劳动力中 50 岁以上者所占比

---

① 2010 年，中国的耕地面积是 18.26 亿亩，户籍农民约 9 亿人。但若按目前的城市化 51.3% 来计算，现在农民人均耕地面积会略有增加，但也不到 3 亩。

② 许文兴：《农村人力资源开发与管理》，中国农业出版社 2006 年版。

重将超过50%[①]。因此，强化农业人力资源配置，要在大力推进农业劳动力转移、合理减少农业人口总量的同时，通过土地流转等方式，积极培育出具有相当规模的新型职业农民，即以农业为职业、拥有从事农业生产需要的资源资料、具有一定的专业知识和资金投入能力、收入主要来源于农业。农业部部长韩长赋指出，如果今后中国有一亿名专业技能和经营能力比较高的职业农民，农业现代化必将呈现一片新面貌。

（2）质量目标。一方面，要提高个体农民的科学文化素质。现代农业是广泛应用现代科学技术、现代市场理念的市场化、集约化、专业化的产业体系，推进农业现代化建设必须直面中国农民总体受教育水平、科学文化素质不高的现状，大力加强对农民的教育培训，不断提升农民的科学文化素质。另一方面，要强化农业生产的组织载体建设，提高农民组织产业发展、参与市场竞争的整体合力。产业发展的效率、市场竞争的能力，不仅仅取决于单个人员积极性和创造力的发挥，也取决于通过一定的组织载体建设，把个体的创造力、能动性不断整合、放大。因此，农业人力资源配置不能忽视组织载体的建设。要通过农民专业合作组织、农业产业化龙头企业、农业社会化服务组织等合理适度有序地发展，实现农业劳动力个体的优势互补和整体壮大，不断提升农民在农业现代化建设中的主导地位和竞争能力。

（3）结构目标。人力资源结构目标的实现是以人力资源数量目标和质量目标的实现为前提的。中国农业人力资源配置的结构目标，就是要调整中国农业人力资源在区域分布、层次分布上的不均衡，解决农业科研活动与农业生产活动之间不能有效衔接问题。以农技推广人员为例，发达国家农业技术推广人员与农业人口之比为1：100，中国仅为1：1200，平均1万亩耕地不足1名农业技术人员[②]。

2. 配置原则

（1）统筹规划原则。中国农业人力资源具有人员总量变动较大、职

---

① “培养职业农民 让农民过上体面有尊严的生活”，《中国青年报》，2012年3月26日。

② 杨辰海等：“我国农业科技成果转化率低的内因分析”，《河北农业科学》2008年第5期。

业交叉多元、结构及影响因素复杂等特点，不能简单地就人力资源开发配置谈开发配置，必须从统筹城乡发展、建设现代农业的实际进行统筹规划、系统设计，不断调整人力资源布局，注重机制建设和培训教育等工作，实现人力资源的有效使用。

（2）充分投入原则。农业具有公共性基础性社会性，但中国在农业人力资源的投入上并没能把握好这个定位，长期投入不足，致使农业人力资源总体上处于质量不高、结构不好的状况。人是生产力的第一要素，在建设现代农业过程中，首先必须高度重视农业人力资源开发，不断增加投入，下大力气改善农业人力资源状况，在此基础上，做好配置工作，尽量减少农业人力资源的闲置与浪费，切实提高农业人力资源的使用效率。

（3）市场配置原则。在市场经济体制条件下，任何操作选择必须符合市场经济规律，人力资源的配置也必须充分发挥市场在配置人力资源上的基础性作用。应引导人才合理流动，消除人才在不同地区、所有制和城乡之间流动的体制障碍，通过公平、有序的流动与竞争，调整和优化人才结构，增强人力资源使用的活力和效率。

（4）提高效益原则。人力资源配置的目的在于提高农业生产效率和效益，农业人力资源配置讲求人力资源与物力资源的匹配性，确保人事相符、人尽其用、效能提高。

（5）良性结构原则。实现农业人力资源的优化配置，需要着眼全局，调节局部，合理配置好农业组织管理者、农业科研工作者、农技推广人员与一线农业劳动力，合理处理好农村转移劳动力和留守劳动力之间的关系，促进农业产业主力军结构的改善。

3. 配置内容

（1）制订农业人力资源开发利用规划。随着时代的进步，规划的导向作用愈发凸显。要着眼长远，立足当前，突出重点，分步推进，结合新农村建设和现代农业发展的中长期规划，制订完善农业人力资源开发利用规划，明确农业人力资源开发利用的战略目标、指导方针和部署要求，确定各类农业职业人员在农业发展中的职能、数量，协调好农业内部各产业间和人才队伍各类型之间的关系，确保各项具体的人力资源开发利用活动有条不紊地进行。

（2）加强教育培训，提高各类农业工作者特别是农业劳动力的技能素质。继续加强农村基础教育，提高农民的科学文化素质，倡导形成爱学习、懂法律的农村文化氛围；整合农村教育资源，大力发展农村职业教育，把高等职业院校、农村中专学校、农村职业中学、农业广播电视学校及其他各类学校，建设成为农业人力资源的培训基地；加强农村实用人才培训，紧紧围绕当地农业支柱产业来开展实用技术培训，传授农民实用技术；强化农村劳动力转移技能培训，针对城市经济各个产业领域的独特需求，提高培训内容的针对性有效性，提高劳动力的就业技能。

（3）建立城乡一体化的人力资源市场，引导农村劳动力有序转移。鼓励人力资本的大流通，建立城乡统一的人力资源市场，消除农民进城务工的政策性歧视，逐步实现同等待遇；完善劳动争议仲裁、劳动保护等方面的法律法规，有效保护农民务工的合法权益，促进人力资源市场的正常发育和平稳运行；建立农村人力资源信息库和人力资源服务机构，为农民就业提供服务。

（4）完善农业人力资源评价激励机制。针对农业人力资源的知识结构和能力特征，把生产实绩、技能水平，特别是将带动周围群众脱贫致富的能力作为农村人力资源评价的主要标准，不唯学历、资历；探索建立符合农业人力资源特征的职称体系，广泛开展农民技术员职称评定工作，探索普通农民技术职称评定；建立农民职业培训与职业技能鉴定相衔接的机制，鼓励农村的能工巧匠参加职业技能鉴定，充实职称评定在人力资源评价和导向上的内涵；建立经济利益与荣誉地位相结合的农业人力资源激励机制。例如，2011 年日本政府出台扶持职业农民的政策，规定 45 岁以下新增加务农人员中央财政直接补助 150 万日元/年，约相当于 10 万元人民币，连续补助 7 年时间。其中两年用于培训，开始务农以后再补助 5 年；对农业法人雇用青壮年劳动者，中央财政也连续补助两年。

（5）创造有利于农村人才成长的文化和社会条件。大力推进农村文化事业建设，广泛开展社会公德、职业道德、家庭美德教育，引导农民逐渐树立起积极投身于社会主义新农村建设和农业现代化建设的共同理想；不断完善农村养老保险制度、新型合作医疗制度和农村低保制度，为农业人力资源合理流动和有效配置提供社会保障。

二、农业人力资源的分类开发配置

(一) 农业科研人员

科学技术是第一生产力，也是农业现代化的动力源泉。农业的现代化，在一定程度上，就是科学技术应用于农业生产的过程。离开农业科研人员的持续有效产出，农业现代化就如同无源之水，无本之木。数量层级的开发首先需要国家对全国范围内农业科研人才的需求做出预判，分专业持续提高资金投入，完善相关学科建设，加大对相应专业学生的支持力度，并通过调剂等手段相对缩小冷热专业间的生源差距，力争“不偏废、不过剩”。质量层级的开发主要针对人力资源存量而言，由于其已具备一定的知识水平和科研素养，开发他们的才能，要做到“软硬兼施”。一方面，通过定期或不定期的在职培训及合作研究、实践考察等方式，让他们能紧跟国际最新科研成果及新的科研方法，做到科研选题上不滞后，科研方法上向国际先进靠拢。另一方面，需要相关政府机构给予一定的资金支持，解除科研人员的后顾之忧，不应使其囿于“硬件”的匮乏而耽误科研进度。现阶段，中国农业科研的硬件条件虽有所改善，但仍面临着资金紧缺、设备不够先进等问题，政府应持续加大对农业科研的投资，加大对实验设备的投入。

农业科研人员的配置，首先需有两点基本的认识。一是配置是建立在一定资源规模的基础之上，无规模不足以谈配置，因此需确保有足够规模的科研队伍。二是科研人才主要特点是“精”和“专”，专业的局限性导致其流动性相对较差，他们不能随置随安。

在认识上述两点的基础上，首先，应解决人才规模瓶颈这个难题。简而言之，扩大规模有两个渠道，一是外部引进，二是从内部培养。相比外部引进，内部培养面临的不确定性更大，因为现行的就业政策不再是国家统分统配，由于择业的自主性、市场化程度高，即使国家耗巨资培养出的农业科研人才，最终也可能是为他人作嫁衣。面对现实困境，国家应该出台多方位激励措施，定向培养和包分配工作或可成一个选择。那些只对外部引进人员有效的激励也可扩大到对内，平等对待内外高端人才。其次，为实现“人岗匹配”以达到“人尽其用”。一定要把注重科研人才“专”的特点。先是对农业科研单位做出合理定位，确定主攻方向，再相应为其配置“精”、“专”人才。同时，为避免因长期呆在同一研究单位而导致的研究惯性，同方向的研究单位之间可以实行人才互通，拓宽研究思路和眼界。再次，鼓励农业企业自建研究所，充分发挥市场激励作用。在农业企业中，通过技术入股或其他方式建立科研人才与成果之间的经济联系，以利于提高科研人才的研究动力，既促进了企业的发展，提高了企业的市场竞争力及在国际市场中的话语权，又能使科研人才在实现自身价值的同时得到实惠。最后，针对很多企业，尤其是农业企业往往不愿承担研究投入“有去无回”的风险，优先鼓励行业中的龙头企业尽快培育出自身科研力量，发展一批，辐射一批，带动一批，建立健全农业企业的科研网络和技术创新体系。

（二）农技推广人员

当前，农技推广人员可以分为两类：一是政府主导的农业技术推广服务部门，包括各级农业技术推广服务中心和基层乡镇的农业服务部门；二是民间的农业技术队伍，以农业企业技术人员、农民专业合作组织成员为代表，包括部分农业大户。前者存在的问题是政府主导的农技推广部门力量相对薄弱、人才匮乏，加之农技推广周期长的行业特点，农技推广体系很难发挥应有的作用。后者存在的问题是由于民间专业技术队伍人力物力财力有限，且没能形成合力，因此整体力量还不够强①。农技推广人员是农业科技成果与农民之间的重要桥梁，发挥得当，科研成果可顺利转化为现实生产力，农民和国家经济获得双赢。发挥不当，则是“三输”：农民生产的机会成本提高，农技推广人员经费白流，科研无效。因此，对农技推广人才的开发，数量层级上，一方面应广募社会志愿者，为农技推广队

① 张德福：“试论农技推广体系改革发展中的紧缺人才需求”，《天津农林科技》2010 年第 1 期。

伍输入新鲜血液；另一方面要培养推广骨干，由骨干人员帮助扩充农技推广队伍。质量层级上，应将其特点定位为“宽”、“泛”，培育农技推广全面手。现代农业科技不断带来新技术、新产品、新工艺等，无不要求农技推广人员具备较全面的知识水平和技术素养，而不能是“经验为王”。要意识到农技推广人员应该是综合性的、复合型的人才，他们所要指导的并不仅仅是某个具体的技术怎么推广，还要帮助农民规划生产发展，帮助农民提高生产效率，帮助农民对生产经验进行总结。目前，农技推广人员对整个农事生产过程的干预程度越来越大，既包括产前的动员与培训，还包括产中的跟进与督导，产后的总结与反思。因此，一定要注重支持农技推广人员到高等院校、科研院所、大型农业企业学习和研修，开展新品种、新技术的试验示范和推广活动，参加新技术、新产品的展览展示活动，提升其科技水平和业务能力，还要重点培养他们的沟通能力。

在现存的农技推广人员队伍中，最大的问题是基层农业技术推广机构存在专业人员数量不足、年龄偏大、知识老化、推广能力不强。长期以来，由于农技推广部门工作条件艰苦、社会地位低、资金不充裕等，导致农技推广人才流失，在岗的工作积极性不高，部分人员的相关知识也得不到及时更新，一定程度上导致中国农业成果转化速度慢、农业产业化水平低、科技贡献率低等问题，总体上延误了农业发展。因此，应该采取相对应的硬措施，努力改善人才工作环境。一是创新农技推广人才配备的路径。过去的农技推广机构是按乡镇设立的，由于某些原因，大多数农技站已名存实亡。随着各地交通、信息条件的改善以及种植的区域化，部分省份尝试按照种植区域建立区域推广站。这对于农技推广人才的配置大有益处，既减少浪费又能对人才集约化使用。二是放宽政策，以技取人，让老技师发挥余热。建立高级农技推广人才名录库，在总量不足的情况下使用已经退休的技师，可对退出的进行返聘，以解燃眉之急；同时还可在邻近地区之间实现人员的调用，提高推广人员的利用率。三是合理设置岗位。人才的配置和岗位设置之间联系密切，部分基层农技推广人员反映岗位设置比例不够合理，单位许多高、中级岗位长期无空岗，导致许多技术人员无法申报参与更高职称评审，严重挫伤了基层技术人员的积极性[①]。保证人才到位，首先要保证岗位到位，建立高效合理的人才流动渠道，明确晋升路径和提优办法，从而保证农技推广人员“人在心在”，真正发挥作用。

（三）农业生产经营人员

农村普通生产经营人员处在中国农业现代化进程的第一线。这支队伍虽然规模大，但知识水平和专业技能参差不齐，培养、开发和合理使用他们，是农业现代化的题中应有之义。这类人才的培养和生成，主要依赖于在生产经营过程中的实践。所以，既要注重加大对广大普通农民创业的支持力度，包括贷款支持和智力支持，鼓励农民建起生产经营合作组织，进行规模化生产经营，发挥其自身熟悉农村、农业生产的优势，并通过成功致富典型形成示范效应，由先富带动群富；又要适度引入市场机制，由资本所有者以人才租赁的模式从外部引入实用人才。质量开发则要加强教育和技能培训，增强农民整体的科技兴农的意识，提高农民的科技知识水平和应用能力，通过基地培训、专家讲座、现场指导、外出观摩等方式，开展特色技能培训，使之获得一技之长，使之成为农村实用人才。

农村实用人才是农村实用技术的实践者、示范者，在促进农业产业结构调整，拉动农村经济发展，带领群众脱贫致富中发挥着重要的作用。现实困难在于年轻力壮的农民“非农化”，留守农民年龄老化，性别结构极度失衡，女多男少，老多壮少，壮年劳力流动性较大。因此，要做好两手。一手是针对急用，培养人员；一手是针对新的生成途径，从外部引进实用人员。前者的思路在于农民自主、政府支持，激发农村实用人员创业动力，并且使人才在实践中锻炼成长。地方政府应结合当地农业资源及产业规划，给予相应政策支持、智力支持和资金支持，以最有前景的产业作为核心产业，依托龙头企业在该地推广，培育专业村、专业户，并帮助建立相关行业协会和专业合作社，通过自我教育、相互学习、共同发展致

---

① 张俊、孙升学：“西安市县两级农技推广机构人才评价及对策思考”，《现代农业科技》2010年第6期。

富，依靠市场的力量配置实用人才。后者同样是依靠市场无形之手，即适度引入资本，由资本决定实用人员的配置，当地留用、外部引进、人才租赁等等，多渠道解决实用人才不足的问题。

（四）农村组织管理人员

农村组织管理人员，相当部分在农村基层组织中处于管理层。他们对农村经济的发展和农村建设具有不可低估的作用，农业现代化离不开有开拓进取精神的农业生产组织管理人员。他们是党和国家政策在农村的宣传者，又是农村发展的直接组织者、推动者和实践者。他们的素质如何，直接影响其是否能够正确理解和因地制宜地贯彻落实国家政策。然而现实中，这类人员却面临着一些亟待解决的问题。

一是基层组织管理者知识结构不甚合理。他们中多数人知识水平不高，没有接受过正规的教育培训，处理问题时往往忽视相关的工作程序和法律法规，照搬经验，也缺乏发展的大局观和科学思维方法。

二是普遍存在队伍老龄化问题。大多数的农村基层管理者都是处于较高的年龄段，在当地社会有一定声望，一些优秀的青年人才往往被拒之门外，无缘管理岗位。

新农村建设需要大量高素质的复合型管理人才，集社会管理、经济管理、农业技能于一身，懂业务、会经营、善管理，能着眼长远利益，正确分析和驾驭复杂矛盾。数量开发方面，要从三个方面解决总量不足的问题。一是发现当地人才储备。当地人对工作环境、风俗人情等比较熟稔，与群众沟通比较容易，有利于日常工作的开展，因此可作为重点培养对象。二是加大对外地人才的引进和使用力度。这此外来的人才可以带来新的观念和经济资源，有利于和外界信息进行交流，促进当地经济发展。三是创造条件，使得更多大学生进基层并留在基层。大学生可以给当地带去新的知识和管理理念、发展思路等，是改善基层组织管理人员知识结构的快捷途径。与此同时，还要通过提高管理者选举和选拔的透明度和公平程度，让有志有才的青年看到希望。质量开发方面，可以依靠党校、职业技术学校为培训基地，分期分批对行政村班子成员进行综合培训，一方面提高其理论水平和政策水平，厘清工作思路，做到依法办事；另一方面让其了解农业科研最新成果、农业最新信息和农业发展整体趋势，提高他们在新形势下解决问题的能力和综合素质。

农业组织管理人才的配置，主要面临两大问题：一是由于岗位的特殊性和现行户籍制度，限制了人才的市场性流动；二是对高学历者“引不进，留不住”。前者需要打破僵化的地域性人才使用模式，打破户籍制度的限制，杜绝“任人唯近”，以开放的姿态接纳四面八方的人才，“开门迎客”。对年轻干部要实行轮岗制，让其到各职能部门的乡镇站所轮岗锻炼，通过参与多个业务部门的工作，进一步熟悉涉农政策和工作程序，提高处理疑难问题的能力。对于引进人才，要加强社会保障制度，解除人才的后顾之忧，给足其施展拳脚的空间。还需进一步理顺收入分配，缩小农村组织管理人才与公务员、国家事业单位工作人员的收入差距。在条件成熟时，还可建立农村组织管理人才互动平台，供各地管理者互相交流选用，也可以借助这一平台向优秀管理者取经，借由高层次、高水平的管理者，带动农村组织管理人才整体素质的提高。

三、建立和完善农业现代化人力资源开发配置的长效机制

人力资源的开发与配置是一个动态持续的过程。在持续开发与配置人力资源时，需要意识到，随着经济的市场化程度和社会的开放程度日益提高，人才的自主选择性和选择范围也在相应拓宽，人才的流动性在加大。因此，还需要创新人才培养和使用的长效机制，用机制确保农业现代化建设的人才供给和供需平衡。

（一）完善教培机制，不断提高农业人才队伍的整体素质

随着知识经济的到来，技术更新换代速度大幅提升，理论框架伴随实践发展而改变。为确保农业人才队伍的素质跟上发展的步伐，首先要不断完善教育和培训机制，以常态化的模式取代一次性的模式。

加大教育经费的投入，建立多元化的教育、培训模式。平衡教育结构，改变过去对高等教育“一边倒”的思路，提高对职业教育、成人教育等的支持力度，定期或不定期地安排教育课程，从对相关业务知识的教育到人文思想、素养的培养，教育的深度和宽度都应适度拓展。在条件允

许的情况下，适当开放高等教育资源，加强基层实践和上层理论直接的交流和联系，避免理论和实践的脱节、断层，让理论更好地指导实践，用反馈的实践经验不断修正理论。另一个亟待加强教育的领域是心理学。随着现代社会压力增大，近几年来心理疾病的患病率不断攀升。在高压环境下如何调适自己的心态，避免情绪对工作的影响，成为一个重要议题。心理学相关知识的传播，不仅有利于个人更好地认识自己、调整心态，而且对人际交往大有贡献，既能减少冲突，营造和谐的工作、生活环境，也能提高工作效率，创造更大的价值。此外，应充分发挥教育预测与规划作用，根据教育发展规律和社会发展需要设计和安排教育事业，避免培养出的人才与社会需要不符。

加大培训力度，逐步形成广覆盖、多层次的长效培训机制。针对每个人的具体情况确定培训方向，实行从基础逐渐向高级进化的培训方式。简单地可以划为三个层级：基础型培训、提高型培训和专家型培训。基础型培训是低阶培训，要求全覆盖，目的在于巩固基本业务知识，适度提升业务能力，提高整体基本素质。提高型培训针对业务基本能力牢靠的“优等生”，目的在于进一步开发他们在领域内的发展能力，培养其成为业务精英、行业能手，作为后备种子选手等待再次遴选。专家型培训则是高阶培训，选择大有潜力可挖的“种子选手”，由各领域内的专家学者进行讲座培训，目标使其未来将成为各自单位甚至行业、领域的中流砥柱。在强调职业培训的同时，还要加强职业技能鉴定的管理，推行职业资格证书制度，并获得社会认可，以此激励更多的人自愿参与培训。

（二）完善选拔机制，形成公开、公平、公正的竞争氛围

要充分挖掘人才的潜力、促进行业人才队伍的发展壮大，一个有效途径就是建立有利于优秀人才脱颖而出、人尽其才的选拔机制。相比主观性较强的挑选人才方式，人才竞争机制更有利于找到最适合、最优秀的人才。这种机制的好处在于机会面前人人平等，每个人都享有平等的主动选择权。同时信息相对较充分且竞争越是激烈，这种信息的释放也越充分，竞聘者为了当选会尽可能地展现自己优势的一面，竞聘者隐略的部分也能从侧面展示竞聘者的短板。

完善选拔机制应包括两部分。一是从源头上（入门环节）选拔优秀人才；二是完善内部领导岗位的选拔机制。前者根据发展需要定岗定责，推行公开竞聘，按岗招人。后者应实行竞聘上岗，双向选择。无论采用什么方式选拔人才，都应遵循公开、公平、公正等原则，选拔可采取公开考试、竞争上岗、组织考察与群众评选相结合的方式，真正做到任人唯才，任人唯贤。

（三）完善考核机制，建立科学的绩效评价体系

定期的业务考核必不可少，既是对工作成果的考察、评价，也是对工作态度的监督和鞭策。一个常见的认识误区是，考核的根本目的在于“罚”，这种看法失之偏颇。考核旨在敦促个人尽职尽责完成岗位工作。

传统的考核模式主观性较强，过分依赖领导一己之见，而忽视了群众的声音。这种考核的结果，往往容易掺杂个人情感因素，不够客观公正，从而激发内部矛盾，不利和谐。因此，完善考核机制，使之逐步规范化、制度化，是检验人才配置的必要手段。科学构建人才考核评价体系，对人才的考核与评估不能“一刀切”，考核的标准要多元化，重视学历资历，更要重视能力业绩。针对不同岗位，要分门别类设置不同考核评价体系：管理人才的评价重在群众认可。要本着群众公认、注重实绩的原则，制定不同层次、不同类型的岗位职责规范，建立符合科学发展观要求的成绩考核体系和评价标准。专业技术人才的评价则应该重在社会和业内认可。考核不达标者，应进一步考察原因，如若是客观原因，应准予一段观察期，期末再次进行考核；如果是主观原因（工作能力未达到岗位要求等），应考虑岗位调整。

总之，健全和完善人才考核机制，要做到明确考评主体，适度扩展主体范围；细化考评指标，把握好可量化的指标与不可量化的评价因素；完善考评方法，结合日常考核和定期考核，建立反馈机制，反馈考核结果，改进工作。

（四）完善激励机制，激发人才的工作积极性

一是要实行物质激励。物质激励是最普通的也最为人熟知的一种激励

方式，它主要包括薪酬、福利待遇等方面，是一种基本的激励手段。将个人报酬与业绩、贡献挂钩，对于取得重大成果或有巨大贡献的人才要予以物质性重奖。传统的涨工资、发奖金等方式虽有一定成效，但是，随着社会整体工资水平和物价的不断提高，激励作用有限，类似目前农业部设立的“中华农业英才”大奖，在社会反响强烈，激励作用明显，应扩大评奖名额。物质激励方式日趋多样化，如对于农业科研人才的产权激励，使农业科技人员对科研成果在一定时期内享有产权和专利权，增加个人在科研活动中的收益，对推动农业科研人才技术创新具有积极意义，会有效提振科研创新动力。

二是要实行精神激励。精神激励是指精神方面的无形激励，包括向员工授权、对他们的工作绩效的认可，公平、公开的晋升制度，提供学习、培训和参加国际业务交流的机会，实行灵活多样的弹性工作时间制度以及制定适合每个人特点的职业生涯发展道路，人格尊严等等。通过定期不定期评选各类优秀人才，宣传突出事例和人物，在一定程度也能提高个人的工作积极性。

完善激励机制，确立“以人为本”的激励机制，还必须充分考虑员工的个体差异，实行差异激励，以调动员工积极性，吸引并留住人才，从而造就一支高效、稳定的农业人才队伍。

第四节

农村劳动力转移就业与城市化①

农民工是中国城市化的主要组成部分。2011 年相对于我国 51.3% 的城镇化率，城镇户籍人口占总人口的比例只有 35%，两者相

① 本节引自 2012 年农业部软科学课题“城镇化进程对农民收入增长的影响研究”，课题主持人：张红奎。

差16个百分点。数以亿计的农民工虽然居住在城镇并被统计为城镇人口，但是一直以来，他们并不能同等享受城市的各类公共服务，在劳动就业、子女教育、社会保障、住房等许多方面不能与城市居民享有同等待遇，不能真正融入城市社会。这种对农民工的不公平政策最终反映在劳动力市场上的结果就是阻碍农村劳动力转移就业，影响农民工的工资水平。

一、制约农村劳动力转移就业的制度因素

据国家统计局调研组（2006）的调查，2004年，农民工收入水平仅相当于城镇职工的58%，超过1/3的人月收入水平在500—800元之间。很多研究发现，城市居民和农民工之间的收入差异很大部分是由歧视造成的。

（一）当前户籍制度是农村劳动力转移就业的最大障碍

户籍制度将中国的所有居民分为农业户口和非农业户口，中国居民根据户口性质的不同享受不同的公共服务和权利。改革开放以来，尤其是进入21世纪以来，户籍制度改革不断推进，但是对农民工的歧视没有得到扭转。

一是居住登记制度配套措施跟进不足。据不完全统计，全国已经有13个省市区取消了“农业户口”和“非农业户口”的划分，建立了城乡统一的户口登记制度。但是，户口登记方式统一的背后，配套政策大多没有跟进，养老、医疗和低保等方面的福利待遇基本没有落实。

二是过高落户“门槛”排斥普通农民工。2010年以来，广东、重庆、成都等地都相继推出外来人口落户政策。但是农民工比较集中的城市落户门槛较高，绝大多数农民工无法实现落户。以广东为例，从2010年6月23日广东省出台农民工积分落户政策，到2010年10月底，仅有10.36万人积分落户，仅占广东农民工总量的0.32%。

（二）农民工基本公共服务供给还不能满足

一是农民工子女平等接受义务教育服务还有障碍。进入21世纪以来，

中央政府在进城农民工子女义务教育问题相关政策上发生了显著变化，中央有关文件明确要求重视解决农民工子女接受义务教育问题，以流入地区政府管理为主，以全日制公办中小学为主，采取多种形式，依法保障流动人口子女接受义务教育的权利（简称“两为主”政策）。农民工子女义务教育政策由“限制外出，交费借读”逐步转变为“以流入地为主、公办学校为主，平等对待”。尽管各地政府也出台了很多落实这一政策的规定办法，但是“两为主”政策落实较难。据教育部统计，2007 年全国在中、小学就读的农民工子女已有 765 万人，其中分别有 77% 小学生和 80% 初中生在公办学校就读①。而一些农民工比较集中的城市，这一比例更低。比如，苏州市 2008 年春季共接受非苏州籍义务教育阶段流动人口子女 23.17 万人（小学 19.18 万人，初中 3.99 万人），其中公办学校吸纳 15.06 万人，占 65%。

二是城市对农民工公共卫生服务还存在盲点和漏洞。当前，农民工尤其缺少职业病防护服务。职业病对农民工造成的危害很大，是造成农民工家庭返贫的重要原因，近年来职业病发病人中 80% 是农民工。城市农民工聚集地和城中村环境卫生条件差，在农民工集中居住地和城乡结合部，生活设施、消防设施不够健全，卫生问题、流行病问题常困扰着农民工和社区居民。

三是农民工参加社会保险的比例总体较低。由于社保缴费时间相对较长不适应农民工就业稳定性差的特点，社保关系转移接续困难不适应农民工流动性大的特点，社保体系不能覆盖非正规就业的农民工，而且各项社保制度衔接不够，特别是农民养老保险与城镇养老保险之间、新型农村合作医疗制度与城镇医疗保险制度之间不衔接。虽然国家制定一系列关注农民工参加社会保障的政策，但是农民工的参保率不高。2009 年雇主或单位为农民工缴纳养老保险、工伤保险、医疗保险、失业保险和生育保险的比例分别为 7.6%、21.8%、12.2%、3.9%、2.3%（中国发展研究基金会，2010）。而且，各地还出现农民工退保潮。人力资源和社会保障部 2009 年 3 月 31 日公布的最新数据显示，截至 2009 年 2 月底，已经有 97

① 《2008 年中国教育发展报告》，社会科学文献出版社 2009 年版。

万名农民工退出了养老保险，而参加医疗、工伤保险的人数较之上年末环比分别减少了167万人和140万人。

四是农民工缺少公共住房保障。国家统计局《2009年农民工检测调查报告》显示，2009年农民工有雇主或单位提供宿舍的占33.9%，在工地或工棚居住的占10.3%，在生产经营场所居住的占7.6%，与他人合租住房的占17.5%，独立租房的占17.1%，有9.3%的农民工在乡镇以外就业但每天回家居住，外出农民工在务工地自购房的仅占0.8%。其中租房居住的农民工大多聚居在城乡结合部和“城中村”，居住条件差，由雇主或单位提供的住房大多拥挤不堪，建筑行业农民工则大多居住在简易工棚里，居住条件恶劣。而近两年政府大力推进的保障房建设基本没有将农民工作为保障对象。

二、促进农村劳动力转移就业的城市化战略

（一）加快推进城镇化调整产业结构，促进农村劳动力转移就业

1. 减少行政等级对资源分配的干预

下放城镇的经济社会管理权限。对吸纳人口较多、经济总量较大的县城和小城镇，要逐步赋予其与管辖人口规模和经济总量相适应的经济社会管理权限。增加中小城市和小城镇政府建设项目审批的自主权。政府公共服务资源的配置要与行政级别相脱钩，要下放学校、医院、养老机构等公共服务机构设立的审批权，放宽准入门槛。加快实施省直管县，减少行政层次，暂不具备省直管县的地区，在安排土地利用计划、基础设施建设投资等方面要全面实行省直管县体制。

2. 明确城镇发展导向

改变GDP导向的政绩考核观，把促进就业放在经济社会发展目标的优先位置。完善城镇就业统计制度，将农民工和非正规部门就业状况纳入到城镇就业制度中来。

3. 发挥比较优势调整产业结构

积极推进沿海地区产业结构的调整与转型，加快产业梯度转移。中西部地区要着力改善投资环境，积极承接东部沿海地区产业转移，大力发展劳动密集型产业。不断提高城镇人口密度，降低服务业发展成本。降低服

务业发展门槛，要为方便居民生活的个体经营的小型服务业发展留足空间，发挥其吸纳农民工就业的作用。综合利用金融、财税等政策手段，缓解中小企业在资金、技术和人才上的发展瓶颈。

（二）加快农民工市民化进程

1. 加快推进户籍制度改革步伐

推进农民工市民化，关键是要深化户籍制度改革。户籍不仅是一种身份，而且附着了一系列的公共服务和福利待遇。要从根本上废除户籍制度，就必须打破已有的利益分配格局。要做到这一点，决心比方案更重要。建立城乡统一的户口登记制度。逐步取消城乡农业户口和非农业户口的划分方式，建立城乡统一的户口登记管理制度；逐步实行户口登记与实际居住地相一致的人口信息登记制度，实现城乡居民的自由迁徙。切实放宽中等城市、小城市和小城镇的落户条件；逐步将改革引向省会城市和大城市；待条件成熟时推动特大城市的户籍制度改革。尤其是在允许落户的同时，要将新旧市民共同纳入城镇管理和保障体系，在就业、居住、医疗、教育等方面同等对待，实现行政区划内的户籍人口享有平等的公务服务、社会福利和权益保护。

2. 强化农民工公共服务

（1）扩大农民工社保覆盖率。兼顾农民工流动性大、就业稳定性差、工资收入偏低等实际情况，通过缩短缴纳时间、实现跨统筹地区转移接续、划分多种缴费档次等方式，进一步完善社会保障政策。消除灵活就业农民工在流入地参与城镇社会保险的障碍。允许农民工在流入地参加城镇社会养老保险、城镇社会医疗保险，中央政府要尽快实现基础养老金全国统筹制度，在实现全国统筹之前要对外出农民工在流入地参加社会养老保险、社会医疗保险进行补贴。研究提出不同社会保险关系的转移接续办法，研究制定农村社会保障制度和城镇社会保障制度的衔接办法，使各群体在身份变化时社会保障权益不会受到损害。

（2）解决好农民工子女就学问题。打破现有的以户籍为基础的义务教育管理体制，探索建立起以居住地为基础的义务教育管理体制。建立适应人口大规模流动的义务教育财政投入体制，明确各级政府在义务教育中的财政投入责任，中央政府要承担更大的责任。引导和扶持农民工子弟学校发展，将农民工子弟学校纳入政府教育规划体系进行支持，把符合办学条件的农民工子弟学校纳入义务教育奖补范围，按实际接受农民工子女入学的人数和当地生均公用经费标准给予财政补助。探索在流入地参加升学考试的办法。

（3）着力争取改善农民工居住条件的机会。限价房、经济适用房、廉租房等政府保障性住房要向符合条件的农民工开放。

第四章
推进城乡公共服务均等化

改革开放30年来，中国经济保持了高速增长的势头，取得了举世瞩目的成就，但是，在经济增长的同时，农民阶层没有能够很好地共享社会发展的成果，这集中表现为城乡居民享受公共服务的不均等。社会发展的基本宗旨是人人共享、普遍受益。推进基本公共服务均等化，是实现人人共享社会发展成果的必然选择。换句话说，基本公共服务均等化是过程，共享社会发展成果是结果，它们在本质上是一致的，都是要维护社会公平。通过实现基本公共服务均等化，让人民共享改革发展成果，是解决民生问题、化解社会矛盾、促进社会和谐、体现社会公平的迫切需要。2005年，党的十六届五中全会提出了一个新的改革命题“公共服务均等化”。城乡公共服务均等化是公共服务均等化的重要组成部分，系统的研究城乡公共服务均等化问题，既具有理论意义与实践价值，又富于开拓性和挑战性。

第一节

农户养老需求与新型农村社会养老保险[①]

中国正迈入老龄化社会，人口结构老化、养老保障制度滞后已成未来发展的重大隐患。2006 年全国老龄委员会首次发布关于人口老龄化的报告——《中国人口老龄化发展趋势预测研究报告》中显示，老龄人口是我国人口中增长最快的群体，我国将快速进入老龄化阶段。据第六次人口普查资料，全国 60 岁及以上人口为 1. 78 亿人，占总人口的 13. 26%，其中农村的老龄人口又占全国老龄人口总数的 67. 4%，农村养老问题尤其突出。2012 年国务院政府工作报告提出，至年底前实现新型农村社会养老保险和城镇居民社会养老保险制度全覆盖。如何完善农村养老保障制度、维护老年农户合法权益、实现社会公平，是构建社会主义和谐社会、关注民生的重要内容，也是摆在理论工作者与实务工作者面前的一个重要课题。基于此，本书就目前农村老年农户的生活现状进行分析，就如何完善新型农村养老保险政策作以探讨，旨在逐步缩小城乡二元结构的差距，使农村老年农户切实实现“老有所养，老有所居，老有所医，老有所为，老有所乐”。

一、农村养老保险政策发展历程

农村养老保险政策始于早在 20 世纪 90 年代初期。1992 年民政部颁发《县级农村社会养老保险基本方案（试行）》（民办发〔1992〕2 号），开始探索农村养老保险办法。1992 年的方案采用个人账户制，年满 60 周

① 本节引自 2010 年农业部软科学课题“新型农村社会养老保险试点调查”，课题主持人：封进。

岁可以根据个人账户余额领取年金。在达到领取年龄之前，不允许提前领取个人账户中的资金。个人账户按照8.8%的预期收益率进行累积（1992年的通货膨胀率为6.4%），并由地方政府保障支付。1995年《民政部关于进一步做好农村社会养老保险工作的意见》（国办发〔1995〕51号）再次强调了在农村建立以个人账户为主导的养老保险制度，到1997年，这一形式的养老保险成为农村养老保险的主要模式，几乎所有的县都设立了农村养老保险管理机构。

但这种尝试并没有得到广大农户的认同，参与人数最多时候也只有8300万人，其中的一个重要的原因就是个人账户的筹资模式是农民自己缴费而没有政府的补贴，其实质是农民的自我储蓄，且较之储蓄，个人账户缺乏流动性和安全性，难以充分调动农民的参保积极性。同时，个人账户累积的余额只能维持很低的领取水平。2006年，1947个县中，有1484个县的参保农民人均领取的养老金低于当地农村最低生活保障标准；领取农保养老金的331万名农民中，领取额低于当地农村最低生活保障标准的占88%，有120万人月领取额在10元以下，占36%。另一个同样重要的原因是，对资金的监管缺乏有效的制度，个人账户累积的资金被挪用于发展当地经济或用做其他用途，甚至用于补贴村干部，资金的安全性和制度的持续性十分缺乏。对30个省（区、市）农村社会养老保险基金的审计结果表明，截至2006年年底，全国农保基金累计收入512.78亿元、支出171.39亿元，结余341.39亿元。一些地方将集体补助和财政补贴较多地补给了村干部。在实行集体补助的541个县中，有186个县将集体补助全部给了村干部；实行财政补贴的200个县中，有72个县将财政补贴全部给了村干部（国家审计署2007年调研）。

1999年《国务院批转整顿保险业工作小组保险业整顿与改革方案的通知》提出，对已经开展的农村社会养老保险要进行整顿规范。从2003年开始，各地陆续试点新的农村养老保险模式，2007年劳动和社会保障部民政部审计署发布《关于做好农村社会养老保险和被征地农民社会保障工作有关问题的通知》，提出积极推进新农保试点工作的试点办法名以及明确被征地农民社会保障工作机构和职责。到2008年年底，共有464个县1200万名农民参加了新的养老保险制度。新的模式和旧模式的区别主要有两点：一是有较多的政府补贴；二是个人账户和统筹账户相结合。较为典型的模式是陕西的宝鸡模式，从2007年开始，宝鸡市在总结1992年农村社会养老保险（老农保）和城镇职工基本养老保险经验的基础上，探索开展了新型农村社会养老保险（新农保）试点。宝鸡模式实施以个人缴费、集体补助、政府补贴为基础，家庭养老、土地保障和社会救助等政策为补充，养老补贴与个人账户相结合。

基于前期的试点，在总结试点经验之后，2009年9月4日，国务院办公厅发布《国务院关于开展新型农村社会养老保险试点的指导意见》。新型农村养老保险的推出具有划时代的意义，对农民的补贴进入一个普惠的时代，它有如下几点突破：

（一）加大了政府投入

新农保的首要特征是强化了政府补贴，在待遇给付和缴费两方面实施补贴。中西部地区主要来源于中央财政，东部地区主要由地方财政补贴，补贴方案见表4－1所示。最近20年来，随着经济的持续增长，城乡收入差距也持续扩大。政府采取多种政策增加农民收入，其中包括取消农业税、实行义务教育、补贴新农合等，补贴新农保是又一项惠农政策。老年贫困的发生率相对较高，政府通过补贴新农保对农民进行收入补贴，增加了农民参与养老保险的积极性，也是新农保发挥其作用的重要方面。

（二）增加了制度的灵活性

考虑到农民的收入差异和对养老需求的差异，设定了不同的缴费档次。新政策规定，参加新农保的农村居民应当按规定缴纳养老保险费，缴费标准目前设为每年100元、200元、300元、400元、500元5个档次，地方可以根据实际情况增设缴费档次。农民可以根据自已的需求选择合适的档次，多缴多得。实地调研发现，各地区设置的缴费档次与当地的经济发展程度密切相关，各地缴费档次存在明显差异。

（三）采用个人账户与统筹账户相结合的模式

参考城镇养老保险制度，分为个人账户和统筹账户，个人缴费全部进入个人账户。此外，政府对个人缴费的补贴也进入个人账户。个人账户的养老金受人口老龄化的影响相对较小，多缴多得，少缴少得，账户透明度高，可以提高参与激励。而且个人账户养老金便于携带，可以满足劳动力转移的要求。

（四）实施广覆盖和普惠制，60 岁以上的老人可以不缴费就享受待遇

对于已经到达领取年龄的老人允许其不缴费，就可以获得政府补贴的基础养老金，充分体现了养老保险保障老年基本生活的功能。

（五）与其他类型的养老保险制度相互衔接

新农保与老农保、城镇养老保险、失地农民养老保险等可以有效转换，与农村最低生活保障制度、农村五保户制度可以同时享受。从现在的试点看，各地区都制定了较为详细的衔接办法。

表 4－1　　新型农村养老保险制度的政府补贴方案

补贴	补助对象	中央财政	地方财政
缴费环节	普通缴费群体	不补	补贴 > =30 元/人年
补贴个人账户	缴费困难群体	不补	补贴 > =30 元/人年 +100 元/人/年的部分或全部
给付环节	中西部地区	补助 100%	不补
最低标准基础养老金	东部地区	补助 50%	补助 50%
（55 元/人/月）	提高和加发的基础养老金	不补	补助 100%

二、农户养老需求特征与政策满意度

本书试图从农户这一微观主体的角度研究农村养老保险，选择江苏省南京市、扬州市和宿迁市为案例区域，通过农户问卷调查，了解不同群体的养老需求及对现行农村养老保险的主观反应。

（一）不同群体的养老需求特征

江苏省地处东部长江三角洲经济发达地区，也是农村养老保险发展领先的地区。课题组调查走访了南京市、扬州市和宿迁市的六个乡镇的农

户，具体有：南京市江宁区的陶吴镇和浦口区的江浦街道，扬州市高邮市的界首镇和车逻镇，宿迁市泗洪县的瑶沟乡和陈圩乡，共发放问卷336份，收回有效问卷333份。这三个地区基本上反映了苏南、苏中和苏北经济发展水平的差异，呈高、中、低趋势（见表4-2）。调查主要了解三个方面问题：被访问农户个体及家庭基本情况，农户养老现状或养老意愿，农户参加新农保情况。调查主要目的有三个：调查农民对养老的诉求和愿望；进一步了解苏南、苏中和苏北不同经济发展地区新农保制度运行的效果；进而得出适合我国农民养老的最佳模式。

表4-2　样本地区基本情况

地区名称	人均GDP（元）	农民人均纯收入（元）	人均耕地面积（亩）	农业劳动力比重（%）
南京	76263	13108	0.78	9.5
扬州	58950	11217	1.64	11.6
宿迁	27839	8344	1.91	27.6

数据来源：《江苏统计年鉴2012》，中国统计出版社2012年版。

课题组合计获得总样本量333户。其中，在南京市江宁区陶吴镇获得样本数量42户，占总样本量的13%；南京市浦口区江浦街道获得样本数量95户，占总样本量的28%；扬州市高邮市界首镇获得样本数量56户，占总样本量的17%；扬州市高邮市车逻镇获得样本数量25户，占总样本数量的8%；宿迁市泗洪县瑶沟乡61户，占总样本量的18%；宿迁市泗洪县陈圩乡54户，占总样本量的16%。

考虑到老年农户和中青年农户的不同人生阶段，因此在提问中分别设计了60周岁及以上人填写内容和60周岁以下人填写的问题。即针对60周岁及以上人设计养老现状问题，了解已经在养老的农户的养老现状；针对60周岁以下人设计养老愿望问题，进而了解还未养老或者即将养老的农户的养老愿望。问卷中分年龄提问的设计，对养老现状和养老意愿进行对比分析，可以使笔者从中发现农民养老现状中所存在的问题，以及农民期待的养老模式。

接受本次调研的333位农户中，年龄在60周岁及以上的有138位，

60 周岁以下的有 195 位。（为了表述简洁清晰，文中将 60 周岁及以上的农户称为老年农户，60 周岁以下的称为中青年农户。）

1. 家有老人日常生活开支来源

此次调研的 333 户农户中家里有老人的总共有 250 户。调研发现，农村老人的日常生活开支来源呈现多元化：有的老人依靠年轻时的积蓄养老；有的老人还可以劳动，种点口粮田满足粮食需求；有的老人从单位退休享受城镇职工养老保险；为数不少的老人采取传统的养老方式，由子女供养；还有的老人靠新农保养老金养老（见图 4－1）。老人的日常生活开支一般会有 1 个以上的来源组成，统计各项生活开支来源占家有老人家庭数的比例：老人自己积蓄的占 15%；当前劳动收入的占 43%；子女供养的占 61%；新农保养老金的占 52%；国家救济的占 6%；城镇职工养老保险的占 2%。

进一步分析数据结果：老人自己积蓄、国家救济和享受城镇职工养老保险的老人仅占很小的一部分，近一半的老人依靠当前劳动收入，或者新农保养老金，为数不少的农民不依靠子女供养养老。这说明，农村养儿防老的观念，依靠子女养老的现状已经慢慢退出农村。现实的问题是，如果一旦老人失去劳动力，仅仅凭现有的新农保养老金将很难维系老年生活。

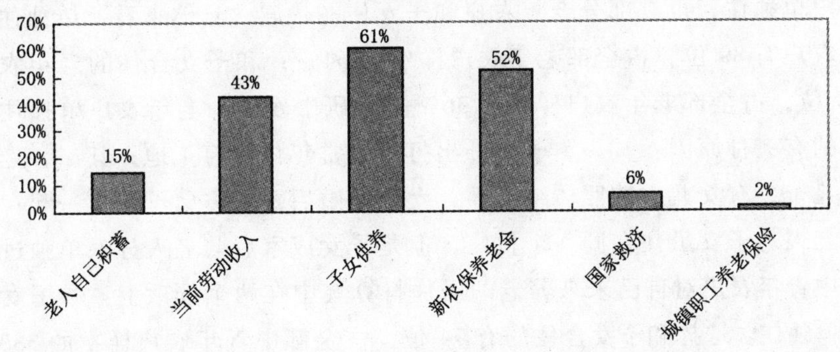

图 4－1　老人的日常生活开支来源分布图

2. 老年农户对养老现状的满意度

本课题组在调研老年农户对养老现状的满意度时，采用态度量化方法，即使用 5 级李克特量表法。答案的设计分别为很不满意；不满意；一般；满意和非常满意。近一半的农户对目前养老现状表示满意，极少数农户表示很不满意或者非常满意，选择不满意答案的农户占20%，选择一般答案的农户占28%。数据分析看出农村老年农户的养老现状不容乐观。实际调研中，在回答调研员提出的“您对自己的养老现状满意么?”问题时，部分老年农户会顾及到有邻居在身边，不好意思选择其真实的态度，往往会将满意度上升一个等级甚至更多。这种现象在其他问题当中也会有所体现。

3. 中青年农户对养老的担心程度及原因

调研员询问中青年农户对养老的担心程度，148位农户表示不太担心，47位农户表示非常担心。进一步了解这47位农户担心养老的理由，一半以上的农户表示担心老了以后不能干活，没有收入，经济条件跟不上养老需求；28%的农户担心身体状况不好，影响养老生活；13%的农户担心子女外出打工，不在自己身边，无法照顾；2%的农户由于没有子女而担心老年生活无法保障。可见，经济水平是中青年农户担心养老的重要原因。

4. 老年农户组和中青年农户组的对比分析

（1）老年农户养老居住现状和中青年农户对养老居住打算的对比。老年农户养老的居住状态主要有两种：和子女合住与单独住。大部分的老年农户单独住，也有部分老年农户和子女住在一起。具体来看，单独住的老年农户有89位，占全部老年农户样本的64%；和子女合住的老年农户有49位，占全部老年农户样本的36%。调研中发现，老年农户单独住最常见的有三种原因：其一，子女外出打工，常年住在打工地；其二，老人没有儿子，有女儿，按照传统习惯，女儿结婚后跟男方父母住在一起；其三，老人与子女虽住在同一个村庄，但是子女成家后与老人分家单独过。

中青年农户对自己未来养老的居住打算集中在两个选项上：和子女合住与单独住。选择和子女合住的有74位，占全部中青年农户样本的38%；选择单独住的有96位，占全部中青年农户样本的49%；选择亲戚家的有3位，占全部中青年农户样本的2%；选择养老院的有3位，占2%；选择其他的有19位，占全部中青年农户样本的9%。近一半的中青年农户选择了老了后单独住，而不是跟子女合住。其原因主要是：子女有自己的生活，有自己的负担和困难，不愿意跟子女住而给子女增添麻烦。也有认为老人与下一代住在一起，生活习惯不同，容易起摩擦，还是分开住好。选择了养老院的3位农户，其年龄分别为23岁、41岁和44岁，在中青年农户组中属于年龄较小的。这种人往往受教育程度较高，从事第二、第三产业，容易接受城市里传播来的新的养老观念。大部分不选择养老院的农户认为，养老院是五保户才可以去住的，如果自己住进去的话会被人笑话的。选择其他的农户认为现在思考养老居住打算的问题为时过早，或者觉得到时候即使自己愿意跟子女合住，但是子女不接受也没有办法。

两组农户的数据比例显示，选择单独住的选项都要多于其他选项，说明农村小家庭的观念已经深入人心，农村的家庭规模开始趋于袖珍型。和子女合住的选项几乎相等。选择住亲戚家的，养老院和其他的选项在老年农户组中均为0，而在中青年农户组中分别占2%、2%和9%。

表4-3　老年农户养老居住现状和中青年农户对养老居住打算的对比

	老年农户养老居住现状		中青年农户养老居住打算	
	数量	比例	数量	比例
和子女合住	49	36%	74	38%
单独住	89	64%	96	49%
亲戚家	0	0	3	2%
养老院	0	0	3	2%
其他	0	0	19	9%
合计	138	100%	195	100%

（2）老年农户生活照顾现状和中青年农户对生活照顾愿望的对比。表4-4中，老年农户生活靠自己照顾的有79位，占全部老年农户样本的57%；靠老伴帮忙照顾的有28位，占全部老年农户样本的20%；靠子女照顾的有26人，占全部老年农户样本的19%；随便的有5人，占全部老年农户样本的4%。调研中发现，由于家中的青壮年农户外出打工，大多数老年农户的生活只能靠自己和老伴照顾。

中青年农户希望自己老了依靠自己照顾自己的有57人，占全部中青年农户样本的29%；依靠老伴帮忙的有53人，占全部中青年农户样本的27%；依靠子女的有62人，占全部中青年农户样本的32%；请付费劳工的有1人，占全部中青年农户样本的1%；随便的有22人，占全部中青年农户样本的11%。

对比两组农户的数据，老年农户组选择自己照顾自己的几乎是中青年农户组的2倍；中青年农户组选择靠老伴帮忙和依靠子女照顾自己的要多于老年农户组；两组农户选择亲戚照顾的都为0；中青年农户组有1人接受付费劳工照顾自己的生活，而在老年农户组中为0；中青年农户组选择随便的要大大的高于老年农户组。

表4-4　老年农户生活照顾现状和中青年农户对养老生活照顾愿望的对比

选　项	老年农户生活照顾现状		中青年农户对养老生活照顾愿望	
	数量	比例	数量	比例
自己能干	79	57%	57	29%
老伴帮忙	28	20%	53	27%
子　女	26	19%	62	32%
亲　戚	0	0	0	0
付费劳工	0	0	1	1%
随　便	5	4%	22	11%

（3）老年农户和中青年农户养老开支愿望对比。从表4-5看出，老年农户认为养老开支应该由子女出大头的有47位，占全部老年农户样本的34%；由国家出大头的有68位，占全部老年农户样本的49%；由自己出大头的有23位，占全部老年农户样本的17%，由亲戚出大头的有0位。

表4-5　老年农户和中青年农户养老开支愿望的对比

选　项	老年农户		中青年农户	
	数量	比例	数量	比例
子　女	47	34%	66	34%
国　家	68	49%	71	36%
自　己	23	17%	58	30%
亲　戚	0	0	0	0

中青年农户认为未来的养老开支应该有子女出大头的有66位，占全部中青年农户样本的34%；由国家出大头的有71位，占全部中青年农户样本的36%；由自己出大头的有58位，占全部中青年农户样本的30%；由亲戚出大头的有0位。

对比两组数据，发现比例最高的选项是国家，老年农户组在国家这一选项上更是高于中青年农户组13%，说明了老年农户目前在经济上非常希望国家能够给予更多的补贴，也间接的说明老年农户的生活在经济上不是太宽裕的。调研中，部分农户表示现在物价高，子女生活不易，自己能够体谅子女，希望国家能够帮助老年农户的养老生活。但也有部分农户认为，国家现在的惠农政策很多，政府很不容易，自己很满足，不愿意再给国家添麻烦。老年农户组和中青年农户组在子女这一选项上的比例是一样的，均占34%，分别低于各自在国家这一选项上的比例。说明农村传统的养儿防老观念在逐渐淡化，至少从经济上来说，农民的观念已经有些转变。中青年农户组在自己这一选项上要远远高于老年农户组。这说明务实努力工作，不给子女添麻烦，不靠国家拨补贴，自给自足养老是众多中青年农户的真实想法。

（二）新农保政策运行现状与效果

江苏省的新农保政策的实行从全国来看是领先的。调研中发现，南京市的两个镇于2008年开始推行新农保政策，扬州市的两个镇于2010年开始，宿迁市的两个镇分别于2009年和2010年相继开始推行。新农保政策运行至今已有几个年头，该项政策在农村所产生的作用如何？能否达到政策设计的初衷？课题组试图通过农户调查，来了解以上问题。

1. 对新农保政策了解程度

4%的农户表示对新农保政策很不了解；49%的农户表示不了解；34%的农户表示一般了解；12%的农户表示了解；仅1%的农户表示非常了解。这说明新农保政策的宣传不到位，一半以上的农户都处于不了解和很不了解的状态。有农户表示，积极配合村干部收费，但是个别村干部不说明收费的具体原因，农民基本处于稀里糊涂状态，更别提对政策的了解了。不过，这一结果的出现和本次调研对象的年龄也有很大的关系。60

周岁及以上的农户有138位，占到全部样本的41%，这部分农户由于年龄的原因，不愿意主动了解也较难接受新的政策，而且家中凡是与外界，包括与村干部打交道的事情往往交由子女完成。所以农户对新农保政策的了解程度偏低。

2. 对新农保政策总体满意度

对新农保政策很不满意的没有；不满意的占11%；一般的占55%；满意的占30%；非常满意的占4%。大多数农户都表示，近年来国家的惠农政策越来越多，农民从中获得直接或者间接的利益，农民对国家的惠农政策表示欢迎。农民对新农保政策不满意的理由主要有四点：其一，年轻农户害怕政府的政策会发生变化，担心好不容易前期缴纳了养老保险费，后期政策变化，对自己不利；其二，新农保养老金领取的金额太少，跟不上现代社会经济的发展，一个月领取养老金100元左右，相对于现今的物价水平是杯水车薪；其三，部分农民反映村干部将其年龄搞错，到了年龄领不到养老金，反而要缴纳养老保险费；其四，大部分地区采取捆绑政策，即家中子女必须都参加新农保，其老人才有资格领取养老金。老年农户反映这种政策太死板，给子女造成负担，不利于家庭和睦。

3. 是否参加新农保

参加了新农保的农户有247位，占全部样本农户的74%；没有参加新农保的农户有86位，占全部样本农户的26%。

探究较高比例没有参加新农保的原因主要有：52%的农户由于在城镇工作，参加城镇职工养老保险；7%的农户参加商业养老保险；8%的农户依靠子女养老；1%的农户认为个人储蓄足够养老；16%的农户认为参保缴费太高；12%的农户认为参保作用不大；4%的农户表示不知道有新农保这项政策。除去参加城镇职工养老保险和参加商业养老保险的农户，没有参加新农保的农户仅有10%的比例，即从调研的数据看，新农保的覆盖率达到了90%的比例。按照此种算法，研究发现一个奇怪的现象，三地区中的宿迁新农保覆盖率最高，达到了95%的比例。这说明新农保在经济欠发达地区的受欢迎程度大大高于经济发达地区。

4. 对新农保领取养老金金额的满意度

全部样本中参加了新农保的农户有247位。调研员会对参加新农保的农户询问“您对目前自己或者别人的新农保领取养老金金额是否满意?”的问题。这 247 位农户，有 1% 的农户表示很不满意；50% 的农户表示不满意；24% 的农户表示一般；23% 的农户表示满意；2% 的农户表示非常满意。

农户对新农保领取金额的不满意比例明显要高于对新农保政策总体不满意度，这其实也间接地说明了农户对新农保政策总体满意度主要是受农户对新农保领取养老金金额满意度的影响。虽然对不满意的农户占一半人数，但是当调研员继续问“如果还没有到达领取养老金的岁数，您愿意继续缴纳新农保的养老保险金么”或者“您现在还没有领取养老金，您愿意继续缴纳新农保的养老保险金么?”的问题时。大多数的农户都表示愿意继续缴纳新农保养老保险金。这说明，大多数农户能够理性的算账，养老金金额的发放虽只能支付养老生活费的一小部分，但是还是比原来没有养老金领取的强。

5. 调研结论

农村社会中养儿防老观念正在逐渐退出。

第一，养老金来源多，子女供养比例低。经济水平是农户担心养老的重要原因。虽然农村养老开支来源呈现多元化趋势，但子女养老比例不高，且现有新农保养老金难以维系农村老年农户的生活。农户希望国家能够更多的支持养老，或者寄希望于自己年青时多赚些养老钱。

第二，空巢老人多，子女同住少。年轻人接受小家庭的观念，农村家庭规模开始趋于袖珍型。老年农户以单独居住为主，与子女同住的少。

第三，自己及老伴照顾为主，子女照顾为辅。随着工业化、城市化进程，调研的农村呈现空村状。因为观念问题，绝大部分农户不接受养老院，认为养老院是孤寡老人养老的去处。生活料理以自己能干和老伴照顾为主，依靠子女照顾的很少。

新农保政策的运行不能满足农户的养老需求。

第一，参保率有待提高。新农保参保率高，但仍有发展空间。调研还发现，三地区的参保率平均达到 90%，但经济发展水平在三地区中排名第三的宿迁市参保率最高达到 95%。新农保参保率与社会经济水平不是正相关。

第二，政策宣传解释不到位。基层组织在落实新农保政策时宣传不到位，导致农民普遍对新农保政策不够了解，影响对政策的理解程度和满意度。

第三，养老金领取金额偏低。农民对新农保政策总体满意度高，但对新农保领取养老金金额的满意度偏低。

第四，捆绑政策欠妥。大部分地区在落实新农保政策时，要求农户家中子女必须都参加新农保，其老人才有资格领取养老金。部分农户认为政策的初衷是保障农民的老年生活，但是具体到地方上，政策的落实却有悖于自愿原则。

三、新农保实施的主要问题与政策建议

（一）新农保实施的主要问题

1. 新农保制度需要吸引更多的年轻人参加，以增加资金规模和保障程度

年轻人的参与积极性均不高。新农保有缴费 15 年才能领取基础养老金的条件，因而大多数参保人年龄都在 40 岁或 45 岁以上。在嘉兴，这一制度是以老人加入为主的制度，参保人员绝大多数在 45 岁以上，未来也不会有年轻人加入，由年轻人养老年人的机制不可能形成，财政负担较重。长远看，嘉兴这种以老人为主的制度在未来可能持续存在。目前已经参加城镇职工的年轻人，在一定年龄之后，如果失去城镇的工作，可能退出城镇职工制度，进入该制度，加重政府补贴负担。

吸引更多年轻人加入，一方面可以增加资金规模，提高资金管理的收益；另一方面也是通过较长的缴费年限换取较高程度的保障。显然，加入新农保的年龄越轻，在同样缴费的情况下所能获得的养老待遇越多，老年保障程度越高。

2. 新农保制度累积的个人账户需要加强管理和监督，以确保资金的保值增值，增强新农保的吸引力

对于个人账户资金，目前几乎没有进行投资，主要存于银行。个人账户的记账利率为中国人民银行公布的金融机构人民币一年期存款利率。由于资金的存款利息较低，银行存款利率低于农民纯收入增长速度，如果要

保持养老金待遇与农民人均收入的比例，则未来政府对个人账户的补贴会比较多。个人账户如果不能有足够的收益率，则其吸引力不免受到影响。当前的新农保政策对于个人账户的管理、投资和监管都缺乏明确的规定，随着人账户的逐步积累，其数额巨大，应该尽快研究出台资金保值增值的政策。

3. 在财政力所能及的范围内，需要逐步增加新农保的养老待遇

政府补贴是新农保区别于其他养老保险的最大特色，由此引发的担心是政府财政是否有足够的能力维持其可持续的运行。调查发现，嘉兴缴费时政府补贴为缴费基数的5%，其中有3%的补贴进入个人账户，领取时政府补贴每月60元的基础养老金。当前政府补贴占养老金待遇的50%以上，政府补贴约占当年政府可支配收入的3.5%。平邑政府补贴体现在两方面：一是对基础养老金进行补贴，最低每人每月55元由各级财政全额承担，连续缴费15年的，超过一年基础养老金增加2元。二是对个人缴费予以补贴，按300元及以下缴费的，政府每年补贴30元，按500元缴费的，政府每年补贴35元，按800元缴费的，政府每年补贴40元。目前政府补贴占地方财政的10%，每年需补3000万元。55元的基础养老金中，中央财政补80%。仔细分析后可以看到，事实上，新农保所需投入并不多，当前农村60岁以上老人1.32亿人，按这个比例，中央财政拿出800多亿元就能解决。

4. 制定新农保工作人员的激励政策，保证工作的顺利开展

新农保这项工作的经费紧张，新农保工作人员缺乏激励，工作积极性难以保证，对新农保的扩面不利。上级部门开发的新农保管理程序滞后，新农保登记工作繁琐，容易出错，如果可以尽早实现电子化管理，可以提高为工作效率。

对于年满60岁以上老人，要求家庭联动参加，这项工作推进有较大的困难。在实际操作时，只要其中有一个子女缴费了，就可以领取。在有些村，甚至没有子女参保，也可以领取。由于子女可能参加了其他保障，或家庭不太和睦，都导致这项规定很难执行。

5. 新农保在不同地区间转移衔接的政策需要加以明确

各地区对新农保如何与老农保、失地农民养老保险、五保户政策、农

村最低生活保障等制度制定了比较切实可行的转接方案。有些地区对于如何与城镇职工养老保险衔接也有较为细致的安排，如嘉兴。但我们调查的县中对于如何实现新农保跨地区转移均没有方案。跨地区转移政策需要地方政府之间的协调，因而某一个地区的地方政府难以单方面制定相应的政策，需要中央政府就这一问题做出安排。随着劳动力流动程度的日益提高，制定新农保跨地区转移政策势在必行。

（二）完善新农保的政策建议

1. 适当增加政府补贴规模，提高老年保障水平

现阶段农民收入普遍比较低，相应的个人缴费水平较低，完全依赖个人缴费将难以起到保障的作用，农民的参与意愿也会较小。另外，农村就业形式越来源多样化，收入的界定不可能像城市职工一样清楚。这就要考虑将新农保定位于一个合适的水平、并通过集体和政府补贴增加保障力度，以保障个人的参与激励和制度的可持续运行。

通过对各省份当前人均收入和人均消费水平的统计，我们认为缴费水平不应超过人均收入的5%，当前新农保政策采用分档缴费的方式可以考虑到不同收入群体的需求。在待遇给付方面，当前新农保补贴政策的待遇只能替代收入的20%左右，不能满足农村老人的基本生活需求。模拟结果表明，进一步提高政府补贴规模，提高农村老人的养老待遇，带来的财政负担并不大，而且随着时间的推移，这一负担还会减少。因此，各地区应根据自己的情况，适当增加政府补贴。对于农村人口较多且农村老龄化程度较高的省份，需要中央财政的支持，因此中央转移支付方案确定时，需要考虑到各地新农保的财政负担，而不是简单以各地方财政收入多少确定转移规模。

就财政来源看，首先，逐步增加对农村的反哺是工业化社会的必然要求，有助于缩小收入差距和社会和谐。其次，在不增加额外财政负担的情况下，可以调整对农村的各项补贴政策，将一些低效率的补贴改为补贴农村养老保险，例如，改变对生产环节的补贴。再次，在城市化进程中，各地区在土地交易过程中的收益可以有一块用于补贴农村老人。

2. 加强个人账户管理，提高投资回报率

个人账户的投资收益率是新农保的吸引力和保障水平的重要来源，当前对于个人账户如何投资，保值增值等问题，尚没有明确的措施。随着个人账户的积累，对于这部分资金的监管和运用是十分紧迫的问题。对于账户的监管可以借鉴现有的对年金的监管措施。2005 年劳动与社会保障部、中国银行业监督管理委员会、中国证券监督管理委员会和中国保险监督管理委员会等四部委联合发布《企业年金基金管理试行办法》，采用国际上通用的受托人制度，对于年金的投资渠道、投资机构均有严格的规定，保障资金所有人财产的安全。

就投资渠道看，目前，国际上的普遍趋势是放松社会保障基金的投资限制，拓宽其投资渠道，其中包括更多的国外证券投资。如智利的养老保险基金可分别投资于政府债券、抵押债券、由金融机构担保的存款与证券、私营及公营公司发行的债券、公司股票、房地产、生产性资产和外国债券。

应该看到，中国在资金管理水平和监管水平上都与发达国家有很大距离，可以考虑发行特种国债，用于新农保资金的投资，保障其安全性和收益性。

3. 满足劳动力流动的需要，制定明确的跨地区转移方案

年轻劳动力参保率很低，原因之一是，很多年轻劳动力从事非农工作，已经参加了其他类型的养老保险。对于这部分劳动力，让其现在就加入农村养老保险体系，显然是不现实的。但这些劳动力中有些人今后还会回到农村养老，未来将其纳入农村养老又是必要的。这就需要明确如何将不同类型的养老保险相衔接。现有的政策已经比较明确的是，个人账户可以携带，且对于本地区内部的由城镇转回农村比较明确。年轻劳动力不愿意加入新农保的另一个原因是，从参加了新农保的资金如何转到城镇养老则没有明确的政策。如果他们预计自己未来会去城镇工作，而这个转接又不清楚，则参加新农保的动力显然不足。比如参加新农保的年限是否能在城镇养老保险体系中累计缴费年限？两者个人账户的收益率是否有差异，如何处理这种差异？由于农村劳动力流动有大量的跨地区流动，需要制定全国性的政策加以协调。

可以参照 2010 年 1 月 1 日起施行的《城镇企业职工基本养老保险关

系转移接续暂行办法》。包括农民工在内的参加城镇企业职工基本养老保险的所有人员，其基本养老保险关系可在跨省就业时随同转移；在转移个人账户储存额的同时，还转移部分单位缴费；参保人员在各地的缴费年限合并计算，个人账户储存额累计计算。避免参保人员因办理转续关系而在两地往返奔波，暂行办法规定了统一的办理流程，参保人员离开就业地，由社保经办机构发给参保缴费凭证；在新就业地参保，只需提出转续关系的书面申请，转入和转出地社保经办机构为其协调办理审核、确认和跨地区转续手续。国家将建立全国统一的社保机构信息库和基本养老保险参保缴费信息查询服务系统，发行全国通用的社会保障卡。

4. 建立多支柱的养老体系，多渠道获取养老资源

强调新农保在农村养老保障中的重要地位的同时，不能忽视多支柱的模式，包括家庭、社区、社会救助等多种形式。这就需要制定一个较为完整的农村养老保障体系，并明确各支柱的功能定位。这就要求针对不同收入人群施以不同的收入保障方式。多层次的机制设计和多渠道的养老资金来源更反映了城市和工业反哺农村和农业的多种途径：家庭养老实际上是通过年轻人参与城市化和工业化受益后的代际转移实现对农业的反哺，个人缴费中可能存在的土地资本化收益本身就是城市化和工业化发展中对农村和农业的补偿，财政资金中的地方政府投入是城市工业税收对农业的反哺，而中央的政府转移支付则是我国前期经济发展中优势地区对落后地区的反哺。为此，我们提出中国农村养老的目标模式——构建多层次、多元化、全民覆盖的农村养老保障体系（见表4－6）。

表4－6　多层次农村养老保障体系

<table>
<tr><th colspan="2">目标保障方式</th><th>针对的收入人群</th><th>现有的相关政策</th><th>主要的资金来源</th></tr>
<tr><td colspan="2">社会救助</td><td>贫困人群</td><td>最低生活保障制度</td><td>财政资金</td></tr>
<tr><td rowspan="3">养老保险制度</td><td>现收现付制</td><td>非贫困人群</td><td>2009年新农保</td><td>财政和集体</td></tr>
<tr><td>强制型基金积累制</td><td>中上收入人群</td><td>无</td><td>个人缴费</td></tr>
<tr><td>任意型基金积累制</td><td>中上收入人群</td><td>2009年新农保</td><td>个人缴费</td></tr>
<tr><td colspan="2">家庭及社区互助</td><td>所有人群</td><td>无</td><td>家庭、地方财政</td></tr>
</table>

对于贫困老人，采用社会救助的形式给予基本的生活保障。对于一般

的群体，采用社会保险的形式，包括由政府统一出资的现收现付制和个人缴费形成的个人账户制。此外，继续发挥家庭成员间的互助在养老中的传统角色。

本书结合世界银行的五支柱模型以及对农村养老现状和相关实证分析，构建农村养老保障五支柱模型，按照责任主体不同，将其分为：第一支柱——新农保养老、第二支柱——个体自我养老、第三支柱——土地养老、第四支柱——家庭代际养老和第五支柱——商业保险养老。我国农村养老保障五支柱模型是一种兼顾公平和效率的制度。一个由尽可能多的要素组合而成的制度，可通过分散风险来提供一个卓有成效和效率较高养老收入。从我国农村养老保障五支柱模型的具体内容可以看出，五支柱模型的五个基本要素之间相互补充，可以获得理想的个人和社会收益，同时又将风险最小化。政府负责的新农保养老作为第一支柱，以满足农民最低养老需求为目标；个体自我养老作为第二支柱，鼓励农民树立自我储蓄养老观念；土地养老作为第三支柱，是具有我国特点的农民养老方式；家庭代际养老作为第四支柱，是我国传统的也是不可或缺的养老方式，能够为老年农民提供金钱所不可替代的精神食粮；商业保险养老是第五支柱，是所有养老方式的一个补充，属于自愿性养老方式。

第二节 农户医疗服务需求与新型农村合作医疗[①]

20 世纪 80 年代初期，随着社会经济体制的深刻变革，曾经在农村发挥重要作用的合作医疗制度逐渐瓦解。为重新建立覆盖农村的医疗保障系

① 本节引自 2012 年农业部软科学课题“城乡统筹背景下农村社会保障体系研究”，课题主持人：卞琪娟。

统，2002年中央在全国农村卫生工作会议上作出《中共中央国务院关于进一步加强农村卫生工作的决定》的报告，指出要在农村地区逐步建立由政府组织、引导、支持，农民自愿参加，个人、集体和政府多方筹资，以大病统筹为主的农民医疗互助共济制度，即新型农村合作医疗制度，简称新农合（New Rural Cooperative Medical system，NRCMS）。新农合作为目前农村居民最主要的医疗保障形式，在保障农民获得基本卫生服务、缓解农民因病致贫和因病返贫方面发挥了重要的作用。到2011年年底，开展新型农村合作医疗的县（市、区）达到2729个，参加人口达到9.15亿人，参合率达到96.5%。

一、农村合作医疗筹资制度沿革

（一）旧合作医疗筹资制度（1955—1980年）

20世纪50年代合作医疗筹资基本由农民互助为主，农民成立互助医疗金，承担全部医疗费用，进行风险分摊。60年代，筹资逐步变成以集体经济为主，大部分合作医疗基金来源于集体经济中的公积金和公益金。农民看病付费实行折扣型报销制；基金测算多采用费用平衡预算制。70年代，集体经济变得不稳定，筹资发生了一定变化，筹资来源于两个渠道：一是看病部分付费；二是集体经济补贴。80年代以后，农民看病以自己付费为主，合作医疗受到冲击。期间合作医疗筹资的制度设计主要有以下特点：合作医疗的财产是集体财产；合作医疗站（村卫生室）的“赤脚医生”和卫生人员的劳动报酬由集体经济支付；合作医疗基金由农民个人和集体公益金共同筹集，医疗费用负担比例由合作医疗基金筹集状况而定，个人负担比例一般不超过50%。

（二）恢复期农村合作医疗筹资制度（1990—2002年）

1. 与旧合作医疗筹资制度的区别

（1）旧合作医疗筹资以集体经济为主，政府引导和扶持，集体经济是旧合作医疗筹资的主要经济来源；恢复期合作医疗筹资以个人投入为主，集体和政府适当扶持和资助。

（2）尽管旧合作医疗筹资的筹资水平和保障能力不尽相同，但基本模式相差不大。而恢复期合作医疗筹资形式多样，地区财力和农民收入的差异形成合作医疗的不同具体模式。

2. 恢复期合作医疗筹资的基本模式

（1）初级合作医疗（保小不保大）。由个人和集体共同筹资，农民看病报销偏向保小病，不保大病。

（2）风险型合作医疗（保大不保小）。由个人和集体共同筹资，农民患大病、重病时可获得一定经济补偿。

（3）福利型合作医疗（保大又保小）。这种模式只有在东部发达地区农村有条件推行。

（4）合作医疗保险。由个人和集体共同筹资，按商业保险原理运作，农民患病的医疗支出由保险公司补偿。这种模式只有极少数地区试行引用。

（三）新型农村合作医疗筹资制度（2003 年至今）

以《中共中央、国务院关于进一步加强农村卫生工作的决定》和 2003 年国务院办公厅转发的《关于建立新型农村合作医疗制度的意见》为标志，新型农村合作医疗开始建立。新型农村合作医疗制度是由政府组织、引导和支持，农民自愿参加，个人、集体和政府多方筹资，以大病统筹为主的农民医疗互助共济制度。与恢复期合作医疗筹资制度比较，新型农村合作医疗在筹资中加大了政府支持力度。明确规定中央政府对中西部地区除市区以外的参加新型农村合作医疗的农民每年按人均 10 元给予补助，地方政府对参加新型农村合作医疗的农民每年按人均不低于 10 元给予补助，进一步完善了个人缴费、集体扶持和政府资助相结合的筹资机制。

卫生资金的筹集是建立新型农村合作医疗制度的前提，也是这一制度得以有效运行的条件。从理论上讲，卫生筹资是各出资主体依据在农村合作医疗制度中各自承担的责任，在能力允许的基础上对形成合作医疗制度的一种合理性支付。一般而言，卫生筹资应体现以下几个原则：

1. 风险共担原则

这是新型农村合作医疗制度作为一种社会保障制度的一般原则。在这一制度安排中包含了政府与农民个人两个出资主体，而政府又分为中央政府与地方政府。之所以出现两个以上的出资主体，一是新型农村合作医疗制度不是一种商业保障制度，不是农民个人的商业行为，而是体现一种互助共济的理念与精神；二是现阶段，农村医疗保障具有广覆盖、低水平特征，任何单一主体的筹资只会使这一保障水平降到更低水平。因此，为使新型农村合作医疗制度得以维持最低条件运行，便形成多个筹资主体共同承担这一制度运作的最低成本，以保证制度的正常而连续运行。相应地，各筹资主体共同承担风险就成为题中应有之义。

2. 公平原则

卫生筹资的公平性是指卫生筹资过程中，不同人群（主体）间的经济负担应该公平。这种公平性分为横向公平和纵向公平两种。前者是指具有同等支付能力的主体应对卫生服务提供同等的支付；后者则是实际支付额度应与支付能力成正比，即支付能力强的主体应当多支付。如果将这个原则运用到新型农村合作医疗制度设计上，并且超越个人支付的范畴来研究各不同筹资主体的公平性，则会发现，政府是强势一方，其充足的资源保障决定其较强的支付能力，理应在筹资中承担主要的责任；而农民是弱势一方，其不稳定的收入增长难以保障这一制度持续运行的必要支付。其不稳定的资源条件使其在筹资中只宜扮演配角。因此，公平原则不是一种要求各筹资主体平均负担出资额的一种平均主义原则，它体现一种能力对等原则，而能力大小以资源保障的稳定性与基础来衡量。

3. 自由自愿原则

这个原则是我们发展农村经济、解决“三农”问题的一条基本原则。20 世纪 80 年代联产承包责任制推行之初，分田到户的效应尚未显现，政策上允许农民等待观望，而不是采取行政命令的方式强制农民接受。后来在经济较发达地区推行土地适度规模经营，也是采行“允许有条件的地区，在农民自愿原则基础上”慎重推进的方针，而不是集中起来“归大堆”。而今天，在建立新型农村合作医疗制度过程中，农民按照自由自愿原则决定参与与否，充分考虑到现阶段农业发展水平较低，农民收入增长较慢的实际情况，虽然有悖于建立社会保障制度的内在要求，但尊重农民意愿，将农民作为平等参与主体的思想是一脉相承的。

二、新农合制度对不同经济状况农民受益公平性分析

课题组于2012年7—8月对江苏省苏北、苏中、苏南的代表性地市宿迁市、扬州市、南京市进行实地调研。该调查收集了包括有关人口健康、医疗服务利用、医疗保险、农户特征等方面的信息，在宿迁市、扬州市、南京市分别选择有代表性一个县，在每个县中选择二个乡镇，在每个乡镇中选择一个样本村作为调查地点，在此次调查中共选择了3个县市、6个乡镇、12个村，共发放问卷480份，共回收有效问卷473份，有效率98.54%。选取的各变量的基本描述统计如表4-7所示。

表4-7　　　　变量的基本描述统计

变量名称		变量定义	均值	标准差
性　别		1=男性；2=女性	1.511	0.501
年　龄	age1	1=18—30岁；0=其他	0.115	0.319
	age2	1=30—44岁；0=其他	0.329	0.470
	age3	1=44—60岁；0=其他	0.337	0.473
自评健康状况	sh2	1=好；0=其他	0.475	0.499
	sh3	1=一般；0=其他	0.326	0.469
	sh4	1=差；0=其他	0.073	0.260
社会经济状况变量				
家庭年收入（lnhinc）		家庭总收入对数	9.495	1.078
受教育程度	edu2	1=初中文化；0=其他	0.327	0.469
	edu3	1=高中文化；0=其他	0.141	0.348
	edu4	1=大专及以上文化；0=其他	0.033	0.178
非农工作（ufjob）		1=有非农工作；0=无	0.277	0.447

三个样本点新农合具体实施方案见表4-8。到2012年为止，江苏省各试点县（市）在坚持大病统筹为主的前提下，设立了统筹基金和家庭账户相结合的新农合补偿模式，即以风险为主的福利——风险模式，以县

(市)为单位进行统筹。合作医疗基金中每人 30—50 元用于建立家庭账户,作为门诊医疗消费基金,家庭成员的年门诊费用在家庭账户的支付能力以内的,给予 100% 的报销,超出部分则不予报销,如果当年未消费完的农户,其剩余部分可转为下年使用;另外的作为大病统筹基金,主要用于住院报销,设定起付线和封顶线,医院级别越高起付线越高,住院医院级别越低,报销比例越高,封顶线在 3.2 万—4 万元之间。

表 4-8　2012 年江苏省三市新农合实施方案

	南京市	扬州市	宿迁市
筹资(元)			
地方政府	120	100	100
村集体	50	0	0
个人	0	50	30
门诊服务补偿限额	50 元/天		
住院服务起付线(元)			
乡镇卫生机构	300	500	500
县级医疗机构	700	900	900
市级医疗机构	1000	1200	1200
住院服务补偿比例(%)			
乡镇卫生机构	80	70	70
县级医疗机构	70	60	60
市级医疗机构	60	50	50
住院服务封顶线(元)	40000	35000	32000

2012 年调查人群参合率是 96.4%。农民参加新农合的积极性增加,调查中我们也发现越来越多的村民了解到合作医疗可能带给大家的好处,逐步树立起疾病风险意识,他们为了保障自身经济利益尤其是为了防大病而参加新农合,这也成为当前农民参合和继续参合的首要原因。

2012 年还有 5.4% 的农民未参加新农合,通过访谈我们发现农民未参加新农合的主要原因有两个:第一个是管理问题,如新农合规定户口不在居住地的农民不能参加当地的新农合,这是此次调查中未参合者最主要的原因，还有外出打工的农民等因为村上收取参合费时自己在外面，无法参加当年新农合。第二个是农民自身原因，有的农民觉得自己身体健康而拒绝加入，有的农民觉得县医院水平差，有的农民觉得新农合报销比例未达到自己期望的水平，不过由于自身原因而未参合的农民非常的少。

运用2012年7—8月对江苏省苏南、苏中、苏北三个代表县、市、区的调查数据，计算参合农民所在村的人均消费性支出和所在家庭的人均消费性支出，以此作为分组依据。分别将参合农民按照其所在村人均消费性支出和其家庭人均消费性支出排序后分为五组，即经济水平最低组、次低组、中等组、次高组、最高组，分别用罗马数字Ⅰ、Ⅱ、Ⅲ、Ⅳ、Ⅴ表示。

公平性测量方法主要采用集中指数（concentration index，CI）和五分位分组法评价参合农民住院受益的绝对公平程度。主要分析指标有：住院实际补偿比、次均住院费用和次均住院补偿费用。计算公式如下：补偿率＝补偿人次数/住院人次数，实际补偿比＝总补偿费用/总住院费用，次均住院费用＝总住院费用/总住院人次数，次均住院补偿费用＝总补偿费用/总补偿人次数。运用Epidata3.0录入数据，利用SPSS16.0对数据进行统计分析。

（一）新农合门诊补偿公平性

应用集中指数和集中度曲线来描述调查地区新农合的受益分布，可以反映不同收入组患病参合居民受益的公平性。比较居民总医疗费用和扣除新农合补偿额后的自付费用的集中指数，可以清晰地反映在有新农合和没有新农合两种情景下居民负担医疗费用的公平程度；计算补偿额的集中指数，也可以反映补偿额的受益分布状况。由于新农合对门诊和住院的补偿模式不同，居民对两种医疗服务的需求也存在差异，因而这里分别对门诊和住院两种医疗服务类型进行分析。

从表4-9不同收入群组门诊总费用、补偿额和自付费用和百分比以及集中指数来看，贫困人群承受的门诊总费用和自付费用比例均高于富裕人群，门诊总费用和自付费用更多地集中在贫困人群身上，门诊医疗费用存在不公平分布，但补偿额的集中指数为负说明了补偿额更多地集中在贫困人群身上，新农合的门诊补偿使贫困人群受益。对比新农合补偿前后集中指数的绝对值大小也可以看出同样的趋势，新农合补偿后集中指数的绝对值减小，说明新农合使门诊医疗服务利用的公平性上升，门诊补偿更多地使贫困人群受益。

表 4－9　调查地区不同收入组农村居民门诊费用的集中指数及受益分布

	总医疗费用	百分比	补偿额	百分比	自付医疗费用	百分比
最贫困组（20%）	420.15	19.96%	42.87	10.92%	372.11	20.75%
较贫困组（20%）	552.97	26.27%	183	46.61%	369.97	20.63%
中等收入组（20%）	431.42	20.49%	63.64	16.21%	369.54	20.11%
较富裕组（20%）	411.53	19.55%	81.74	20.82%	327.69	18.28%
最富裕组（20%）	288.94	13.73%	21.39	5.45%	362.64	20.23%
集中指数（CI）	－0.0767		－0.1469		－0.0137	

（二）新农合住院补偿受益率

此次调查人口共计 952 人，其中参合农民为 914 人，参合率为 96.01%。参合农民中调查时间段内共住院 194 人次，补偿 162 人次，补偿率为 83.50%。住院人群总住院费用为 684587.2 元，平均每次住院费用 3528.8 元，补偿费用为 342293.6 元，平均每次补偿 1764.4 元，实际补偿比为 50%。

1. 参合农民受益公平性分析

住院人次、住院补偿人次、住院医疗费用和住院补偿费用均随参合农民经济水平升高而增加，经济水平越好，住院人次、住院补偿人次、住院医疗费用和住院补偿费用越高。计算次均住院医疗费用和次均住院补偿费用后发现，次均住院医疗费用和次均住院补偿费用也呈随经济水平提高而增加的趋势，但比较特殊的是经济水平最低组次均住院医疗费用高于经济水平次低组和经济水平中等组，经济水平次低组次均住院补偿费用高于经济水平最低组和经济水平中等组。住院补偿比的变化不同于上述几个指标，住院补偿比以经济水平中等组最高，经济水平最低组最低，经济水平最高组次低。经秩和检验可知，不同经济水平人群住院补偿比没有显著性差异；次均住院费用和次均住院补偿费用有显著性差异，不同组别人群的次均住院补偿费用和补偿人次随着经济水平的提高而增加，其中经济状况最好组的次均住院补偿费用和补偿人次分别是经济状况最差组的将近2倍和3倍，这说明住院补偿费用在各经济水平组之间分布不均（表4-10）。

表4-10　不同经济和状况农民住院医疗费用和住院补偿费用

经济状况	人数		住院医疗费用			住院补偿费用			实际补偿比（%）
	住院（人次）	补偿（人次）	总计（元）	构成比（%）	次均（元）	总计（元）	构成比（%）	次均（元）	
Ⅰ	20	16	27805.7	8.1	2927.2	25832.6	7.6	1389.4	25.7
Ⅱ	28	22	35620.2	10.4	2621.9	37430.3	10.9	1447.0	29.0
Ⅲ	40	34	52273.9	15.3	2635.0	57986.5	16.9	1415.8	30.6
Ⅳ	47	38	81036.3	23.7	3460.7	82867.1	24.2	1852.6	28.2
Ⅴ	60	53	145557.5	42.5	4761.4	138177.1	40.4	2167.4	26.2
总计	194	162	342293.6	100	3528.8	342293.6	100	1764.4	27.6

2. 不同人群对参合农民受益情况评价

调查中某县乡镇卫生院院长在定性访谈中谈到：新农合要保证农民的满意度，关键是要让农民得到真正的实惠。如果农民今年交的钱比去年多，报销比例反而比去年低，农民的参保积极性就会降低，经济状况差的农民可能就要考虑退保。如果起付线提高，报销比例也应该相应提高，否则“大病人”还是会“穷下来”。例如癌症病人，二级以上医院才能治疗。如果不提高二级医院的报销比例，“大病人”就不能真正享受农村合作医疗的“大病统筹”。单纯把乡镇卫生院的比例提到80%—90%，只会给小病大养的人创造条件，使一些经济状况较好的农民稍有不适即住院，而一些经济状况差的农民，尤其是因病致贫的农民不能真正得到实惠。

某县一参合农民也反映：自己身患高血压和肾病多年，但由于自家经济状况差，自己又是家里主要的劳动力，平常身体不舒服就只能到乡镇卫生院去看门诊，买点药，根本不敢考虑住院，但门诊又不报销。而有些平常身体比较好的人，稍有个阑尾炎、胆结石之类的毛病就可以去卫生院住院。与他们相比，自己参加新农合没有意义。

上述不同人群对参合农民受益程度的解说，从另一个侧面反映了新农合制度在一定程度上存在着农民受益不公平的情况。

三、完善新农合制度的政策建议

（一）采取措施保障农民参合率，降低农民自费比例

尽可能扩大新农合覆盖面，是公平分配政府新农合补助资金以及发挥新农合制度作用的基本条件。政府一方面应加大宣传力度，提高农民疾病风险意识和参合积极性；另一方面，应扫除阻碍农民参合的障碍，提高参合率最终达到全体农民被新农合覆盖的目标。

对于收入水平较低的农民，即使很低的保费仍会成为他们参保的障碍，并且高自付率所导致的医疗费用经济负担会阻碍这部分人利用卫生服务。为提高合作医疗受益公平性，政府不仅应该将补贴投向贫困地区，而且更应该直接补贴给贫困地区的贫困农民，一方面以保费的形式补贴他们参加合作医疗；另一方面应降低他们利用卫生服务的自付率。

（二）依据参合农民实际收入制定筹资水平，确保新农合筹资公平合理

新型农村合作医疗按照同一水平进行筹资，没有考虑农民实际支付能力，其实是低水平的公平，没有实现卫生筹资垂直水平。应针对不同层次、不同结构的人群，制定不同的多层次的筹资和报销政策。对收入较高的农民征缴自付保险金较多，对一些较为贫困的农民应给予全额拨付。同时努力扩大筹资渠道，增强对低收入人群的筹资保护作用。

（三）提高新农合筹资水平，完善补偿方案

政府对合作医疗的投入逐年增高，在新一轮医药卫生体制改革中，财政必然会投入更多资金提高合作医疗的筹资水平。在逐步提高政府补助水平的同时，适当增加农民缴费，提高新农合的风险共担能力。

逐步取消住院补偿起付线，有利于低收入人群跨越就医门槛，提高受益面和受益程度。适当设置封顶线，防止新农合基金被少数大病患者占

去，保持受益面和受益程度的均衡。另外，要遵循分级累退的补偿制度，提高农民在基层医疗机构医疗费用的补偿比，扩大不同水平医疗机构的补偿比的差距，引导农村居在补偿方案上，应提高合作医疗基金中用于门诊费用补偿的比例，在补偿方式上由家庭账户逐步向门诊统筹过渡，最大限度地发挥有限新农合基金的统筹作用和保障作用。做好补偿工作不仅能更好地在门诊费用的补偿上发挥医疗保险的风险分担功能，而且补偿具有可持续性，有利于参合农民更多的利用门诊服务，做到对疾病的早发现早治疗，对家庭和地区而言，更能够起到疾病预防的作用。

（四）降低低收入人群共付率，合理确定起付线

新型农村合作医疗制度的实施为广大农民提供了基本的医疗保障。随着新农合制度的全面铺开，参合农民受益公平性问题应该引起足够的关注。为保证贫困农民的受益公平，建议从筹资和补偿两个方面向经济水平较差的农民倾斜。通过新农合制度设计，适当调整现有的新农合补偿模式，优先考虑低收入人群，适当降低低收入人群的卫生服务利用共付率。合理确定起付线，提高报销比例，降低农民接受卫生服务的门槛。另外，单独设立针对贫困农民的报销办法，以提高其卫生服务利用水平。

（五）实现住院补偿与门诊补偿相协调，提高补偿的公平和效率

在筹资规模有限且在短时期内不可能得到迅速改善的条件下，应坚持实现住院补偿与门诊补偿之间相协调，在精算的基础上，形成合理的补偿方案，以提高新农合补偿的公平和效率。门诊是农民患病后最主要的选择，如果新农合只补偿住院费用，就会使农民最基本的医疗失去保障，从而违反社会医疗保险的初衷。报销门诊费用并逐步提高门诊费用的补偿比例，不仅有利于提高农民的疾病预防意识，早发现早治疗，也有利于防止小病大治所造成的医疗费用过度膨胀。

（六）合理确定贫困农民标准，加强医疗救助

加快新型农村合作医疗与医疗救助制度的衔接进度，加大对贫困农民医疗救助的力度和救助范围，以制度的形式将补贴更多的投向贫困农民，

提高其卫生服务利用，从而有效改善受益公平性。在这一过程中，要注意合理确定贫困农民标准，不搞地方一刀切，避免以区域经济指标整体划分贫困农民，忽视农民个体差异，影响救助资金的有效使用。

第三节 进城定居农民住房保障制度改革[①]

在我国有这样一个群体，在农村，他们虽然有资格享受宅基地住房福利制度的惠及，却因为常年在城市中生活、就业，使得宅基地福利处于闲置和“失效”的状态；在城市，他们虽然对城市的建设和发展贡献了极大力量，却因为“户籍”的限制，无法真正享受到城市发展所带来的住房福利的惠及。我们对他们称之为农民工群体。随着市场经济体制的建立，城市中的住房制度改革取得了较大成效，建立了与市场经济体制相适应的城镇住房保障制度，然而在农村的宅基地福利住房制度却始终处于“冬眠”状态。随着城镇化进程的加快，城乡统筹发展成为必然，但在这一过程中，城乡二元的住房保障制度不但无法真正发挥保障制度的效用，而且也不利于城乡的长远发展。党的十七大报告提出要加强以改善民生为重点的社会建设，努力实现社会成员住有所居，全面提高人民生活水平。党的十八大也强调要统筹推进城乡社会保障体系建设，建立市场配置和政府保障相结合的住房制度，加强保障性住房建设和管理，满足困难家庭基本需求。因此，以解决流动人口中进城定居农民的住房问题为切入点进行研究，对提高进城农民住房水平，逐步消除城乡“二元经济”现象，实现城乡两种住房制度的衔接或接轨，逐步推动城乡统一住房保障体系建

① 本节选自2012年农业部软科学课题“进城定居农民住房保障制度研究”，课题主持人：袁崇法。

设，构建社会主义和谐社会等都具有深刻的理论和实践指导意义。

一、进城农民的农村住房和宅基地福利空置状况分析

随着城镇化进程的加快，越来越多的农村人口向城市转移。由于在城市购买房屋的不确定性，他们不断将城市所得的收入用于投资农村住房和宅基地，但却由于在城市中获得了一种稳定的生计来源，常年在城市中生活、就业。农村中新建（修）房和宅基地则一直处于空置、闲置的状态，导致农村出现了多宅和宅基地违规使用状况，这是进城农民在农村的住房保障福利的无形浪费。而且随着住房和宅基地空置、闲置的增多，住房和宅基地流转在农村中也成为一种常见现象。而在城市中，他们住房条件却十分恶劣，且被排斥在住房保障制度之外。因此如何解决农村中福利实际失效而城市住房又排斥的问题，是解决进城定居农民住房问题的核心和关键。本书主要从梳理、分析农村住房和宅基地闲置以及宅基地流转现状及存在问题的的基础上，分析“一户一宅”宅基地住房保障制度面临的困境，进而呈现进城农民在农村的住房空置和宅基地福利实际“失效”的住房保障情况，为将这部分群体真正纳入住房福利体系奠定基础。

（一）进城农民的农村住房和宅基地空置状况

1. 人口向城市转移，且举家迁入数量增多

随着大量农村人口向城市转移，使得农村人口相对增长缓慢，而城市人口数量显著增加。据有关资料显示，1950 年至 2008 年期间，我国人口增长 1.45 倍，其中城镇人口增长远快于农村人口增长，城镇人口增长了 9.52 倍，农村人口仅增长了 49.0%。城镇人口占总人口比重也不断攀升，由 1949 年的 10.6% 上升到 2008 年的 45.7%，上升了 35 个百分点，年平均上升 0.59 个百分点，同期，农村人口所占比重由 89.4% 下降到 54.3%。

涌入城市中的打工农民，尤其是 20 世纪 80 年代出生的农民工群体，除却过年的十几天外，其他的时间均工作在城市、生活在城市，随着这些群体在城市中拥有了相对稳定的生计来源而逐渐出现了举家迁入城镇的现象，而且随着一些城市针对农民工子女上学政策的松动，进城务工农民举

家迁入城镇的数量逐渐增多。据国家统计局资料显示，仅2009年，举家外出的农民工数量就达到2966万人，占外出农民工的20.4%。据国务院发展研究中心课题组2010年抽样调查显示，外出农民工中已婚的占60.9%，其中举家外出务工的占25%，与配偶在同一城市打工的占51%，子女在自己务工城市占46.1%。这些数据均反映出农民举家迁入城市的比例明显增多。

2. 住房及宅基地空置现象增多，土地资源配置不合理

近几年来，在农村推力和城市拉力的交互作用下，农民工举家迁入城镇的数量明显增加。农村地区出现了大量空心村。所谓空心村可以从两个方面进行理解，首先从土地利用的角度来看，空心村是指村庄缺乏规划，面积盲目扩大，新建的住宅多向公路两侧和村庄外围发展，而村庄内部出现大面积的宅基地和闲置土地，一种内空外延的特殊结构布局的村庄。其次，从经济角度上看，空心村是指农村劳动力大量转移涌入城市，平时都待在城市生活工作，过年过节的时候才待在农村，造成农村常住人口数量少的现象，有如大树之空心的状态。

在现有的宅基地政策下，宅基地属于集体所有，农民无权买卖、租赁、抵押，宅基地上的附属物的流转也被严格限制。而且宅基地是农村的一项具有社会保障功能的福利型政策，只要是农村居民都有权获得并无偿使用。宅基地的福利性和无偿使用性导致农村居民即便在城市中购置了住房也不愿将农村的宅基地“无偿”放弃，也因为户籍仍在原籍，村集体组织也无权收回进行处置。据统计，1996—2006年，我国城镇化率平均每年增长1.34%，在这10年中，全国农村人口减少了1.23亿人，而人均宅基地面积却从0.29亩上升到0.34亩。据浙江大学房地产研究中心统计，早在2005年东部地区就有5%—10%的农民在城市里购房，大约有1500万户宅基地处于闲置、空巢状态，浪费严重。

大部分进城农民事实上已经完全离开农业，全年大部分时间在城市工作生活，却没有能力在城市获得住房及其他保障，只能把收入用于“回乡建房”，不仅翻建速度快，还盲目追求房子大、层数高，既造成资源浪费，也对农民财富的积累造成不利影响；而建成的住房使用效率普遍偏低，甚至闲置，形成低效率和扭曲的资本和土地资源配置。而部分经济条

件较好的农民，在城市购买住房成为市民后，不愿放弃、事实上也不必放弃在农村的宅基地和住房权利，形成两头占地现象，也进一步导致土地资源的浪费和不合理。

3. “一户多宅”与违规用地并存，引发的社会公平问题也逐渐显现

《中华人民共和国土地管理法》第六十二条规定，农村村民一户只能拥有一处宅基地。但由于基层政府政策执行力不到位，且受我国传统文化的影响以及宅基地作为福利制度的刚性特征，往往导致宅基地收回的困难。因此，农民超标占用宅基地建房、“一户多宅”以及建了新房不愿意交出闲置的老宅基地等现象屡见不鲜。从社会保障的角度来看，既然宅基地是作为一项具有福利性的社会保障制度而对农村居民的住房权的一种最低保护，那么这种社会保障无疑也有了社会保障的刚性特征，即宅基地制度在农村的实际运行中是奉行了只能“无偿”取得，却很难“无偿”收回，这种刚性在某种程度上也导致了宅基地的闲置浪费。

从房屋的个人所有和宅基地的集体所有权结构来看，农村的房屋属于个人所有。由于我国继承法保护农民的房屋继承权，因此在老人去世后，老人的房屋连同宅基地一并由子女继承，基于历史传统文化的影响，凡是祖辈遗留下来的宅基地，即被视为祖产，有着特殊的家族意义，即使其上面的房屋已经倒塌，村集体也很难收回。正是这种历史文化的影响，使得集体处置宅基地的效力处于“无效”状态。而宅基地的占有人可能会让其闲置，但一般不会放弃。这是非城市近郊的农村产生宅基地闲置的一种原因。同时，后辈长大成家，因分户另外申请宅基地。这样新申请宅基地和合法继承祖辈传下来的房子和宅基地就构成了至少农村一户拥有至少二处宅基地上的房子的现象很普遍。

社会保障制度最根本的价值诉求就是追求社会公平与正义。宅基地制度中一户一宅的制度性规定，既保证了农民每人都有获得宅基地的权利，同时也有效促进了宅基地土地资源的有效利用。然而现实中由于基层政府对农民建房缺乏正确引导和管理，且有的地方有些村干部在处理宅基地问题时，不是严格贯彻“一户一宅”的法律规定，而是依据亲情和关系的疏密运作，这样在农村就出现“一户多宅”、“有子无宅”的不均衡现象，前者是过多占用宅基地的福利而后者则享受不到宅基地福利，从而宅基地

福利制度所追求的公平与正义无法达成。再加上采用的是无偿、无期限地使用制度，出现了农民超标准占用宅基地建房和未经批准任意在承包责任地上建房，建了新房也不愿意交出闲置下来的老宅基地，一些乡村干部凭借权力、关系占有多处宅基地等现象。

（二）空置宅基地流转情况

1. 卖给同村，变相流转

同村之间的宅基地买卖是现阶段农村地区闲置宅基地流转的主要形式，而且这种做法也可以说是合法合情合理的，是收归集体所有的一个变相操作。一般而言，在农村地区主要通过两种方式实现：一是由同一集体经济组织的两个成员私下商量房屋及宅基地转让相关事宜；二是由本集体经济组织的其他成员（包括本集体经济组织的领头人）作为中人来促成这项买卖。据山东经济学院不动产法研究中心对山东省农村宅基地使用和流转的抽样调查数据显示：总计68.9%的村庄实际发生过住宅出卖情况：实际出卖住宅10户以上的村庄占26.5%；其中，75%城乡结合部地带的村庄实际发生过住宅出卖情况，实际出卖住宅户数在10户以上的占43%。

虽然这种流转在一定程度上既促进了宅基地的有效利用，也确保了农民在房屋上面的完全物权的实现，同时也满足了农村居民的需求，但这种形式的流转也存在一个问题，就是在我国宅基地是无偿获得使用的，而购买宅基地的一方则是通过有偿获得的方式取得宅基地的，这与我国宅基地政策不符。同时宅基地作为农村一项基本的具有福利性质的社会保障制度，其所具有的公平性是面向农村社会所有村民的，因此也与宅基地的社会保障制度的价值诉求不符。同时，由于宅基地的私下买卖没有明确的法律可循，因此无论是双方当事人私下的交易还是有中间人的交易，都不可避免地会存在纠纷，甚至在某些村庄因这种纠纷而引发家族间的群体事件也曾出不穷，这样不但农村的社会稳定遭到极大破坏，而且宅基地福利制度所固有的社会保障的稳定器的作用也发挥不出来。

2. 城乡之间住房及宅基地违规流转现象普遍

按照国务院办公厅《关于加强土地转让管理严禁炒卖土地的通知》

和《国务院关于深化改革严格土地管理的决定》的要求，“农民的住宅不得向城市居民出售，也不得批准城市居民占用农民集体土地建住宅，有关部门不得为违法建造和购买的住宅发放土地使用证和房产证。”“禁止城镇居民在农村购置宅基地。”由此可见，城镇居民购买农村住房及宅基地是国家严格禁止的。然而，随着市场经济的不断发展和城市商品房市场的不断扩大与升温，农村住房及宅基地价值也逐渐凸显出来，加之农村宅基地取得的无偿性和无期限性，农村住房及宅基地除在农村居民之间发生宅基地和住房流转外，还有相当一部分购买主体是城镇居民。

另外，宅基地隐性市场“小产权房”交易普遍。当前，农村宅基地的私下流转在我国发达地区已成为普遍现象，据中国土地学会的一项调查表明，浙江义乌 1997 年 4 月至 2000 年，发生了 3223 宗农村宅基地使用权转让，其中三成左右卖给外村村民，也有一成半卖给城镇居民①。农村宅基地大量在隐性市场交易，导致房屋产权纠纷与日俱增。从法律意义上讲，大量“小产权房”售卖给非农村居民已经违反了既有法律规定，同时也给购房者自身权利的维护带来了隐患。此外，私下流转和随意定价的“暗箱操作”行为使原本属于村集体所有的宅基地收益完全流入个人手中，造成集体土地收益的大量流失。显然，在没有正式规范的宅基地流转市场之前，隐性市场的大肆运作给宅基地问题的解决带来了更大的压力。

3. 政府主导下的宅基地流转

一些城郊地区或者发达地区，为了促进城镇化的快速发展，出现了政府通过征用宅基地转为城市建设用地，然后进行开发和建设的政府主导下流转模式。在各种宅基地流转模式中，政府都表现出了很强的政策主导作用，除明令禁止宅基地流转外，侧重于通过政策强行在试点地区进行流转，而农民作为宅基地的所有者基本上没有自由选择权，只是政府政策的被动接受者。如在采用最多的“宅基地换房”中，对置换后房屋的性质规定不清晰，能否和一般商品房一样进行交易等方面存在很多问题，农民的财产权实际上很难得到保障。同时，北京明确提出农民换得的房屋是集体产权，即便是在天津市承认宅基地所换房产是具有商品属性的，也是由

① 肖华：“农宅入市，为谁松闸”，《南方周末》，2007 年 3 月 29 日。

政府引导农民集中居住，宅基地变为国有土地之后才能上市交易，可见并不是真正意义上的宅基地自由流转。

（三）以宅基地为基础的农村住房保障制度分析

农村住房、宅基地之所以会出现空置、闲置以及变相流转等现象，除了与当前我国快速城镇化而形成的大量空心村有关外，最根本的原因恰恰就在于以宅基地为基础的农村住房保障制度。这种制度设计与计划经济体制下建立的城镇单位福利性住房分配制度有着异曲同工之处。随着经济体制改革的深入发展，城镇中单位福利性住房分配制度发生了质的变化，建立了与市场经济体制相适应的住房保障制度，然而农村地区的以宅基地为基础的农村住房保障制度几乎没有任何变化。

新中国成立至今，我国农村宅基地制度经历了从私有到集体所有、从自由流转到限制流转的过程。现有的农村宅基地使用制度格局是在我国农业社会主义改造背景下发展起来的，是为了适应我国优先发展工业战略、计划经济和城乡分割体制的要求。而且，现有的农村宅基地使用制度具有一定的福利性质，这种福利属性保证农民能够获取基本的生活条件。这一制度在设计之初，确实在农村中起到了社会保障的基础性作用，但随着农村市场经济的发展，宅基地制度对农村居民的福利功能不断弱化，尤其是城镇化进程的加快，大量农村人口流向城市就业、定居，宅基地的福利功能一直处于“失效”状态。“宅基地归集体所有，村民无偿使用”的宅基地制度越来越面临着发展困境。

1. 现行农村宅基地住房保障制度基本框架

住房保障制度是指国家和政府为无法依靠自己力量解决住房问题的社会群体提供相应的政策支持和实物帮助的保障系统。在我国农村地区，一直实行的是以集体组织分配给其成员的宅基地为基础，以农民自建房为主要形式的住房保障制度。这种具有集体福利性质的住房保障制度曾一度有效地促进了农村村民住房条件的改善。

归纳起来，我国农村住房制度由农村宅基地供给制度、农村住房建设制度、农村住房所有权结构和产权制度、农村住房保障制度四块内容组成。此外，还包括村镇规划建设管理机制、农村基础设施和公共服务设施投入机制、人居生态环境改善机制等农村住房配套政策。其中宅基地无偿使用制度是农村住房保障制度的核心。

我国宅基地供给制度以“一户一宅”为基础，集体成员无偿获得宅基地的使用权，并且免费、永续使用。这样的制度设计体现出了以下特点：第一，公平性，宅基地在集体范围内以平均分配为原则；第二，无偿性，农民无偿获得、免费使用宅基地；第三，有限性，每户取得的宅基地有严格的面积控制；第四，排他性，集体经济组织以外成员不能获得宅基地使用权。

客观上，“一户一宅”的宅基地供给制度，已经体现出了一定的农村住房保障思想，能够为绝大多数农民提供基本的住房保障。但是，这一宅基地制度是建立在原有计划经济体制基础上的，与城乡二元经济体制，包括城乡二元户籍管理制度、二元劳动就业体制、二元社会保障制度等密切相关。尤其是城乡二元的户籍制度与宅基地制度形成了相互依赖的关系。城乡户籍制度把农村人口限制在农村，作为生产要素的劳动力不能按照市场规律流动，只能在农村的土地上劳动就业，形成了中国特有的城乡二元就业制度[①]。在国家对农村社会保障缺失和农民家庭个人难以建立社会保障的情形下，农村宅基地成为国家为了保障农民的生活而以一种社会福利形式分配的生活资料，农村宅基地制度对城乡二元社会保障制度的依赖，约束了农村宅基地制度的改革与变迁。

农村住房制度的特殊性根源于城乡土地制度的二元结构。相对于城市住房，农村住房具有三个最明显的特征：

第一，农村住房没有独立完整的产权。宅基地使用权是我国特有的一种用益物权形式。宅基地属于农民集体所有，农民依据其集体经济组织成员身份无偿取得、无偿占有、无偿使用；农户宅基地只能在集体经济组织内部转让，不能出租、抵押和上市交易；农村村民出卖、出租住房后，再申请宅基地的，不予批准。以上规定限制了宅基地的流转，因而依附于其上的农房同样只有使用权、有限的转让权，而无收益权。

① 刘荣材：“农村土地产权制度变迁模式选择的路径约束分析”，《农村经济》2007 年第 1 期。

第二，与城镇住房制度相比较，农村住房以自建、自有、自用、自管为主。城市住房制度从住房的产权、交易、规划、设计、施工、验收、物业管理等不同的阶段有一整套完善的制度。农村建房基本没有金融支持，靠农户自筹自建；农村住房没有完全产权，不能上市交易，也没有专门的物业公司进行管理。

第三，农村住房承担着社会保障功能。宅基地是农村实物化分房的一种形式，农民由于普遍无稳定的经济来源，无偿分得宅基地并以合适的成本建造房屋，保证了他们有家可归。农村宅基地的福利性质取决于我国的现实国情，在社会保障尚未全面覆盖农村的情况下，无偿分配宅基地是农民住房保障的现实选择。农村宅基地问题涉及全国广大农民的切身利益，关系到社会的稳定和农村的繁荣发展。

2. 现行农村宅基地制度面临的发展困境

（1）财产性与福利性困境。目前城市房地产已经进入高度市场化发展阶段，城市住房已经成为城市居民最重要的市场化财产，据统计大约占城市居民资产总量的70%—80%。而农村宅基地作为一种集体公共产品和保障性产品，不具有商品属性，也不具有完全财产权利的资本属性。我国农村宅基地的福利性使它直接承担了农村住房社会保障和安居的功能。宅基地制度过于侧重对农民的福利和保障，导致宅基地只有使用功能而无资产资本功能。较近的一项研究估计，农村建设用地价值在100万亿元以上（武建东，2008），但由于缺乏有效的价值实现机制，所谓如此巨大的价值基本上只是一个价值符号，无法给农民带来真正的收益。因此，随着农村市场化的推进，宅基地的这种财产性和福利性之间的困境也越来明显：宅基地市场化流转的目标之一是让农民获得更多的财产性收入，但在完善我国农村宅基地制度的过程中，不能因为赋予其物权属性就抛弃其保障属性，这样会造成注重效率的同时忽视了公平；如果只注重宅基地的福利性而抛弃财产性，则会造成注重公平而忽视效率。所以宅基地市场化退出存在着财产性与福利性的困境，制约了宅基地市场化流转。

总之，宅基地制度在突出社会保障功能的同时，适时推进兼顾效率取向的市场化改革势所必然。市场经济在创造社会效率的同时又给社会公平提供了保障，能够实现公平和效率的统一。随着市场经济的深入，宅基地的福利性和财产性要求宅基地制度改革走向采取宅基地无偿划拨与宅基地市场化相结合的方式，逐步地、分阶段地通过市场来优化配置农村宅基地资源。

(2) 城市土地产权与农村土地产权不平等。现行征地制度的“一方通行”，即农村建设用地只有通过国家征地以后才能进入市场，宅基地只有通过国家征收后转性为国有土地，才能够进入市场流转。法律法规的界定使农村土地和城市土地产权的不平等，农村土地不能够和城市土地实现“同地、同权、同价”，这是导致农村宅基地无法实现市场化流转的真正原因。

(3) 发展与保障的困境。目前我国农村的社会保障制度还不健全，总体水平较低，绝大多数农村地区社会保障制度还处于空白，宅基地扮演着“社会保障”的角色，广大农民只能把其作为安身立命的基础。一方面，宅基地市场化退出后可以促进城镇化和工业化发展；另一方面，宅基地市场化流转后农民失去了安身立命的土地，未来的生活将如何保障也是一个需要解决的重要问题。宅基地市场化退出存在着发展与保障方面的困境。

二、进城农民在城市的住房问题及住房福利排斥分析

与进城农民在农村中住房闲置和宅基地福利制度的“失效”不同，他们在城市中，居住条件不但十分恶劣，而且由于户籍制度的限制，他们也被排斥在城镇住房保障体系之外。因而出现了农村住房浪费与城镇住房困难、农村宅基地福利制度“失效”与城镇住房福利制度“排斥”并存的矛盾，造成这部分群体在政策实践中处于真正的“边缘”地位，这与福利制度所追求的社会公平的价值诉求严重不符。本部分着重于进城定居农民在农村中住房闲置及宅基地福利制度“失效”进行对照，分析进城农民在城镇中的住房状况及改善住房状况的能力，在此基础上分析现行的城镇住房保障制度对这部分群体的制度排斥。

(一) 进城农民在城市居住的整体情况

1. 进城农民获取住房的方式和住房类型

进城农民在城市中获取住房主要有三种途径：(1) 租赁房屋；

(2) 单位提供；(3) 居住在城市中的亲戚、朋友家中，或者自己搭建房屋。其中，租赁是最主要的方式①。这种研究结论与中国城市发展研究院2011年针对北京和深圳两个大城市中的农民工群体所做调研的结论相似。如图4-2所示，在所调查的农民工中，采取租房方式的农民工占到了67%，说明租赁房屋是农民工获取房屋的最主要方式。其次的方式是单位提供的集体宿舍，占到了被调查者总数的18%。

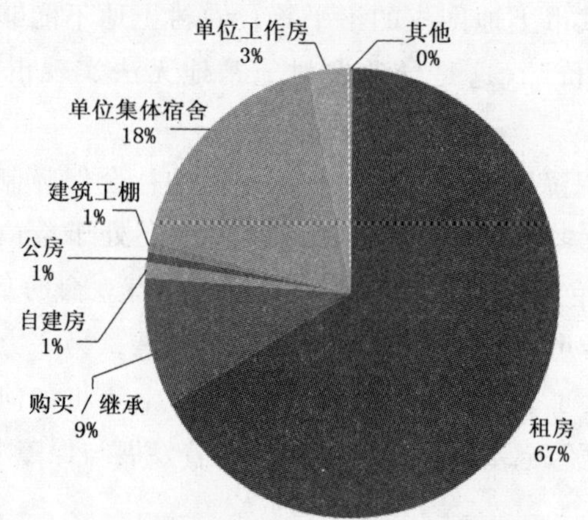

图4-2 北京、深圳两市农民工获取住房的方式

数据来源：中国城市发展研究院2011年问卷调查②。

同样是来自于农民工的调查数据，但是数据的来源不同，上文的数据仅仅是来自于北京和深证两个城市，而图4-3中的数据则来源于国务院发展研究中心2010年重大课题"促进城乡统筹发展，加快农民工市民化进程研究"课题组对全国6232名农民工的问卷调查的数据。这个数据更

① 王汉生、刘世定等："'浙江村'：中国农民进入城市的一种独特方式"，《社会学研究》，1997年第1期；赵君彦、郭洪生："统筹城乡背景下农民工住房保障问题研究——以河北省为例"，《广东农业科学》，2011年第22期。

② 中国城市发展研究院2011年问卷调查选取北京和深圳作为调查地点。两者都是成熟的大城市，都有2/3以上的外来人口。此次调查在北京总共做了有效问卷814份，调研地区涉及到朝阳、西城、东城、丰台、海淀、石景山等六个主城区；在深圳总共做了有效问卷815份，调研地区涉及到宝安、福田、龙岗、罗湖、南山、盐田等6个主城区。内容涵盖生活消费和服务、居住、就业和创业、教育、医疗、社会保障、交通、环境、社会治安、社会公平、社会信任和尊重、政府管理及公共服务等12个方面。

具有代表性。从图4－3中可以看出，自己租房和单位提供住房仍是农民工获取住房最主要的两种方式。但和图4－2中不同的是，农民工租房的比重下降了一半，这与调查地点有关系。大城市中的住房供给与需求的矛盾更加突出，所以获取住房的方式也出现了不同。对于居住在城市中的亲戚、朋友家中，或者自己搭建房屋这种方式，两个调查中均未单独列出，这一项应该被纳入到了其他选项之中。

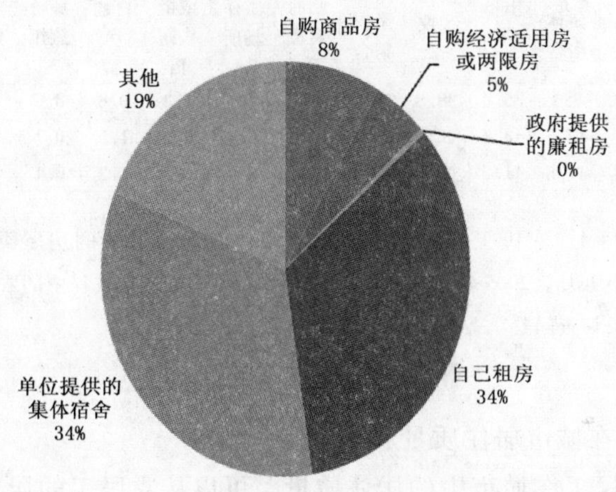

图4－3　6232名农民工获取住房的方式

数据来源：国务院发展研究中心“促进城乡统筹发展，加快农民工市民化进程研究”课题组2011年6232名农民工问卷调查。

但如图4－4所示，当把农民工的工作状态进行分类时，可以发现，不同工作状态时，农民工获得住房的方式是不同的。在他们找到工作之前，借住在亲友家或宿舍的比例近40%，是他们获得住房的最主要方式。在找到目前的工作之后，获得住房的方式则变成了主要以租房和单位提供宿舍为主要方式，这和上文的结论相似。

从居住房屋的住房类型上来看，他们居住房屋的类型和他们获取住房的方式紧密相关，通过租赁方式获得住房的主要居住在城中村或者城乡结合部。在大城市，租住在地下室的人也较多。单位提供的住房往往是工厂厂区中建设的集体宿舍，而在建筑、工矿行业工作的农民工主要居住在简易工棚中。当前流动人口获得住房的方式和房屋类型主要与他们的收入和

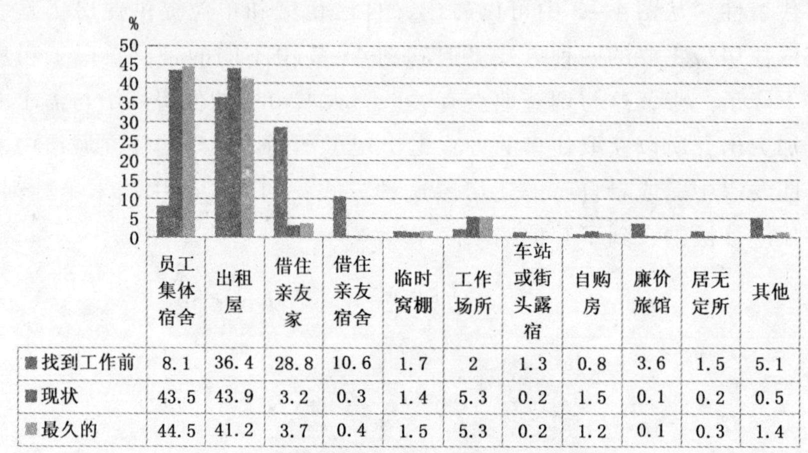

	员工集体宿舍	出租屋	借住亲友家	借住亲友宿舍	临时窝棚	工作场所	车站或街头露宿	自购房	廉价旅馆	居无定所	其他
找到工作前	8.1	36.4	28.8	10.6	1.7	2	1.3	0.8	3.6	1.5	5.1
现状	43.5	43.9	3.2	0.3	1.4	5.3	0.2	1.5	0.1	0.2	0.5
最久的	44.5	41.2	3.7	0.4	1.5	5.3	0.2	1.2	0.1	0.3	1.4

图 4－4 农民工在找到工作前、现在及居住最久的房屋类型

数据来源：中山大学 2005 年国家社科基金重大项目《城市化进程中的农民工问题研究》中“外来务工人员调查问卷”。

职业有关。

2. 农民工在城市居住质量和满意度

要了解农民工在城市中的居住质量，可以从农民工的居住面积和每月房租两个指标来衡量。从表 4－11 中可以看出，不同收入群体的居住面积和每月房屋呈现了一定差异，说明在农民工群体内部在居住质量方面也出现了一定的分化。从居民面积看，高收入群体的农民工的居住面积已经超过了普通的市民，他们的每月房租也远远高于其他收入群体的农民工，说明高收入群体的农民工在居住方面已经达到了市民化的水平。但是从总体平均的结果来看，农民工的平均居住面积为 39.5 平方米，这个数字介于中低收入群体和中等收入群体的平均居住面积之间，这说明大部分的农民工处于居住面积狭小的房屋中，高收入的农民工群体仅仅是少数。从每月的房屋这个指标上，也表现出了同样的特征。农民工总体的平均每月房租为 1299 元，介于中低收入和中等收入农民工群体之间，说明多数的农民工还是处于居住质量较差的房屋中。

表 4－11　北京、深圳两市不同收入水平的农民工的居住面积和每月平均房租

	平均居住面积（平方米）	每月房租（元）
低收入	26.84	1086.45
中低收入	31.81	1198.80
中等收入	44.53	1388.90
中高收入	60.96	1965.31
高收入	141.35	3375.00
总计平均	39.50	1299.02

数据来源：中国城市发展研究院 2011 年问卷调查。

从农民工对当前居住条件的满意度来看，有近 30% 的农民工对当前的居住状况比较满意或者很满意的，但表示不太满意和很不满意的人略高，有 34% 的人持不满意的态度（图 4－5）。尽管当前农民工居住条件较差，但是在对待居住的满意程度上，问题还没有显现的严重。

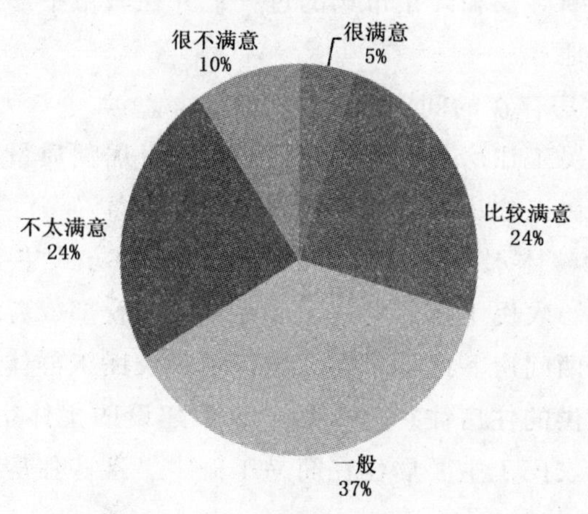

图 4－5　北京、深证两市农民工对当前居住状况的满意度

数据来源：中国城市发展研究院 2011 年问卷调查。

3. 农民工居住形成的社区特点

流动人口居住社区的类型与不同行业的住房获得有较大相关性，且

在城市中呈现出明显的“聚居”特征：一种是集中居住在单位宿舍、工棚，聚居在城市边缘地区；“村落型”聚居是第二种类型，这是大多数流动人口的居住特征；而散居在城市是第三种类型，但数量较少①。对于流动人口“聚居”特点形成的解释，主要认为是由于房屋的价格、区位等因素以及流动人口在行为方式和心理对于城市的适应需要一个过渡过程，这使得他们会通过自发的或非正式的组织，运用建立在家族或地缘基础上的社会关系网选择流入地，从而也影响了他们选择聚居的行为方式。

相关研究对于流动人口聚居的第二种类型中的“城中村”进行了深入分析，他们认为，城中村问题的实质是“外生式的村集体经济、寄生型的村民生存状态和心理状态，数倍于村民且没有根治性的寄居性外来人口，形成了高密度的聚居状况”②。虽然城中村存在着管理困难、无法规划等问题，但是它的存在有其长期性和合理性。同样对于外来人口聚居村落的关注，有学者通过对北京的“浙江村”进行调查，认为这种聚居形式是由于“产业—社区型进入”的方式而形成的，指的是外来人口进入城市的过程是不断寻找和开拓市场的过程，并在城市中形成了以聚居为基础的产业加工基地③。

4. 农民工住房存在的问题及影响因素

综上对于农民工住房获取方式、住房类型、居住质量、居住形成的特点来看，当前农民工住房主要存在的问题是：

（1）居住的整体水平低。农民工获取住房的方式主要是租房和单位提供的集体宿舍。农民工租住的房子多在城乡结合部或者城中村，多是一家住一间房或者两间房。此外，在大城市中，农民工群体租住在地下室的人较多。单位提供的住房往往是工厂厂区中建设的集体宿舍，而在建筑、工矿行业工作的农民工主要居住在简易工棚中。这些住房名义上是居住的

---

① 张子珩：“中国流动人口居住问题研究”，《人口学刊》，2005 年第 2 期。

② 魏立华、阎小培：“中国经济发达地区城市非正式移民聚居区——‘城中村’的形成与演进——以珠江三角洲诸城市为例”，《管理世界》，2005 年第 8 期。

③ 王汉生、刘世定等：“‘浙江村’：中国农民进入城市的一种独特方式”，《社会学研究》，1997 年第 1 期。

房屋，但是缺少配套的设备，往往仅仅是栖身之所。从居住面积上看，不同收入层次的农民工在住房方面也存在分化，但是从总体的平均状况来看，大部分农民工还是居住在狭小的房间内。

（2）形成了城市社区的边缘居住格局。从农民工居住的房屋类型和形成的社区特点来看，农民工的居住地域集中在了城市社区的边缘地带，形成了属于农民工群体的“边缘居住格局”。由于农民工进入城市时，在行为方式和心理上都会有一个过渡和适应的过程，这导致他们多依靠社会网络选择聚居。而他们的聚居地点常常是城乡结合部或城中村、单位提供的简易宿舍或工棚、或者是城市中的地下室或者普通社区中的平房区。这些房屋往往属于城市格局中的边缘地带。从城市内与外来看，城乡结合部是边缘。即使在城市之中，城中村、平房区等也是边缘。

（3）很少能够获得住房保障。从农民工获取住房的方式、平均月租、居住特点等多方面可以看出：农民工收入水平低，但是几乎没有能够获得城市中住房保障的。他们获取住房的方式多是租住，单位提供的住房也仅仅是栖身之所，难以达到保障性住房的标准。从不同收入层次的农民工的房屋租金来看，即使是收入最低的农民工群体，其房屋租金也在每月1000元以上。当然，大城市中的调查样本并不代表所有的城市，但从这一指标中可以看出，农民工群体的住房支出基本完全依靠自己，没有获得相关的住房补助。从他们形成的边缘居住格局来看，正是因为缺少对于农民工群体的住房保障措施，才使得他们只能通过非正式网络，自发形成了这样的居住格局。在城市住房供给方面，当前的住房建设和政策的目标群体并不是流动人口，导致针对流动人口的住房供给不足；而在需求方面，农民工的两栖状况使得他们更满足于在农村建房，收入水平使得他们对在城市中住房的要求不高，缺乏归属的心理则往往使得他们选择聚居的方式。这些因素从深层次来讲主要与城市住房制度、户籍制度有密切关系。当前的制度结构难以承载城市中的流动人口，由于城市社会保障与户口紧密相连，没有户口就不能享受城市中的福利，而在城市住房制度的改革中，也忽略了这一群体，这使得他们在城市中难以购买商品房，只能以租赁为主要方式，而且住房的条件差。

（二）农民工定居城市的意愿及能力分析

根据劳动和社会保障部课题组 2006 年发布的《当前农民工流动就业数量结构特点》称，总体判断，今后一个时期，农民工流动就业将呈两大趋势：一是流动就业的规模会继续扩大；二是流动方向的集中化不减，分散化增加。从生活的状态上来看，当前的流动农民工，已经出现了从“漂浮”到“扎根”的转变，他们已经从“流动人口”逐渐成为了“劳动移民”。随着城镇化进程的加快，进城农民工的数量不但快速增加，而且农民工进城务工的实际状况也发生了明显的变化，在城市的流动的稳定性显著提升，呈现出长期化、家庭化、年轻化趋势，尤其是新生代农民工（指出生于 20 世纪 80 年代末的青年农民工群体），常年居家在城市居住的数量明显增多。

1. 农民工定居城镇的意愿强烈，但住房问题阻挡了进城脚步

根据国务院发展研究中心 2011 年发布的《农民工在城镇落户定居的意愿强烈》报告显示，随着农民工进城务工趋于稳定，他们在城镇定居的意愿越来越强。具体来讲，如图 4－6 所示，只有 20% 的人明确表明不会定居城市，当前在城镇仅仅是为了工作。虽然明确表明无论如何都要在城里定居的农民工也只有 28%，但从被调查者的态度中可以看出，假如没有当前诸多因素的限制，一旦有机会，他们还是希望在城镇定居的，至少不会排斥城镇。

此外，从定居地点上看，多数农民工愿意在自己的务工地点定居；从年龄群体上来看，新生代的农民工在城镇定居的意愿远比 50 岁以上群体的意愿强烈。

但是，当前的住房问题阻挡了农民工进城和融入城市的速度。在城市的各个方面中，房价是被调查者最不满意的方面，有 1/4 的被调查者选择了房价一项，而对于最企盼的解决的方面，解决住房问题仅次于提高居民收入[①]。这两个结果充分表明了上述观点。

---

① 中国城市发展研究院 2011 年问卷调查。

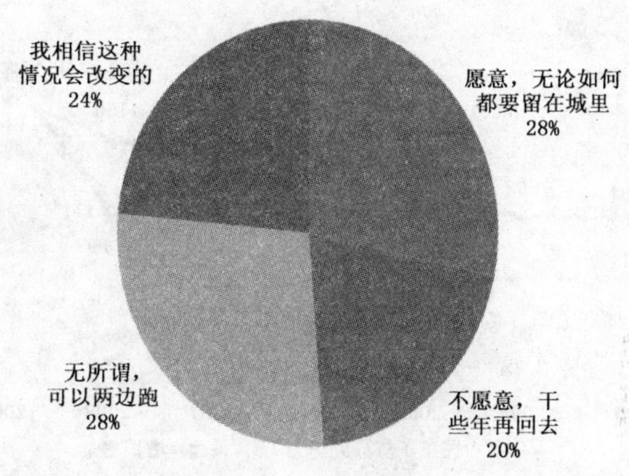

图 4-6　农民工定居城镇的意愿

数据来源：国务院发展研究中心“促进城乡统筹发展，加快农民工市民化进程研究”课题组 2011 年 6232 名农民工问卷调查。

2. 农民工定居城镇的能力虽在提升，但仍显不足

由上文所述，农民工进城定居表现出了强烈的意愿，但要进城定居，还需要具备定居的能力，收入是定居能力的重要反映指标。如图 4-7 所示，农民工的工资呈现出了不断上涨的趋势。根据农业部农村经济研究中心的入户调查数据[①]，从 2003 年到 2009 年，农民工工资保持了上升趋势，但增长率呈现波动性上涨。农民工工资的绝对收入从 2003 年的平均每人每月 781 元增长到 2009 年的 1348 元，除在 2007 年、2008 年有小幅下降外，其他年份都在增加（图 4-7）。

虽然农民工的工资水平呈现出不断上升的趋势，但从工资收入的绝对数量看，这些收入还无法支撑其市民化的成本，其中，难以购买住房就是非常重要的一项。截至 2009 年，农民工的平均工资仅为 1348 元，这样的水平仅仅能够维持租房，而不能购房。据国务院发展研究中心“促进城乡统筹发展，加快农民工市民化进程研究”课题组 2011 年 6232 名农民工问卷调查数据显示，有意向在城镇中购房的农民工，能

① 获得此数据的方式是，通过每年的问卷调查，调查的问题为“您上个月的工资是多少钱”。

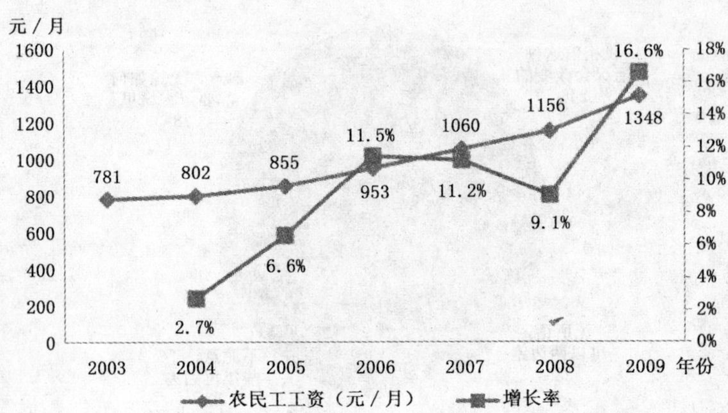

图 4－7　2003—2009 年农民工月工资及其变化情况

数据来源：农业部农村经济研究中心入户调查数据。

够承受的商品房单价平均为 2214 元/平方米，能够承受的商品房总价平均为 21.82 万元，能够承受的月租金平均为 292.7 元，这些都大大低于务工地的一般房价和房租水平。这样的工资投到农村，由于有农村宅基地，他们不需要支付土地使用的成本，同时农村中不存在房屋供求市场等，多是自己建房，其成本远远小于在城市购房。从工资水平的角度来讲，我们或许能够理解农民工虽然存在强烈的定居城市的意愿，但却将住房投资投回农村的行为。

3. 农民工改善居住条件的期望多样，保障性住房需求明显增强

当前，进城农民在城市中的居住状况整体水平较差，有着强烈的改善居住条件的需求，其中通过政府放开购买保障性住房限制能够购买经济适用房或两限房的方式成为他们的首选。国务院发展研究中心“促进城乡统筹发展，加快农民工市民化进程研究”课题组 2011 年 6232 名农民工问卷调查数据显示（如图 4－8 所示），想在务工地定居并成为市民的农民工，有高达 44.2% 的人期望能购买经济适用房或“两限房”，12.3% 的人期望能申请廉租房或公共租赁房，两者高达 56.5%。可见，随着进城农民定居城市意愿的增强，希望通过获得城市中保障性住房的方式改善居住条件的需求也日趋强烈。

同样来自这一调查的“想回家乡城镇定居的农民工改善住房的期望

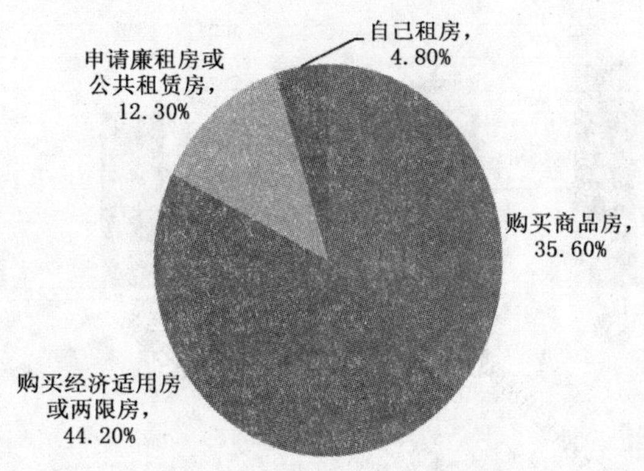

图 4－8 想在务工地定居的农民工改善住房的期望方式

数据来源：国务院发展研究中心“促进城乡统筹发展，加快农民工市民化进程研究”课题组 2011 年 6232 名农民工问卷调查。

方式”的数据，也进一步验证了农民工群体对保障性住房需求强烈的这一论断。在想回家乡城镇定居的农民工中，有 31.6% 的人期望能购买经济适用房或“两限房”，比期望购买商品房的 34.2% 略低，如图 4－9 所示，5.8% 的人期望能申请廉租房或公共租赁房，保障性住房所指向期望方式高达 37.4%。可见，无论是想在务工地定居的农民工还是想在家乡城镇定居的农民工，都对城镇中的保障性住房给予较高的期望，希望通过购买或者申请保障性住房的方式获得城镇住房并改善居住条件，所不同的只是在务工地所在城镇还是定居户籍所在地城镇。

（三）城镇住房保障对进城农民的福利排斥分析

通过对进城农民在城市中住房状况、定居城市意愿及能力的分析我们发现，随着农民工举家迁入城镇，其定居城镇的意愿明显增强，定居的能力也有所提升，但城镇中商品房超高的房价远远超过了其承受范围。商品房市场所提供的住房实质上已经对他们形成了一种“排挤”。通过市场方式获得住房对大部分农民工群体来说显得遥不可及，因此，他们对城镇中针对中低收入者的保障性住房的需求尤显突出。然而，从我国城镇住房保障制度体系的实践来看，各地城镇住房保障制度虽有所不同，但指向的都是具有当地城镇户籍的中低收入者群体。很明显，进城定居农民不在其保

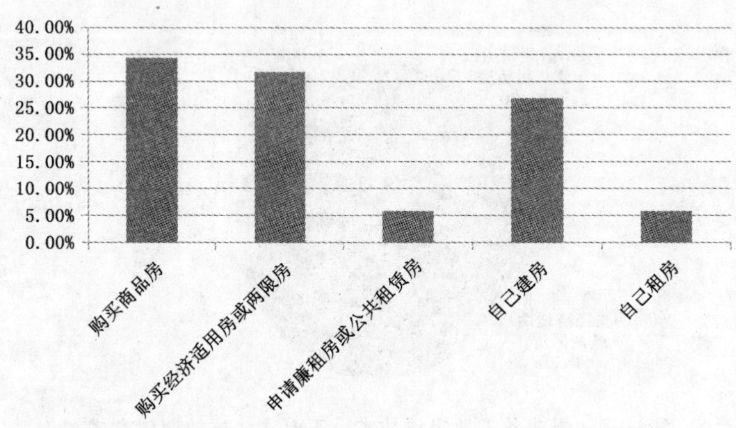

图4-9 想回家乡城镇定居的农民工改善住房的期望方式

数据来源：国务院发展研究中心“促进城乡统筹发展，加快农民工市民化进程研究”课题组2011年6232名农民工问卷调查。

障范围之内。

1. 进城农民成为城镇中新的弱势群体

随着城镇化进程加快而大量涌入城市中生活、就业的农民工，他们面临的是白手起家的环境，其生计方式的转型，使得他们并没有在城市中快速定居下来的基础。同时，他们在城市中的工作往往处于产业分工的低端，工资收入水平很低。基础薄弱加上低端就业低，使得大量的进城农民成为城市中的新的低收入者，处于社会中的绝对弱势地位。这种弱势地位使得他们实际已经拥有了获取城镇住房保障制度庇佑的前提。

2. 城镇住房保障制度的户籍排斥

从住房保障制度实践来看，无论是国家出台的相关政策还是各地地方政策，都明显的带有城镇户籍资格条件的限制。如国家2007年出台的《经济适用住房管理办法》规定的经济适用住房的购买条件是：具有当地城镇户口。各地方政府在实施住房社会保障制度时也普遍规定：住房保障的对象应是具有本地户籍的居民。这些规定实际是否定了进城农民在城镇申请住房保障的资格。以拥有当地城镇户籍为一个必备条件，排斥农民工获得住房保障的资格，是我国城乡二元户籍制度造成的结果。城乡二元户籍制度是具有我国特色的历史的产物，计划经济时代社会成员有农业户口和非农业户口的区分，在相当长的一段时期内，国家以这种户口的区分来确定相应的社会待遇，也建立了城乡二元的社会保障体系。随着改革开放的深入和市场经济体制的建立，城乡二元的结构已经发生了很大的变化，但户籍制度仍没有实质性的变化，成为当前定居城镇的农民获取住房保障的制度障碍。

从城镇化角度来看，我们一般将在一个城市中居住达到半年以上的外来务工人员视为城镇的常住人口，这也是我国近几年来城镇化率迅速提高的原因之一。然而在承认进城农民对城市发展贡献的同时，他们与城镇居民享有共同福利的权益却因为缺乏城镇“户籍”而被排除在外。虽然随着近几年来住房保障制度的改革和完善，国家和部分地方政府已经在尝试将进城农民纳入城镇住房保障制度体系中，例如，2008 年 1 月 10 日建设部等五部委印发了《关于改善农民工居住条件的指导意见》，首次提出要将农民工住房问题纳入城市规划。但从各地运行的总体情况来看，现在对农民工住房保障问题依然缺乏资金的投入和行之有效的解决方案。

总之，虽然我国城乡二元的结构已逐渐松动，且不少地方也尝试一些新的举措将进城农民纳入到城镇住房保障体系中，但要真正实现住房保障制度对进城农民的社会公平与正义的价值诉求，还需要长时间的制度调试过程并在调适之后在现实中探索具体执行的问题。在这样的工作还没有做到位的情况下，进城农民就会一直被排斥在城镇住房保障制度之外，进城农民在城镇中的住房问题和住房需求也就无法真正获得解决和满足。进城农民无法真正享受城市发展的成果，最终必定会进一步影响我国城镇化发展的质量。

三、城乡住房保障制度衔接的制度设计及实践研究

通过对进城农民在农村住房浪费和宅基地福利实际“失效”与在城镇中住房困难和城镇住房保障制度的福利排斥的矛盾加以分析，我们发现，在农村中，这部分群体虽然享有宅基地的住房福利，但由于长期在城市中生活、就业，并没有真正获得这种福利所带来的实际效果，虽然看得到、摸得着，但整体上却处于“死”的状态中；在城市，他们又往往缺乏获得城镇住房保障制度的户籍资格，无法享受城市发展带来的住房条件

的改善，属于“摸不到”的福利。实际上他们已经被排斥在我国住房福利制度之外。如何将农村中死的福利盘活，又能摸得着城镇中的福利制度？对此，本书提出在确保进城农民权益的基础上将城乡两种福利制度进行置换的思路和制度设计。本部分在分析前文的基础上，着重对福利置换思路进行分析，并通过总结天津、浙江嘉兴的政策实践经验，对城乡住房保障制度衔接进行制度设计。

（一）城乡住房保障制度衔接的制度设计

当前，城乡二元的住房保障制度使得进城农民既不能享受城市住房保障制度的惠及，同时他们在农村的宅基地福利制度也未发挥实际的作用，出现了制度的“闲置”和“失效”。在这种背景下，需要提出新的思路解决这看似矛盾的现象，为农民工更好的融入城镇，实现农民工市民化提出解决措施。

1. 城市和农村住房保障制度衔接的核心：福利置换

城市的住房保障制度，是对于城镇低收入群体的一种生活福利。农村的宅基地制度，对于农村居民而言，也是一种福利。这两种福利是在中国社会城乡分割的大背景下所形成的不同福利制度，但其本质都是保障居民的基本居住权利。在城镇化背景下，大量人口从农村流向城镇。而分处于城镇和农村的两种福利性质的住房保障制度却没有随着这种人口的变动而进行相应的变革。这就出现了一种奇怪的现象：城镇的住房保障排斥农民工，而农民工因为长时间居住在城镇，实际上也并没有享受到农村宅基地福利的保障。

要改变这种情况，就要找出针对农民工群体的，将他们在农村的宅基地住房保障制度和在城镇的住房保障制度进行衔接的思路。因为农村宅基地制度和城镇住房保障制度的本质都是一种福利制度，因此，这两种制度衔接的核心思想是“福利置换”。具体来讲，就是将有进城定居意愿的农民在农村的宅基地福利置换他们在城镇的住房保障福利。如果实现了这种福利置换，就能够使得农村的土地资源不再进一步占用，不再有更多的闲置；农民在城市中也能够有住房保障，不必继续支付居住的较高成本，同时居住水平也会得到提高。

2. 福利置换必须坚持公平和循序渐进原则

社会保障制度的最基本的价值诉求就是社会公平和正义。住房保障的公平主要有两种表现形式：①横向公平，即同等收入和住房条件的人群保障标准应该相同；②纵向公平，即不同收入与住房人群的保障标准又应该分别制定。当前进城农民已经成为城市发展中的新的低收入弱势群体，需要被纳入住房保障范围内。但现实中，进城农民在农村的宅基地福利无法真正享有，而在城镇又由于户籍的闲置被排斥在城镇住房保障之外，这显然不能说是公平。

同时，我国进城农民群体过多，在短期内解决所有人的住房问题也是不现实的。大量农民进城，使得城镇人口、资源和环境互不协调，城市内本已紧张的公共资源也会超负荷运转；住房、道路、交通的拥挤给城市环境增加压力，物资和能源的消耗也急剧增加。因此，解决进城农民住房问题应该循序渐进，制定福利置换相关政策时要避免剧烈变动，以维持稳定为原则。国家政策要掌控全局，同时赋予地方政府局部微调的权利，城市间的政策也应相互协调，避免住房政策造成农民工过度集中，要使农民工分散就业，促进地区经济发展。

3. 福利置换可供选择的方式

解决农民进城定居的住房保障问题，就要找到农民在城镇获得住房保障与农村宅基地制度的衔接机制，这种衔接是指农民在农村的宅基地退出，通过这种退出，能够获得在城镇的住房保障。这种衔接机制的核心思想是“福利置换”。在此思想下，根据已有的理论和一些实践，可供选择的具体实现方式包括以下三种：

（1）以市场的方式作为福利置换的基本手段。要实现农民在农村宅基地的退出，同时实现农民在城市获得住房保障，市场化是一种选择。在市场作为福利置换基本配置手段的条件下，在农村宅基地退出的过程中，可以使用货币作为媒介，根据农村宅基地的面积、区位、周边公共设施的完善程度、交通便利程度等属性对其进行定价。农村宅基地这种福利制度供给的资源能够在市场上进行交易、流通，农村宅基地能够有商品的属性。此外，农村宅基地还可以作为抵押品，进入金融市场，农民可以将宅基地资产化后形成可以获得贷款的抵押资产，这样也可以缓解中国农村农户信贷约束的问题，或者为回乡创业的农民增加贷款的抵押来源。

农村宅基地能够通过货币化的方式在市场上变现，他们就能够增加货币资产，这些通过销售或抵押农村宅基地所获得的货币可以进入城镇的住房保障市场。在获得城镇住房保障的过程中，农民工可以通过购买的方式获得保障。但具体的制度设计，还需要进一步斟酌，或者从各地的实践中去总结相关的经验，提出更加具体的做法。

（2）政府主导进行福利置换。政府主导的福利置换在各地已经进行了很多实践。一方面，因为中国的土地所有权是归国家所有，所以国家有能力也有地位的合法性来主导中国的土地改革；另一方面，政府扮演着住房保障和福利提供者的角色。因此，政府主导两个分割社会中的福利置换无疑具有先天的优势，或者说，政府具有某种执行的责任。

在政府主导进行福利置换的方式中，在农村，政府统筹农村宅基地的审批和使用，对外出务工的农民所闲置的宅基地进行统一退出或者实行某种条件下的退出。退出的宅基地可以增加到城镇建设用地的指标中，或重新整理成农田，或用于其他开发用途。在宅基地退出的同时，政府主导，为进城定居且在农村退出了宅基地的农户提供城镇住房保障，包括提供集体建房或者是提供分散性的经济适用房。

在这种置换方式中，政府是绝对的主导力量，而农民工则是被安排者。从当前各地实践来看，主要方式有天津的“宅基地换房”、浙江嘉兴的“两分两换”以及在江西、安徽、河南等地试行的土地置换城镇房屋的实践。从表面看，各地的实践方式相似，但效果却出现了极大的差异。有些地方政府主导的实践能够达到土地资源的合理优化配置，但是在更多的地方，政府主导之下的农村宅基地换房并没有取得良好的效果，农民“被上楼”、土地强征事件屡屡不断，成为集体冲突和上访的重要来源。如何以政府主导来进行这种福利置换，还需要在实践中总结成功的经验以及相关的教训。

（3）同时使用市场配置的方式和政府监管的方式进行福利置换。如上文所述，单纯以市场手段或者是政府主导手段进行福利置换，都具有可行性。但是根据经济学理论以及过往社会改革的经验来看，单一使用某种手段，往往都会出现某些弊端。单纯使用市场化的手段，往往在竞争机制之下，出现更为严重的“马太效应”，出现更加巨大的贫富分化，那些更为弱势的农民群体往往还是不能在这种方式中受益；单单使用政府主导的方式，往往会因缺少监管者而出现政府和资本勾结，以损害农民利益为结果的改革，或者出现效率低下、群体性事件频发等痼疾。

在这种情况下，往往会采取市场配置方式和政府监管双管齐下的思路。农村宅基地依然可以作为商品进入市场进行交换，或者是成为抵押资产使农民获得贷款，缓解农村金融中的约束。同时，为避免大资本下乡攫取农村的土地，政府作为监管者，应该对农村宅基地市场进行有效监管，设置相关门槛，或者对农村宅基地市场的交易进行审核。另外，政府承担的是维护福利置换中弱势群体利益的角色。毕竟在一场政策变革中，往往是弱势群体承担了改革的代价，一旦他们失去了最基本的生活保障，将会成为新的贫困群体，同时也会增加社会冲突的潜在可能。在具体尝试结合市场和政府两种手段的实践中，可以从重庆“地票交易”的模式中寻找可供借鉴的操作元素。

在真正的政策改革的过程中，上述方式，到底哪一种更适用于农民退出农村宅基地以获得城镇的住房保障，实现两种福利的置换，还需要在具体实践中去总结相关的经验和教训。而这些方式，到底有哪些利弊，福利置换的方式到底应该如何操作，如何更好地让农民工融入城市中，实现农民工市民化，是本项目下一阶段将要回答的问题。

（二）实践探索

以“福利置换”为核心思想的进城定居农民住房保障制度，其衔接设计的核心是退出农村宅基地以换取在城市中的住房保障。这一思路还没有完全在实践中开展，目前已经实行的是宅基地换房等方面的探索，这种探索和“福利置换”思路的制度设计有一定的不同，但是可以为“福利置换”思路的制度设计在土地的处理方式、可行的操作方式、可能会存在的问题等方面提供借鉴。以天津华明镇、浙江嘉兴两个地区为案例研究的对象，分析两个地区进行政策变革的背景、操作方式、存在的问题。在此基础上，分析“福利置换”的制度设计和两地实践的相同和不同之处，从两地政策实践中提取“福利置换”制度设计的借鉴之处。

1. 天津华明镇“宅基地换房”的实践探索

天津华明镇“宅基地换房”政策实践的背景是，土地和资金两大因素制约了天津新农村建设进程中小城镇的建设与发展。为解决这两大难题，天津市以华明镇为试点进行了“宅基地换房”的探索与实践。

宅基地换房是指在国家现行政策框架内，坚持承包责任制不变、可耕种土地不减、尊重农民意愿的原则，高水平规划、设计和建设有特色、适于产业聚集和生态宜居的新型小城镇。农民以其宅基地，按照规定的标准，换取小城镇中的一套住宅，迁入小城镇居住。农民原有的宅基地统一组织整理复耕，实现耕地占补平衡。

这种实践的基本想法是，通过建设用地指标的置换，使分散居住的农民向新建小城镇集中，实现土地的集约利用，并将节约出来的建设用地或用地指标以市场价格出让，根据市场供求关系有计划、有步骤地分期、分批出让土地，营造有利的市场环境和有利于投资创业的政策环境，提高土地的附加值，将土地增值收益最大化，使农民享受到土地增值带来的好处。

在政策具体实施中，先由国土资源部率先安排 6402 亩周转用地，然后由东丽区政府牵头，由区建委成立一个建筑公司——天津滨丽公司，负责征地、融资、建设，政府负责制定政策、做好群众工作，清点土地，企业向银行贷款融资，房子建好之后，农民按相应的标准以宅基地置换城镇商品房。宅基地换房的基本步骤是：①房屋普查、建立档案；②规划建设；③村民申请；④实施换房。

“宅基地换房”的配套政策则包括：①土地复耕。农民宅基地换房后，由村民委员会负责组织村民对宅基地（包括村庄建设用地）进行复耕，由市土地行政管理部门组织验收。复耕后的土地仍然发包给本村村民，不改变原有的土地承包责任制。②就业途径。宅基地换房后，华明镇安置农民就业的途径有三方面：一是向全市企业推介、输送人才；二是在本区域企业安排物流、保安、保洁等就业岗位，提升农民工技能和素质；与企业合作搭建就业信息平台，管委会通过将企业就业需求信息及时发布到所辖小区；三是利用工业园区优势，设立新区居民培训学校，免费培训农民，开设驾驶、电焊、保洁等课程。③扩大社会保障范围，全镇 16—

55岁适龄人员中，城镇职工养老保险参保率已达88%；新型合作医疗参保率达到100%；农民达到规定年龄（男60周岁、女55周岁），可以享受平均每月470的社会保障金（80岁以上的570元）。④广开农民增收渠道，包括借滨海新区发展之势，通过建设农民保障性可出租用房等方法，解决农民的“租金”收入；借势探索新型集体经济组织形式，使农民变为股民，增加农民的“股金”收入。

虽然宅基地换房取得了较大的成效，但是在操作中也出现了很多问题，主要问题是：①实施中政府强力推进的痕迹较重，给后续工作埋下隐患；②旧房测量和评估没有做到完全客观中立，不偏不倚，置换标准也成为村民最大的不满；③区域地价的不同使得农民心理不平衡，导致地价低地区的农民不愿换房；④生活方式突然转变，但村民身份、“农业户口”未变，现在还只能称之为“准居民”，这个过渡期尚未明确；⑤政府帮助解决居民收入问题的措施不完善，提供解决岗位不足，而居民生活成本却实际增加。例如，在新搬入的小区中，物业费、取暖费、电梯费、村委会工资等都是暂时由镇政府补贴，如果政府的资金链紧张或者改为居民自行承担（事实上已经开始出现），就会面临经济困难。而且除了这些费用外，农民家庭的水费、电费、生活能源费用等必然也会增加，同样给农民增加了支出的负担。

2. 嘉兴“两分两换”的实践探索

浙江省嘉兴市“两分两换”的基本内容是：将农民的宅基地与承包地分开、搬迁与土地流转分开，以宅基地置换城镇房产、以土地承包经营权置换社会保障。这项政策实施的背景是，浙江从1993年开始率先推出了以土地换社会保障的补偿方式，为解决失地农民问题做出尝试。2008年4月，浙江省省委、省政府作出了嘉兴、义乌推进统筹城乡综合配套改革的决策部署。嘉兴市市委、市政府结合实际，以打造城乡一体化先行地为目标，启动开展了“两分两换”试点工作。其工作目标是五化，即：①通过土地流转规模集约经营，加快推进农业产业化；②通过盘活农村非农建设用地存量和挖掘潜力，加快推进工业化；③通过转移、培训和提升农民，加快推进农民市民化；④通过加大以城带乡、以工哺农力度，改造农村、提升农业、转移农民，加快推进农村城镇化；⑤最终实现城乡一体化。

在具体操作方式上，农民以宅基地置换城镇房产有三种方式：①作价领取货币补贴到城镇购置商品房；②到搬迁安置区置换搬迁安置房或自建联排房；③有产业用房的，可部分或全部到产业功能区置换标准产业用房。

以土地承包经营权置换社会保障有两种基本方式：①在依法、自愿、有偿的前提下，采取转包、出租、入股等方式全部流转土地承包经营权，流转期限在10年以上的，按照城乡居民社会养老保险中城镇居民的缴费标准和待遇置换社会保障；②在有农业投资开发公司承接和整片开发的基础上，农民自愿全部放弃土地承包经营权，同时按照被征地农民养老保险政策置换社会保障。

但是，在嘉兴“两分两换”的政策实施中，也遇到了一些问题。例如，部分农户对土地流转顾虑较多，主要是就业、生活保障等问题，且作为股份投入或养老保险每年获得的收益有限，对农户吸引力不大。这在经济发展水平相对较低的村镇尤其明显。目前，很多地方实质上推行的已经是“一分一换”，即单纯的宅基地流转，土地承包经营权则主要通过有关平台逐步流转。另外，地方财政压力大。“两分两换”推进初期，需要大量资金用于土地流转、宅基地置换等。农业项目招商要求高，部分劳动力就业难，涉及的法律问题较多。此外，农业龙头企业、农民专业合作社等农业现代经营组织少，土地承包经营权换保障的财政资金压力大；需要调整的基本农田和耕地的面积大，受到土地利用总体规划的限制；宅基地换住房受到周转指标的影响，且运作过程中的资金平衡压力大。

3. 两地的实践对“福利置换”制度设计的启示

通过对天津华明镇“宅基地换房”、浙江嘉兴“两分两换”两项政策实践的分析，可以看出两项政策的实践和本研究以“福利置换”为核心的制度设计，在解决进城农民的住房保障问题上存在较多的不同，但在政策的操作方式和实践效果上，两项政策实践对本研究的制度设计仍然有其借鉴意义。

（1）两地政策实践对宅基地的退出有借鉴意义，而没有涉及城市住房保障制度的变革。

天津和嘉兴进行的实践，是在农民退出农村宅基地的使用权后才能通过置换或者作价的方式获得新的住房保障。两个地区更多的是围绕的农村土地的集约利用，或者是通过增加农村耕地指标，从而使得城市拥有更多的建设指标。两种政策实践的出发点并不是为了解决进城定居农民的住房保障问题。因此，都没有涉及改革城镇住房保障制度，以优先惠及进城农民。

“福利置换”的制度设计包括进城定居农民在农村的宅基地退出和在城镇获得住房保障两个方面。两个地区的政策实践更多的是在宅基地退出方式上提供借鉴，两者采取的退出方式主要是：①直接置换安置房，原来的宅基地复垦为农田；②宅基地退出后政府给予作价补偿。这些方式都要求集体退出才能达到统一复垦，如果是分散的宅基地退出，这两种政策实践还没有给出探索。

（2）进城定居农民和现有政策实践中的农民不同，但通过宅基地退出获得作价收入，为购买城市住房提供一定基础。

两地所施行的政策实践所面对的农民，绝大部分还保持着原有的生活形态。他们的生计方式还没有适应城镇的生活。他们是作为城镇化的被动接受者，被迫完成了农民市民化的不彻底的转型。相较而言，进城定居农民有强烈的定居城市的意愿，同时需要在城镇中获得住房保障，而两地实践中的农民则没有主动定居城市的意愿，他们的住房需求是在要对原来宅基地进行集约化使用、失去原来房屋的前提下产生的。

虽然本书研究的对象和当前政策实践中的农民面临的境遇不同，但他们都需要获得住房保障，因此，从获得住房保障的方式上，两地的政策实践有的可以为“福利置换”的制度衔接设计提供借鉴，有的则不能。①天津华明镇的宅基地换房政策实践，是在对某些村庄农户进行集体搬迁的条件下进行的，对于宅基地的复垦和重新开发也是集体进行的。而当前进城定居农民并非是集体迁入城市，他们在农村中的宅基地是分散分布的，无法进行集体统一开发。此外，直接用宅基地置换住房的方式很难应用到进城定居农民的境况中，因其来源是全国性的，宅基地分散在全国各地，很难实现跨地域的宅基地置换房屋。②浙江嘉兴的政策相对多元化，被占宅基地的农户可以选择置换安置房或自建联排房，也可以将宅基地作价，自己拿钱去城市购买商品房。将宅基地作价的方式给了进城农民将宅基地和房屋货币化的机会。通过获得资金，使农民可以获得获取保障房的能力。

两地政策实践可以借鉴的、对进城定居农民获得住房有益的方式是将农村的宅基地作价，使农民获得作价收入，从而为购买城市住房提供一定的基础，比如可以交纳房屋首付。

（3）在宅基地退出的操作方式上，可以借鉴两地市场手段的政策实践。在两地政策实践中，宅基地的复垦和退出中采用了“政府＋市场”或者政府主导的方式。①在天津华明镇的宅基地退出中，由东丽区建委成立公司，负责征地、融资、建设，政府负责制定政策、做好群众工作，清点土地。这是在政府主导下成立企业组织，并且在宅基地退出的过程中也是采取市场方式运作的。为解决资金紧缺问题，公司向银行贷款融资，而没有获得财政支持。②在浙江嘉兴的政策实践，是在政府主导下进行的，政府出台城乡统筹的政策，然后统一开展宅基地整理、复垦工作。对于不想置换安置房的农户，对其进行货币补偿。

结合本书进城定居农民宅基地的退出方式，可以借鉴的是“以市场手段为主，政府手段为辅”的方式。进城定居农民是分散存在的，而“政府主导”或“政府主导加市场辅助”的方式更多是进行集体宅基地退出，两者是不相符的。以市场手段为主、政府为辅的方式，宅基地进入交易市场前由政府进行验证，合格后则能进入交易环节。这样能充分给予农民对自己宅基地决策的自主权。同时，通过交易的方式，能在一定程度上突破地域范围的限制。这对于进城定居农民宅基地退出是有参考价值的。

综上所述，天津华明镇的“宅基地换房”和浙江嘉兴的“两分两换”政策：①对以“福利置换”为核心的进城定居农民住房保障制度衔接的借鉴意义在宅基地退出方面，而对城镇住房保障制度方面的改革没有借鉴意义；②进城定居农民和两地政策实践所涉及的农民面临的是不同的境况，在政府主导下的政策改革对进城农民获得住房保障的借鉴意义在于，农民可以通过宅基地退出获得货币补偿的方式为购买城市房屋提供一定的基础；③农民宅基地的退出需要在农民自愿的基础上。当前宅基地的退出在法律、制度上还存有争议，应保证农民对宅基地的合法使用权。

四、促进城乡住房福利置换的政策建议

（一）建立多元的农村住房保障体系

从现代住房保障制度来看，宅基地福利制度只是给予农民居住权的一种最低层次的保障，农户只是无偿获得宅基地，而住房还必须依靠农民家庭为主的自我保障，因此这项保障并不能为特别贫困的农民群体提供真正有效地住房保障。因此，建立多元化的农村住房保障体系，不仅可以切实提高农村居住保障的层次和水平，也是从源头上健全农村宅基地退出机制的重要方面。

首先，完善农村住房保障政策体系，改变现行单一的宅基地实物保障模式，建立起农村宅基地实物保障、农村住房实物保障和货币化保障相结合的多元化、多层次的农村住房保障政策体系。

其次，鼓励和引导各地农村集体组织兴建集中性农民公寓等，变宅基地实物分配为住房实物分配，变宅基地保障为住房保障，一方面可以提高农村住宅用地开发利用强度，控制宅基地新增规模，减少耕地占用的压力；另一方面有利于改善农村居住质量和农村环境面貌，并切实起到对困难农户居住的保障作用。

再次，对于具有一定经济条件又已在城镇就业但保留了农村户籍的农户，通过变宅基地或住房实物分配模式为货币分配模式，引导其迁入城镇或城市居住，促进城镇化进程，并减少对农村宅基地的占有，从根本上解决当前城镇化快速推进下农村居民点面积不减反增的问题。

（二）建立与农村住房保障体系相适应的宅基地有偿退出机制

农民广泛享有的宅基地福利是农民不可剥夺的既得利益，无论什么样的改革方案都不能侵夺这种既得利益。农村宅基地制度创新是以提高土地资源配置效率和增加农民福利为目标的。因此，建立有偿退出机制必须从以下几方面入手：

首先，建立农村宅基地退出机制必须以保障农户对宅基地的合法权益，不增加合法占用宅基地农户的经济负担为基本前提。宅基地收回补偿机制也必须以当事人取得宅基地的合法与否为基础（包括因继承、转让

等合法途径取得的多处宅基地），对于取得不合法的，原则上应当无偿收回。其次，建立“异地异价”补偿标准。补偿制度建立的核心是制定国家、村集体、农户三方均认同的补偿标准及补偿方式。根据宅基地所处区位的不同，复垦后土地的质量不同，给予不同的补偿标准，而不是统一宅基地每亩获同样的价格。对于城郊的农村地区，可以基于市场原则主要用“以房换房”模式对原有宅基地进行补偿，而远郊区、位置偏僻地区、生态资源环境较差的区域，可以考虑“以钱换房”，特别是向中小集镇转移的，通过定价方式对宅基地流转进行补偿，这个补偿价格必须满足其在小集镇购买住房的需求。再次，建立促进农户主动退出宅基地的激励机制和约束机制，随着这些机制的实施，农户有自愿退出宅基地的需求。从动力机制层面上理解，就是要形成宅基地退出的引力机制、推力机制和压力机制。通过引力、推力和压力三力协同作用，促进我国农村宅基地申请及利用过程存在问题的解决。

（三）适当放开经济济适用房、廉租房户籍限制，逐步建立全覆盖的城镇住房保障体系

进城定居农民也属于住房社会保障制度的保障对象。对于弃农入城的农民，要考虑将其逐步纳入城市保障性住房的范围。

首先，进一步健全中低收入者的评估机制。进城农民由于大部分从事的是低端产业，工资水平低，有的甚至无法享受到企业的社会保险待遇，他们的实际收入要低于正常社会保障机制下的就业群体。因此，应将他们纳入低收入者的评估机制中，对于的确符合低收入的进城定居农民让其享有申请廉租房的资格。其次，进一步完善住房公积金和经济适用房等政策，对部分有能力且愿意在城市长期定居的进城农民，应按照城镇居民的同等待遇允许其申购经济适用房或廉租房。对于有购房需求的农民则在其公积金、购房贷款、有效抵押物等方面予以支持，进一步释放农民的购房潜力，降低农民进城居住的门槛。

第四节 进城农民工子女教育与农民教育培训

农民工子女教育问题是影响农民工就业决策的重要影响因素，只有让更多的留守儿童能够随父母一起到城市接受教育，才能从根本上减少留守儿童的数量，根除农民工留守儿童问题。人才是强国的根本，农业农村人才是强农的根本。农民教育培训是农业农村人才工作的重要内容，是提高现有农业劳动力素质、提升劳动技能的重要措施。

一、进城农民工子女教育问题

为解决进城农民工子女接受义务教育问题，中央政府自 2001 年开始逐步调整相关政策，并最终形成“以流入地区政府管理为主，以全日制公办中小学为主，采取多种形式，依法保障流动人口子女接受义务教育的权利”，即“两为主”政策①。

（一）农民工子女义务教育基本情况

1. 义务教育阶段的农民工子女规模庞大，大部分留守儿童在老家上学

根据 2005 年全国 1% 人口抽样调查测算，全国农民 0—17 周岁留守儿童约 5800 万名，其中 14 周岁以下的农村留守儿童约 4000 万名。农村留守儿童在全国农村儿童中的比例为 28.29%，按年龄划分的学龄前

① 进城农民工子女教育问题主要引自方华执笔：“进城农民工子女义务教育问题研究——基于流入地政府执行‘两为主’政策的视角”，载宋洪远：《中国农村要素市场调查分析报告》，中国农业出版社 2012 年版。

（0—5 周岁）、小学学龄（6—11 周岁）、初中学龄（12—14 周岁）和大龄（15—17 周岁）四组中，各组所占全部农村留守儿童的比例分别为27.05%、34.85%、20.84%和17.27%。这意味着处于义务教育阶段的农村留守儿童约3200多万名。2005年全国城市0—17周岁流动儿童的数量约为2266万名，其中14周岁以下流动儿童1634万名。在全部城市流动儿童中，农村流动儿童占71.36%。城市流动儿童年龄结构是：0—5周岁组占26.02%，6—11周岁组占30.83%，12—14周岁组占15.28%，15—17周岁组占27.87%。这就是说处于义务教育阶段城市流动儿童约1045万名。以上分析可知，目前超过2/3的义务教育阶段农民工子女是留守儿童，即大部分农民工子女是被留守在农村接受义务教育（表4－12）。

表4－12　　中国农村留守儿童和城市流动儿童规模

		农村留守儿童	城市流动儿童
0—17周岁儿童数量（万名）		5800	1212
年龄结构（%）	0—5周岁	27.05	28.17
	6—11周岁	34.85	30.17
	12—14周岁	20.84	13.73
	15—17周岁	17.27	27.93
	合计	100	100
小学学龄阶段儿童数量（万名）		2021.30	365.66
初中学龄阶段儿童数量（万名）		1208.72	166.41
义务教育阶段儿童数量（万名）		3230.02	532.07

注：城市流动儿童是指以跨县（市、区）迁移为标准计算的流动儿童的数据。

资料来源：根据高文书（2009）整理①。

农业部农村经济研究中心课题组在广西调查显示：100位接受调查的农民工共有子女106人，其中处于义务教育学龄的农民工子女有43人，

① 高文书："留守与流动儿童教育问题研究"，载蔡昉：《中国人口与劳动问题报告——提升人力资本的教育改革》，社会科学文献出版社2009年版。

包括小学 30 人、初中 13 人。在这些孩子中有 27 人在老家学校接受义务教育，占 63%；在父母打工所在地接受义务教育的有 16 人，占 37%。分学段看，处于小学阶段有 18 人在老家接受义务教育，占 60%；在父母打工所在地接受义务教育的 13 人，占 40%。初中阶段的农民工子女在老家接受义务教育的占 69%，在父母打工所在地接受教育的占 31%。可见，大部分农民工子女并没有随父母一起流动到城市，在城市接受义务教育。

学费等经济因素是农民工子女留守在家上学的重要影响因素之一。调查显示，农民工子女在城市和农村上学的花费差别巨大。随着国家全面免除农村义务教育阶段学生学杂费、为家庭困难学生免费提供教科书和住宿补贴等政策的实施，农村中小学生接受义务教育的花费大幅降低。接受调查的农民工子女在农村接受义务教育人均花费约为 100 元/学期，主要是书本费和保险费，而在城市学校上学的费用要远高于农村，其中在城市民办学校（主要是农民工子弟学校）人均花费约 800 元/学期，公里学校人均花费 1600 元/学期。在城市学校上学除要缴纳较高的书本费、伙食费等正常开支外，在公立学校上学还需要缴纳一笔不菲的借读费和赞助费。一些接受调查的农民工反映，虽然国家规定城市中小学不得向农民工子女学生收取赞助费，但为了能够到公立学校上学而不得不给校长或教师“送点礼物，意思意思”。

2. 进城农民工子女相当一部分不能在公立学校就读

课题组农民工调查问卷显示，接受调查的农民工有 16 名子女在打工地接受义务教育，其中有 11 名在公办学校就读、4 名在民办学校就读、1 名在农民工子弟学校就读，比例分别为 69%、25% 和 6%。其中 13 名小学阶段的农民工子女中有 8 名在公办小学上学，有 4 名在民办学校就读，1 名在农民工子弟学校就读，也即仍有 40% 左右的农民工子女不能进入城市公立学校接受义务教育。

（二）进城农民工子女教育的影响因素与政策建议

1. 影响进城农民工子女教育主要因素

（1）户籍因素。长期以来，城市（也包括农村）公立学校都是根据本地区户籍人口的需要来设立的。对于这些公立学校来说，农民工子女是不同于城市学生的一个特殊的、外来的群体。一方面，在教育资源有限的条件下，城市公立学校必须优先保障城市学生接受教育的机会，只有在空余的情况下才会考虑接收农民工子女，农民工子女很难享受到优质教育。另一方面，与城市学生相比，农民工子女的教育基础本身较差、流动性较大，农民工家长的课后辅导能力和家庭教育水平也不及前者。这意味着教育好一个农民工子女学生比城市学生的难度更大、成本更高，有些校长或教师不自觉地就产生“接收农民工子女会降低学校学生成绩的平均水平，毁了学校的声誉”的想法。因此，如果没有足够的激励措施，理性的城市公立学校校长和教师是没有动力接收农民工子女到学校上学的。

（2）义务教育管理与财政投入体制。我国义务教育管理体制经历多次变革，目前实行的是“地方负责、分级管理、以县为主”的体制，即主要由县级人民政府具体负责义务教育实施工作。与此相联系的是义务教育财政投入体制。财政拨款[①]是我国义务教育中比重最大的一块。不过，目前义务教育财政拨款的投入主体不是中央和省、市级政府，而是县（区）级基层政府，但县（区）级基层政府的财力恰恰是各级政府中最弱的。县（区）级财政安排义务教育时本辖区内户籍人口学生数量是最重要的参考指标。虽然现在国家推行农村免费义务教育，但是农民工子女离开农村时，并不发生相应的教育经费流转，流入地政府基于自身利益的考虑，也不愿承担流入人口教育经费，客观上造成农民工子女接受教育的经费断档和缺乏保障。

（3）义务教育发展水平存在着显著的不平衡。这种不平衡不仅包括城乡之间、不同地区之间的教育发展水平的显著差异，也包括同一城市不同区县义务教育水平也参差不齐。相对而言，优质的义务教育资源一般都集中在城区学校，而郊区和城乡结合部地区的教育水平要相对差一些。不平衡的义务教育发展水平不仅导致有限的优质教育资源首先会被用来满足城市居民的教育需求，也让城市政府担心如果放开非户籍人口入读本地学

① 即政府财政性教育经费，包括财政预算内教育经费、政府征收用于教育投入的税费附加（主要是城市教育费附加、农村教育事业费附加和地方教育附加费）、企业出资的办学经费以及校办产业、勤工俭学和社会服务收入用于教育的经费。

校，将会导致大量的农村适龄儿童等教育水平较差地区的学龄儿童涌入本地形成“教育移民”，从而造成更加严重的流动人口入学难问题①。

2. 相关政策建议

（1）探索建立以居住地为基础的义务教育管理体制。流动儿童在城市上学难的根源在于目前以户籍制度为基础的义务教育管理体制不能适应城市化进程中的流动人口的义务教育需求。打破现有的以户籍为基础的义务教育管理体制，建立起以居住地为基础的义务教育管理体制，是根除流动儿童上学难问题，也是有效减少留守儿童规模的根本出路。

（2）建立适应人口大规模流动的义务教育财政体制。目前，进城农民工子女义务教育经费的财政投入主要依靠流入地政府，这不仅增加了流入地政府的财政压力，也是“两为主”政策执行效果不佳的重要原因之一。义务教育作为全国范围内的公共产品，中央财政理应付费。在目前的财政体制下，让中央财政彻底承担义务教育费用不太现实，但中央财政承担一部分进城农民工子女义务教育经费也是可行的。

首先，为符合一定条件的、跨县流动的义务教育阶段儿童发放实名制义务教育教育券。流动儿童到公立学校或经批准合格的民办学校接受义务教育时，将义务教育券交给学校，享受免费义务教育。接受流动儿童的学校按收集的义务教育券总额和本地生人均教育经费标准，向本地政府申领相应的教育经费。

其次，建立中央财政和省级财政分摊的流动儿童义务教育经费投入机制。省级教育部门将全省范围内学校上缴的义务教育券按省内和省外分类统计教育经费，其中省内流动儿童的义务教育券对应的教育经费由省级财政负担，省外流动儿童上缴的义务教育券对应的教育经费由中央财政负担。

（3）引导和扶持农民工子弟学校发展。农民工子弟学校的出现是对农民工子女公立学校上学难而教育需求迫切的市场化反应。尽管存在着诸如办学人员素质低下、师资力量严重不足、教学设施简陋落后等种种问

① 实际上这种担心是没有道理的。对于农民工来说，尽管子女教育在一定程度上影响他们选择到某个城市打工，但最重要的还是工作机会和收入水平等经济因素。

题，但它们在一定程度上缓解了公立学校和流入地政府财政的压力，很有必要给予引导和扶持。以提高农民工子弟学校办学条件、改善师资力量和素质为抓手，进行合格农民工子弟学校的认证，加强对农民工子弟学校的规范和管理。同时，要把符合办学条件的农民工子弟学校纳入义务教育奖补范围，按实际接受农民工子女入学的人数和当地生人均公用经费标准给予财政补助。

（4）继续加大对农村教育资源的投入，改善农村留守儿童教育条件。即便是城市教育部门全面取消了对流动儿童上学的限制，进城农民工由于经济条件等方面的制约，农民工子女也不可能全部都到城市接受义务教育，留守儿童还将大量存在。鉴于此，各地要加大农村寄宿制学校的建设，改善农村留守儿童的教育条件。

二、农民教育培训

党的十六大以来，农民教育培训工作围绕农业和农村经济发展的总体目标和中心任务，以现代农业发展和农民科技需求为导向，以提高农民对现代科技的吸纳转化应用能力和综合发展能力为重点，充分利用各类教育培训资源，通过重大培训政策引导，多层次、多渠道、多形式开展农民教育培训，取得了显著的成效。

一是统筹规划农民教育培训工作。2003 年，国务院转发农业部、财政部等六部门《2003—2010 年农民工培训规划》，对 21 世纪初农村劳动力转移培训工作进行了系统安排。2011 年，农业部制定下发了《农民教育培训“十二五”规划》，明确了“十二五”时期我国农民教育培训工作的指导思想、基本原则、发展目标、主要任务、重大工程、保障措施等。这些政策措施的出台，对推动新时期农民教育培训工作加快发展提供了有力的制度保障。二是强化农民培训项目支撑。国家持续加大农民培训投入，务农培训与务工培训两手抓，相继实施了跨世纪青年农民科技培训工程、新型农民科技培训工程、农村劳动力转移培训阳光工程等工程项目，累计培训农民 3284 万人，其中转移就业 1373 万人。各级农民培训工程和项目的实施，为现代农业发展和新农村建设培养了一大批观念新、技能强、善经营的专业农民和农村带头人，促进了农业增产和农民增收。三是发展完善教育培训体系。通过资源整合和项目实施，逐步形成了以农业广播电视学校、农业职业院校和农业技术推广站为主，高等院校、科研院所、农业龙头企业和农业专业合作组织参加，从中央到省、地、县、乡互相衔接的农民教育培训体系。目前，全国有农业职业技术院校 282 所，县级以上农业广播电视学校 2482 所，县级农业技术推广机构 2.25 万个，乡镇农技推广机构 7.25 万个，教育培训体系不断发展完善为农民教育培训提供了良好条件。四是创新教育培训模式和监管机制。各级政府积极组织和引导广大农业科研、教学、培训单位下乡进村、深入田间地头，综合运用现场培训、集中办班、入户指导等多种方式，推广普及农业新技术，提高农民科学种养水平。各地在实践中探索形成了“三进村”、校地合作、专家大院、百名教授兴百村、太行山道路、田间学校等一批行之有效的农民教育培训模式。为加强培训工作监管，一些地方把农民培训列入本省的民生工程或政府承诺为群众办的实事，纳入对各级政府的考核，促进了责任制的落实；实施奖惩制度，引导资金向培训工作开展好的地区倾斜；联合纪检监察部门对培训项目进行监管，确保培训取得实效①。

（一）当前农民科技教育培训面临的问题

1. 农业边缘化和农业劳动者素质劣化②

农业边缘化和农业劳动者素质日益恶化是当前我国农业面临的严重问题，这大大加重了原本不易的农民科技教育培训的难度。提高劳动者素质有两条途径：一是在现有劳动力原有基础上提高职业素质，通常是通过培训和再培训来实现；二是对未来劳动力培养职业高素质，通常是通过正规的学历教育和训练来实现。而目前我国一方面经受过现代正规教育的新生劳动力在现实择业中远离农业，另一方面，年轻、具有较高学历、容易接受新知识的现有农业劳动力正在远离农业，农民成为国民素质的“洼

① 韩长赋：《改革创新促发展 兴农富民稳供给——农村经济十年发展的辉煌成就（2002—2012）》，人民出版社 2012 年版。

② 本节内容主要引自何秀荣：“关于我国农民科技教育培训的现实思考和政策建议”，载农业部农村经济研究中心主编：《2012 年中国农村发展高层论坛论文集——制度创新、技术进步与现代农业发展》，中国农业出版社 2012 年版。

地”。务农农民中，初中和小学文化程度的占到70%以上。高效率的农业机械难以利用、高水平农业成果难以转化，这已经成为制约农业发展的瓶颈问题。对年龄偏老、文化基础差、求知欲望下降的农民进行培训，显然是一件影响培训效率的事情。

2. 缺乏立法和制度保障

当前对于农民教育培训缺乏明确的法律保障，在组织体制方面，没有明文确定的主管单位，只是与农业生产密切相关，实际上农业部承担广大农民的教育培训。由于没有法律可循，财政就没有制度化的与农民教育培训配套的固定专项经费，农民教育培训投入时多时少。2011 年中央“三农”财政投入突破 10000 亿元，但农民科技教育培训的投入仅约占 0.6%。投入经费不足必然导致教育培训规模小。据农业部测算，我国农业劳动力 2.46 亿人，目前每年能够接受系统培训的只有 1000 万人左右，现有的阳光工程每年只培训 300 万人，覆盖面不到 5%。缺乏法律制度保障，农民教育培训工作呈现忽冷忽热、随风起伏的状态。农民教育培训必须立法，只有通过立法，才容易对农民教育培训在组织体制、机构队伍、经费保障等方面进行一定的保障。

3. 作秀式农民科技教育培训

农民教育培训应当是一种扎实且持续的工作，但目前很多时候把它搞成了一种作秀。经常能看到的现象是，没有对基层农民的科技需求做一番事先的调查，而是定个日子，拿上一些资料，大张旗鼓地举行一个仪式，一番热闹后回家。年终总结写到：去基层进行农民教育好多次，并发放了多少资料、培训了多少农民、有多少媒体报道。基层组织方和培训提供者都很累，甚至农民也很累，因为有时农民为了配合完成运动式任务不得不“被培训”或“被亮相”一把，而不是为了满足他们自己的需求。

4. 农民科技教育培训供需脱节

目前普遍来说，农民教育培训的实际效果并不佳，不少培训提供者简单地把它归结为现在的农民对教育培训没有积极性。也许更多的反思应该留给教育培训提供者：如果农民缺乏教育培训的积极性，是否我们在农民教育培训方面做得不对路？原因大概很简单，农民是讲求实际的，如果对他们没有实际效用，他们就缺乏积极性。甚至出现培训提供者出钱让他们参加培训的现象，甚至培训异化成供给方的需要了。

要提高农民对教育培训的积极性，必须将培训目标锁定并落实在是否真正有利于“增收、增产”上，对“双增”目标的帮助程度应当作为近期评价农民教育培训有效性的主要指标。必须根据不同对象、不同需求提供有针对性地培训。农民不需要大道理，更不能要求农民成为政府责任和战略的承担着，而应当通过农民追求自己切身利益的行为来与政府的责任和战略相吻合。具体教育培训中的操作不当是供需脱节的一个重要原因。在培训内容上，与现实应用脱节，重课堂理论教授、缺实际应用技能操作、重概念名词解释，缺作用机理说明。在授课方式和方法上，重满堂灌教学，缺互动教学；重学术语言表述，缺深入浅出表达；在职业资格证书考核中，重书面考试、轻技能考核。此外，不少培训提供者本身缺乏专业技能培训和教学能力，比如现有农业技术推广队伍中非专业人员比重很高，据农业部农机推广中心资料，全国县乡两级种植业推广机构中的编制内农业推广人员中，有40%以上的编内人员不具备农业专业学历。

（二）促进农民教育培训健康发展的政策建议

第一，加强农民教育培训的法律和制度建设，保障农民教育培训的组织体系、人员队伍、培训经费。当前农民教育培训是公益性事业，经费来源应以政府财政为主，应当把农民教育培训纳入财政经常性预算科目，并根据财政增长的情况，相应增加农民教育培训事业投入。尤其提高基层培训者的实际待遇。农民教育培训工作的不足既有体制方面的原因，也有实施操作方面的问题，但究其原因还是体制方面的原因。

第二，做好顶层设计，明确农民科技教育培训的实施流程，指导各地的农民教育培训工作。应当制定切实有效的培训方案，在具体执行中，要根据各区域的实际情况来设计和实施农民教育培训项目，要结合当地的经济发展水平、结合当地“三农”实际需要、根据当地农民的文化水平，讲求针对性和实效性，有选择地采用能满足当地农民培训需要的模式和内容。

第三，动员社会力量参与农民教育培训工作，特别需要充分发挥国家和各省现代农业产业体系在农民科技教育培训方面的重要作用。目前农业部的国家现代产业体系就覆盖 50 个农产品生产，有 233 个功能研究室、1051 名岗位科学家、5000 多名核心团队成员，在全国分布有 1144 个试验站。很多省份也建立了自己的现代农业产业体系。目前国家和各省现代农业产业体系已经在农民教育培训方面发挥了重要作用，成为农业技术推广机构、农业职业院校、农业广播电视学校三个农业科技教育培训系统之外的重要补充。

第四，加强培训“培训者”的工作。基层培训者都是贴近农民、贴近现实的教育培训主力军，一方面需要提高基层培训者本身的专业知识水平和培训技能，另一方面要让基层培训者成为农民科技需求的上传者。对基层培训者实行职业资格准入证书制度。目前有人主张通过职业农民教育培训来建立针对农民的职业资格准入制度。但这种农民上岗资格准入的主张是不符合现阶段的现实情况的，因为目前的现实是农业已经在“老人化、妇女化”，最担忧的是“明天谁来从事农业”的后继无人问题，而另一边却提出从事农业也要上岗，显然是脱离实际的。可以对其中一部分具备从业等级水平的农民加以职业技能的认可，而不是建立普遍性的农民上岗资格准入制度。

第五，确定教育培训对象。农民教育培训首先需要的是农民的需求积极性，细分目前农民对科技教育培训需求的情况，可以将农业生产经营大户、农业创业者等列为教育培训重点，因为农业生产经营大户的经营规模较大或创业心较强，具有较高的科技教育培训需求，将有限的教育培训资源优先用于他们。以农业大户为重点，配以一定的支持措施，让他们成为科技应用的示范者。

第六，建立客观实效的农民科技教育培训评估体系和奖惩体系，这是提高农民教育培训的重要措施。培训经费应当与培训绩效挂钩，还可以考虑如何将竞争机制引入教育培训机构。

第五节

农业信息化与现代农业[①]

信息化是一种全新的生产力，其可以在工业装备农业的基础上进一步武装农业，使农业朝着自动化、智能化、可视化和泛在化方向发展，从而达到优化农业资源配置、提升农业生产经营规模、推进农业专业化、标准化和集约化、保障农产品质量安全、促进农业增产增收，并在此基础上实现农业可持续发展和农产品国际竞争力的提高。党中央、国务院历来十分重视信息化与现代农业发展。党的十七届三中全会提出，要发挥信息化为农服务作用，推进生产经营信息化。党的十七届五中全会提出，在工业化、城镇化深入发展中同步推进农业现代化。“十二五”规划纲要提出，发展农业信息技术，提高农业生产经营信息化水平。各级政府及相关部门以党的文件和思想为指引，统筹协调积极推进农业信息化并取得了一定的成果。2010 年 11 月农业部、工业和信息化部共同主办的“2010 信息化与现代农业博览会”，集中展示了现代信息技术在我国农业中的应用成果，全面揭示了信息化与现代农业发展的美好前景，雄辩地说明了用信息化改造我国传统农业、转变农业发展方式具有无可比拟的重要作用。

一、我国农业信息化发展现状

（一）农业信息化基本内涵

1. 信息化

信息化是充分利用信息技术，开发利用信息资源，促进信息交流和知识共享，提高经济增长质量，推动经济社会发展转型的历史进程（参见

① 本节引自 2011 年农业部软科学课题“农业信息化建设研究”，课题主持人：刘涵、郑小平（一题两做）。

《2006—2020 年国家信息化发展战略》)。信息化包括：开发利用信息资源，建设国家信息网络，推进信息技术应用，培育信息化人才，制定和完善信息化政策等方面。

信息化的主要特征：①具有高投入性。信息化是以高新知识，高新技术，高新设备以及高智力密集为依托，具有高投入性。②具有高回报性。信息化引导产业向适度规模化、集约化发展，从而极大地提高产业的综合效益，具有高回报性。③具有开放性。信息化在工业、农业等行业间相互渗透，利于行业间的交流与合作，具有开放性。

2. 农业信息化

2010 年，农业部在《中国农业农村信息化发展报告（2009)》中指出，农业农村信息化是指现代信息技术在农业生产经营、政务管理及农村信息服务中实现普及的程度和过程。农业信息化可以理解为，通过信息技术在农业生产经营、农村管理和农民生活的应用普及，促进信息交流和知识共享，并推动农业经济发展和农村社会转型的进程。这一概念包含技术和社会两个进程。从外在表现角度来看，农业信息化更多表现为技术的进程，也即信息技术在农业领域的应用普及。

3. 农业信息化与现代农业

现代农业是指用现代物质条件装备农业，用现代科学技术改造农业，用现代产业体系提升农业，用现代经营形式推进农业，用现代发展理念引领农业，用培养新型农民发展农业，提高农业水利化、机械化和信息化水平，提高土地产出率、资源利用率和农业劳动生产率，提高农业素质、效益和竞争力。建设现代农业的过程，就是改造传统农业、不断发展农业综合生产力的过程，就是加快转变农业发展方式、促进农业又好又快发展的过程。随着信息技术日新月异发展和普及，依托信息技术对传统农业进行脱胎换骨的彻底改造，逐步实现农业生产、经营、服务及管理信息化是现代农业的发展方向，其最主要的特征是数字化、网络化、智能化等先进技术的应用。

信息化对现代农业发展的贡献主要表现在农业信息的泛在和自动采集、农业生产装备的信息化改造、农业的自动化和智能化以及农业的信息化管理。由此引发的农业信息化，将有力推动农业生产工具的全新的变化，对农业进行全新的改造；将有力地推动农业科学技术不断取得新的突破，促进农业技术的跨越式发展；将更加有效地利用农业资源、市场信息和战略要素，从而全面提高农业的发展能力。

（二）农业信息化发展现状与建设成效

我国农业信息化起步于20世纪70年底末期，进入21世纪以来，我国农业信息化也进入快速发展阶段。在各级政府的高度重视和全国农业部门的共同努力下，农业信息化建设发生了巨大变化，农业信息化建设已经取得了明显的阶段性成效。

1. 为营造农业信息化良好的发展环境，各部委出台了多项规划、政策法规和规范

党中央、国务院高度重视农业和农村信息化工作，党的十七届中央委员会第三次全体会议通过的《中央推进农村改革发展若干重大问题的决定》要求，“不断促进农业……生产经营信息化。……积极发挥信息化为农服务作用。”2005—2010年连续6个“中央1号”文件亦对农业和农村信息化给予高度关注。在党中央、国务院宏伟蓝图指引下，各部委接过中央的接力棒，纷纷出台农业信息化建设规划、政策法规，大力推动农业农村的信息化建设，使其进一步向纵深方向迈进。作为主管农业与农村经济发展的部门，农业部出台了《关于进一步加强农业信息化建设的意见》、《“十一五”时期全国农业信息体系建设规划》、《全国农业和农村信息化建设总体框架（2007—2015）》等文件。2009年，工业和信息化部印发《农村综合信息服务站建设和服务基本规范（试行）》，2010年，工业和信息化部、科技部、农业部、商务部、文化部五部门共同印发了《农业农村信息化行动计划（2010—2012年）》。商务部为组织实施《万村千乡市场工程》下发了多份文件，明确了试点的原则、目标、内容、方式、标准、步骤、政策措施等。其他涉农部委也根据各自相关职能部署了农业信息化建设。这些规划、意见、通知和相关规范有效地促进了农业信息化运行机制的初步建立。

2. 农村信息基础设施明显改善

国家通过实施村村通广播电视、村村通电话等工程，极大地改善了农

村地区信息化基础设施建设。通过广播电视村村通工程建设，截至2010年年底，全国20户以上已通电自然村全部实现通广播电视。在“村村通电话”工程方面，自2004年实施以来，在中国电信、中国移动、中国联通等通信运营商的努力下，农村信息通信基础设施得到跨越式发展，电信普遍服务取得长足进步，数据显示，截至2010年，全国行政村、20户以上自然村通电话比例分别达到100%和94%，实现了全国100%乡镇能上网，其中99%的乡镇和80%的行政村基本具备宽带接入能力。

3. 农业信息服务平台初具规模

通信监管机构和各大运营商在“十一五”期间，一手抓农村通信基础设施建设，一手抓农村信息服务平台建设，建设了多个农村信息服务平台，其中中国电信建设了“信息田园”平台，中国移动通信公司建立了“农信通”平台，中国联通通信公司建设了“金农通”平台。这些平台通过整合涉农类信息资源，将信息通过网络、语音、短信多种渠道送达至农民手中。如中国移动通信公司在江西、广东、四川、湖南等19个省份建立了面向“三农”服务的“信息田园”综合信息服务平台，年访问量突破6000万次，成为农民获取信息实现致富的重要渠道。而随着“金农工程”的顺利实施，目前初步建立了以中国农业信息网为核心，覆盖部、省、地、县四级政府农业网站体系，农业部推动的“三电合一”项目先后搭建了7个省级、78个地级和324个县级农业综合信息服务平台。同时，农业部在全国范围内启用了“12316”短信息服务专用代码，并以“12316”代码为纽带，统筹规划语音电话、手机短信、互联网络等现代传播手段，正在全力打造“12316”三农综合信息服务平台。另外，一些涉农企业也纷纷打造发布产品信息、展示企业形象、提供供需信息的互联网信息平台，截至2009年10月，我国农业网站的数量达到3万多个。

4. 农村信息化组织队伍日益壮大，各地正积极探索农业信息服务模式

从2001年起，中央各部门、各省市都围绕建设农村信息服务站点自上而下地出台了一些项目和工程，在这些政府项目的推动下，全国农村综合信息服务站的建设有了较大发展。目前，100%的省级农业部门、97%的地（市）级农业部门、80%以上的县级农业部门、70%的乡镇建立了

农村信息化管理或服务机构，为农村信息化发展提供了组织保障。在工业和信息化部、农业部、科技部、商务部、文化部、国家气象局、中共中央组织部、教育部等部委的积极支持下，农村信息化工作队伍不断壮大，目前直接面向广大农民群众提供信息服务的农村信息员队伍已达25万余人。同时，各地区结合农村建设的需要，各地探索、创建了多种不同的农村信息化服务模式，推动了农村信息化服务的多元化发展。

5. 农业数据库建设取得成效

为保障农村信息服务所需的数据资源，农业部相继建设了包括农产品贸易、农产品价格、农村经济统计、农业政策法规、农产品生产动态、农业科技与人才、农村能源与环保等在内的50多个数据库；其中国家农业数据中心宏观经济、农产品进出口、农产品价格、农业气象等11个数据库系统和6个数据仓库系统已采集存储了1亿多笔数据记录；各省级农业部门也相继建设涵盖农村生产、供求、价格、科技、政策等各领域的数据库系统，几乎涵盖了农村各个方面的信息。而在信息资源利用方面，农业部利用各类农村信息资源形成的网上信息联播、分析报告、监测报告、预警报告、信息快报、信息动态、信息月历、信息日历等就达几十种，成为指导农业农村经济发展的重要参考依据。

6. 研发了一大批农业信息技术应用系统

20世纪80年代以来，我国开展了3S技术、专家系统、决策支持系统等技术应用于农业生产、农产品市场流通、农村社会管理、环境和灾害方面的研究，研发了一批农业信息技术应用系统，部分应用系统已进入示范应用阶段。如数字化精准农业技术、作物生长模拟及智能化生产管理系统、实时远程监测系统、农产品质量安全追溯系统、农村政务管理信息系统、农村合作医疗系统、自然灾害与疫情监测系统、农村安防系统、农村劳动力就业系统等。

（三）我国农业信息化建设的主要问题与区域差异

1. 农业信息化建设的主要问题

（1）政府部门多头并进，出现了条块分割、各行其道的现象。由于我国的特殊国情，政府多部委具有农业领域的管理职能，在农业信息化建设过程中，各部委均积极参与，这为农业信息化的发展注入了生计和活力，但也不可避免地出现了条块分割、各行其道的现象，造成了投资分散、重复建设、监管职能不清的不良后果。近年来，各部委加强了对农业信息化建设的统筹和协调，如工业和信息化部、科技部、农业部、商务部、文化部五部门 2010 年共同印发了《农业农村信息化行动计划(2010—2012 年)》。但在地方政府层面，农业信息化建设的统筹和协调仍有待加强。

(2) 农村通信服务的成本高、收益差，信息技术基础建设面临的困难越来越大。通过通信监管机构指定电信运营商分片包干的建设方式，我国农村信息基础取得了明显改善。这些成绩的取得离不开电信、联通、移动等电信运营商的巨额投入。作为特大型国有通信企业，一方面，积极投入农业农村信息化建设是几大通信运营商的“社会责任”；另一方面，作为市场经济体系下的企业，赢利是其目的。如果不能从服务中获得一定的回报，电信运营商会受到越来越大的压力，投入积极性会递减，也就无法持续服务和支持农业信息化。

(3) 农业信息技术成果商品化程度低，实际应用不广泛。尽管我国已研发出一大批农业信息技术应用系统，但农业信息产业化水平还比较低，尤其在成果转化与应用推广上还存在着严重的问题，致使许多农业信息技术成果仅仅停留于研发和示范环节，未能很好推广应用，农业信息技术成果转化为商品的比率很小。

(4) 部分基层农业信息服务组织运行不佳，一些地方出现了畸形发展。农村信息服务站是解决信息到农民手里“最后一公里”问题的有效手段，近年来通过多方努力，信息服务站的建设有了较大发展。但在实际运行中，部分基层农村信息服务站运作不良，缺乏实用信息、农户拜访率不高、缺乏资金，出现了“试点补贴、追加投入，一旦放手，名存实亡”的现象。实践中，还有部分基层农村信息服务站出现了畸形发展，打着信息服务的“幌子”，实际进行网吧经营，一方面可以获得政策补贴，另一方面又规避了文化、工商等部门的监管。2008 年中央电视台报道了某市农村信息服务站变相搞营利“黑网吧”事件，在社会上产生了不良影响，损害了政府公益性农业信息服务的声誉。

（5）农业信息共享、发布机制不完善，农业信息资源利用有待改善。由于涉农信息分散在多个不同部门，农业信息化标准尚未建立，信息难以互通共享，导致为农民提供的信息服务经常出现信息重叠、信息差异和信息滞后等现象，再加上涉农部门缺乏沟通与协调机制，目前存在农业信息低水平重复采集、分割拥有、垄断使用的现象。在农业基础数据库方面，尽管经涉农部门的积极努力下，已建成不少涉农基础数据库，但由于对信息的定性与定量分析工作滞后，缺乏信息深度开发应用，一些基础数据库的利用率较低，能被业者和农民熟知并访问的少之又少。

2. 农业信息化发展的区域差异

在借鉴国内外学者信息化水平测评的基础上，为定量衡量我国各省、市、自治区（港澳台除外）的农业信息化水平，本书构建了农业信息化水平评价体系。设计了 4 类指数 14 个指标。4 类指数包括信息终端指数，含 4 个指标；人力指数，含 3 个指标；基层服务机构指数，含 3 个指标；信息利用及消费指数，含 4 个指标。进行指标权重的确定和指标数据的无量纲处理后，得到我国各省（市、自治区）农业信息化水平加权总指数及各项分指数值如表 4 – 13 所示。

表 4 – 13　　各省（市、自治区）农业信息化水平加权指数值

地区	总指数	排序	信息终端	排序	人力	排序	基层机构	排序	信息利用	排序
北京	87.0	1	27.8	2	7.4	1	19.2	1	32.6	2
上海	86.8	2	28.6	1	6.7	2	14.6	3	36.9	1
浙江	70.1	3	21.3	3	5.3	4	14.5	4	29.0	3
江苏	61.4	4	13.1	7	5.2	5	16.3	2	26.8	4
福建	47.7	5	16.2	4	5.4	3	11.2	12	14.9	5
广东	45.0	6	15.7	5	3.4	30	11.1	15	14.8	6
山东	41.7	7	12.4	8	3.9	24	13.4	5	11.9	7
天津	39.9	8	13.4	6	3.9	25	11.3	10	11.2	8
辽宁	36.4	9	10.7	11	4.3	13	11.2	11	10.1	10
吉林	36.1	10	10.6	12	4.3	11	12.5	6	8.7	12
山西	35.0	11	9.9	15	4.1	17	10.4	20	10.7	9
湖北	33.9	12	10.1	14	3.7	27	12.1	7	8.0	13

续表

地区	总指数	排序	信息终端	排序	人力	排序	基层机构	排序	信息利用	排序
河南	33.5	13	9.0	21	4.0	20	11.7	9	8.8	11
安徽	32.1	14	9.6	17	3.6	28	11.8	8	7.1	16
黑龙江	32.0	15	10.8	10	3.5	29	10.2	22	7.4	15
宁夏	31.1	16	11.0	9	4.1	18	11.1	16	5.0	26
河北	30.8	17	9.7	16	4.0	21	9.3	25	7.9	14
广西	30.1	18	9.1	20	4.3	12	10.9	17	5.7	23
湖南	29.9	19	8.4	23	4.3	14	10.6	19	6.7	20
内蒙古	29.7	20	7.9	27	4.1	16	11.1	14	6.7	18
江西	29.6	21	9.3	18	3.9	23	10.3	21	6.0	22
陕西	29.3	22	10.2	13	4.3	10	8.1	27	6.7	19
重庆	28.7	23	8.1	25	5.1	7	11.2	13	4.3	29
甘肃	28.4	24	8.4	24	5.0	9	8.9	26	6.2	21
四川	27.8	25	9.2	19	4.0	22	7.9	28	6.7	17
云南	27.6	26	7.4	28	5.1	8	10.6	18	4.6	27
新疆	26.3	27	6.3	30	5.1	6	9.4	24	5.5	24
海南	25.9	28	8.0	26	3.7	26	9.9	23	4.3	28
青海	22.1	29	8.6	22	4.2	15	4.0	30	5.2	25
贵州	20.4	30	6.4	29	4.0	19	6.8	29	3.1	30
西藏	9.5	31	4.3	31	0.9	31	2.5	31	1.8	31

从表4-14可以看出，我国各省（市、自治区）农业信息化水平差异明显，仅北京、上海、浙江、江苏、福建、广东、山东、天津等8个省（市）的总指数达到全国平均水平（37分），而其他23个省（市、自治区）均在平均水平以下，各省（市、自治区）总指数值分布图如图4-10所示。

为进一步分析各省、市、自治区农业信息化水平的差异，本书将各省（市、自治区）农业信息化水平总指数划分4个档次，每个档次包含3个

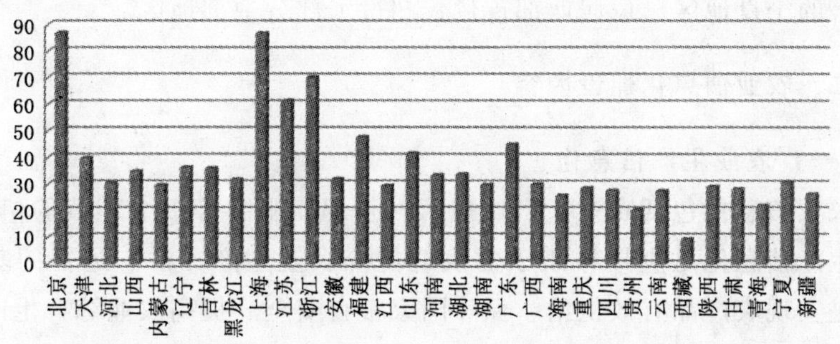

图 4 - 10　各省（市、自治区）农业信息化总指数值分布图

等级（共计12个等级）进行聚类分析，聚类分析的结果见表4 - 14，按4档划分的地区差异分布图如图4 - 11所示。

表 4 - 14　聚类分析结果

档次	地　区
一档	北京、上海
	浙江
	江苏
二档	福建
	广东
	山东、天津
三档	辽宁、吉林、山西、湖北、河南
	安徽、黑龙江、宁夏、河北
	广西、湖南、内蒙古、江西、陕西、重庆、甘肃、四川、云南
四档	新疆、海南
	青海、贵州
	西藏

从聚类分析结果看，我国农业信息化发展第一、第二档地区均为东部地区，大多数省（市、自治区）居于第三档。近年来农业信息化推动工

作显著的宁夏地区已位居西部首位，超过了部分中部地区。

二、农业信息化建设内容

（一）农业生产信息化

农业信息化包括农业生产、经营、管理、服务等多个环节的信息化，其中生产信息化是直接作用于并改造传统农业生产方法、过程的基础环节，是实现农产品有效供给、保障国家粮食安全、提高农业综合生产能力的十分重要的科技支撑力量。因此，农业生产信息化是农业信息化的基础。

1. 农业生产信息化的概念

从农业经济发展所包含的环节来看，农业生产是农业经济发展的基础，没有生产，就没有交换、分配、流通和消费。正因为如此，农业生产信息化也是农业信息化最基础的部分，它是直接作用于并改造传统农业生产方式的重要部分，能够促进产量提高、品质提升、节本增效。从近年实践看，农业生产信息化主要包括以下几个方面：一是种植业信息化，包括大田种植信息化和设施农业信息化；二是畜牧兽医信息化；三是渔业信息化，包括水产养殖信息化和渔业捕捞信息化；四是农机信息化，包括农机跨区作业信息化和农机维修服务信息化；五是农垦信息化，包括精准农业、农产品质量安全追溯信息化；六是农产品加工信息化。

农业生产信息化有以下几个主要特征：一是农业生产装备数字化。即用现代信息技术和产品装备农业，如在农田、温室大棚、养殖场等装备无线传感器、探测头，及时准确采集和传输光、热、水、气、肥等环境因子信息，为生产决策和管理提供科学依据。二是农业生产管理智能化，是指现代生物工程技术、农业工程技术、环境工程技术、信息技术和自动化技术应用于农业生产领域，根据动植物生长的最适宜生态条件由计算机智能系统发出指令，使有关系统、装置及设备有规律运作，将温度、水分、肥料等诸因素综合调整到最佳状态，确保种养生产活动科学、有序、持续进行。三是农业生产作业精准化。采用3S技术、专家系统等信息技术和人工智能技术，对耕地和作物长势进行定量实时诊断，根据土壤肥力和作物生长状况的空间差异，调节对作物的投入，实施定位定量的精准田间管理，或者根据动物个体健康状况和体重差异，调整饲料投喂量，实现精确配料、精确养殖等等。总之，信息技术对传统农业的现代化改造和农业产业结构的调整将产生深远影响，不仅可以提高农业生产力，而且是实现优质、高产、安全、低耗、环保的可持续发展农业的有效途径。

2. 农业生产信息化现状

伴随着农业信息化的快速推进，信息技术在我国农业生产中的应用逐步展开，计算机技术、网络技术、各类专家系统、决策支持系统、遥感技术、地理信息技术、全球定位技术等多项技术已得到示范应用和推广，大大提高了我国农业生产信息化水平，也有力地推动了现代农业发展。

（1）农业各行业信息化水平全面提高。种植业生产方面，重点加强了农情监测、精准施肥、智能灌溉、设施农业智能监控、病虫草害监测与防治信息化试点示范，提高了农业生产设施装备的数字化、智能化水平。精准农业技术逐步由示范应用走向生产一线，3S 技术、自动控制系统技术等在一些地区农业示范园区以及农垦系统取得良好应用成效。测土配方施肥不断融入信息技术，建立了主要粮食作物施肥指标体系和测土配方数据库。设施农业中温室环境自动监控系统、智能化节水灌溉系统等设备和技术都有应用；畜牧业生产方面，重点加强了畜禽精细养殖、动物疫病防控信息化示范，通过对畜禽生产过程的信息化管理，实现饲料投入、繁殖育种、环境监控、远程诊断等。动物标识及疫病可追溯体系、畜禽养殖管理信息系统逐步推广。设施养殖自动化和智能化水平提高，四川、山东等省规模化养殖场以自动化、数字化技术为平台，通过模拟生态和自动控制技术，每一个畜禽舍或养殖场都成为一个生态单元，能够自动调节温度、湿度和空气质量，能够自动送料、饮水、产品分检和运输；渔业生产方面，加强了水产精确养殖、水质监测和病害防治信息技术以及远洋捕捞信息化应用。广东、上海等地区在养殖场应用水质实时在线连续监测装备和系统，实现远程数据采集和信息发布，异常水质实时监测报警，远程控制与调节输氧或水温。山东、江苏等地区加强水产养殖病害测报体系建设，利用呼叫中心技术、远程在线技术、移动通讯技术和视频推送技术，建立水产养殖病害防治及咨询系统，加强了对养殖病害的有效监管和控制；农机作业方面，加强了全国农机跨区作业服务信息化，实现了作业进度实时管理、对机手全时和全方位信息沟通服务，农机维修服务信息化初步应用。农产品加工方面，资源规划（ERP）、客户关系管理（CRM）、供应链管理（SCM）等管理系统在部分农产品加工企业得到应用，机器视觉技术、X射线成像技术、近红外光谱技术、电子舌和电子鼻技术、高光谱成像技术等在农产品加工过程中的应用越来越广泛。相比较而言，畜牧业、渔业等养殖业由于规模化、集约化程度高于种植业，生产信息化水平也高于种植业。

（2）信息技术应用贯穿农业生产全过程。信息技术在动植物品种选育、农作物苗情监测、土壤肥力、空气温湿度等环境监测、病虫害监测及防治、畜禽饲喂、作物收获等各环节都有应用（见图4－11），传统的农业生产方式正在逐步向现代农业智能、自动方向转变。

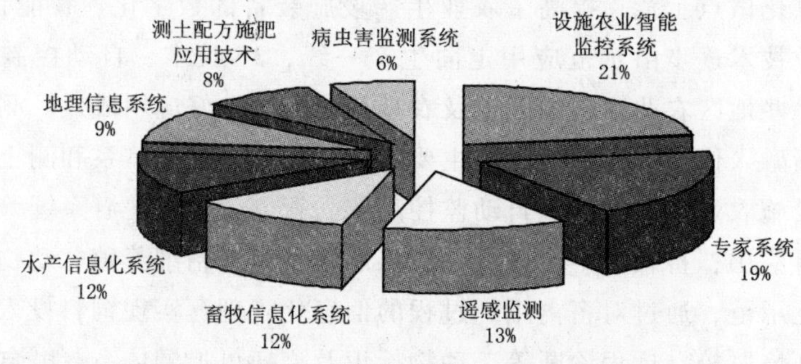

图4－11　2010年信息化与现代农业博览会生产信息化上报各类信息技术比重

在育种方面，浙江省建立了“主要农作物数字化辅助育种平台”，利用数字化技术提高资源的利用效率、缩短育种周期，改进传统育种方法。山东省开发应用了集约化奶牛场繁育与饲养数字化关键技术，实现大范围奶牛育种数据的自动采集、传输和分析，对于促进奶牛育种、精细营养技术、原料奶质量可追溯技术研究具有重要价值；在生产管理方面，农情监测信息化水平不断提高，山东等省基于物联网的农作物生产智能测控系统，可实现对土壤、肥料、水分、光照、温度、空气等农田环境数据进行快速、准确的采集、传输、分析。作物精确管理技术不断成熟。养殖精确管理技术逐步推广，安徽等省采用畜牧养殖协同管理平台，实现养殖过程精确的配方、根据个体特征自动调整饲喂量；在作物收获方面，装有 GPS 的联合收割机可以自动测量产量，自动采棉系统通过计算机自动控制能够准确掌握每一台采棉机的运行路径、精准计算每台机器的油耗。此外，采用自动化技术，研制的机器人能代替人从事一些繁重的农事操作，如苹果收获、黄瓜采摘、挤奶等。

（3）发达地区及农垦系统生产信息化水平较高。从各地农业生产信息化实践看，在发达地区、大城市郊区、规模化农业园区、农垦系统信息技术应用较为普遍，信息化水平较高，应用效果好，尤以农垦系统为现代农业的代表。在北京、上海、天津、江苏、浙江等地依靠政府雄厚的财力建立了精准农业示范区、现代农业示范园区等，采用信息技术和产品，提高现代农业生产管理水平。仅从“2010 年信息化与现代农业博览会”上报的生产信息化项目看，上海、江苏、浙江、山东、天津五省市就占了 58%（见图 4－12）。新疆生产建设兵团自 1996 年开始实施“兵团精准农业信息化系统”，以兵团 14 个师（垦区）的 175 个农牧团场为主体，加快发展数字化、智能化、实时指挥和控制自动化的精准农业管理，目前，以膜下滴灌为标志的高新节水技术推广面积达到 1000 万亩，占总播面积的 62%，微机决策平衡施肥系统推广应用 700 万亩，机采棉推广应用累计达 900 万亩，农业机耕、机播、机整和粮油作物机收水平达到 100%，农业综合机械化水平达到 88%。

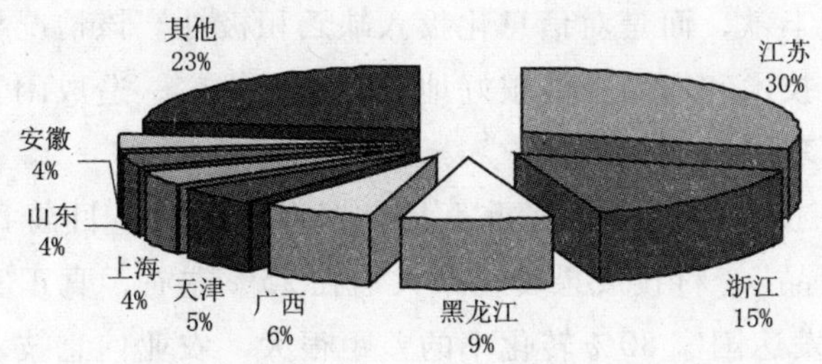

图 4－12　2010 年信息化与现代农业博览会生产信息化上报项目各省比重

（4）多元化信息技术研发推广模式逐步成熟。在各地各级政府部门支持和组织下，信息技术向生产一线的推广应用正在加快。IT 企业、科研院校是农业信息技术的研发主体，龙头企业、合作社、农户等是信息技术的应用主体，各地在实践中产生了科研院校 + 龙头企业 + 农户、科研院校 + 合作社 + 农户、IT 企业 + 科研院校 + 农业企业、IT 企业 + 农业企业等多元化生产信息技术研发和推广应用模式，加快了农业信息技术成果转化。如江苏吴江市水稻精确种植管理系统，是在吴江市农业委员会支持下，由南京农业大学研究开发的一套精确农业生产技术指导软件，在吴江市的同里北联、汾湖雄丰、平望庙头、胜墩等地试点实施。

3. 农业生产信息化存在的主要问题

在党和各级政府及相关部门的大力推动下，我国农业生产信息化发展取得了不小的成绩，不仅信息技术广泛应用与农业生产各个领域，而且培养了一批懂信息、会技术、乐于并且有能力接受新知识的现代农业从业人员。但是，由于我国小规模、家庭分散作业仍是农业生产的主要模式，小规模制约信息化水平提升、信息技术成果转化率低以及投资严重不足、推进力度偏弱等一些问题。

（1）小规模生产制约信息化水平提高。目前，以家庭为主体的小规模分散经营是我国农业生产的主要模式，户均土地面积小，家庭兼业经营普遍化。小规模分散生产格局在一定程度上制约着信息化成果的应用和推广，对于小规模农户而言，信息技术的高投入特性使得农户信息化面临高成本制约，另外，农业收入越来越不是主要的增收来源，他们不是很在乎两三亩地上的丰歉，而是对信息化投入缺乏积极性。该情况导致一大批先进实用的信息技术和产品不能很好地得到应用推广，造成闲置浪费，限制了传统农业向现代农业的转型。

（2）信息技术成果转化严重不足。据有关资料，目前我国半数科技成果沦为“展品”，科技成果转化率大约在 25% 左右，真正实现产业化的不足 5%，与发达国家 80% 转化率的差距很大。农业信息技术成果的转化率也可想而知。有些项目表述成果为“发表重要学术论文 100 多篇，出版著作 2 部；登记国家计算机软件著作权 12 项”等，具体在多少企业、多大面积范围内应用则没有明确说明。这一方面原因是农业信息技术应用主体如农业企业、合作社、大户等新知识接受力不够强、经济条件有限；

另一方面也在于信息技术及产品本身存在应用价值、操作便捷性不够等问题。

(3) 对农业生产信息化的投入不足。我国农业信息化整体水平已有显著提高，但投入仍然是很不够的，相对于电子政务、电子商务等管理、经营、服务方面，对生产信息化的投入更是不足。总体看，我国农业信息化电子政务水平比较高，国家实施的金农工程以及各省实施的信息化工程项目，偏重于提高行政管理效率和服务水平，政府部门建立了各种各样的网站，以提供政策、科技、市场等信息服务为主。社会主体在农业信息化方面的作为和作用也以信息服务为主，如我国已有各类农业网站3万多个，其中以信息服务居多；电子商务也是国家着力推动的信息化工作重点之一，如商务部推动的“信福工程”，从政府到企业积极利用网络技术，实现农产品产销信息对接和有效流通，发展也比较快。但生产方面有计划、成规模实施的信息化工程还不是很多，有的长期停留在试点示范性质，有的应用主要集中在农场、现代农业园区。

（二）农业经营信息化

农业经营的发展既是生产技术发展的产物，又是复杂农业生产关系的开端。农业经营的发展使得农业与工业、运输、仓储以及旅游等产业和环节关系越来越密切。农业生产是经营的物质基础，农业经营是生产能否实现价值的关键环节。现代农业的发展对经营环节的依赖性逐渐增强，农业经营的效率与效益成为农业发展的关键。在农产品市场竞争日益激烈的当下，农业经营复杂性与时效性内在的提出了信息化的要求。

1. 农业经营信息化概念

(1) 农业经营信息化内涵。农业经营信息化，是指在农产品及生产资料的质量监管、仓储（保鲜)、运输、营销、市场交易、交易方式、售后服务等环节，在因地制宜利用农业景观资源发展观光、休闲、旅游等农村服务事业中，使农民在农业功能拓展中获得更多收益等新兴农业经营领域，不断利用信息技术实现信息化的过程。

(2) 农业经营信息化外延。

①农产品质量监管信息化。随着农产品供求的基本平衡、人民生活水

平的不断提高和农产品国际贸易的快速发展，消费者对农产品质量安全的要求越来越高。2007 年和 2008 年“中央 1 号”文件连续提出，要加强农业标准化和农产品质量安全工作，健全农产品标识和可追溯制度，强化农业投入品监管。农产品质量监管信息化就是通过建立从产地到市场的全程质量控制系统和追溯制度，以产品追溯条码为信息传递工具，对农产品产地环境、生产过程、产品检测、包装盒标识等关键环节进行电子监管和可追溯。农业部自 2001 年开展例行监测工作以来，共监测蔬菜样品 8.3 万个，畜产品 4 万个，水产品 1500 个。2008 年，农业部农垦系统已全面启动农垦农产品质量追溯项目建设工作，到 2010 年已有 56 家产业化龙头企业、规模企业建立可追溯系统。

②农产品价格信息化。农产品价格是反映农产品供需最灵敏的信号，它关系到农业生产、农产品流通、农民收入水平以及整个社会经济生活的安定。农产品价格信息化是借助网络平台搭建农产品价格查询系统，实现价格信息的发布、汇集、展示、查询等。农产品价格信息化可使农民及时快捷地了解到全国或地方各类农产品价格，有助于农民及时调整种养结构，提高适应市场的应变能力，也为政府适时精确掌握各种农产品销售情况提供客观依据，缩短决策反应时间。如农业部网站，“每日价格”栏目每日公布全国各地主要农产品批发市场的各种蔬菜价格、水果价格、粮油价格、水产品价格、禽蛋价格以及农资和农机价格，方便各方决策参考。

③农产品供求对接信息化。近年来，我国农产品市场频频出现局部供求失衡、部分农产品价格波动异常的现象，造成这一局面的原因很大程度上是由于市场信息不对称，供求双方不能及时对接，造成农业市场资源配置的低效率。农产品经营信息化要解决的一个重要问题就是实现供求信息低成本、快捷地达到买卖双方。当前，全国各地涌现了许多民营的农产品供求信息网，有些地区还利用手机短信向供求双方提供免费或低成本的信息发布功能，使供求双方第一时间获得供求信息，平衡地域间的农产品短缺或过剩。如浙江“农民信箱”，自 2005 年 9 月启用至 2007 年 5 月，实名制用户已突破 140 万人，用户可免费使用农民信箱接收、发送购销等涉农信息，有效地加强了信息双向交流，在农产品产销对接上发挥了巨大作用，帮助农民实现了可观的经济效益。

④交易方式电子化。农业经营信息化带动了交易方式的变革。传统的农产品及生产资料市场以现货、现金交易为主。随着农业电子商务的发展，电子支付将逐步取代传统的交易方式。电子支付具有多重优势，可以减少现金流动，降低交易成本，提高交易的安全性和方便性。电子支付的形式不断多样化，目前有网上银行、支付宝以及手机支付的“掌上通”等数十种支付工具。如海南中橡电子交易市场2007年推出了网上支付功能，年交易额达50亿元，使我国70%以上的天然橡胶实现了网上交易。

2. 农业经营信息化发展现状

(1) 农业经营信息化发展迅速。互联网与传统农业融合的电子商务模式，是农业经营信息化的重要内容，近年来发展迅速。经过十多年的发展，我国农业网站基本上覆盖了农业领域的各个方面，据统计，目前我国农业网站已有3万多家。农业部为农民和企业提供网上营销服务的“一站通”网络服务平台，全国注册会员已超过35万人，年信息发布量超过100万条，日均点击量在100万次以上。第三方农产品电子商务网站也正在兴起。2010年，工信部、农业部等五部委联合印发《农业农村信息化行动计划（2010—2012年）》（以下简称《行动计划》），准备到2012年选择300家农业龙头企业、农产品批发市场、连锁超市开展试点，培育一批年交易额超过5亿元的农产品电子商务交易平台。

我国农产品批发市场的信息化发展较快。随着近年来国务院对农产品批发市场的重视，原国内贸易局、农业部、发展和改革委员会曾先后对各地农产品批发市场配备检测设备和信息化设备提供了资金和国债贴息支持。据相关报告显示，2006年56.1%的农产品批发市场建有质量检验检测室，比2000年的0.4%大幅提高了55.7个百分点；2005年，建有电子屏幕的农产品批发市场占总量的21.36%。目前，通过农产品批发市场改造，全国已有一批大型骨干农产品批发市场成功试行了电子商务贸易。如重庆市农产品市场价格信息服务系统于2004年研发成功，2005年1月正式在全市40个区县农贸市场、产地批发市场和农业部定点批发市场开始价格信息采集与报送。

信息化在新兴的休闲农业领域面临重要发展机遇。据有关部门测算，目前，全国有休闲农业和乡村旅游景区（点）已达1万多个，其中国家级农业旅游示范点359个，农家乐150万家，直接从业农民400多万人，年接待游客4亿人次，年收入达3000亿元，其中农民直接获益1200亿元。各地涌现出大批休闲农业的网站，如中国休闲农业网、北京乡村旅游网、中国园艺网等。《行动计划》中指出，要整合各地休闲农业信息资源，建设全国统一的休闲农业电子商务平台。开发、挖掘全国农村旅游资源，整合全国休闲农业产业链，建设休闲农业资源数据库。到2012年，在农村地区的国家级风景名胜区、红色旅游区和文化遗产遗址保护区以及现代农业基地全面开通网络预约和票务管理系统。2010年，农业部与国家旅游局联合部署了“十二五”时期，发展休闲农业要重点实施的六大工程，其中，“支撑体系建设工程”是要围绕休闲农业产业发展需求，加快建设休闲农业公共服务平台，形成集全国休闲农业信息服务、管理咨询、营销推介、物流交易、虚拟展示为一体的现代信息支撑体系。随着休闲农业的快速发展，这一领域的信息化必将迎来一个加速发展时期。

（2）农业经营信息化已渗透到农业经营的各个领域。“十一五”以来，农村信息基础设施加速普及，面向农业农村的信息服务模式不断创新，农业经营活动信息化水平日渐提升，已经渗透到农业经营的各个领域。

当前，部分省区正在围绕本省重点农产品，扶植和建立一批跨区域、专业化的特色网站和交易网络，农业电子商务服务体系涉及批发市场、商贸中心、物流调度中心和商品集散地等农业经营的各个环节。与批发市场信息化相配套的现代物流体系也在快速发展，信息化正在与订单农业、连锁经营、物流配送相结合，正在逐渐成为促进农村现代流通方式和新型流通业态发展的重要手段。如湖南“村村通”农业电子商务平台的网上销售系统采用B2B模式，提供产品展示和销售功能。

农业经营信息化另一个重要内容是建立质量安全追溯体系，对于不同类型的农产品及加工品，采用不同的方法，从生产的源头对产品进行标识和监控。如养殖业通过耳标、RFID等，种植业通过一维或者二维条码把生产信息、产品形成的过程信息、检测信息等信息，通过软件系统存放到计算机网络的服务器上。消费者在购买农产品时，采用专门或通用的设备扫描标识代码，通过电话、手机短信、电脑和触摸屏等设备就能得到该产品全流程的质量信息。

3. 农业经营信息化存在的主要问题

（1）农业经营信息化发展不足且不均衡。农业经营信息化的发展程度与经济实力、技术进步、政策法律、诚信度等各方面因素息息相关，我国农业经营信息化程度发展不足且呈现明显的区域发展不均衡特征。从“2010年信息化与现代农业博览会”参展的农业经营信息化项目统计来看（见图4－13），其中东部占43.75%，西部占25.00%，中部和东北部分别占15.63%。需要说明的是，西部地区省份最多，有12个省（市），但参展项目仅占了全部项目的四分之一；而东北部只有3个省，其参展项目与中部地区所占比例相同，可见农业经营信息化程度与经济发展程度密切相关，东部、东北部经济较发达地区，农业经营信息化程度发展较快；而中部和西部地区发展较慢。

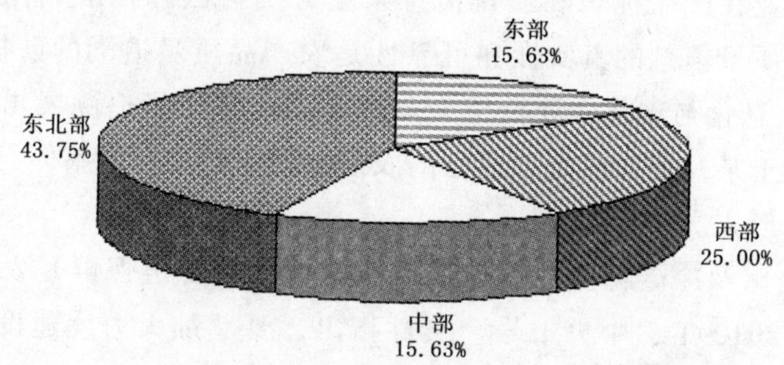

图4－13 农业经营信息化不同区域间比较

农业经营信息化的内容发展也不均衡。以2010年信息化与现代化农业博览会参展的农业经营信息化项目统计为例，其中农业电子商务发展最快，展出项目最多，占56.25%；其次是农产品质量安全追溯系统的应用，占18.75%；第三是批发市场的信息化建设，占15.63%；休闲农业起步较晚，参展项目最少，仅占9.38%（见图4－14）。

（2）农产品质量标准及检验检测体系建设不足。目前，农产品质量标准及检验检测体系建设在我国已有较大发展，但由于地区差异和农产品生产的特殊性，农产品质量标准的建设参差不齐，采集的信息类型千差万别，采用的技术手段也各不相同，普适性不强。农产品质量追溯系统是保

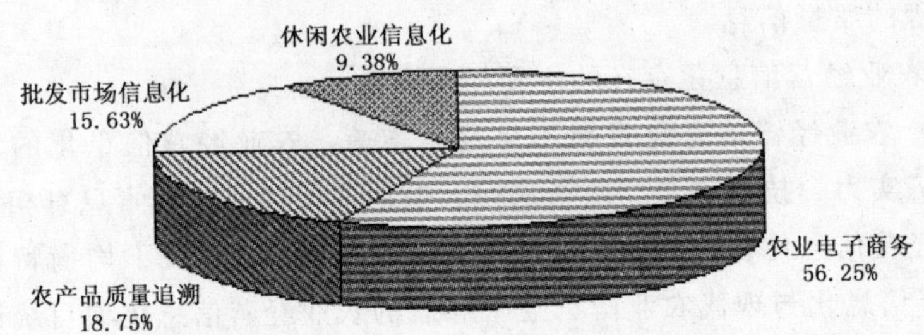

图 4－14　农业信息化内容对比分析

证农产品质量安全的重要措施，但目前农产品质量追溯网络建设远远不够，信息采集和发布规范以及信息分类、编码标准、数据交换等尚未有全国统一标准。追溯系统的基础设施建设和技术研发的投入不足，影响了初级农产品及食品从生产到销售各环节质量信息管理与服务的积极性。生产者和加工企业在产品标识和质量信息采集方面与国际标准相比差距还很大，而确保质量信息的真实性和可靠性是农产品质量追溯的前提和基础。在“2010 信息化与现代农业博览会”上，农产品质量追溯展出的案例均是各省市基于某一公司或企业自己的农产品实行的，全国整体行业质量追溯体系尚未形成。

（3）仓储及冷链物流体系发展不足。农产品冷链保鲜是农业经营的重要一环，2010 年“中央 1 号”文件指出，要“加大力度建设粮棉油糖等大宗农产品仓储设施，完善鲜活农产品冷链物流体系，支持大型涉农企业投资建设农产品物流设施。”但当前我国实际冷藏容量仅占货物需求量的 20%—30%，远远低于发达国家。由于冷链物流发展滞后，果蔬类在流通过程的损耗率也大大高于发达国家（见表 4－15）。据统计，截至 2009 年底，我国拥有冷库总容量为 880 万吨，主要集中在经济发达或农产品资源较为集中的区域；综合冷链应用率仅为 19%，果蔬、肉类、水产品冷链流通率分别为 5%、15%、23%。可以说，我国在生鲜产品的流通上，还没有建立起真正意义上的仓储及冷链体系，冷链物流业尚处于初级阶段，专业化的冷链物流企业比较缺乏，第三方物流比重不高，冷链物流还没有强制的执行标准，冷链信息系统、监控体系也不健全，这些制约了农业电子商务的发展与应用。

表 4－15　　我国与发达国家冷链特流部分指标对比

	发达国家	我国
冷藏容量/冷藏货物需求量	80%—90%	20%—30%
果蔬类流通过程中损耗率	<5%	25%—30%

（4）农产品流通中间环节过多，抬升了农产品价格高。当前，我国农产品从田间到餐桌要经过收购、运输、批发、零售环节，还有“中间经纪人”和“小贩子”，才能到消费者手上。由于农产品流通环节较多，每个环节的成本上升最终会导致农产品价格的大幅上扬。据 2008 年农业部对若干种农产品从地头到大城市超市的价格调查，具体验证了“两头叫、中间笑”的问题。如寿光农民卖的一种西红柿 0.71 元/公斤，北京超市卖到 2.35 元/公斤，中间环节拿走了 1.64 元/公斤。由于生产和销售价格的信息不对称，以及缺乏有关措施，结果对生产者和消费者利益显失公平。现在 70%—80% 的鲜活农产品都是通过批发市场、集贸市场和社区菜市场这样的传统渠道，但这条主渠道的现代化和组织化程度太低，导致整个运输、储存、销售环节损耗大、费用高，提高了农产品销售成本，产品质量也得不到保证。据有关资料估算，现在我国农产品流通成本是世界平均水平的 3 倍左右。

（5）农业电子商务行业缺乏规范性。近年来，以网络为基础的农业电子商务得到了快速发展，但当前农业电子商务行业发展不平衡，缺乏规范性的问题仍比较严重。中小企业电子商务发展水平滞后于大企业，中西部地区滞后于东南沿海地区。在电子商务交易中，买卖双方通过网络完成商贸洽谈的前提条件是提供的信息必须真实可靠，但目前我国相关的法律法规不健全，与之相伴的信用体系目前尚未建立。随着我国农业电子商务的快速发展，原来大多的农业商务网只提供网上供求信息服务，不参与实际交易，现在越来越多的农业商务网可实现电子支付。据统计，“2010 信息化与现代农业博览会”参展的电子商务项目中，可实现电子支付的占 55.56%。但目前国内法律法规还不能给电子支付业务发展提供充分的保障，涉及计算机和网络领域的立法工作还相对滞后，缺乏保障网上银行和电子商务活动有效开展的法律框架体系。

（三）农业服务信息化

随着农业生产规模的扩大和专业化的发展，农业对服务内容要求越来越广泛，专业性越来越强，涵盖了生产技术服务、市场流通服务、专业培训服务以及融资保险服务等方方面面。服务产品的非经验性特征和不可感知性使得农业生产对服务产品的辨别越来越困难。农业服务信息化不仅是专业服务内在发展的要求，更是服务市场发展的客观要求。农业服务信息化的开放性特征便利了行业间的信息交流，可在一定程度上起到辨别良莠的作用，能够促进服务质量监管、优化竞争，从而提高农业服务质量。

1. 农业服务信息化概念

农业服务作为现代农业的重要内容，不仅在推动现代农业发展中担当着重要的角色，也是建设现代农业的一个重要切入点。它有着丰富的内涵，至少包含以下几个方面的内容：一是良种服务，即为广大农民提供粮食、畜禽、水产、苗木等优质高效种子种苗；二是农资服务，即为广大农民提供化肥、农药等农业生产物资服务，保证农民用上放心农资；三是农技服务，即发展以农业科研院所、农业企业、农业专业性服务组织为主要内容的新型农技服务体系，为广大农民提供高效适用种养模式和技术；四是培训服务，即培育新型农民，拓展农民增收致富道路；五是信息服务，即为广大农民及时提供国家的有关政策、市场行情及先进高效种养技术等急需的信息服务；六是流通服务，即通过发展农产品批发市场、农产品超市等物流载体，为广大农民及时提供优质安全的农产品交流平台和服务；七是休闲服务，即满足人们回归自然、休闲娱乐和体验农耕文化需求，促进农民增收；八是保险服务，即对农民的种养产品实施政策性及商业性保险，减轻农民在灾害面前的经济损失，增强农业应对各种灾害的能力。

农业服务信息化是农业社会化服务体系所从事活动的信息化，是对农业产前、产中、产后各环节服务信息化支持的过程，是利用现代信息技术及其网络为农业产、供、销提供信息化支持的过程，其主要特征是开放性。

2. 农业服务信息化发展现状及成效分析

（1）农业服务信息数据库建设初具规模。目前，农业部门信息采集已涵盖了种植业、畜牧业、渔业、农垦、乡企、农机和经管等领域，涉及农业生产、市场、科技、质量安全、动植物疫病和资源环境等内容。

地方农业部门也十分重视农业数据库建设。如2010年上线运行的上海农业数据中心，覆盖了基础地理信息、土地资源、种植业、养殖业、农机化、农产品信息、农村社会经济、农业机构人员八大数据分类。该数据中心高度集成了上海各涉农部门的信息，使上海农业信息化步入了一个新台阶。

（2）农业服务信息化网络建设健康发展。农业信息网络作为国家信息化基础设施建设，受到了国家的高度重视。在网络基础建设方面，据工业和信息化部的资料显示，截至2008年年底，“村村通电话”工程圆满完成年度计划，全国通电话行政村比重达到99.17%，通电话自然村比重达到92.14%，全国98%的乡镇能上网、95%的乡镇通宽带。根据目前的信息技术，能通电话的地区在理论上就能实现上网，但要完全实现网络覆盖，以目前的趋势尚需数年时间。

在网站建设方面，目前覆盖省、地、县、乡的农业信息网络平台已呈现出一定规模。据《2009中国农业网站发展报告》，截至2009年10月，我国农业网站数量已达3万多家。目前，我国已建成覆盖种植业、畜牧业、渔业、农垦、农机、农业科技教育和农产品市场等各领域的农业网站，各级农业政府部门、科研机构、农业院校、涉农企业及社会团体等网站如雨后春笋般纷纷出现。全国31个省级农业部门、80%左右的地级和40%左右的县级农业部门建立了局域网和农业服务信息化网站。涉农网站发展形势喜人，已经呈现网站群的规模发展趋势。从中央部门来看，农业部已经建立起以农业部网站为核心、集20多个专业网为一体的国家农业门户网站，全国有3000多个网站与此建立了链接，日均访问量500多万次。从行业来看，种植业方面，已经形成以中国种植业信息网为核心的网站群；畜牧兽医业方面，已经形成以中国畜牧业信息网、中国兽医网为核心的网站群；农机方面，已经形成以中国农业机械化信息网为核心的网站群。从地方来看，各省（自治区、直辖市）十分注重网站群建设。重庆、广东等地都已经形成了以省级农业信息网为核心的涉农网站群。

（3）农业服务信息化模式日趋多样化。以政府为主导、多种农业服务信息化主体参与的体系建设格局正在形成。从2005年开始，农业部在全国试点建设电视、电话、电脑“三电合一”信息服务平台。2006年申请开通了“12316”全国农业系统公益服务统一专用号码。2006年7月，工业和信息化部专门召开了中国电信、网通、移动、联通、铁通、卫通等工商企业参加的农业信息化建设座谈会，鼓励工商企业参与农业信息化建设。目前，以政府部门主导的农业服务信息化工作已遍布全国多数省市区县。从2010年信息化与现代农业博览会226个农业服务信息化项目来看，政府主导项目186个，占比高达82%。除此之外，还有一种较有显著成效的服务模式，即农民专业合作经济组织，它是以社团协会自筹资金开展自助式服务为主要特征的，由社团协会将农业技术、市场等信息带给广大农户，它是农民为适应市场经济的要求以某种专业产品或某项专业技术服务为纽带，在自愿互利和平等协商的前提下，自己组织起来的一种自主性民间经济技术合作组织。

（4）农业服务信息化产品种类多样化。据对2010年信息化与现代农业博览会参展项目的统计，农业服务信息化项目达到了226个。其中，利用广播、电视、电话、手机、报刊等手段进行资讯服务的项目有42个，利用网站进行服务的项目有43个，各种建有数据库支持的专家服务系统62个，采用多种手段进行服务的综合服务平台79个。

（5）农业服务信息化体系基本建立。据已有统计资料显示，97%的地（市）、80%左右的县级农业部门设置了农业信息管理和服务机构，67%的乡镇成立了信息服务站，发展农村信息员队伍近25万人，农业龙头企业近4万个、农村合作及中间组织近18万个、农业生产经营大户近120万户、农村经纪人240万人。同时，各涉农部门、各类农业中介组织、科研院所、农业企业也在积极开展面向“三农”的信息服务。一些地方农业部门在加强农业系统信息服务队伍建设的同时，积极利用农民经纪人、种养经营大户、专业合作经济组织以及有关社会中介的力量，发展农村信息员队伍。

3. 农业服务信息化存在的主要问题

（1）农业服务信息资源不足。目前我国农业服务信息资源供给还基本上呈现“自上而下”的状况，综合性信息、简单堆砌的信息多，专业性信息、特色性信息、分析处理过的信息少，实用性还比较弱；内容上多为宣传本地农业为领导服务，农民急需的指导农业生产，有分析、协助农民对生产决策的实用性较强的信息比较少；表层的直接的信息比重大，前瞻性预测性的信息比重小；一般性的信息多，复杂、权威性、可用性的信息少，结合本地情况开发利用的信息资源相对匮乏。据统计，在过去10年我国数据库中，农村数据库仅占6.8%。世界三大农业数据库GABI、AGRICOLA、AGRIS，每年文献报道量分别为10万条、12万条、13万条，而我国最具规模的农业数据库中国农林文献数据库年报道量仅3万多条，中国科技期刊数据库农业专业的总报道量仅为4万多条。

信息服务对时效性要求比较强，而目前农业服务信息化网站过时的信息较多，缺乏第一手信息和第一时刻发表的信息，不能实现信息的及时更新，网站提供的信息不完整、不准确，信息内容单调，使用价值和实用价值低，重复访问率和页面点击率低。目前，据有关资料，农业信息网站更新频率，实时更新的仅占6.1%，每日更新的占28.8%，每周更新的占11.9%，每月更新的占20.8%，每季更新的占4.2%，年度更新的高达21.6%，不定期更新的占6.6%。

(2) 农业服务信息化基础设施建设不足。目前我国已初步建成省、市、县三级农业服务信息化平台，但乡、村两级的信息服务则是刚开始发展。据统计，目前全国3.4万多个乡镇中，有独立政府域名的乡镇政府仅为2719个，不到全国乡镇政府总量的十分之一。因此信息服务“最后一公里”问题还比较突出。农业服务信息化基础设施建设上仍然存在着很多问题，这主要表现在两个方面：第一是领导重视程度不够，资金投入不足。第二是信息传播网络有断层。

(3) 农业服务信息化需求有限。据有关研究显示，信息服务要有一定规模才能获得经济效益，这个“一定规模”是一个均衡点就是盈亏点，不少国家推崇的“精细农业”只有规模在250公顷以上农场才能发挥其作用。我国农业经营规模小而分散，一般农民农产品生产数量较少，几乎不具备与互联网上的大市场实现交易的条件，对网络信息的应用空间较小，信息应用效益不明显。不少地方农业产业化程度低，难以形成正常的信息需求，也限制了信息资源发挥作用的范围和效果。

目前，农民收入增速一直慢于城镇居民收入的增速，城乡收入差距呈扩大趋势。在现有消费结构下约有三分之一的农民对信息服务的支付能力不足。农户较低的收入水平限制了农户对信息服务的支付能力，从而抑制了农户对农业服务信息化的有效需求。从实际来看，农村许多信息服务成本都高于城市，网络信息传播过高的基础投资和使用费，超出了农民现有的承受能力，限制了农民利用网络信息的积极性。整体上农民受教育程度偏低。接受科技培训覆盖面较小，科技素质低下，直接限制了农民对信息技术和网络知识的学习理解能力，导致往往对信息嗅觉迟钝，捕捉和利用市场信息的能力局限性明显。

（4）农业服务信息化人才短缺且结构不良。据统计显示，目前每百个农村人口中信息科技人员数为0.09人，远低于美国的0.41人。农业服务信息化的发展，离不开大量既懂农业又懂信息技术的人才，而目前农业服务信息化人才十分短缺。主要原因是，目前农业服务信息化的直接效益不明显，各种服务条件尚不成熟，对从事农业服务信息化人才的吸引力较小。农业服务信息化人才专业知识结构不能满足实际需求。目前从事农业服务信息化的人员主要来自农业学科专业、图书馆情报学专业、计算机信息专业，工程建设、项目研究、市场投资分析、经营指导、市场营销、咨询服务等方面的专业人才相对缺乏。

（四）农业管理信息化分析

在我国市场体系日益完善的今天，市场在资源配置中的基础性作用得到确认和发挥，农业管理的复杂程度与重要性与日俱增。传统的管理思维、管理方式、管理手段必须随着市场经济的发展、技术水平的提高和管理主客体对信息的需求而快速改变，农业管理信息化是这一趋势的必然产物。

1. 农业管理信息化概念

农业管理信息化是指应用现代信息和通信技术，将农业管理和服务通过网络技术进行集成，以及对政府需要的和拥有的信息资源进行开发和管理的过程。农业管理信息化主要包括以下几方面的内容：一是农业办公信息化。它是指农业部门日常办公、行政审批、业务管理和为民服务的电子化、网络化，如数据库、视频会议等基础设施信息化，政府网站、在线审批与服务等行政管理的信息化。二是农业安全生产管理信息化，包括农业生产调度、农业防灾减灾、草原防火、渔政指挥、动物疫病防控信息化等。三是农业市场监管，包括农产品市场监管、农业生产资料市场监管、农产品质量安全监管信息化等。四是农业资源管理信息化，包括土地资源、水资源、气候资源和农林生物种质资源管理信息化等。五是农村电子政务，包括村务公开、农村社会公共事业管理信息化等。

农业管理信息化具有以下特征：一是农业政府网站是农业管理信息化的重要平台。农业政府网站作为各级农业部门对外发布政务信息、提供在线办事服务和实现政民互动的平台，是各级农业电子政务的重要组成部分，是各级农业部门开展农业电子政务管理的重要载体。二是具有明显的行业性。我国农业涉及多个行业，每行业的生产周期、工作流程、市场流通特点都不相同，农业管理的内容、采取的信息化手段也不相同，因此具有很强的行业性。三是具有多技术集成与多系统协同特点。农业管理信息化是跨区域、跨部门对农业生产和经济活动进行市场监管和宏观调控，这就决定了管理信息系统需要多项信息技术支撑和多个业务系统协同才能够完成。四是农业管理信息化发展模式呈现多样化。目前我国农业管理信息化发展呈现出以“农业核心业务”、“农业政府网站建设”和“农业政府网站+核心业务”为主线的三种发展模式，并且呈现出在政府网站功能逐步完善后，农业核心业务管理信息化逐渐成为各级农业部门建设的重点。

2. 农业管理信息化发展现状

（1）农业办公信息化水平得到提升。近年来，各级农业部门以提高行政效率、深化行政审批制度改革、提升为民服务水平为重点，在不断建设和完善农业政府网站体系基础上，建设和开发了农业行政办公、在线行政审批、农机购置补贴系统、视频会议系统和数据库等农业办公信息系统，提升了农业部门在线行政办公、项目监管、信息安全保障和面向公众在线办事服务的能力和水平。

（2）农业管理信息化共享平台得到较快发展。经过多年建设，农业部及各级农业部门大力推进政务信息资源整合、利用与共享，围绕农业核心业务管理搭建多级农业管理信息化共享平台，不仅促进了政务信息资源整合和共享，提高了各级农业部门行政管理效率，而且有力地促进了农业管理信息化共享平台的发展。在2010年参展项目中，仅适用于部门内部的管理信息化项目，占49%；适用于2个及以上政府层级的项目，即农业管理信息化共享平台，占51%，这表明各级农业部门在建设管理信息化项目时，越来越注重整合多级政务信息资源，搭建多级信息化管理共享平台。

从建设主体看，共享平台的建设和投资主体主要是国家和省级农业部门，两者所占比例分别是69%和28%。其中，国家级农业部门建设的主要是国家、省、市三级和国家、省、市、县四级共享平台，两者所占比例均是50%；省级农业部门建设的主要是省、市、县三级和省、市、县、镇四级共享平台，两者所占比例分别是75%和20%，这表明共享平台主要延伸到县级农业部门。从共享平台涉及行业看，主要是农业综合、畜牧、兽医、种植业、渔业和农机，六行业管理信息化项目所占比例分别为48%、14%、14%、10%、7%和7%。从管理信息化类型看，农业办公和农村电子政务发展较快，所占比例分别是35%和28%；农业市场监管、农业安全生产管理和农业资源管理所占比重相对较低，分别为17%、17%和3%。具体到每个管理信息化内容看，农业在线行政办公与服务、农村社会公共事业管理信息化、动物疫病防控和农产品市场监管所占比重较大，分别为28%、17%、10%和10%。

（3）农业监管与管理决策信息化水平逐步提高。各级农业部门在提高农业办公信息化基础上，加强了信息技术在农业监管和宏观决策中的应用，相继开发了农业部卫星指挥调度、渔政指挥、动物疫病防控、农产品监测预警、农产品质量安全追溯、财务监管等管理决策系统，实现对农业生产与经济活动、农业资源等多方面信息化管理，强化了农业部门在农产品和农业生产资料的市场监测预警、农业安全生产管理方面的能力，提高了农业的市场监管、宏观决策和应急处理能力。从2010年信息化与现代农业博览会情况看，农业市场监管与管理决策信息化是农业管理信息化的重要内容，其中农业市场监管、农业安全生产管理和农业资源管理信息化项目所占比例分别为26%、18%和5%，共计49%。此外，农业市场监管、农业安全生产和农业资源管理等核心业务管理信息化的建设和投资主体主要在县级及以上农业部门。上述三类项目由国家、省级和市级建设的所占比例分别是30%、43%和20%。

从参展项目涉及的行业看，农业市场监管、农业安全生产管理和农业资源管理主要涉及种植业、畜牧、兽医和渔业，四行业参展项目所占比例分别为38%、14%、21%和17%，这主要由于农作物产品在农产品中所占比重较大，是我国农业市场和农产品安全监管的重点。从参展项目的内容看，农业市场监管主要包括农产品质量安全监管、农产品市场监管和兽药监管，三者所占农业市场监管项目的比例分别是69%、19%和13%；农业安全生产监管主要包括渔业指挥管理、动物疫情防控和草原防火应急指挥系统，三者所占比例分别为40%、40%和20%；农业资源管理信息化主要是农用地管理信息系统和农林生物种质资源信息系统。

（4）农村电子政务逐步推进。目前，我国一些地区开展了农村村务公开和农村社会管理信息化建设，把电子政务延伸到农村社区。这些地区通过开发推广使用市镇村管理系统，推动人口、土地、企业基础数据建设；利用信息化手段开展计生、社保、就业、征兵、选举、财务、救济、基础教育等业务，并免费发放给镇、村使用，提高镇村管理和服务水平；逐步实现网上办事，更加高效、合理地开发利用各种农业资源，有力地提升了本地的农村电子政务水平，推动了农村经济发展和社会进步。从2010年信息化与现代农业博览会反映情况看，农村电子政务占参展项目的比例仅为16%，从内容上看，农村社会公共事业管理信息化是主要内容，占到电子政务项目的70%，主要包括合作医疗、土地承包流转、农民合作社信息管理及农村集体资产管理信息化等，四项所占比例分别为29%、29%、29%和14%。从建设主体看，省级、县级和企业（农垦企业）建设的项目所占比例分别为80%、10%和10%。这说明我国农村电子政府的主要推动力量是省级政府，农村电子政务还处于探索、起步阶段。

3. 农业管理信息化存在的主要问题

经过各级农业部门多年建设，我国农业管理信息化建设取得了一定成绩，但与我国电子政务与现代农业发展需求相比，还存在一些有待深入和加强的问题。

（1）缺乏统筹发展规划和顶层设计。农业管理信息化不仅可以提高农业科学管理水平，促进农业生产力的发展，也是农业管理体制机制的再创新。因此，农业管理信息化建设是一项系统工程，需要强有力的政府主导，实行统筹规划、顶层设计。由于我国农业部门涉及多个行业，农业管理信息化建设管理体制还不健全，缺乏统筹规划和顶层设计，形成了各行业管理部门或不同业务部门在建设农业管理信息化项目时，各自为政、分散管理。由于各单位建设时采用的标准不相同，所建管理系统之间无法实现互相衔接和信息共享，不仅造成重复投资，而且由于应用范围窄，管理信息化的效能相对低下，降低了资源的利用率。

（2）电子政务信息资源整合开发和业务协同程度低。我国在农业电子政务信息资源整合、开发和共享方面偏弱，主要表现在以下几个方面：一是各部门、各系统、各数据库之间缺乏信息共享机制与手段，部门信息处于封闭或半封闭状态，造成信息资源条块分割，形成信息孤岛，重复建设和资源浪费现象相当严重。二是信息资源共享和业务协同程度较低。一些重要的基础信息库，像农业科技、政策法规、农村经济数据库的建设推进缓慢，各行业部门信息资源共建、共享方面管理机制还没有真正建立起来。三是跨部门的业务协同信息化建设上推进很缓慢，目前基本上是行业内不同政府层级部门之间的协同较多，跨部门之间的协同发展比较缓慢。

（3）农业管理信息化向基层延伸不够。随着农村经济的发展对信息化程度要求越来越高，农村和城镇之间的“数字鸿沟”阻碍了农业管理信息化的发展。而且基层农业管理信息化能否推进，直接关系到能否为广大农民带来农业信息服务、丰富农村生活内容、拓宽就业渠道、增强农村基层民主和方便农民享受农村社会公共服务等功能。但在实际应用中，由于乡镇和农村存在信息网络设施建设滞后、基层政府电子政务服务意识和能力欠缺以及农民接受网络信息能力低等问题，造成了我国农业管理信息化建设在延伸到县级以后很难向城镇、乡村延伸，基层农业管理信息化水平明显低下，严重阻碍了基层村务公开和社会公共事务管理信息化发展。

（4）农业重要业务管理信息化开发建设与应用不足。虽然国家及省级农业部门依托“金农工程”，围绕农业部门重要业务建设了农业监测预警系统、农产品和生产资料市场监管信息系统等，大大提高了农业部门的管理信息化水平，但仍然存在农业重要业务管理信息化的开发建设和应用不足等问题，主要表现在以下两个方面：一是目前我国在农业生产调度、农业应急指挥、农业市场监管、农产品质量安全管理、农用地资源管理等方面的信息化水平与现代农业发展的要求相比，还有一定的差距；二是目前我国农业管理信息化发展重点还是停留在提高农业部门行政办公信息化水平，而农业生产监测、市场监管和应急管理等重要业务管理信息化还处于试点、应用和推广阶段，应用水平还有待提高。

三、农户信息应用与农村基层服务站建设分析

（一）农户信息（技术）应用

作为农业信息化的参与者和主要受益者，农民是农业信息化的弱势群体，也是农业信息化进程中的终端执行者之一。在实践中，农户是我国农民生产、生活、交往的基本组织单元，农民与社会、农民与国家、农民与市场的联系都是以户为单位进行。传统乡土社会的农民信息主要包括村庄内部信息和家庭信息，这些信息都是世代经验的教导和邻居的范例，虽然信息少但可信度高，不确定因素小，也没有外来的诱导和干扰，农民可以完全放心地依据有限信息维持简单的家庭小生产。而随着信息革命的冲击，如今市场信息开始渗入农村，近年来，农业信息为农村生产和生活带来了不小的变化。面对多种多样的信息，农民真正接受并使用的比较少，生产经营活动中信息（技术）的应用情况还有待改善。要想为农户提供更好的信息服务，势必需要从农户角度出发，深入了解和分析农户信息采纳行为。

1. 农户信息（技术）应用调查样本概况

（1）样本分布情况。调查于 2011 年 7—9 月进行，由中国农业大学的学生利用暑假回乡机会进行调研，共选取了 27 个调研点，调查对象为当地农户，每个调研点随机填写 15—20 份问卷。本次调查共发放 540 份问卷，回收 496 份，部分问卷由于缺少重要信息而去除，最后保留 417 份。样本分布于全国 16 个省市（自治区），各省份的样本分布情况如表 4 - 16 所示。

表 4-16　　样本农户省域分布情况

		样本数	百分比	累积百分比
有效	北京市	39	9.4	9.4
	河北省	34	8.2	17.5
	山西省	17	4.1	21.6
	内蒙古自治区	16	3.8	25.4
	辽宁省	16	3.8	29.3
	黑龙江省	38	9.1	38.4
	江苏省	37	8.9	47.2
	安徽省	37	8.9	56.1
	福建省	12	2.9	59.0
	山东省	58	13.9	72.9
	河南省	26	6.2	79.1
	湖北省	17	4.1	83.2
	广东省	16	3.8	87.1
	四川省	18	4.3	91.4
	陕西省	16	3.8	95.2
	甘肃省	20	4.8	100.0
	合计	417	100.0	

（2）样本农户（户主）基本情况。本次调查对样本农户（户主）的年龄、学历、经历，所处地域，农户类型，种（养）品种，人均年收入，收入主要来源等进行了调研，具体情况如表 4-17。

表 4-17　　样本农户（户主）基本情况

		样本数	百分比	有效百分比
年龄	30 岁及以下	59	14.1	14.3
	31—40 岁	111	26.6	26.8
	41—50 岁	151	36.2	36.5
	50 岁以上	93	22.3	22.5
	缺失	3	0.7	

续表

		样本数	百分比	有效百分比
学历	小学以下	31	7.4	7.5
	小学	85	20.4	20.7
	初中	175	42.0	42.6
	高中	86	20.6	20.9
	大专及以上	34	8.2	8.3
	缺失	6	1.4	
经历	外出打工过	164	39.3	40.7
	曾任村干部	37	8.9	9.2
	退伍军人	17	4.1	4.2
	农技人员	9	2.2	2.2
	无特殊经历	176	42.2	43.7
	缺失	14	3.4	
所处地域	其他乡村	127	30.5	31.7
	乡镇所在地	224	53.7	55.9
	城市郊区	50	12.0	12.5
	缺失	16	3.8	
农户类型	种植户	247	59.2	60.8
	养殖户	18	4.3	4.4
	个体经营户	60	14.4	14.8
	农产品经纪人	5	1.2	1.2
	其他	76	18.2	18.7
	缺失	11	2.6	

续表

		样本数	百分比	有效百分比
种养产品	粮食	265	63.5	69.4
	蔬菜	61	14.6	16.0
	水果	8	1.9	2.1
	水产	3	0.7	0.8
	家禽	10	2.4	2.6
	其他	35	8.4	9.2
	缺失	35	8.4	
年人均收入	2000 元以下	60	14.4	14.5
	2001—4000 元	96	23.0	23.2
	4001—6000 元	92	22.1	22.3
	6001—10000 元	71	17.0	17.2
	1 万元以上	94	22.5	22.8
	缺失	4	1.0	
收入主要来源	出售种植品	162	38.8	40.5
	养殖	21	5.0	5.3
	经营收入	59	14.1	14.8
	外出工作	129	30.9	32.3
	国家补贴	5	1.2	1.3
	其他	24	5.8	6.0
	缺失	17	4.1	
合　计		417	100.0	

2. 信息需求与应用情况

（1）家庭信息终端拥有情况。从调查结果看，农户拥有电视、手机、固定电话的比率较高，特别是电视拥有率达到91.6%，而广播和报纸书刊的拥有率较小，接入有线电视的比率为66.7%，如图4－15所示。进一步调查发现，能收看CCTV7的农户比率为83%。近年来，农户电脑拥有率大幅提高，本次调查发现，农户电脑拥有率达到了38.8%。在互联网接入方面，使用电脑接入互联网的农户的比率为35.7%，家庭成员使用手机接入互联网的比率为36.2%。

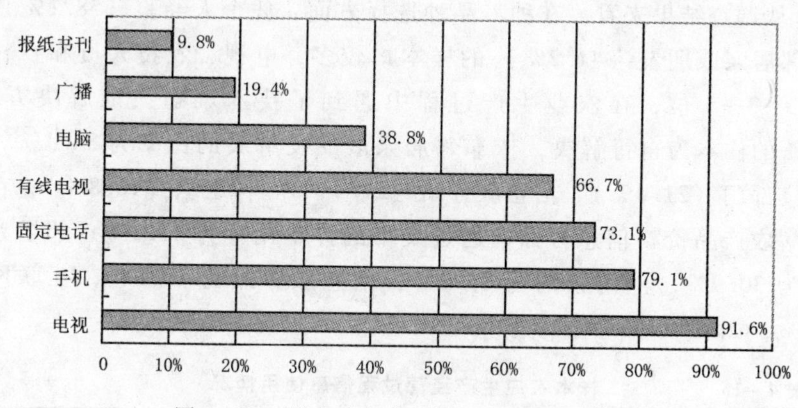

图4－15　样本农户家庭信息终端拥有情况

（2）经常获取的信息。本书从农户经常获取的信息来初步观察农户的信息需求，从调查结果来看，排名前5位的是农药化肥、气象、市场行情、病虫害防治和新品种，如图4－16所示。

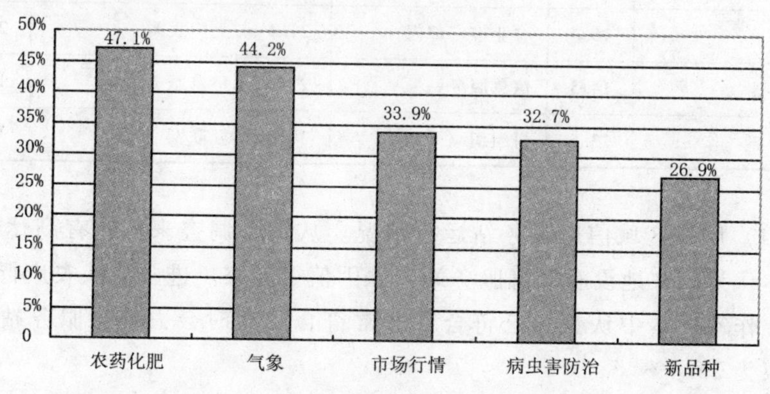

图4－16　样本农户经常获取的信息情况

在农户信息的来源方面，选择从村组织（政府）获取的比率为32.5%，农资商店为26.3%，农技推广部门为26%，互联网为14.9%，农民协会为9.6%，而从信息服务站获取的比率仅为8.9%，农技110更是仅有2.2%。

（3）生产经营过程信息使用情况。农业生产经营过程主要包括种养品种选择（产前）、生产技术难题的解决（产中）、农产品的销售（产后）。从调查结果来看，在种养品种选择方面，凭个人经验（58.1%）和参考邻居亲戚朋友（41.2%）的样本户较多，电视、农技人员和乡村干部位列3—5位；在农业生产过程中遇到了技术难题找谁解决方面，41.3%的样本为自行解决，依靠邻居亲戚朋友解决的比率为34.1%，农业推广部门（21.4%）、信息服务站（21.4%）、村组织（16.8%）；在如何了解农产品价格信息方面，通过集市的样本比率为47.1%，邻居亲戚朋友为30.9%，上门收购为23.2%，信息服务站为19.8%，互联网为15.5%，如表4－18所示。

表4－18　　样本农户生产经营过程信息使用情况

种养品种	比例（%）	技术难题	比例（%）	销售环节	比例（%）
个人的经验	58.1	自行解决	41.3	集市	47.1
参考邻居亲戚朋友	41.2	依靠邻居亲戚朋友	34.1	邻居亲戚朋友	30.9
电视	16.4	农业推广部门	21.4	上门收购	23.2
农技人员	14.5	信息服务站	21.4	信息服务站	19.8
乡村干部	13.5	村组织（政府）	16.8	互联网	15.5

（4）所在区域信息服务站运行情况。从笔者调查来看，有高达42%的样本认为所在地没有信息服务站，原因值得探究。进一步从农户行为上分析，作答样本中认为自己符合和非常符合“有时会去信息服务站”的比例仅为25.4%。

在信息服务站提供的服务方面，认为本地有信息服务站的样本中选择“政策”的比例为40.7%、生产指导为32.0%、供应农资为23.2%、上网服务（网吧）为22.4%、帮助销售为20.7%、协助务工为16.2%。在乡或村设立信息服务站的主要困难方面，62.5%的样本选择了资金，设备、人员和场所的选择比例相对较少。而在希望乡或村信息服务站做哪些工作方面，选择“生产指导”的比例为57.9%、希望“帮助销售”的比例为46.2%、选择“市场价格信息”的比例为40.2%、希望供应农资的比例为34.6%、希望提供政策信息的比例为31%、希望协助务工的比例为28.1%，如图4－17所示。

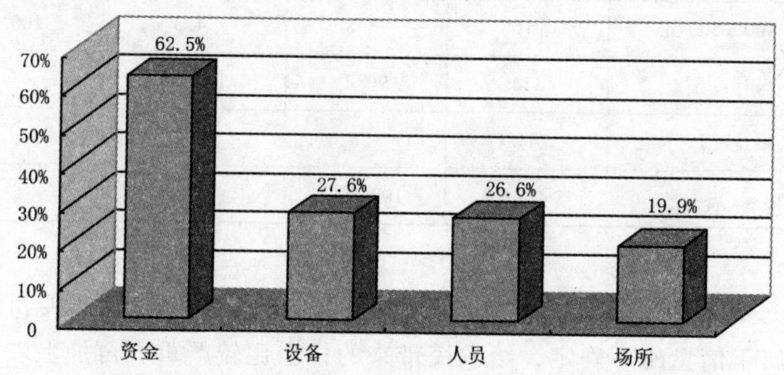

图4－17　认为信息服务站面临的困难

在信息服务站适宜地点选择方面，62%的样本认为农村信息服务站建在村级活动站最合适，19.1%选择农资销售处，8.9%选择专业协会，5.1%选择小卖部。

3. 信息化投入意愿

（1）是否愿意花钱来获得有用的农业信息服务？在问及是否愿意花钱来获得农业信息服务问题时，有53.7%的样本选择了愿意。

（2）哪些信息可以实行合理收费？问及哪些信息可以实行合理收费方面，愿意付费的样本用户中有78.1%的样本选择了“生产技术信息”，76.3%选择了“农技培训资料”，36.7%选择了“农产品价格”，34.1%选择了“农资价格”。相对而言，气象与灾害（17.9%）、政策信息（12.8%）、生活常识（7.3%）的选择比例很小。

（3）愿意承受农业信息服务的年费用。从调查来看，农户大多数愿意承受的农业信息服务年费用少于50元，如表4－19所示。这显示农户尽管具有一定支付意愿，但限于收入有限，实际支付能力较低。

表 4－19　　愿意支付的信息服务年费用

		样本数	百分比	有效百分比	累积百分比
有效	20 元及以下	212	50.8	56.4	56.4
	21—50 元	83	19.9	22.1	78.5
	51—100 元	65	15.6	17.3	95.7
	100—500 元	16	3.8	4.3	100.0
	合计	376	90.2	100.0	
缺失	系统	41	9.8		
合计		417	100.0		

（4）农业信息的风险承受能力。信息不对称、信息不真实和信息不完全都属于信息的不确定，给农民带来的打击比较严重。再加上农业生产具有周期性的特征，一些虚假信息给农户带来的影响是无法补救的。通过调查，认为自己能完全承受农业信息风险的样本比例仅有 10.9%。相比之下，有 35.2% 认为自己完全不能承受。而在问及损失承担方时，14.5% 认为应由农户自己承担，26.3% 认为应由服务机构承担，57.4% 选择了应由政府协调解决。调查结果显示，农户的信息风险承担能力较弱，同时对政府存在一定程度的信任依赖。

（5）未购买电脑的原因及意向。在未购买电脑的样本中，有 43.1% 选择是因为“不懂技术，不会用”，“价格太贵买不起”的选择比例为 27.1%，“怕影响孩子学习，不敢买”的选择比例为 21.6%，“买得起，可上网费太贵，用不起”的选择比例为 13.3%。综合来看，价格因素尽管仍然是农户未购买电脑的主要障碍因素之一，除此之外，无法有效运用也是重要的障碍因素。在未来购买电脑意愿方面，有 60.7% 样本户表示近期不会购买，近 40% 样本户在考虑或已有购买打算。

（6）已购买电脑家庭情况。已购买电脑的家庭中，有 23.5% 享受过国家补贴。样本农户购买电脑的原因方面，61.1% 是为了提高生活质量，用于学习的比例是 37.7%，便于与亲友沟通的比例为 30.2%，因工作需要的比例是 22.8%，跟随邻居购买的选择比例为 15.4%。

在已购买电脑的家庭中，高达 92% 的样本接入了互联网，在具体的网络应用方面，59.9% 接入互联网样本农户选择了浏览网页，56.8% 样本选择了网络聊天，35.8% 样本选择了网络游戏，选择电子邮件的比例为 31.5%，选择“搜索引擎”的比例为 22.8%。当问及是否上过农业信息类网站时，仅有 28%（样本数为 46）的样本表示上过，进一步追问网址（或名称），上过农业信息类网站样本中，1/3 左右（占总样本数比例为 4%）给出了网址（或名称），给出的网址（或名称）大多并非全国较知名的农业类网站。

为了解农户对农业信息技术应用系统的知晓情况，本次调查对已购买电脑的家庭进行了认知调查，在回答“了解和接触过的农业软件（系统）”时，农村合作医疗系统的选择比例为 35.8%、党员干部现代远程教育平台的选择比例为 14.8%、农业专家系统的选择比例为 12.3%、饲料（肥料）配方软件的选择比例为 11.7%、农村政务系统的选择比例为 9.9%、自然灾害与疫情监测系统的选择比例为 6.2%、生产管理系统的选择比例为 6.2%、3S 技术的选择比例为 4.9%，质量追溯系统的选择比例为 1.9%。

4. 相关因素交叉分析

（1）不同地域互联网接入情况分析。为了解不同地区农户通过互联网获取信息的能力，本次调研将样本划分为东、中、西部，进行了电脑、手机接入互联网的交叉分析，如表 4－20、表 4－21 所示。从运用电脑接入互联网情况来看，东部的比例为 40.2%，中部为 38.7%，西部仅为 13.0%（P＝0.00）；而在手机上网方面，东部地区的比例为 42.4%，中部为 39.3%，西部为 13.0%（P＝0.00）。

综合来看，东部地区与中部地区在电脑、手机接入互联网方面差异并不明显，而西部地区明显落后。

表 4-20　　地域与电脑接入互联网交叉分析表

			电脑互联网连接		合　计
			否	是	
地域	东部	计数	55	37	92
		地域中的 %	59.8%	40.2%	100.00%
	中部	计数	166	105	271
		地域中的 %	61.3%	38.7%	100.00%
	西部	计数	47	7	54
		地域中的 %	87.0%	13.0%	100.00%
合计		计数	268	149	417
		地域中的 %	64.3%	35.7%	100.00%

表 4-21　　地域与手机接入互联网交叉分析表

			手机上网		合　计
			否	是	
地域	东部	计数	53	39	92
		地域中的 %	57.6%	42.4%	100.0%
	中部	计数	162	105	267
		地域中的 %	60.7%	39.3%	100.0%
	西部	计数	47	7	54
		地域中的 %	87.0%	13.0%	100.0%
合计		计数	262	151	413
		地域中的 %	63.4%	36.6%	100.0%

（2）不同地域希望服务站提供服务的分析。为探究不同地区农户希望信息服务站提供服务的差异，本书将样本划分为东、中、西部，进行了希望信息服务站提供服务的交叉分析，如表 4-22 所示。从表 4-22 中可以看出，在供应农资方面，中部地区比例最高（40%），西部地区最低（13%）；在帮助销售方面，各方差异并不明显，且未通过显著性检验；在提供生产指导方面，中部地区较高（62.6%），东部地区和西部地区差异不明显；在协助务工方面，西部地区最高（33%），东部地区最低

(16.9%)；在政策信息方面，东部地区与中部地区差异不大，但西部地区较低；在市场行情方面，东部地区需求较为明显（50.8%），西部地区需求较低。

综合来看，西部地区在多项服务预期中选择比例较低，东部地区较为重视与产后相关的信息（帮助销售、市场行情），中部地区农户较为关注与生产过程相关的信息（农资、生产指导）。而在外出务工方面，东部地区由于处于劳务输入地区，因而该方面的需求明显落后于中部地区。

表 4-22 不同地域的信息需求情况

	东部	中部	西部	平均	卡方检验
供应农资	31.5%	40.0%	13.0%	34.6%	P=0.00
帮助销售	50.6%	45.6%	42.6%	46.2%	P=0.60
提供生产指导	49.4%	62.6%	48.1%	57.9%	P=0.03
协助务工	16.9%	33.0%	22.2%	28.1%	P=0.01
政策	33.7%	33.0%	16.7%	31.0%	P=0.05
市场行情	50.6%	38.5%	31.5%	40.2%	P=0.05

5. 农户信息（技术）应用小结

（1）样本农户信息终端拥有情况已得到明显改善。从调查结果看，样本农户拥有电视、手机、固定电话的比率较高，能收看农业频道（CCTV7）的农户比率很高，农户电脑拥有率也达到了38.8%，未购买电脑的家庭有近40%样本户在考虑或已有购买打算，而在互联网接入方面，使用电脑接入互联网的农户的比率为35.7%，家庭成员使用手机接入互联网的比率为36.2%。上述调查结果显示，样本农户信息终端拥有情况已得到明显改善，农户获取信息的多元化渠道已初步建立，这为农业信息交流和知识共享创造了良好的条件。

（2）样本农户信息来源仍然较为封闭。尽管调查显示农户获取信息的多元化渠道已初步建立，但在农户获取信息的方式选择上，仍然较为封闭。在农户信息的来源方面，村组织（政府）、农资商店、农技推广部门等传统的信息渠道位居前列，选择互联网和信息服务站的比例较低。从笔者的调查来看，有高达42%的样本认为，所在地没有信息服务站。尽管可能有当地有信息服务站，但调查样本并不了解等原因，导致这么高比例的选择，至少说明信息服务站的宣传存在问题，甚至部分地方可能存在“名义上有，实际无服务”的情况。

(3) 信息（技术）和信息服务体系的介入农业生产的作用并不明显。尽管已有不少（38.8%）样本拥有了电脑，当地也大多建设了信息服务站，但在农户种养品种选择（产前）、生产技术难题的解决（产中）、农产品的销售（产后）等生产经营过程中，大多数样本农户凭个人经验或集市、依靠邻居亲戚朋友提供的信息进行决策，而借助信息服务站、互联网的比例较低。进一步分析原因，样本农户购买电脑的原因方面，大多数(61.1%）是为了提高生活质量，而因为工作需要而购买电脑的比例较低，接入互联网的样本农户中，表示上过农业类网站的仅为28%，上过农业类网站的样本农户仅有1/3（占总样本比例仅为4%）能说出网站(或名称)。农业信息技术应用系统的知晓情况调查显示，已购买电脑样本农户对一些农业生产管理相关的信息系统的选择比例大多不到10%。调查结果进一步佐证，寄望通过农业信息化提升农业生产效率，进而提高农民收入的愿望，并不能通过农户拥有了现代信息技术就能一蹴而就。

(4) 样本农户的信息需求中，多为与生产、销售相关的信息。从样本农户经常获取的信息来看，排名前5位为农药化肥、气象、市场行情、病虫害防治和新品种，而在希望乡或村信息服务站做哪些工作方面，生产指导、帮助销售、市场价格信息、供应农资位居前列。由于样本所在地的信息服务站提供的服务与农户的期望存在一定差异，农户有时会去信息服务站的比例较低。

(5) 不同地域样本农户的信息及服务需求有一定差异。不同地域样本农户希望服务站提供服务的交叉分析显示，西部地区在多项服务预期中选择比例较低，东部地区较为重视与产后相关的信息（帮助销售、市场行情)，中部地区农户较为关注与生产过程相关的信息（农资、生产指导）。而在外出务工方面，东部地区由于处于劳务输入地区，因而该方面的需求明显落后于中部地区。

（6）农户信息具有一定的信息支付意愿，但支付能力和承受风险能力均有限。样本农户有 53.7% 的样本选择了愿意支付信息费用，在具体的信息类别方面，有支付意愿样本农户选择生产技术信息、农技培训资料的比例较高。而在愿意承受的信息服务费用方面，农户绝大多数（78.5%）愿意承受的农业信息服务年费用少于 50 元，考虑到农户在使用信息是也需要投入一定的成本，如通信费用等，因此，农户实质上是无法支付农业信息（内容）费用的。而在风险承受能力方面，认为自己能完全承受农业信息风险的样本比例仅有 10.9%。

（二）农村基层信息服务站建设情况

本书所指基层信息服务站是指乡（镇）、村级农村信息服务站，这些服务站直接面对农民，最了解农民心声，是农民开拓眼界，开拓思维，通向外界的窗口。基层信息服务站建设是农业信息服务体系的重要枢纽，也是开展农村信息化工作的有效途径和切入点。建设好基层信息服务站，有助于解决信息服务“最后一公里”问题。从 2001 年起，中央各部门、各省市都围绕建设农村信息服务站点自上而下地出台了一些项目和工程，在这些政府项目的推动下，全国农村综合信息服务站的建设有了较大发展。经过近 10 年的努力探索，尽管目前农村综合信息服务站在建设和发展上还很不平衡，但已经取得了很大的发展，在 2010 年工信部等五部委举办的全国农村综合信息服务站和信息员考核评估工作总结会上涌现了一批先进典型事例，但是由于每一个具体的信息服务站面对的服务对象是各不相同的，面对的技术条件、环境是也各不相同的，一些先进典型事例并不具备可复制性。不同于“考核评估工作总结会”上展示先进典型事例的方式，本书拟从我国基层信息服务站经营的常态着手，试图探讨共性规律。本书抽样选取了 27 个调研点进行基层信息服务站调研，希望在了解我国基层农村信息服务站的经营现状的基础上，结合先进典型事例，探讨基层信息服务站基于成本收益的可持续运作机制。

1. 农村信息服务站调查样本概况

（1）样本分布情况。本书调查于 2011 年 7—9 月进行，由中国农业大学的学生利用暑假回乡机会进行调研，共选取了 27 个调研点，除个别样本外，本次调研的基层农村信息服务站调研点与农户调研点地点相同，即调研员在进行农户调查的同时，对当地基层信息服务站进行调研，每个调研点计划选择 1 份乡（镇）级、1 份村级信息服务站进行调研。本次调查共发放 54 份问卷，回收 40 份，部分问卷由于缺少重要信息及其他原因而去除，最后保留 35 份。样本分布于全国 16 个省市（自治区），各省份的样本分布情况如表 4－23 所示。

表 4－23　基层信息服务站样本分布表

		样本数	百分比
有效	北京市	2	5.7
	河北省	3	8.6
	山西省	1	2.9
	内蒙古自治区	1	2.9
	辽宁省	2	5.7
	黑龙江省	3	8.6
	江苏省	2	5.7
	安徽省	4	11.4
	江西省	1	2.9
	山东省	4	11.4
	河南省	4	11.4
	湖北省	2	5.7
	广东省	2	5.7
	陕西省	1	2.9
	甘肃省	2	5.7
	宁夏回族自治区	1	2.9
	合计	35	100.0

（2）样本基本情况。本次调查对样本是否示范点、所属级别、所设

地点、隶属部门等进行了初步了解，具体情况如下：样本中有55.9%为示范点；在服务站地点方面，有40.6%设置在组织活动场所（乡政府或村委会），设置在农资销售处的比例为21.9%，设置在小卖部的比例为12.5%，如表4－24所示。调查样本中，乡镇级为47.1%，村级为41.2%，其余为个体经营或经纪人自设，如表4－25。在隶属部门方面，大多数样本服务站具有政府色彩，其中隶属村委会比例为25.7%，隶属乡政府比例为45.7%，隶属农业局比例为11.4%；自主经营等仅有14%，如表4－26所示。

表4－24　　调查样本设置地点情况表

		样本数	百分比	有效百分比
有效	组织活动场所	13	37.1	40.6
	农资销售处	7	20.0	21.9
	小卖部	4	11.4	12.5
	专业协会	1	2.9	3.1
	种养大户	2	5.7	6.3
	其他	5	14.3	15.6
	合计	32	91.4	100.0
缺失	系统	3	8.6	
合　计		35	100.0	

表4－25　　调查样本所属级别情况

		样本数	百分比	有效百分比	累积百分比
有效	乡镇	16	45.7	47.1	47.1
	村级	14	40.0	41.2	88.2
	经纪人	1	2.9	2.9	91.2
	个体经营者	3	8.6	8.8	100.0
	合计	34	97.1	100.0	
缺失	系统	1	2.9		
合　计		35	100.0		

表 4－26　　　　　　调查样本隶属部门

		样本数	百分比	有效百分比	累积百分比
有效	村委会	9	25.7	25.7	25.7
	乡政府	16	45.7	45.7	71.4
	农业局	4	11.4	11.4	82.9
	电信部门	1	2.9	2.9	85.7
	自主经营	4	11.4	11.4	97.1
	其他	1	2.9	2.9	100.0
	合计	35	100.0	100.0	

2. 信息服务站经营情况

（1）信息设备拥有情况。从调查来看，样本服务站的电话、计算机、打印机的拥有率较高，其中电话拥有率为100%，计算机拥有率为94.3%，打印机拥有率为80%。而传真机、扫描仪、短信群发器的拥有率相对较低。

（2）主要业务。在服务站提供的业务范围方面，信息咨询服务（71.4%）、农业新技术推广（60%）、协助农民解决技术难题（57.1%）、提供农产品市场信息（54.3%）、组织培训（54.3%）位列前五位，收集相关信息的比例为48.3%，发布信息的比例为34.3%，销售农资的比例为28.6%。

（3）对农民服务的信息来源。本次调查的服务站对农民服务的信息来源情况，依序分别为政府部门（71.4%）、互联网（62.9%）、报纸杂志（48.6%）、电视（37.1%）、种养专业户（37.1%）、科研院校（28.6%）、音像制品（22.8%）、协会组织（20%）、农业企业（14.3%）、收音机（5.7%）。

（4）信息发布方式。在信息发布方式方面，选择宣传栏（82.9%）、农技讲座及培训（54.3%）、编发资料（54.3%）、农村广播（51.4%）的比例超过半数，而通过示范户（34.3%）、电话传达（31.4%）、手机短信（25.7%）、网络发布（11.4%）的比例较低。

（5）农业信息采集业务。在问及是否承担上级部门交付的农业信息采集业务时，82.9%的样本选择了“是”。具体采集的农业信息类别，在作答的样本中，采集农业生产情况的比例为75%，采集农产品价格信息的比例为17.9%，采集劳动力转移信息的比例为7.1%。

（6）设备购置（站点建设）相关费用来源。在服务站建设相关设备购置方面，调查结果显示，大多数样本的建设费用来自政府，其中财政专款的比例为26.5%，上级拨款给予支持的比例为44.2%（32.4% + 11.8%）；纯粹自筹建设经费的比例为23.5%。

（7）经营性收入。在问及是否有经营性（向用户提供服务，同时收取费用）收入时，有29.4%（10/34）的样本选择了“是”。有经营性收入样本的收入来源包括销售农资（60%），打印复印服务（30%），销售电脑及配件、维修电脑、上网服务的比例均为10%，没有样本选择出售农业信息。

在问及是否有农业（信息）服务公司接洽时，超过半数（54.3%）的样本选择了“是”，具体的合作方案包括委托销售农资（42.1%）、协助外销农产品（42.1%）、提供付费信息（10.5%）。

（8）运营情况。从调查来看，调查样本基层信息服务站的年费用中位数和众位数均为3万元。问及费用支出项目组成时，选择了电话费的样本比例为82.9%，选择了电脑及配件维修的样本比例为74.3%，选择了办公费用的样本比例为74.3%，选择了上网费用的样本比例为71.4%，选择了打印复印资料的样本比例为65.7%，选择了人员工资的样本比例为48.6%，选择了购买信息资料的样本比例为45.7%。

但在具体的费用额度方面，根据对填写较为完备样本数据各项费用组成比例进行平均后发现，人员工资的费用额度所占比重最高，所占比例为64%，其次为办公费用（16.6%），其余项目所占比例较小，依序分别为耗材（4.8%）、信息资料（4.7%）、电脑及配件维修（3.9%）、上网费（3.4%）、电话费（2.6%）。

在每年的运营费用的经费主要来源方面，来源于政府资金占绝大多数（财政专款选择比例为26.5%，上级拨款选择比例为44.1%，另有5.9%选择了“上级拨款 + 自筹”），相对来说，依靠经营性收入和自筹的比例较小（均为8.8%，共计17.6%）。

调查样本从事农业信息服务人员的众位数为3人，中位数为4人。从事农业信息服务人员的最高文化程度较高，作答样本均在高中以上，近8成样本信息服务站人员的最高文化程度在大学及以上。服务人员年工资的众位数为6000元，中位数为9800元；工资总支出众位数为20000元，中位数为39500元。在工作人员的工资来源方面，调查样本大多依靠政府的支持，主要包括两方面：一是通过上级拨款（53.3%），二是走村干部编制解决（20%）；相对来说，自行解决的比例较小（13%），部分样本服务站没有工资（6%）。

在问及“当地农业信息化需要政府多大程度上的支持”时，82.9%的样本认为需要政府支持80%以上。

（9）遇到的主要困难。从调查结果来看，样本服务站在运营过程中遇到的主要问题是没有持续的资金支持（62.9%），“缺乏有用的信息来源”位居其次，选择比例为31.4%，缺少人员、信息发布不畅、没有场所的比例分别为28.6%、28.6%、25.7%。

进一步询问制约开展农业信息服务工作的主要因素时，“缺少运行经费”仍然占据首位，且所选比例（77.1%）远远大于其他选项。信息供给与需求不对接（42.9%）、办公条件不足（40.0%）、农民信息需求意愿不高（34.3%）、信息来源不足（31.4%）的选择比例较高，相对来说，欠缺工作人员（25.7%）、信息使用不足（14.3%）、信息不准确（11.4%）、工作人员积极性不够（5.7%）的选择比例较低，如表4－27所示。

表4－27　　制约开展农业信息服务工作的主要因素

	样本数	比例
缺少运行经费	27	77.1%
信息供给与需求不对接	15	42.9%
办公条件不足	14	40.0%
农民信息需求意愿不高	12	34.3%
信息来源不足	11	31.4%
欠缺工作人员	9	25.7%

续表

	样本数	比例
信息使用不足	5	14.3%
信息不准确	4	11.4%
工作人员积极性不够	2	5.7%

3. 农村信息化工作情况认知调查

基层信息服务站是解决农业信息化的“最后一公里”的重要中枢，其对“最后一公里”较为熟悉，为了解农村信息化相关情况，本次调研询问了基层信息服务站对一些问题的认知。

（1）农民最需要的农业信息。在问及“当前农民最需要哪些农业信息”时，排序如下：生产技术（68.6%）、农产品价格（60.0%）、国家政策（60.0%）、气象与灾害信息（57.1%）、种养什么（45.7%）、农资价格（45.7%）、农产品加工（40.0%）、农产品运输（31.4%）。

（2）农村通过互联网来获取农业信息。在问及“目前在农村通过互联网来获取农业信息是否可行”时，高达8成的样本服务站认为可行。进一步询问农民使用互联网的问题时，认为农民“不会用电脑”（58.8%）的比例最高，“使用费太贵”（14.7%）的选择比例位居其次。

（3）农业信息引发的损失承担态度。在问及“如果信息给农民造成了损失，应该由谁承担责任”时，样本服务站有近70%选择了由政府协助解决。

（4）农民信息需求强度与哪些因素关系比较大（图4-18）。在问及“农民信息需求强度与哪些因素关系比较大”时，样本服务站选择较多的选项是生产规模（54.3%）、文化程度（51.4%）、经济收入（48.6%）。

4. 调研小结

（1）调研样本信息服务站运行效果一般。基层信息服务站所在地农户样本中有高达42%的样本认为，所在地没有信息服务站，认为自己符合和非常符合“有时会去信息服务站”的比例仅为25.4%。从用户的角度来看，样本基层服务站的运行情况一般。同时，各调研点调研人员撰写的调研报告亦显示，确实有少量基层信息服务站仅有其名，而无信息服务

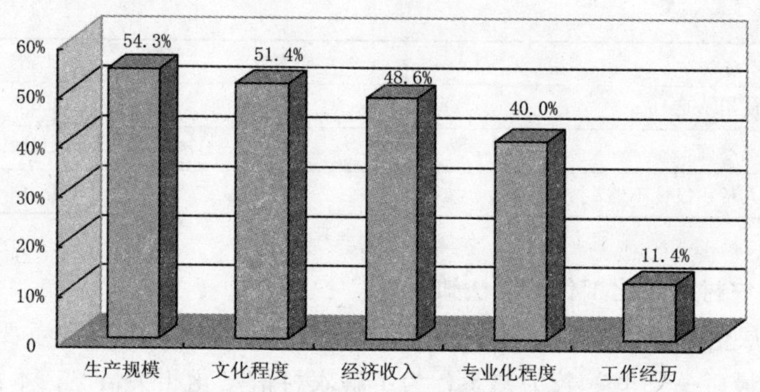

图 4－18　农民信息需求强度的影响因素

之实。

（2）样本信息服务站硬件设施、工作人员配备良好。从调查来看，样本基层信息服务站电话、计算机、打印机等工作设备拥有率较高，同时样本服务站服务人员的最高文化均在高中（中专）以上，样本中超过70%的服务站的服务人员最高文化在大专以上，本科以上学历人员占一半左右。

（3）样本信息服务站大多仅从事信息服务相关业务，少部分样本有经营性业务。样本服务站的业务范围主要包括咨询服务、农业新技术推广、协助农民解决技术难题、提供农产品市场信息、组织培训等，在经营性业务方面，主要为销售农资，销售农资样本占总样本的比例为28.6%。

（4）样本服务站在建设、运营过程中对政府的依赖性很强。调查结果显示，大多数样本的建设费用来自政府，其中财政拨款支持的比例为70.7%，纯粹自筹建设经费的比例为23.5%。而在每年的运营费用的经费主要来源方面，来源于政府资金占绝大多数（76.5%），相对来说，依靠经营性收入和社会资助的比例较小（共计17.6%）。

在成本构成方面，根据对填写较为完备样本数据各项费用组成比例进行平均后发现，人员工资的费用额度所占比重最高，所占比例为64%，其次为办公费用（16.6%）。

（5）由于自身“造血”功能缺失，资金不足成为样本服务站的核心困难。尽管样本服务站在建设、运营过程中财政拨款支持比例已经很大，但由于自身“造血”功能缺失，从调查结果来看，样本服务站在运营过程中遇到的主要问题是没有持续的资金支持，在询问制约开展农业信息服务工作的主要因素时，“缺少运行经费”仍然占据首位，且所选比例（77.1%）远远大于其他选项。

（6）样本服务站呈现有效信息需求和有效信息供给同时不足。在问到农业信息服务向农户延伸遇到的障碍时，不少样本服务站提及“农户种植规模小，土地收益小，导致有效信息需求不足”，特别在一些劳务输出地区，留守的人多为中老年人和小孩，对农业信息不太关注。而在信息供给方面，尽管样本服务站认知的农户信息需求与农户自身的信息需求比较接近，如生产技术信息、市场价格信息。但在实际工作中，所在地样本农户认为服务站提供了生产技术的比例仅为32%，明显未满足农户需求，表现出信息供给不足。究其原因，有效信息需求和有效信息供给同时不足的实质是“没有满足需求的有效供给存在”。

四、农业信息化运行机制与政策建议

（一）农业信息化建设物品供给机制

农业信息化建设从产品角度，主要包括农村通信服务、农村广播电视服务、农业信息、农业信息技术应用系统（软件）四大类，这四大类产品都属于信息商品和服务的范畴。不同于传统的物质商品和服务，信息商品和服务具有非消耗性和共享性的特征，即某项信息商品一旦被生产出来，就可以在不同时间、不同地点进行多次转让，从而满足消费者多次的、反复的需求。根据信息商品和服务消费的非竞争性和非排他性特征，信息商品和服务属于公共物品，但由于消费“拥挤点”的存在，信息商品和服务可以依据排他性难易程度定位为纯公共物品和准公共物品。

农业信息化建设物品多为公共物品（纯公共物品和准公共物品），极少数为私人物品。对于私人物品的供给，市场机制无疑是最佳的方式。而对于农业信息化建设的公共物品，理论上应由政府提供，但政府负责提供并不意味由政府直接生产，而且由政府直接提供可能会存在效率低下的问题，同时，由于我国政府的公共财政有限，因此农业信息化建设无法由政府一手包办。

实践中，政府可以通过不同的制度安排来激励和约束多方主体参与农业信息化建设，激励和约束的方式主要包括财政支出、税收政策、信贷政策以及价格监管等。财政支出包括消耗性支出和转移性支出，消耗性支出表现为政府购买物品或劳务的活动，转移性支出表现为资金的无偿的、单方面的转移。税收政策是对某些纳税人和征税对象给予鼓励和照顾的一种特殊规定，以促进产品供给。信贷政策是指通过国家银行对于农业信息化建设优先发放贷款、延长贷款时间，并降低利率等方式，刺激相关领域的投资。价格监管是政府或其授权部门依法对农业信息化所涉主体提供的产品和服务的价格实施的监管，以刺激消费者行为。

1. 农村通信服务的供给机制

尽管农村通信服务具有准公共物品属性，但在技术上较容易排他，可以通过市场机制进行供给。由于农村通信服务在较长一段时间都将面临“高成本、低收益”困境，在理性经济人和利益最大化的驱动下，电信运营商没有内在的动力为农村地区提供电信服务，从而导致供给不足。为保证电信普遍服务，我国政府在《电信条例》中对电信的普遍服务义务作出了明确规定，要求电信业务经营者承担电信普遍服务的义务。在国有垄断经营体制下，电信普遍服务义务可以在电信企业内部解决，但是在引入竞争后，就有可能成为电信服务的空缺。通过“分片包干”政策，我国农村实现了“电话村村通”。但这毕竟是违背市场经济原则的方法，为农村通信服务埋下了隐患。如不能以符合市场经济的方法，妥善解决普遍服务义务的问题，将会导致农村电信服务水平的下降。

从国外的经验来看，农村通信的长效服务有赖于电信普遍服务基金为核心的成本补偿机制。但是由于种种原因，我国尚未建立电信普遍服务基金。在这段过渡时期，农村通信服务可以通过电信运营商的业务创新和政府适当补贴来维系。电信运营商的业务创新包括利用技术、平台优势拓展业务，获得新的业务增长点，或通过市场营销（差别定价等）提升业务额，或通过业务创新带动主营业务的增长。政府补贴主要是基于支持农村建设、缩小“城乡数字鸿沟”的目的，由政府向农民提供通信使用补贴，以带动农村通信业务的增长，起到实质上补贴电信运营商的作用。在具体的激励和约束制度安排方面，可以考虑“国家补贴 + 价格监管”的方式，国家补贴通过减免或返还电信运营商在农村地区业务的税收，或通过财政转移性支出补贴农业生产经营者通信费用来实施。同时，政府应通过价格监管降低农村地区电信资费。

2. 农村广播电视服务的供给机制

农村广播和无线电视具有纯公共物品属性，应通过政府供给机制实现。有线电视的接入和信号服务可以从技术上进行排他，具有准公共物品的属性，可以通过市场机制或政府机制提供。考虑到我国特殊国情和广电行业的垄断程度，对于经济条件较差的地区短期内可采用政府机制和市场机制结合的方式，而对经济条件较好的地区，则采取市场机制。而对CCTV7 及 IPTV 农业节目频道，应当以公共物品形式由政府供给，进行无偿接入和提供信号。

3. 农业信息的供给机制

目前我国农业信息的供给以政府为主，具体包括“上行”和“下传”两个通道。“上行”通道是指政府通过行政体系收集和整理信息，“下传”通道是指政府建设信息平台发布农业信息以及通过信息服务体系传播信息，即构建农业信息的传播体系。农业信息的这种政府供给机制在一定程度上解决了农业基础信息的供给问题，但也浮现出一些弊端，如信息质量不高，真正满足用户需求的信息并未有效供给，满足微观层次用户（农业生产经营者）需求的信息更是少之又少。而从农户和基层信息服务站的调查分析来看，没有满足农户需求的信息供给是制约我国基层农业信息服务的核心因素之一。

在农业信息服务上，政府机制无法满足农业生产经营者多样化需求，采用市场机制将会出现无人愿意生产的局面。为此，公益机制供给成为一种新的选择，但公益机制也有其自身的缺陷。为调动各参与主体的积极性，有效供给满足用户需求的农业信息，本书提出如图 4-19 所示农业信息混合供给机制模型。

在图 4-19 中，政府不再直接生产农业信息，而由信息服务机构生产，基于农业信息的地域性特征与用户需求的层次性，信息服务机构分为国家级和省级。国家级信息机构主要面向有一定支付能力的农业信息用户，如农业企业、涉农政府部门、种养大户及其他涉农机构等。省级信息

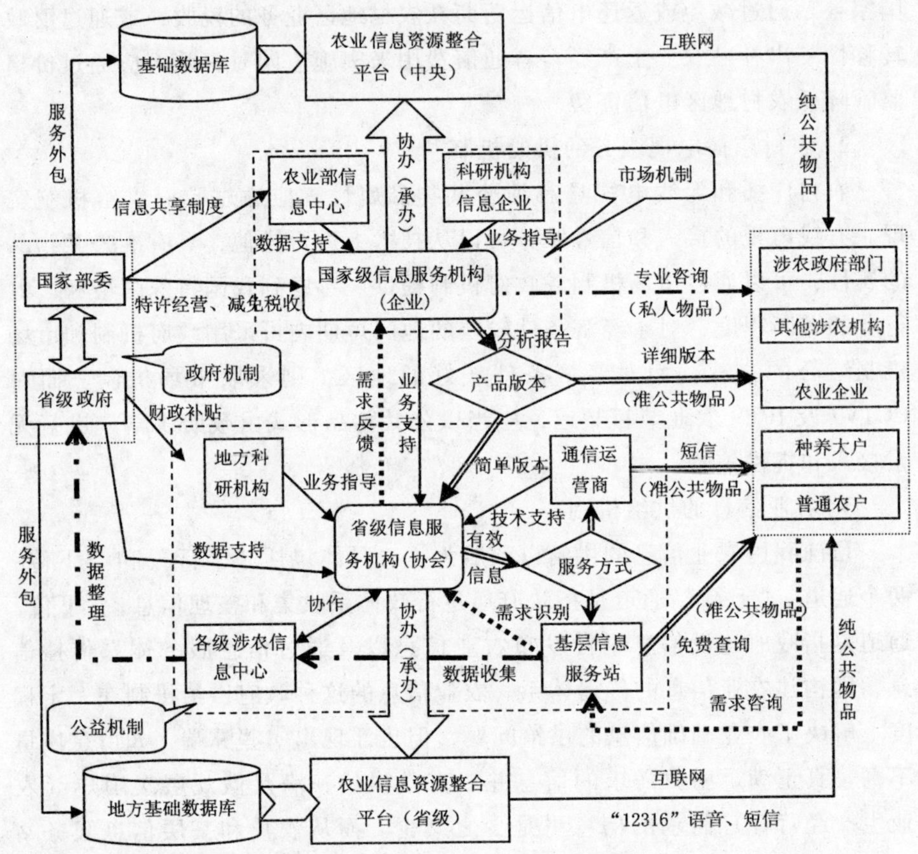

图 4－19　农业信息混合供给机制模型

机构主要面向支付能力较弱的基层用户，如种养大户、普通农户等。基层用户的农业信息需求具有地域性、多样性、复杂性等特点，由省级信息机构负责满足较为妥当，国家级信息机构不再将工作重心放在基层用户上，而是针对通用需求和特殊需求，进行专业的农业信息资源开发服务。在供给机制方面，包括政府供给、公益供给和市场供给。

4. 农业信息技术应用系统的供给机制

对于农业专用软件来说，由于其属于私人物品，可通过市场机制供给。政府要做的是营造良好的外部环境，如加强知识产权保护等。

而农村社会管理与服务系统（电子政务）和农业通用软件属于纯公

共物品，应由政府机制供给。具体来说，电子政务系统可以通过公开招标的方式由政府出资，软件开发商提供研发和维护服务。而农业通用软件，特别是农业信息技术应用的关键技术或一些实用示范信息技术的研发，软件行业并不能完全提供，需要通过科研机构解决。对于这类技术，国家可以通过科研经费支持的方式，委托科研机构进行研究，同时，为了强化应用，应当在信息技术的应用推广上着力。一般来说，软件开发是基于用户需求进行的，即使是农业通用软件，其研发也是基于特定对象进行的，其他用户并不能简单地“拿来”就用，软件开发的这种特性是导致农业信息技术成果商品化程度低的重要原因。根据软件开发与应用的特点，为有效供给并推广农业信息技术示范应用系统，本次研究提出如图 4－20 所示农业信息应用系统的供给与推广模型。

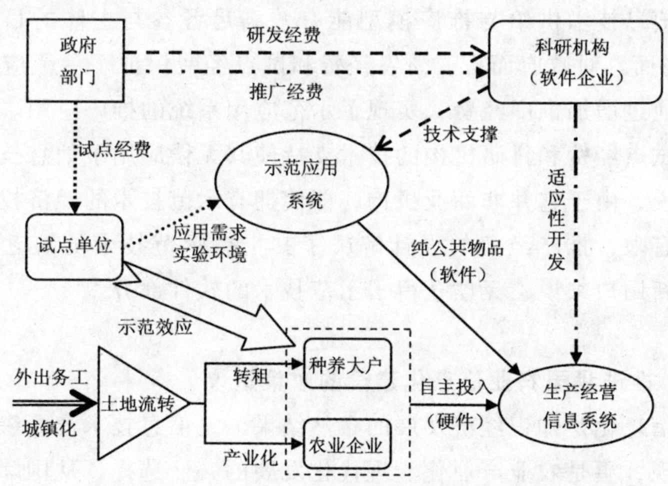

图 4－20　农业信息应用系统的供给与推广模型

在图 4－20 中，政府部门是主导，通过中央专项资金和地方配套资金、财税政策以及制度安排实行研发、试点和推广“三位一体”的经费支持制度，以有效推广农业信息技术成果。首先由政府部门提供研发经费和试点经费给示范技术研发机构及试点单位。在示范技术的研发过程中，试点单位提供应用需求和实验环境，研发机构依据试点单位的需求进行开发，并经实际应用后形成示范应用系统。示范应用系统的发明人是研发机构和试点单位（精神权利），但由于示范技术的研发经费来源于公共财政，因此示范技术产品定位为公共物品（经济权利），可以无偿提供给其他种养大户和农业企业使用。由于示范应用系统是依据试点单位的应用需求而研发的，示范单位与新用户的应用需求和环境不尽相同，简单移植肯定无法应用。为此，政府部门应当提供推广经费给研发机构，由研发机构对示范应用系统进行适应性开发后，应用到新的用户单位。

在具体的财政支持方面，中央专项资金以及科研支出（转移性支付）主要用于研发和推广，地方配套资金（转移性支付）主要用于推广和试点经费，对试点企业可以实施减免税收和农业信息化硬件投入优惠信贷的激励措施。同时，为加大推广应用示范技术的力度，对示范技术推广用户亦可采用优惠信贷的激励措施。

农业信息技术供给与推广模型能有效满足各参与主体的目标，形成“多赢”局面。对政府而言，研发经费和试点经费保证了示范应用系统的产出，而通过增加推广经费，实现了示范应用系统的推广应用。对试点单位而言，试点经费和科研机构的技术支持使其无偿应用了信息技术。对科研机构来说，由于它并非商业机构，即使拥有示范技术的经济权利，商品化收益亦有限，推广经费的设计解决了其推广示范技术的缺乏动力的问题。对于新用户来说，无偿获得了示范技术的软件部分。

（二）推进我国农业信息化建设的政策建议

农业信息化是知识经济发展的必然结果，是信息技术产业渗透性发展的直接表现，更是农业产业化、现代化发展的必然选择。从国际农业信息化发展经验以及我国发展现实看，农业信息化是未来农业发展的方向。加大农业信息技术投入，完善农业信息系统，提高生产、经营、服务及管理环节信息采集、加工、利用能力是节本增效，保障农业可持续发展，提高农业竞争力的重要途径。因此，要从资金、人员、制度以及法律层面构建农业信息化发展的良好物质基础和发展环境，以提高农业信息化水平，改善农业信息化实施效果。农业信息化的推进不仅可以大力提高我国农业生产力，改善我国农业生态环境的承载力，确保农业可持续发展，提高国际竞争力，保障农业从业人员收益，从根本上确保国家农业安全，而且可以促进信息技术产业发展，为信息技术发展提供新的机遇，为国家经济发展提供新的动力。

1. 创新农业生产组织方式，健全投入体制，大力推进农业生产信息化水平

（1）创新生产组织方式，拓展信息化发展空间。现代信息技术的推广应用要有与之相适应的承载主体，在农业生产趋向规模化的基础上，信息化能更多地发挥效用。如据测算，小麦施肥适用于精准农业技术实践的经济可行的最小面积约为85.6公顷，而我国有相当的差距。加快提高农民组织化程度，多种形式推进农业生产规模化，大力发展种养大户、农民专业合作社、农业龙头企业等，并以他们为信息化应用的重点对象，不断拓展信息技术和产品应用空间，提高生产信息化水平。

（2）健全多元化投入机制，探索可持续生产信息化发展模式。信息化建设往往是投入大，见效慢，但长期效益明显。而我国农业的弱质性、农民的弱势性决定了生产信息化建设仍然首先要有政府投入作保障，每年安排专项资金，用于支持基础信息技术产品研发、成果转化和推广。同时，要发挥市场机制作用，积极引导企业及其他社会主体参与和投入。作为企业目标很明确，其信息技术及产品研发推广会更加注重和贴近实际需求，能够克服政府投入和推动对项目建设考虑的多，对营运考虑的少，对绩效考虑的少，缺乏可持续性的弱点。要引导企业根据农村实际制造低成本信息终端，建立起有效的信息技术供给和农业产业应用需求之间的互动机制，使技术产品研发与应用服务紧密结合，更好地满足现代农业发展需求。

（3）围绕现代农业发展目标，着力推进农产品供给安全信息化建设。一是国家粮食安全生产信息化建设，加强测土配方、专家系统等信息技术应用，着力提高农田质量、单位面积产出等；二是重大动物疫情疫病监测信息化建设，加强疫情疫病及时监测和有效防控，保障畜禽水产品供给安全；三是农业应急指挥信息化建设，及时监测重大农业自然灾害，有害生物及外来生物入侵、渔业作业水上安全等，提高应急处理能力，降低成灾率，减少灾害损失等。

（4）加强项目示范，发挥辐射带动作用。在各地农业生产信息化经

过多年发展取得丰富实践经验的基础上，在我国传统农业向现代农业快速转型期，农业生产信息化已到了重要推进的阶段。为此，应更加注重生产信息化总体规划，进一步调动各方面参与建设的积极性。要注重信息技术和产品应用的实效性，结合广大农业农村生产实际，因地制宜组织实施信息化示范项目，包括大田种植业信息化示范、设施园艺信息化示范、畜禽养殖业信息化示范、渔业信息化示范等重点示范工程，通过示范工程，带动辐射更多的农业生产经营企业和农户采用信息技术，从整体上提高农业生产信息化水平。

2. 以完善市场体系为基础，以信用体系建设为保障，推进农业经营信息化化建设

(1) 完善市场体系，加大农产品物流配送体系建设。在推进农业产业化，提高农业生产规模的同时，根据产销区域布局及产品特点，科学合理的进行农产品批发市场布局，在此基础上加大农产品批发市场交易信息化建设，特别是物流配送体系信息化建设。在农产品电子商务迅猛发展的今天，农产品批发市场及物流配送体系信息化建设不仅是完善农产品市场体系，提高交易效率所必需的配套措施，更是农产品电子商务有效发展的前提。当前物流发展水平偏低，物流设施总量不足，物流配送中心不完善，运作效率不高，应着力建好和提升现有的农产品批发市场，拓展市场网络覆盖面，同时加大现有批发市场基础设施改造投入力度，将现有批发市场逐步改造成储备中心与物流中心。规划建设全国范围内的大型农业物流信息平台，积极培育和发展冷链运输等现代物流体系，最终形成以高效便捷物流体系为网络，产地市场与销地市场相互配合，批发市场与期货市场有机衔接农产品市场体系。

(2) 推进电子商务，强化标准建设，促进资源共享。推进农产品电子商务建设不仅是解决农产品“买难卖难”的重要手段，也是加强国家监管、稳定农产品物价的必要支撑。因此，要大力推进电子商务建设，并实施开展示范点工程。一要加强综合性农业电子商务服务体系建设。围绕重点农产品，扶植建立一批跨区域、专业化的特色网站和交易网络，形成以批发市场、商贸中心、物流调度中心和商品集散地为依托的农业电子商务服务体系。整合各地休闲农业信息资源，建设全国统一的休闲农业电子

商务平台。二要向基层延伸电子商务服务。建设县级农产品批发市场信息平台、农产品电子商务平台、休闲农业综合信息服务平台，及时快捷地把农产品经营信息传递给农业生产者。三要适时实施示范点工程。重点示范电子商务技术、互联网技术、短信彩信技术、呼叫中心技术等在批发市场、休闲农业、仓储物流等领域的应用示范。

农业电子商务要求网上交易的农产品品质分级标准化、包装规格化以及产品编码化。由于农产品具有特殊性，外形尺寸和内在品质很难统一，难以进行人工控制，加大了其在特征质量方面度量标准的判定难度，且全国统一的农产品标准尚未出台，从而影响到农业电子商务的发展。

近期看，可先以农业农村信息化发展较快的地区和行业作为示范，建立省、市、县三级联动的数据库，统一指标和标准，建立经营信息采集和发布规范、信息分类、编码标准、数据交换等标准，实现资源共享，逐步实现跨地区跨行业的数据资源共享。

长远看，最能解决问题的办法应是在全国建立规模化生产的农业生产体制，规模化生产不仅是提高劳动生产率的需要，也是保证农产品规格化、标准化生产的基础，还应建立以加工和食用品质为中心的质量检查评价系统、农产品市场体系和市场价格系统，研究开发适合我国国情、符合我国消费特点的农产品规格标准系统。

(3) 加快制度建设，提高交易信用度。加强农产品批发市场信息化法律法规建设。我国曾于20世纪80年代初颁布实施了《城乡集市贸易管理办法》，此后再也没有出台有关农产品市场的法律、法规。《城乡集市贸易管理办法》的内容已经远不能适应当前农产品批发市场管理和发展的需要。我国农业生产和农产品流通方式与日本、韩国等国家基本类似，都是小规模经营的家庭农业，具有产销高度分散的特点。因此，借鉴他们制定农产品批发市场法的经验，抓紧研究制定“农产品批发市场法”，对市场性质、开设程序、主体资格、交易方式、交易行为、管理者责任、市场监管等方面作出相应规定。在规范批发市场的基础上，抓紧制定批发市场信息网络和农村市场供求信息系统的管理办法和法律法规，引导和鼓励龙头企业大力搭建电子商务平台，形成以批发市场、商贸中心、物流调度中心和商品集散地为依托的农业电子商务服务系统。

加快出台电子商务的法律法规。参照现有的《中华人民共和国电子商务法》及配套的单行法规，加紧组织制定有关农业电子商务的知识产权保护、税收环境、安全环境、个人隐私权保护、电子支付和结算、消费者权益保护等法律法规，以促进我国农业电子商务健康、有序地发展。

制定信息化有关法律法规的同时，还要出台相应的扶持政策，发展和壮大农民合作社，一方面专业的农民合作社有利于收集、发布和整理农产品信息数据，有助于建立和管理数据库，并组织农民进行信息技术的培训；另一方面，可以借鉴美国等发达国家各种协会的成功经验，由合作社为其社员提供担保或是向第三方提供其社员的信用状况。

3. 培育服务网络，培训服务人才，推进开放性农业服务信息化建设

（1）提高建设投入力度，发展多元化服务模式，培育可持续发展机制。农业服务专业性强，涉及育种、种（养）植、过程管理、专业设施设备维护、信息采集与利用、融资与保险等多领域的专业知识；同时农业服务具有投入大、回收周期长、不确定因素多等特点。农业服务涉及农业生产不同环节，任何一个环节的风险都会造成系统性损失，因此，应加强不同环节农业服务的信息沟通与交流，建立针对农业生产的系统性服务网络。此外，农业服务企业与机构各类服务人员具有较强的专业性，对于服务信息化缺乏必要的了解和知识，各级部门都应安排专项资金，用于农业服务信息化硬件建设、软件开发、人员培训、人才引进、网络运行、信息发布、信息资源开发利用等方面。同时在投入时要科学安排好各部门之间的投入比例，注意兼顾硬件（计算机网络、电信网、有线电视网、广播等）和软件（农业信息资源，其重点是数据库）建设，使其产生较好的经济效益。应充分利用信息技术与网络的开放性特征，建立农业服务综合性网络平台，为农业服务供需双方提供低成本交流途径，并建立服务业绩累计评分制度与相应查询功能，利用开放系统去芜存菁，从使开放性服务信息网络成为农业服务可持续发展的培育机制。

（2）提高信息资源质量。建立严格的信息采集标准和制度，明确信息采集内容、范围、时间、方法和责任，保证信息的及时性和真实性；建立信息分析与预测制度，强化信息资源的深层次开发利用，增强信息引导的科学性与有效性；建立信息的定期发布制度，明确发布内容、时间、渠

道和责任，同时要规范运作，提高信息服务质量，严禁传播虚假信息。加强与农业有关的生产、市场、价格、品种资源、技术、政策、病虫害、自然灾害等信息的收集、处理和利用；加强资源共享，加强对各种农业资源数据库的应用；加强网站实用性、时效性农业信息的发布，及时将农民手中的信息有效地发布出去，根据农民对信息的需求，收集和发布有针对性的信息。

（3）加强农业信息服务人才的培养。制定人才培养规划和建立制度，利用多种渠道分层次培训信息工作人员。建立以农业院校为主的农业信息服务培训基地，对农业信息工作人员进行技术技能的培训，定期对农业信息服务人员的农业技术知识、农业和农村经济管理、信息技术、综合写作能力等方面做综合培训及考核，提高信息服务能力。加大农业信息技术学科的研究生培养力度，同时注意选派科技骨干出国考察、进修、合作研究、参加学术会议等，学习国外先进技术和经验。农业信息服务专业队伍建设，包括农业信息服务组织管理和农村信息员队伍建设。管理人才要具备组织、协调、指导农业信息服务工作的能力；技术人才要具备系统操作能力，能够熟练、规范地采集、传输、处理、应用农业信息，有多方面知识及服务能力。

（4）增强信息素养教育，培育农业信息需求市场。信息用户群体的整体素质从根本上决定着社会信息资源的利用水平。因此，要加强对用户进行信息意识、信息素养和信息能力的教育与培养。通过信息教育，建设一支动态发展的、在规模上不断扩大、在整体信息素质和信息需求层次上不断提升的农业信息用户群体。采取集中学习和具体指导、典型示范和普通推广的办法，对农业信息用户进行接受农业信息能力的培训，提高信息接受能力。可以举办农业服务信息化培训班，有计划重点培养农业服务信息化典型示范户；利用广播、电视进行普及化的农业信息知识宣传，提高全体农业信息用户的农业信息接受能力。具体解决农业信息用户存在的问题，使其得到使用农业信息的实惠，不断提高利用信息的积极性及其相关能力。

4. 以顶层规划为经，以标准建设为维，大力推进农业管理信息化水平

（1）做好发展规划和顶层设计，统筹协调推进。农业管理信息化建

设是一项系统工程，必须坚持全局观念、统筹规划，突出重点、分步实施。要制定针对东部、中部和西部经济发展、农业农村信息化水平和发展现代农业的要求编制农业管理信息化发展规划，确保得到均衡发展。要建立农业管理信息化统筹发展机制，发挥各部门及相关机构在农业管理信息化工作中的重要作用，调动地方各级政府的积极性。充分整合各部门及相关机构在农业管理信息化工作中的服务资源，依据各部门的职能，明确责任和任务，建立部门之间分工协作、有机统一的组织协调机制。要重点围绕农业、畜牧、渔业、农垦、农机等生产信息监测与调度、农业经济与市场信息监测与预警、农产品质量安全管理、农业应急指挥和农业资源管理等领域制定从国家到地方总体发展规划。

（2）构建管理制度和建设标准规范体系，促进信息资源整合。统一标准是互联互通、信息共享、业务协同的基础。因此，我们要从农业管理信息化建设总体标准、应用标准、技术标准、信息安全标准、网络基础设施标准和管理标准等方面入手，构建我国电子政务的标准化体系和统一的电子政务网络平台。建立健全农业管理信息化建设、管理、运维相关工作制度，推动农业管理信息化建设规范化和制度化。研究制定农业管理信息化建设相关软硬件技术标准、信息分类标准、编码标准、数据交换等标准；建立信息采集、存储、加工、处理标准和信息服务规范。完善信息共享机制，建设标准统一、实用性强的信息共享平台和公共数据库，推动农业各行业和其他涉农部门资源整合。

（3）推进基层电子政务建设，提升农村公共服务与社会管理水平。积极推动电子政务向乡村延伸，丰富乡村电子政务应用，推动电子政务与基层行政服务中心、政务公开的紧密结合。依托市县电子政务平台推进乡村政务公开和村务公开，实现农村财务、选举、固定资产、土地承包、计划生育等信息公开，为保证广大农民知情权建立信息通道。充分利用互联网、手机等现代通信技术，拓宽农村社情民意表达渠道，增强农民参政议政能力，促进村民自治和民主管理。扩大新型农村合作医疗管理和服务信息系统覆盖范围，加强面向农村疫情和突发公共卫生事件的疾控信息系统建设，加大农村现代远程教育的能力和水平。推进城乡一体化劳动保障信息服务体系建设，全面覆盖劳动就业、农村养老保险、最低生活保障、减灾救灾、社会赈济等农村社会保障事业。

（4）加强农业重要业务管理信息化建设，提高农业市场监管和宏观调控能力。充分利用重大信息化建设工程，推进农业管理信息化建设。推进智能化的农业生产决策、指挥、管理等支持系统的开发与应用，为农业宏观决策和管理提供支持。建立重大动物疫情监测、动物标识及疫病可追溯信息系统，创建饲料安全管理信息系统，确保全行业实行健康安全养殖。开发应用农产品和农业生产资料质量安全监管信息系统，切实提升农产品和农业生产资料的质量安全监管能力。完善粮食主产区的植被气候变化、生态环境保护、气象监测预报、重大自然灾害防范预警和植物病虫害监测等业务系统，在有条件的地区加快物联网的应用，提高农业生产运行监测和预警能力。

第五章

乡村治理与农村社会管理

乡村治理指包括政府和乡村社会以及其他组织和个人在内的多个主体，为了实现公共利益，对乡村进行组织、管理和调控的动态过程。乡村治理的研究涉及社会学、人类学、经济学、法律学、政治学等多种学科的理论知识，但目前我国学者的研究视角多从政治学角度切入，并未将乡村治理置于社区经济、社会、文化发展的大背景中去剖析。为实现善治目标，乡村治理机制需要构建不同类型治理主体共同参与的多元治理模式。政府作为高居社区之上的公共权力垄断者的地位日益式微，社会管理主体由一元主宰向多元共治发展，并因此带来政府组织结构和治理方式的一系列变化①。乡村多元化的治理应当以政府治理为基础，并以社区自主治理为方向，以民间组织为有效载体，进行多向度的合作。这样的格局既能对政府治理过程中的力所不及之处形成补充，也能一定程度上制衡政府在治理过程中的强权政治。

① 邓幸俊："社会转型期利益博弈下乡村治理模式透视"，《老区建设》2009 年第 18 期。

第一节

转型期乡村治理的现状与问题①

一、转型期乡村治理的结构现状

乡村治理结构通常指各治理主体在各自权力、职责范围基础上的行为模式以及相互之间的关系②。目前，我国的乡村治理结构主要体现为“乡政村治”模式，即“在乡镇建立基层政权，对本乡镇事务行使国家行政管理职能，但不直接具体管理基层社会事务；乡以下的村建立村民自治组织——村民委员会，对本村事务行使自治权”③。简单来说，治理结构就是主体及主体间的关系。为此，我们从治理主体和主体关系两个维度来探究转型期乡村治理的结构现状。

课题组选取了长（沙）、株（洲）、（湘）潭城市群、衡阳市、沅江市三个地区作为研究样本。2012 年 6—7 月，我们在长、株、潭城市群进行调研。我们走访了 10 个乡镇政府，16 个村，包括丁字镇（书堂村）、青山桥镇（青山桥村、造福村、桥北村）、回龙铺镇（回龙铺村、左家河村、金石村）、老粮仓镇（老粮村、五福村、仁福村）、白马桥乡、平塘镇、黄兴镇、跳马镇、桥驿镇等。进行了多个访谈，掌握了大量的第一手资料。2012 年 7—8 月，课题组分成两个调查小组，分别赴衡阳市和沅江市进行调研。在衡阳市，走访了 3 个乡镇政府、6 个村，包括西渡镇（西

---

① 本节引自 2012 年农业部软科学课题“转型期乡村治理结构现状、问题与发展趋势研究”，课题主持人：张桂蓉。

② 马宝成：“乡村治理结构与治理绩效研究”，《马克思主义与现实》（双月刊），2005 年第 2 期。

③ 崔永军、庄海茹：“‘乡政村治’：一项关于农村治理结构与乡镇政府职能转变的个案研究”，《社会科学战线》2006 年第 4 期。

渡村、保安村、老街村）、库宗桥镇（梅开村）、樟树乡等；在沅江市，我们走访了3个乡镇政府、8个村，包括草尾镇（立新村、长乐村、福东村）、南嘴镇（南嘴村、鲤羊村）、万子湖乡（万子湖村）等，得到了翔实的数据。

在选择具体的调研地点时，采取随机抽样的方式。在以长株潭城市群、衡阳市、沅江市三个地区为研究对象的前提下，随机抽样产生了若干乡镇和村，在每个乡镇，选取10名乡干部填写调查问卷，并做1—2个深度访谈；每个乡镇选取2—3个村，每村做25份调查问卷。本次调查共发出村民问卷750份，收回有效问卷722份，有效率达96.3%；共发出乡镇干部问卷160份，收回有效问卷146份，有效率达91.3%。

（一）治理主体

乡村治理的主体具有多样性。学术界对其分类也有不同的理解和看法，如俞可平、徐秀丽等将乡村治理的主体分为普通村民、农村精英（即俗称的乡贤、乡绅、能人）和村干部①。仝志辉、贺雪峰认为，村庄治理主体可划分为体制精英、非体制精英、普通的无政治的村民②。而张艳娥则从宏观制度角度出发，将乡村治理主体划分为制度性主体和非制度性主体③。对各种观点进行了总结，采用“正式—非正式”二分的方式对乡村治理主体进行分类。正式主体指的是从行政权力视角分析，在当前的乡村治理运行制度和法律框架下，被纳入行政权力体系中的治理主体，包括乡镇政府、村党支部、村委会、村民代表大会四种。非正式主体指的是从社会本位视角分析，虽未纳入行政权力体系，但是可以通过各种方式影响乡村治理和权力结构的治理主体，包括宗族、宗教、市场企业、农民自组织四种。需要指出的是，县委和县政府、乡镇党委并未纳入治理主体体系中，主要是考虑到以下因素：首先，县委和县政府确实会对乡村治理产

---

① 俞可平、徐秀丽：“中国农村治理的历史与现状——以定县、邹平和江宁为例的比较分析”，《社会经济体制比较》2004年第2期。

② 仝志辉、贺雪峰：“村庄权力结构的三层分析——兼论选举后村级权力的合法性”，《中国社会科学》2002年第1期。

③ 张艳娥：“关于乡村治理主体几个相关问题的分析”，《农村经济》2010年第1期。

生影响，但是这种影响主要是间接的，需要通过乡镇党委和政府这个中介起作用；其次，在“乡政村治”中，在乡镇一级的治理核心是乡镇政府，乡镇党委起到的是宏观把握的作用。

1. 正式主体

（1）乡镇政府。乡镇政府是“乡政村治”的核心。作为主导乡村治理的国家力量，乡镇政府应当对乡村治理的运行和发展起到决定性的作用。受访者对乡镇政府的主体作用是充分肯定的。但是，在访谈中，我们发现，有些乡镇政府的主体作用正在弱化，乡镇政府的空心化现象正在加剧。改革开放30年来，市场经济体制的确立和公民社会的成长导致了中国社会发生了巨大的制度变迁。这一系列制度变迁，特别是村民自治制度和全面取消农业税的实施直接冲击了作为基层政权组织的乡镇政权，使得乡镇政府出现空心化的现象，进而也会影响乡镇政府在乡村治理中的主体作用。

在乡村治理中，乡镇政府主要是起到指导和引导的作用，而非直接与村民互动。乡镇政府通过与村委会的沟通，实现行政上的管理和乡政的村治。当然，现在也有乡镇干部联点负责某些村的，由村民直接与镇干部联系的。但是，实际效果不佳。

（2）村党支部。村党支部在乡村治理中的作用是毋庸置疑的。无论是从村民来看还是从县乡干部来看，都认同村党支部的作用起到的作用最大。

村党支部是我们党组织架构的基石，加强村级基层党组织建设是巩固我国政权、推动社会和谐的重要基础。近年，我国乡村建立了很多政府服务平台，这就要求国家在农村制度改革中探索村党支部如何与农村社会经济相结合，拓展其服务功能。

在本次调查中，我们发现，大部分村落的村支书和村主任是由两人分别担任的，比例占到了58.9%（见表5－1）。受访者对村委会和村支部的关系持乐观态度，即村支两委关系处于较好的状态。

在我们的访谈中，还有一些县乡干部强调要加强党支部的战斗堡垒作用。这个观点的核心在于，村党支部是乡村治理的保护者，是政府监控的最后一道保障，也是乡村治理良性运行的关键所在。

表 5－1　　村支书和村长是否由同一人担任

		村支书和村长是否由同一人担任	
		频数	百分比
有效值	是	182.0	25.2
	否	425.0	58.9
	不清楚	104.0	14.4
	合计	711.0	98.5
缺省		11.0	1.5
总计		722.0	100.0

（3）村民委员会。根据《中华人民共和国村民委员会组织法》的规定，村民委员会为中国内地乡（镇）所辖的行政村的村民选举产生的群众性自治组织，村民委员会是村民自我管理、自我教育、自我服务的基层群众性自治组织。也正是因为如此，不少学者认为，这种村民自治组织才应是乡村治理的事实上的主体。

根据我们的调查，事实也确实如此，村委会的重要作用得到了一致的认同。村委会的作用主要体现在三个方面：自我管理作用、自我教育作用和自我服务作用。特别是随着现代社会的进步，服务功能越发成为村委会工作的核心。

（4）村民代表大会。从理论上讲，在村民自治中通过秘密划票、平等竞争、公开直选，村民就可以根据自己的意愿选出能够代表村民利益的村委会。村委会的合法性由此而来，因而能够履行代表村民利益的职责。在这样的理论假定下，如何保证村民选举的公平和有效，成为乡村治理制度设计的重点。但是，反过来说，民主选举可以保证村民意志得以实现，但是并不能保证选举出的村委会就一定能够在实践中代表村民的利益。这就催生了村民代表大会。村民代表会议成为村民行使表达权、参与权、管理权、监督权的组织形式。

但是根据我们的调查，当问村民村内是否有村民代表大会时，仅仅有27.4%的受访者表示了肯定。即便在设立了村民代表大会的村落中，其作用的大小也是值得商榷的。有些村民就明确表示：虽然成立了村民代表大会，但是具体事务还是由“村支两委”决定，村民代表大会形同虚设。这是值得我们深思和改进的。

2. 非正式主体

（1）宗族。与世界上其他国家相比，中国的宗族传统根深蒂固。学者肖唐镖就明确提出，自明清至1949年，在乡村治理中宗族体现出“正式治理者”的角色特征①。但是，随着现代化的进程和社会的进步，宗族逐渐从“正式治理者”变成了“非正式治理者”。换言之，宗族不再直接参与乡村治理，而是作为影响者而存在。宗族的作用已经不断弱化。

但是，宗族在乡村治理仍然起着重要的作用。这里的作用可能是正面的，也可能是反面的。因此，我们必须辩证地对待宗族的作用，既不过分夸大，也不刻意贬低，而要在实事求是的基础上，引导宗族参与乡村治理。

（2）宗教。我们的调查显示，宗教在乡村治理中的作用很小。无论是从村民角度来看还是从县乡干部角度来看，宗教并非乡村治理的重要主体。虽然我们发现，在调查区域中，宗教是普遍存在的，但是主要表现为一种个人信仰，并不带有政治含义，在乡村治理中也没有多大作用。

（3）市场企业。从国家—社会—市场三分的视角来看，市场化的企业应当是相对于政府力量的另一个重要力量，在乡村治理中应该发挥着越来越重要的作用。但是，我们的调查表明，乡村中的企业发展缓慢，在乡村治理中的作用也不明显。当被问到村落中存在的组织形式（除村委会和党支部外）时，只有14.2%的受访者选择了“企业”。

市场企业参与乡村治理的形式主要包括：一是通过市场化运作，为传统的乡村带来竞争、合作等意识，诱发乡村制度变迁，开拓村民的眼界；二是在一些乡村事务的处理时，如照料五保户、慰问低保户等，在力所能及的前提下进行资金上的支持；三是作为一个阶层的企业主开始以个人身份进入乡村治理的正式主体中，如参选村干部等。特别是最后一点，在我们的访谈中得到了充分体现。在跳马镇××村调研时我们发现，大部分村

① 肖唐镖：“从正式治理者到非正式治理者——宗族在乡村治理中的角色变迁”，《东岳论丛》2008年第9期。

干部都经营有自己的企业或事业，甚至有人将村干部称为“副业”。

（4）农民自组织。农民自组织是指在自发性、自由性和自愿性基础之上建立的农民私人社团组织。农民自组织以农民自身利益为宗旨，起到整合农民需求、增强抗风险能力和博弈能力的作用。随着新农村建设的不断推进，“社会主义市场经济的发展和家庭联产承包责任制的推广为农民自组织的成长提供了条件。同时，农民异质性的加强、中国经济与政治体制的改革、农村阶层的分化等都使农民自组织的成长具备了可能性”①。

但是，我们必须看到，在现阶段乡村治理的现实中，农民自组织的发育仍然不完全，发挥的主体作用仍然较小。这一点在我们的调查数据中得到了充分验证。如当受访者回答主体所起的作用时，“其他民间组织”一项的得分为2.37，仅高于“宗教”所起的作用。又如，在村民自治现状这一模块中，“农民自发成立的组织在乡村事务处理中影响大”的均值为3，处于中等水平。

（二）主体关系

在主体关系维度中，我们主要讨论三对关系，分别是乡村关系、“两委”关系和干群关系。因为这三对关系处于乡村治理结构的核心，这三对关系的和谐与否直接影响着乡村治理的效果。

1. 乡村关系

我们这里所讨论的乡村关系主要是指乡镇政府与村委会的关系，这对关系体现的是“乡政村治”的本质。

按照《中华人民共和国村民委员会组织法》的明文规定：乡镇政府与村委会是指导和被指导的关系，而非科层制意义上的领导和被领导的关系。这也就是说，乡镇政府对村委会的权力，不能像乡镇党委对村支部那样直接领导，而是要通过指导、沟通、协调的方式来实现国家对农村的治理。这种制度设计的出发点显然是为了减少乡镇政府对村委会的行政干预，增强村委会的自治能力。目前乡镇政府对村里的管理形式主要是指导

---

① 任孟娥：“从自治性分析新农村建设与农民自组织生长的关系”，《农村经济》2001年第9期。

村民选举、规范村里账目管理、考核检查、乡镇政府与乡村民间组织及村民代表协商重要的乡村事务等方式。

但是，我们必须看到，在实际的政治实践中，乡镇政府与村委会的关系并不总是指导和被指导的关系。大部分县乡干部对“乡镇政府是村委会的领导者”这一命题表示了“比较同意”。“乡镇政府干部习惯于把村委会看作自己的下级机构或‘腿’，习惯于采取行政命令的方式，这就难免与村委会的自治性质产生冲突和矛盾。而且，国家下达给乡镇政府的硬性任务越多，乡镇政府就越倾向于行政命令的工作方式”①。这就会在实际上表现出领导和被领导的关系。

总之，在理论上，乡镇政府和村民委员会之间体现为指导与被指导的关系；但在实际的政治实践中，这种关系会或多或少地蜕变成领导和被领导的关系。

2. “两委”关系

所谓“两委”关系，即村党支部和村民委员会两者的关系。“两委”关系表现的是国家行政权与社会自治权的关系。

根据《中国共产党基层组织工作条例》规定：村支部的主要职责是讨论决定本村经济建设和社会发展中的重要问题。而《中华人民共和国村民委员会组织法》中规定：村中大事应由村民通过村委会、村民代表会议和村民大会等自治组织来决定。问题的关键在于，对于“重要问题”和“村中大事”的界定不清，这就成为两委关系不和谐的诱因。

我们的调查数据显示，样本区域村落的两委关系良性运行。“村委会与村支部关系不好”一项的均值为2.42，在所有选项的均值中是最小的，这就意味着村民对目前的村两委关系持乐观态度。当然，这并不意味着我们可以忽视两委关系，恰恰相反，村两委关系是否和谐直接关系着乡村治理的成果。

根据我们的访谈记录发现，样本区域村落的两委关系之所以能够良性运行，主要原因在于村支部和村委交叉任职。也就是说，村支部干部也可

---

① 郭正林：“中国乡村的治理结构：历史与现实”，“公共管理研究与教育”国际学术研讨会论文集，2001年。

能是村委会干部，这就为干部之间的有效沟通提供了路径，也为两委关系的和谐提供了可能。

3. 干群关系

营造和谐的干群关系，是构建社会主义和谐社会的基础和前提。党的十七届四中全会决定就提出，新形势下党的建设六大任务之一就是弘扬党的优良作风，保持党同人民群众的血肉联系。

我们调查了样本的干群关系问题，得出了较为乐观的结论，即样本区域的干群关系保持较好的状态。村民对“村民同村干部的关系变好了”这一命题的判断整体处于中等偏上。“干群关系疏远”虽然是一个严峻的问题，但是在现阶段并非主要矛盾，村民对“干群关系”的看法也较为正面。

当然，如果不重视干群关系，那么乡村治理的成果是无法切实为村民所享受的，甚至有可能摧毁共产党执政的根基，消解乡村治理的合法性。同时，必须承认的是，现在的干群关系较之以前疏远了。

虽然此次调查显示目前的干群关系较好，但是这并不能成为掉以轻心的理由。干群关系关系着社会主义建设的大局，各级政府需要时时刻刻关注干群关系。各级领导干部要坚持全心全意为人民服务的根本宗旨，坚持党的群众路线，始终保持同人民群众的血肉联系，树立正确政绩观，努力做出经得起实践、人民、历史检验的实绩①。

二、乡村治理存在的主要问题

不可否认，“乡政村治”的治理结构曾在一段时期内为我国乡村的经济、社会发展提供了制度支持。但是，随着我国行政管理体制由管制行政向服务行政的转型以及现代化和城市化进程的加快，特别是税费改革和农业税的全面取消，乡村治理实践中产生了诸多问题。我们结合调查数据和资料，从体制性困境、财政性困境和组织性困境三个维度来分析转型期乡村治理中存在的问题。

---

① “中国共产党第十七届中央委员会第五次全体会议公报”，《人民日报》2010 年 10 月 19 日。

（一）体制性困境

传统中国实行的是“压力型体制”，这种体制虽然有助于中央集权和提高行政效率，但是却在无形中损害了公民的自治权和自主权。1983 年 10 月，中共中央和国务院作出了政社分开、建立乡政府的决定，由此开启了“乡政村治”的时代。但是，传统的“压力型体制”仍然在或多或少地影响着乡村治理。按照《中华人民共和国村民委员会组织法》的明文规定：乡镇政府与村委会是指导和被指导的关系，但是乡镇政府总会试图将村委会作为自己的行政下属，从而在实践上形成领导和被领导的关系。此外，现行《中华人民共和国村民委员会组织法》规定，村委会每届任期三年。换言之，村委会三年一选。这一制度虽然使得村民自治获益颇大，但是也带来一些问题。

1. 乡村事实上形成了“领导—被领导”关系

“压力型体制”指上级政府确定经济发展任务、指标层层分解下达，从县到乡镇，再到村甚至每个农户，由于这些人物和指标的主要评价、考核方式采取“一票否决制”，将每个组织和个人的“政绩”、荣辱、升迁与之“挂钩”，这在无形中形成了一种自上而下的压力[①]。这种体制虽然保证了中央集权和行政高效，但是却与人民当家做主的理念背道而驰。有鉴于此，国家实行“乡政村治”，并在《中华人民共和国村民委员会组织法》中明文规定：乡镇政府与村委会是指导和被指导的关系。村委会是村民自我管理、自我教育、自我服务的基层群众性自治组织。

但是在实际的政治实践中，乡镇干部习惯于把村委会看作自己的下属行政机构，习惯于采用行政命令的方式。这就难免与村委会的自治性质产生冲突或矛盾，损害乡镇政府与村委会之间指导和被指导的关系。特别当国家给乡镇政府下达硬性任务的时候，乡镇政府就更倾向于采用行政命令的方式。从短期来看，乡村事实上形成的“领导—被领导”关系有助于某些行政目标的实现或公共政策的执行。但这却是以村民自治权和自主权

---

① 吴理财：“农村税费改革与‘乡政’角色转换”，《社会经济体制比较》2001 年第 5 期。

的丧失或部分丧失为代价的。从长远来看，这将是得不偿失的。党和政府必须高度重视这一问题，在实践中认真贯彻《中华人民共和国村民委员会组织法》的规定，保证指导和被指导关系的实现。

2. 村委会换届频繁带来一系列问题

现行的《中华人民共和国村民委员会组织法》规定：村委会每届任期三年。我们的调查发现，很多受访者（主要是县乡干部）都对此表达了疑虑。他们认为，三年一换太频繁，给乡村治理带来了一系列问题，主要表现在：第一，村委会不敢做事；第二，给乡财政带来了困难。

村委会是直接由村民选举的。在实际工作中，村委会的工作有可能会影响甚至损害一部分村民的利益。在这种情况下，为了不被选下来，就有可能采取消极措施，能推则推，能挡则挡。同时，村委会承担着对上负责和对下负责的职责。但是，由于村委会是由村民直选，就有可能诱使村委会干部为了保住职位而采取“欺上不瞒下”的措施。同时，每一次村委选举需要乡镇政府拨付资金支持。对于本身就面临着财政困难的乡镇政府而言，这也是一笔很大的财政负担。

（二）财政性困境

公共财政是各级政府运行的基础。正如熊彼特所言，“财政上的变化是一切变化的重要原因之一”，反之，“所有的变化都会在财政上有所反映”，财政性困境必然影响乡村治理的运行和效果。我们的调查发现，财政性困境主要体现在两个方面：负债运行导致公共物品供给不足；税费改革导致基层治理弱化。

1. 乡镇负债运行

实行“分税制”以后，较为稳定和较好的税收都被上收，许多乡镇政府在一轮又一轮的投资乡镇企业失败和连年承担义务教育投入的压力下，陷入沉重的债务危机之中。全国现在38290个乡镇中，大约2/3的乡镇财政债务负担沉重，平均每个乡镇财政的负债400万元左右。有的乡镇债务负担已经相当本年财政收入的70%左右①。

---

① 周明生：“税收高增长与地方财政困难悖论”，《中国改革》2005年第6期。

从总体上看，我国的财政体制体现出财权上移，事权下移，财权事权不统一、不对等的特点。有人将这种财政体制形容为“中央财政浩浩荡荡，省级财政稳稳当当，地市财政摇摇晃晃，县级财政哭爹喊娘，乡镇财政集体逃荒”。在调查中，也有人戏称：乡镇财政不是“吃饭财政”，而是“讨饭财政”。

2. 治理能力弱化

乡镇政府担负着经济调节、社会管理和公共服务等职能。但是，在税费改革和全面取消农业税后，乡镇政府的治理弱化，主要体现为：第一，经济调节能力减弱，农业风险增加。乡镇作为一级有建制的政权组织，应该具有独立的财政预算决算权。税费征缴时代，乡镇政府正是根据年度预算决算来履行经济调节职能的。改革之后，财权上收，事权下放，乡镇财政的经济调节能力大幅度减弱。也正因为如此，乡镇对农业的监管也不得不放任自流，进而导致农业风险的增加。第二，社会管理能力下降，公共物品供给不足。免除农业税后，由于乡镇社会管理职能的萎缩和财力的不足，对乡村教育、卫生、基础设施建设的投入大幅度减少，导致因就学、就医、贫困补助等问题而引起的矛盾增多，乡村社会的管理难度增大。同时，这势必会导致乡镇公共服务供给能力的弱化和公共物品供给的不足。公共物品的供给与村民的生活幸福感息息相关，而公共物品供给不足业已成为乡村治理中的重大困境。

（三）组织性困境

组织性困境主要是从农民组织的发育和运行视角分析的。根据我们的调查，组织性困境主要体现在村民代表大会流于形式和农民自组织发育不成熟两个方面。

1. 村民代表大会流于形式

从理论上讲，村委会的合法性来自于选举的公平、公正和公开。村民能够根据自己的意愿选出代表自身利益的村委会。因此，学术界往往重点关注如何保证选举的公平、公正和公开，并通过制度设计将其固化。但是，通过法定程序选出的村委会是否就一定能够代表村民的利益呢？答案是否定的，并因而催生了村民代表大会。村民代表大会是村民行使表达权、参与权、管理权、监督权的组织形式。村民代表大会这一制度设计的根源就在于构筑一种“纠错机制”，保证乡村治理和村民利益的实现。但是，在具体的乡村治理实践中，村民代表大会流于形式的现象较为严重。我们的问卷设计了这样一道题目：询问村民“村内是否有村民代表大会”，答卷中仅有27.4%的受访者表示了肯定。即便在村民代表大会制度运行的乡村，其作用也并不突出。我们在访谈时，就有很多村民表示：村里的事情是村两委“关起门”决定的，我们没有办法插手。村民代表大会流于形式为村两委和村干部独断专行提供了可能，甚至可能消解乡村治理的合法性，摧毁乡村治理的成果。

2. 农民自组织发育不成熟

我国农民自组织的类型大致包括：农村合作经济组织、农民维权组织和社区服务组织①。

农民自组织的成长和发育有助于提高农民的组织化程度，有助于乡村善治的实现。从政治建设的角度看，农民自组织有利于民主政治的发展和公民意识的增长，有利于农民利益表达和民主参与的制度化；从经济发展的角度看，农民自组织有利于建设现代农业，增加农民收入；从社会稳定的角度看，农民自组织有利于消解中国结构转型带来的阵痛，维持乡村社会的和谐稳定。

但是，我们的调查显示，现阶段农民自组织的发育仍不成熟。从我们这次走访的16个镇、30个村的情况来看，农民自组织的类型仍然较为匮乏，发育仍不完善。如社区服务站和经济类合作社所占比例分别为7.9%和6.3%，其他像老人会、红白喜事理事会等所占比例就更小了。这是需要我们关注和警醒的。

① 从广义上讲，宗族组织和宗教组织也属于农民自组织。本书主要从狭义上对农民自组织进行界定。

第二节

乡村治理的机制创新与制度供给[①]

一、转型期乡村治理机制创新

在城乡一体化发展进程中，农村社会经济得到了快速的发展，农村社区的人口结构、生产生活环境、社会结构等都发生了巨大的变化。与此同时，农民的组织化程度不断提高，行动能力不断增强，对政府工作方式方法及效果则有了更高的要求，对自身权益的维护有了更多的见解。具体表现为，群众对社区治理的态度逐步由传统、非理性的信赖向现代、理性信赖转变；政府在治理中的角色地位由政府为唯一统治中心向政府仅是管理主体之一转变；社区管理运行模式从中央权力自上而下向上级与下级之间双向互动的管理模式转变。然而，传统乡村治理机制在运行中仍然面临着新的挑战，传统管理体制与运行模式已不能够完全胜任新的环境，迫切需要进行机制的改革创新，逐步走出一条适应新乡村发展背景的可持续的乡村治理之路。

（一）实现乡村治理主体多元化

新型乡村建设与发展需要确立起一种新的治理范式来理顺农村内外的诸多关系，实现由严格等级制的治理范式向多元化治理范式的转型，即乡村管理主体由一元主宰向多元共治的结构转变。

传统的乡村治理主体从组织层面看主要分为：乡镇政府、村民委员会、村基层党委会和村民代表大会等制度性主体，其扮演着国家和政府任务“代理人”角色，是村民进行自我管理、自我教育、自我服务的基层

---

① 本节引自2012年农业部软科学课题“农村人口和社会结构变动下的乡村治理机制研究”，课题主持人：甘庭宇。

群众性自治组织，是激发基层活力的主要载体[①]。然而，在当前乡村治理新的环境格局下，乡村治理应该逐步探索发展多元治理主体。即在平等协商的基础上，各类主体以经济资源、文化资源和社会资源等为媒介，以服务广大社区群众的生产生活发展为方向，寻求解决乡村治理问题的新手段与方法，实现乡村治理问题尽可能地内部化和社会化。综合概述乡村治理机制改革的方向，即强化农村社区不同人群、农民合作组织、企业业主及大户、民间社会组织等非制度性新型主体的发展。在这种发展模式下，农民不只是“被组织”或“他组织”，而是通过各种形式实现“自我组织”，更加强化了其自主性能力的提高。

1. 推动农村社区不同人群的参与

在乡村治理多元主体的构建中，农民应该成为治理的主体有效参与其中，针对目前农村社区老龄化的倾向，可以充分发挥当地一些有威望的老人、退休乡村干部、老党员等人群，这部分人群在当地社区中具有一定权威性和信誉度，又有长期在农村工作积累的经验，懂得怎样和村民打交道，在农村中易于得到社区群众的信任和信服，充分调动他们参与的积极性，便于对群众的组织和动员。

乡村精英为农村社区中文化教育水平较高、科学生产技能较好，组织管理能力较强的人员，其有别于体制内的精英村组干部。在乡村治理活动参与方式上，精英群体并不直接具备乡村治理管理权威，而是依靠社区社会环境中的文化认同和群体利益联系，例如种族关系、同学关系、朋友关系、经济利益联结关系等，获取一定影响力和号召力，凭借经济、文化和社会资源整合方式来参与乡村治理与管理。就目前情况而言，乡村精英可能包括外出打工的返乡农民工、当地自主创业的能人、外来打工及创业的流动人口。这部分群体对外界社会经济发展信息有较多的了解和认知，具备较高的发展与创新眼光，如果让其作为主体参加到乡村治理中去，能够有效提高整个乡村管理团队在组织、引导、管理、创新等方面能力的提升，更好地推进乡村治理机制的科学实效性。

2. 壮大农民合作组织

① 张艳娥：“关于乡村治理主体几个相关问题的分析”，《农村经济》2010 年第 1 期。

农民合作组织主要指农民因某种利益而自愿组织起来的，以服务广大农民为宗旨，有别于政府组织的公益性非营利服务组织。由于各种农民合作组织代表着农民群众的经济利益，是联结市场和农民的中介，承载并推动着农村产业经济的发展。通过经济利益机制的联结，农民合作经济组织在乡村治理活动的开展中能够产生较强的组织力和号召力，便于政府制定的方案与决策实施。同时，通过培育、发展农村各种经济组织和公共服务社会组织，充分发挥它们在推动农民从分散走向联合，提高农民的组织化程度和抵御市场风险的能力，扩大农民有序政治参与和增强村级组织处理农村公共事务的能力。农民通过参与各种农村民间组织活动，逐渐学会站在共同体的角度思考问题，有益于拓展农民的智慧，培育他们的公共精神。通过社区组织建设，还可以使农民以此为基础组织起来，自觉抵制乡镇政府的不当行政干预；通过培育民间组织也可以缓解有些地方村委会提供公共产品与公共服务的资源及能力缺乏的状况；通过强化社区组织，使社区自己设计的制度不受外力权威的挑战，保证外界对村民自己的社区治理组织权得到最低的认可。

目前，以专业技术协会、村民互助组织、专业合作组织、农业科技推广组织等为主的农民合作组织，已逐步成为乡村治理发展中一股不可低估的新生力量，它让乡村内部的自主性力量在公共服务供给、社会秩序维系、冲突矛盾化解等多种领域充分发挥基础性作用，更好地协调群众与政府之间需求的对接，促进乡村治理工作的顺利开展。

3. 引导企业业主及大户

农业产业经济结构在农村经济的快速发展中日趋调整变化，一系列新型生产经营主体在此过程中衍生发展起来。这支相对于政府以外的力量，在市场经济的调解下对整个农村综合经济发展的牵制力将越来越大，也将在乡村治理发展中承担起越来越重要的角色。企业业主及大户作为农业生产的后续主力军，在现代农业发展的层面上对乡村治理提出了更高的要求，其主张要积极引导着农村经济生产模式从传统粗放经营向产业化、规模化方向转变，提高了农民家庭经营收入。实践中发现，在一些经济相对发达或临近城镇区域的乡村中，各类企业、公司的存在对当地的经济的发展发挥了重要的辐射作用，推动着整个社区农户家庭经济水平的快速发提升。伴随着经济收入水平的提高，农民对参与社区的发展有了更高的兴趣和积极性，有意愿且也有能力在乡村治理发展中投入更多的精力和财力，为乡村治理发展创建了良好的外部环境。

4. 发展民间社会组织

民间组织是指在特定法律系统下，不被视为政府部门的协会、社团、基金会、慈善信托、非营利公司或其他法人，不以营利为目的的非政府组织。这类社会组织代表着公民社会的力量，关心公共事务，干预公共权力的执行。由于其不是政府，不靠权力驱动，也不是经济体，不靠经济利益驱动的本质属性，在处理乡村事务过程中将处于一个相对中立的位置。在乡村治理过程中，政府组织有时候会出现“政府失灵”的现象，从而不能正确反映民意。在这种情况下，民间组织这支第三方力量能够对政府的集中政权进行一定程度上的分散，更好地维护社区群众在乡村治理中的利益与权力。同时，传统乡村要实现发展升级，则需要不断的改进和完善发展管理的方式方法，尤其是一些偏僻闭塞的边远地区，其发展则更加依赖于外来的新理念去引导其发展思路转变。民间组织作为乡村社区与外部社会沟通交流的桥梁之一，不仅给乡村带去发展项目，还带去了大量的外部最新的信息资源，促进了当地政府在治理发展理念上的不断创新。

就当前农村乡村治理发展现状，我国多元化乡村治理主体作用的体现还较为滞后，相应的社会资源未能得到有效地发挥。农村社区的精英群体长期处在乡村治理体制之外，未能真正有效地发挥其影响作用；农民合作组织还处于初建发展阶段，辐射群体范围相当有限；民间组织介入乡村治理发展还处于摸索阶段，未能形成一支正规的第三方力量。要想实现乡村治理的可持续发展，必须加快对多元治理主体的创建和培养，改善乡村治理主体结构的构建格局。

（二）实现乡村治理对象的需求与治理主体服务供给的对接

传统乡村治理主要是“自上而下”的操作模式。结合农村社区的环境特征，村居结构，地方风俗文化，社区经济发展水平，农业产业结构，农民收入水平及结构的差异性考虑不够，社区自己对问题和需求优先序的判断往往是与上级的判断是不一致的，传统乡村治理“自上而下”的模式在很多情况下会忽视社区的需要，导致村民参与意愿降低，从而使治理失效。

乡村治理对象所涉及的内容丰富、范围广泛，而不同的村庄由于所处发展环境及发展阶段存在很大的差异性，其在发展中所面临的困难及迫切需要解决的问题是不一样的。有些村庄重点是管理本村农民集体所有的土地和其他财产，继而引导村民合理利用自然资源，保护和改善生态环境；有的是重视培养和支持经济组织独立进行经济活动，维护农村农业经营机制；有的是重点负责进行村庄规划、居民安置以及农民的利益分配和权利维护①。社区治理服务内容在不同的社区内表现出点多、面广、错综复杂、调整性大等特点。一如既往地延续传统一种模式广泛套用的治理方式，将导致政策内容的制定与治理对象的需求上衔接不当，出现供给与需求之间的错位，导致乡村治理发展中的主要问题和困难得不到解决。普遍表现为一些重点需要基础设施建设和农业设施建设等“硬”投入来改善经济发展水平的经济落后社区，社区管理工作的精力却分散到了社区文化产业的发展上；迫切需要通过构建公共服务体系、创新管理方式以缓解社区群众及干群之间矛盾关系的集中居住社区，社区管理工作的重心却一味地放在公共基础设施建设上等。因此，在社区发展不同时期和阶段，乡村治理的投入重点、手段要随之动态性变化。即要依据各个社区具体发展的现实情况，通过农村社区问题和需求优先序的确立明确乡村治理对象，通过按需供给的原则，做到治理对象的需要与主体服务内容的供给相对接，确保治理工作实施的科学性和有效性。

在当前乡村治理工作中，普遍强调构建体制内的传统治理主体与体制外新型治理主体结合下的多元主体参与的乡村治理组织机构。然后，在实际操作运行中，不同社区具备不一样的发展条件，不同治理主体在不同社区环境下所能发挥的作用力也不同。另外，不同发展阶段的社区对乡村治理主体类型的需要也是因需而异的。有的社区缺乏培养新型创新主体的条件和能力，其主要依赖于传统体制内的乡村政府主体；有的社区精英群体

---

① 钱翠玉：“都市型村庄社区治理主客体要素分析研究”，《中国集体经济·社会视野》2011 年第 6 期（下）。

多而表现活跃，在社区治理发展中能发挥重要的引导作用；有的社区面临政权分配上的不均衡，急需第三方力量的介入来制衡多方间的权力。一味地去追求所有主体参与各项村治工作，只能造成相应人力、财力、物力的浪费与形式化和表面化的倾向，不仅不能缓解原有的问题和矛盾，甚至可能会激起社区群众对乡村治理组织主体工作能力的不信任感。

（三）实现乡村治理基于制度化建设基础上的规则化操作

制度一般是指要求大家共同遵守的办事规程或者行为准则，是以文件的形式给予执行活动一个实施框架，可以界定为规则的总和。制度的制定是一项需要规范操作的系统工作，明晰地规定相关行为实施的规则、程序和技术，通过有条理、系统化、公开化的操作，实现民主管理的科学化、程序化和制度化。经实践证明，村组在按照职能清晰、运转协调、相互促进、相互监督的要求，以建立完善村治制度为重点，理顺村级组织的日常运行机制中可以按照“六步工作法”来开展工作。一为宣传动员，即要村民知晓制定行为规则的这一事项，充分发挥其知晓权。二为收集民意，通过编制民意调查表等方式让村民表达其意见。三为梳理讨论，统一整理各村民小组的意见，形成广具代表性的讨论意见上报村议事机构。四为决议公示，根据各村民小组的讨论意见形成表决意见，并公示。五为实施监督，相关行为规则实施过程中接受全体群众的监督。六为评议整改，对于实施活动的最终效果进行评议，对不合理的内容方式进行及时的修整，确保村务实施的科学性和合理性。

但规则与制度是不一样的，它是人们在采取行动时选择实际使用的、需要监督和强制实施的具体规定①，是当地群众实现参与的过程，具有时效性和针对性。规则的制定具有明确的指向性，其通过明晰具体操作内容和方式，鼓励村民自主参与方案的制订，有效地提高村民参与乡村活动的积极性，提高乡村治理工作的实效性。在现实乡村治理过程中，各个乡村都不乏完善的制度，但有效的内部规则却是不多见。内部规则的缺失，使

① 埃莉诺·奥斯特罗姆：《公共事务的治理之道》，上海译文出版社 2012 年版，第 60—61 页。

村民连遵守什么、怎样遵守、要做什么、怎样去做都不明白，更不用说根据实际的需要对治理过程和结果进行监督和评价。因此，诸如制度规定有关村务政务需要公开，但实际上公开的大多数是“假公开”、“假理财”、“理假财”；一些上级政府扶助的发展项目进入，往往成为地方尤其是乡村干部谋取私利的机会等，问题层出不穷。

对于大部分的农村社区来说，外来的制度设计需要与当地的条件相融合才能发挥作用，社区内部的规则制定则构成了有效运行的必要条件，而规则的构建要与当地的自然、经济、社会文化、历史传统及社区发展目标相一致。即，要实现真正意义上科学乡村治理，就需要在制度设置的行为约束框架上，根据当地的发展条件、现实中凸显问题以及乡村内部组织和运行变化的规律，追求乡村社会系统接近于一个自适应系统，使在外部条件发生不确定变化时，能自动迅速地作出反应，调整原定的策略和措施，实现治理目标的顺利实现。

必须强调的是，任何一项规则在形成时要保障社区大多数人都能够参与制定和修改，改变政府对乡村社会的行政性管理和控制，尽可能保障社区设计自己制度的权力不受外部因素的挑战，让乡村内部的自主性力量在公共服务供给、社会秩序维系、冲突矛盾化解等多种领域充分发挥应有的作用。

（四）创新乡村治理的手段

当前，我国处于社会经济转型，社会变革的十字路口，传统乡村治理机制需不断调整治理手段来适应新环境。从总体上看，我国乡村治理手段应该逐步由管制向服务转变、由收取向给予转变。

1. 强化群众参与

参与式乡村治理的核心为对群众进行赋权、从真正意义上保证民主权力的实现。即需做到的是自治组织在构建上的民主性和公平性以及对各类公共村务工作实施信息的公开性。对自治管理组织成员的选举，要通过公开、公平、公正的民主选举方式，每一个村民都具备平等选举权和被选举权。每项村务工作从提议到决策、实施、监测、评价的整个过程，都赋予村民切实的参与监督权，鼓励他们制订符合当地乡村治理的乡规民约，提高他们乡村治理发展的责任感和使命感，逐步形成一套可持续的治理机制。

从乡村建设发展角度看，群众参与的乡村治理模式不仅能够促进管理队伍对自身的能力建设，而且还能在村民参与下扩大群体间的相互督促与勉励。有了村民参与下的监督约束，村干部就不可能利用公共社会资源来为私人目的服务谋利。同时，村民参与还可以提高其在乡村法中的责任感和使命感，有效提高社区资源的动员能力，进而增强乡村治理工作对广大村民参与的依赖度。

从村民参与积极性角度看，村民如果没有实际参与乡村治理事务，他们会置疑乡村治理组织在工作时是否通过手中的权力将一些公共资源藏入私囊。在不具备相互信任的社会环境下，农民群众将不会支持甚至不会认可乡村治理组织的工作，更不会为乡村社区的发展建设出钱出力。换言之，只有让村民深入参与乡村治理事务，使其对能够获取公共产品有明确的信心，才能发挥社区资源动员能力，让社区群众投入到公共事业的建设中去。

成都市新村发展议事会的设立作为群众参与的一个新的模式，在一定程度上实现了村委会行政功能和自治职能的分离，从而形成了“村两委+议事会”的治理格局，扭转了村级自治组织不能充分自治的局面[①]。作为改革的直接参与者，农民群众自发、自主、自为地创造出“议事会”这样一个组织，较好地解决了农村产权制度改革中出现的错综复杂的矛盾与问题。然后在实际操作过程中，议事会这种形式并不是在任何环境和任何事务处理中都能很好地发挥所谓的民主参与。中国乡村治理过程并不缺少正式的机制，这些正式的机制也不缺少资源，但是却缺少实施正式机制的良好手段。

2. 改善交流沟通渠道，创建社区公共交流空间

对信息的把握是参与式赋权的最好方法，要实现真实意愿上的社区参与，即要构建社区双向沟通交流机制，将乡村治理由传统自上而下的强制

---

① 彭大鹏：“让基层民主有力地运转起来”，《华中农业大学学报（社会科学版）》，2011年第5期。

性模式转变为上下互动的共同协商模式。

群众间的交流沟通需求一个空间载体作为支撑，特别是在生活格局相对单调的农村社区，创建一个共同参与的活动空间，构建一个交流的平台，则可以有效促进群体间信息的传递与思想的沟通。社区公共“论坛”则是为实现社区为进行信息交流而创建的一种沟通机制。即在村民熟悉的社区环境内，采用村民易接受的组织方式，开展一系列正式或非正式的活动，为村民提供乡村治理事务讨论的平台和条件。开展这种活动所需成本低、活动形式多样、环境氛围轻松、富有地方特色，易吸引广大农民群众的积极参与。

充分发挥多元现代媒介介质在传递群众之间、干群之间沟通与交流的作用。充分利用现代科技信息网络，搭建起政府与群众之间的沟通桥梁。通过短信互动、信息通知等方式，及时告知村民乡村治理工作的新动向，能够有效提高村民对村务工作的知晓度和关注度。在一些硬件条件允许下的村庄，可以通过实施村务工作人员坐班制及安排通讯联络人等方式，帮助村民及时找到对口处理社区事务的工作人员，提高乡村治理问题的解决效率。节假日的入户走访，主体年画、挂历的发放等沟通方式，可有效地拉近乡村治理干部群体与村民间的距离，营造稳定和谐的外部环境。

要消除与村民在互动的过程中出现的交流梗阻和沟通断层，村庄要根据各自的人员和社会结构特点，特别注重发挥有共同身份认知和特殊互助关系的人在社区共享价值培育的独特作用，如在以外地务工为主的村庄特别要注重发挥留守妇女的作用。

二、加强有利于乡村治理机制改善的外部制度供给

（一）依法治理，强化乡村治理中的法理型权威

乡村治理机制的有效构建需要建立在国家法律和政策的强有力的保障机制基础上。政府有责任和义务建立制度化、中立化的程序和规则作为社会博弈的基本准则，并以国家强制力为最后的保障，通过国家法律规定最基本的社会关系，如公民的权利、刑事领域等，以强制性或者禁止性、义务性的法律规范予以确定和调整。要改变目前乡村治理中突出的行政色彩和人治色彩浓厚的问题。必须加强依法治理，强化村级治理中的法制权

威。在积极推进农村民主政治建设、还权于民的过程中，建立有效的法律制衡机制，以克服和防止乡村治理主体中强势集体和人物的权力滥用，实现乡村治理向法理型权威的转变。

（二）逐步推进乡村基层群众性自治组织的角色回归

我国进行的经济体制改革和农村改革，就是要把被扭曲的东西回归到本身应有的正常状态，让规律发挥作用。这样，整个社会就会迸发出惊人的创造力。从村民自治的制度文本来看，村民委员会的法律地位是“基层群众性自治组织”，既非一级政府也不是政府的派出机构，其他组织或政府机关无权干涉本社区自治范围内的事务。中国目前已经进入后改革开放年代，改革已经进入深水区，需要解决体制性障碍和深层次矛盾，目前乡村治理中所展现的问题实际上只能通过全面协调推进经济、政治、文化、社会等体制的改革和创新才能予以解决。国家在基层的权力体系与村民自治的原则之间存在着结构性矛盾，政府施政与村民自治之间的这种矛盾植根于集权体制传统的国家与社会的矛盾之中①。需要政府宏观治理体制的深层次改革，让乡村摆脱作为政府“代言人”的角色，要尝试在乡村治理改革中实行“准入制度”，不该乡村社区做的事情社区可以拒绝。使乡村自治组织尽可能回归到为村民服务、为社区服务的角色中来。

（三）乡村治理机制完善需要顶层设计和底层自我创新的结合

乡村治理是一个系统工程，从全面和战略的高度进行顶层设计有利于乡村治理的制度化和机制化建设。但是，乡村治理所涉及问题的复杂性客观上否定了简单的机械操作，不可能完全依赖顶层少数精英设计出一个“施工图纸”来施工。乡村治理机制的创新涉及农村社区每个人的利益，对于任何关乎每个人切身利益的治理设计，都不能让利益相关人置身事外，必须吸纳农村社区不同群体的民意，充分博弈，最后形成的制度才合理和可执行。这样的设计是将上、中、下拉到一个平面上来对话、讨论、协商、博弈，更像是一个“平面设计”，而不是架空的纵向设计。脱离民

---

① 胡永佳：“村民自治、农村民主与中国政治发展”，《当代中国研究》2000 年第 4 期。

意的、自上而下的设计难免会拍脑袋，社区必须要参与决策。缺乏底层参与的顶层设计很有可能变成为少数人利益的设计，貌似从更高层次上助推改革，实则让改革陷入困境。要尊重乡村的自我创新，才能不断为顶层设计积累经验，提供脚本，以有效弥补顶层设计的实践不足，避免空洞化。

（四）加快乡村治理的人才队伍建设

人才队伍建设对乡村治理机制的建立和完善具有十分重要的意义和作用。相应的人才队伍不仅能保证乡村治理机制的有效发挥，同时，也能够在治理过程中不断推动乡村治理机制的完善。目前，乡村治理人才的培养应该重点关注三方面的人员：一是体制内的乡村干部；二是体制外的乡村精英；三是社区的农民。着重在改变乡村干部意识陈旧、动员能力不强、乡村精英人士参与空间十分有限、普通村民的参与能力不足上下工夫。要帮助乡村干部的观念从管理型向服务型转变，提高他们动员和组织社区参与的能力；为乡村精英搭建参与的平台，扩展他们参与的空间。

由于乡村精英治理优越性的存在，我们要重视各类精英的吸纳与参与，帮助其确立治理主体的地位，通过制度安排增强社区精英人群有效承担社会责任的机会，使其能够在乡村治理中将他们的能力得到有效的发挥；着力提高农民参与的能力，改变农民对社区公共事务的冷漠和提高农民对社会责任的承担，乡村治理最大的挑战是要去推动或创造一种新的公民意识和特质，最重要的途径是通过活动来凝聚农民对乡村社区的自我认同与服务精神，这种新的意识着重在实质且可持续的参与社区发展相关的活动与运作过程。例如，社区在制定社区发展规划时，要让农民参与规划的制定、实施、监测与评估全过程，通过这样的方式，激发农民的参与热情和关注公共发展的意识，并在这一过程中使他们的能力得到培养。

（五）逐步形成乡村治理的社会资源动员机制

治理活动不是自上而下的强制性行为，而是一个上下互动的管理过程。治理不是政府唱独角戏，而是政府组织、民间团体与村民等多种主体通过合作、协商、建立伙伴关系来管理公共事务。应该重视建立政府与乡村社会的新型关系，让多种社会力量成为推动乡村治理的主体，让这些主体在伙伴关系的基础上实现协同共治。要形成政府、社会、村民多元乡村公共服务供给机制。政府应该成为乡村治理的投入主体，但不应该作为操作的主体。有许多事情可以通过充分调动民间的力量实施，应尽可能地通过社会组织的互动，或者通过利益团体协商的方式来解决。可尝试通过政府公共服务外包来扩大民间力量的参与，例如，相关的培训、公益性质的法律咨询和援助、乡村公共服务的监测与评估等，可尽量地吸引民间团体的参与，这样，既降低政府直接控制乡村公共服务导致的成本增加，又可以补充政府服务不到位的领域，作为公民社会的重要力量也可以成为搭建起政府、村民以及其他村庄利益集团的相互沟通和协商的重要桥梁，使他们能够在一个平等的基础上共同讨论乡村的事务，形成乡村社会内部充满活力的治理氛围。

（六）加大农村公共服务投入，并使之成为动员农村社区参与的助推器

农村公共服务投入不足是困扰当前乡村治理的一大瓶颈。要突出政府的主导作用，不断强化政府提供农村基本公共服务的责任，努力推进城乡基本公共服务均等化，缩小地区域差异，使不同区域的农民能够享受到同等的农村公共服务。通过逐年加大对农村公共事业的投入，不断扩大公共财政覆盖农村公共支出。同时，政府的公共投入要避免简单的“发钱”，需要通过基本公共投入服务运作过程的完善，实现民生与民主的有机结合，促进村民生活与基层治理结构的双重改善。政府的公共投入应该成为动员社区成员参与治理的助推器，成为村民参与社区民主决策的重要的突破口。要使政府公共投入品的使用、管理与基层民主政治建设挂钩，使之形成公共服务与乡村治理的相互促进的格局。需要在程序上进行完善，改善目前公共服务资金的资金拨付程序，建立社区公共事权与财权挂钩。注重决策的民主化和过程化，建立起村民对公共服务资金的拥有感，使村民通过对社区公共资金的关注提升自己对社区公共事务的投入。努力挖掘公共服务资金的杠杆效应和辐射效应，使政府成为重要的、但不是唯一乡村公共事务治理资源，尝试将加大政府对农村的投入与推进村级公共治理相捆绑，鼓励社区通过自筹资金来制定并实施有效使用和管理公共事务。

第三节

群体性事件化解与农村稳定①

群体性事件是反映中国社会稳定状况的晴雨表。随着社会形势的发展，群体性事件已经逐渐引起国家的深切关注。要全面深入地分析群体性事件发生的原因、过程以及化解机制，需要我们把这种突出影响社会稳定的现象放置在整个社会稳定和经济发展的环境中来考察和分析，只有理解了我国当前经济发展和社会发展的阶段性，只有认清在特定阶段社会稳定可能出现的问题，只有抓住社会存在问题的主要影响方面，党和政府才能针对已经出现的现状作出客观的分析，并在政策层面作出快速地调整。

一、农村群体性事件原因分析

（一）资本进入乡村：新时期农村纠纷及群体性事件的基本缘由

城市化这一最大推动因素使得资本快速地进入乡村，小农经济生产的各种要素被资本强行介入，乡村各种要素正在经历强制性的资本化过程，特别是为外来的资本所资本化。随着城市规模的扩张，农村土地成为资本追逐的核心要素，成为资本家逐利的宠儿和地方政府换取政绩的筹码。1990 年，我国土地出让金仅为 10.5 亿元，到 2005 年已高达 5505 亿元，1990—2005 年土地出让金累积达到 2.19 万亿元；2002 年和 2003 年土地出让金增长率分别达到 85.9% 和 122.8%，2004 年全国共出让土地 17.87 万公顷，土地出让金为 5894.14 亿元，2005 年全国共出让土地 16.32 万公顷，出让价款 5505.15 亿元，2006 年随着房地

① 本节引自 2010 年农业部软科学课题“新形势下群体性事件化解机制与农村稳定问题研究”，课题主持人：赵旭东。

产市场的火爆，土地出让金再次反弹，第一季度全国土地出让金总额已达3000亿元左右，严重的土地财政造成严重的社会风险和行政腐败风险，造成大量“失地、失业、失权”农民，出现部分农民“种田无地、就业无岗、低保无份”等现象，严重损害了农民利益。根据中国社会科学院的调查，2003年以来农民土地权益纠纷已经成为群体性上访第一位的原因[①]。最为关键的是，通过人为的运作资本逐渐嵌入了乡村社会的治理规则之中，这对广大的农民而言或者可以说是资本入侵，因为在更多的时候资本是以侵蚀农民的权利为基础获得更多利润的。在农用地转为非农用地的征用过程中，行政权力对土地资源配置起着绝对控制和支配作用，使得地方当权者有了滥用权力的机会。2003年温家宝就曾经批示指出：“一些地方土地市场秩序混乱，非法占地、非法入市的问题相当严重，利用土地牟取暴利已经成为一些单位和个人‘寻租’的手段。不少国土部门管理松弛，有的甚至执法犯法，给不法分子大开方便之门”。农民热情欢迎可以为他们增加利益的资本，但是也会坚决抵制损害他们权益的资本，只是在当前国家没有为农民撑起一把保护自身免受资本侵害的雨伞，相反，各种官僚代理人迫于压力型体制或利用权力寻租，还参与到资本剥夺农民权利的过程中。同时，乡村劳动力被资本吸引进城，生产技术的改进虽然填充了劳动力流失的缺损，但农村出现了各种留守人群，乡村的各种组织和力量均衡被打破。伴随着快速城市化的进程，资本已经大踏步进入乡村，而约束资本的规则却不充足[②]，资本以其自身的方式在解构着乡村的治理规则。乡村的基本要素被资本急剧嵌入，导致既有结构性的稳定机体遭到破坏，各种纠纷层出不穷，这成为发展过程中农村群体性事件爆发的基本根源。

如果把资本介入的乡村纠纷类型加以分析，至少以下几点是比较明显

① 黄燕芬等：“土地出让金与‘土地财政’：现状与改革”，载《2007年中国社会形势分析与预测》，社会科学文献出版社2006年版，第267—271页。

② 最主要的就是适应市场经济的法治没有建立起来。钱颖一在谈“市场与法治”时认为，法治的第一个经济作用是约束政府，即约束政府对经济活动的任意干预。法治的第二个经济作用是约束经济人行为，其中包括产权界定和保护、合同和法律执行、公平裁判、维护市场竞争。参见钱颖一：《现代经济学与中国经济改革》，中国人民大学出版社2003年版，第27页。

的。第一，资本的进入总有政府的辅助，进而导致这种纠纷的牵涉主体不仅是市场性的，还包括政治性的，在纠纷的处理过程中，基层政府不再是作为一个裁判者，而是一个直接参与者。第二，资本方与农民产生纠纷，它会尽量避免直接与农民谈判，而是借用政府的力量与农民对抗，把资民矛盾引向官民矛盾，甚至出现贿买黑势力参与纠纷的违法情况。第三，基层政府在 GDP 压力体制下，同时可能存在部分官僚权力对资本的“寻租”，政府会出现明显违规和暗箱违法的操作行为，使农民的权利和利益主张得不到法理上的正确保护，会出现“商靠官”和“官护商”的乱象。第四，资本在农村引起的纠纷中土地纠纷成为最主要的部分，资本进入乡村掀起“圈地”的潮流，作为农村最根本的生产资料，农民对土地的保护是十分坚决的，他们的抗争行为也最为持久。第五，农民在纠纷中总是“弱者”，并且他们逐渐对在基层化解纠纷失去信心，他们会有意识地把矛盾向上级反映并倾诉被伤害的情绪，期望与诉求屡次受挫之后，把事闹大的心理可能被固化。当前农民对政权的合法性基础并不怀疑，资本型纠纷之所以成为农村群体性事件的基本根源，主要是因为农民对发展中的利益分享诉求十分强烈，当资本和地方财政都在圈地运动中获利时，农民的发展利益不仅没有得到基本保障反而基本权利还遭到剥夺，这成为民怨民愤累积的直接原因。

（二）基层权威碎片化：乡村纠纷的激化与群体性事件的引发

纠纷产生并不可怕，可怕的是纠纷出现后没有权威能够及时合理地加以制约。社会冲突是一种常态化的存在方式，适当的冲突可以疏导社会积怨，成为社会结构保持稳定的安全阀。当前，乡村的关键问题不在于层出不穷的纠纷事件，而是化解各种纠纷的基层权威已经碎片化，这种权威破碎进而断裂导致的直接后果就是纠纷叠加和农民与基层政权的直接冲突加剧。

1. 民间权威的破碎

中国乡村长期以来是在费孝通所揭示的双轨政治的架构下得以治理的，皇权与绅权的合理分工使乡村礼治成为可能和有效的治理模式，维持乡村的基本秩序。20 世纪初叶，随着现代化的浪潮席卷乡村，系列现代性因素逐渐下乡①，包括现代性的政党、政权、行政、法律、科技、财政和服务制度等，乡村社会的社区组织、社会网络、动员机制以及权威结构都发生了急剧的变迁。随着现代性国家力量在乡村的延伸，传统的以绅士和长老治理为核心的民间权威开始破碎化。国家通过基层党组织与基层政权在乡村的建立，把传统双轨政治中不下县的皇权的触角延伸到了农户门口，这个过程是以塑造国家的绝对和终极权威为诉求的，国家权威下沉的过程同时也是民间权威抽离于乡村的过程。在国家强制性的送法下乡的过程中，首先是要打碎民间既有的权威结构，国家权威的建构在一定程度上即是民间权威的解构，初期国家的主导意识就是要打破乡村的地方性权威。而今在中国的广大乡村，长老权威在核心治理环节的功能已经不再明显，虽然部分地方和部分事例仍然证明它的存在，而其本质上已经脱离了乡村治理的核心架构，至少已经成为乡村政权的一种无足轻重的附庸。民间权威的削减，或者乡村社会纠纷解决多元权威的形成②，使得乡村纠纷在自治领域已经很难化解，而要寻求国家提供的他治机制，导致的结果是农民直接面对国家，遇到大小纠纷农民都需要直接跨入基层政府的大门，农民与国家之间没有了乡绅长老等过渡和缓冲因素，直接的后果就是农民与基层政权及其代理人形成分歧和发生冲突的概率增大。

2. 乡镇权威的弥散

伴随着民间权威的破碎并逐渐在乡村治理机构中抽离，国家的权威开始置入乡村生活和生产的各个环节，极端的形式就是人民公社，此时国家

---

① 关于现代性因素“下乡”的现象，费孝通在研究“乡土中国”时早先提出了“文字下乡”的问题，后来有徐勇、朱苏力等提出政党下乡、行政下乡和送法下乡的问题。“下乡”是否就意味着现代性可以完全征服乡土性，这个过程到底是一种社会结构对另一种社会结构的代替还是两种社会模式的交融，下乡作为现象描述和事实判断的同时是否蕴含着一种价值判断的潜在深意，乡土性的资源和文化在“被下乡”进程中的命运是主动转化还是被同质化。这些都是在下乡研究或者研究下乡中无可回避的问题，但同时也是必须慎重回答的问题。具体可参见徐勇：“‘政党下乡’：现代国家对乡土的整合”，《学术月刊》2007 年第 8 期；徐勇：“政权下乡：现代国家对乡土社会的整合”，《贵州社会科学》2007 年第 11 期；苏力：《送法下乡——中国基层司法制度研究》，中国政法大学出版社 2000 年版。

② 赵旭东对乡村社会“权力与公正”之间关系的讨论，揭示了华北一个村落的公正与权威观念是如何表达的，分析了乡村纠纷解决过程中权威多元的运行机制。参加赵旭东：《权力与公正——乡土社会的纠纷解决与权威多元》，天津古籍出版社 2003 年版。

权力对乡村的控制是直接和全面的，虽然农民与国家直接接触，但在意识形态的高度控制下，农民与国家的冲突被抑制住。随着家庭联产承包责任制的实施，农民开始在生产安排上有了一定的自主权，同时国家通过税收机制从乡村抽离资源，并支撑着乡村的“七站八所”等治理机构①。税收作为国家抽取农民利益的一种方式，在收税的过程中农民与国家的关系急剧恶化，20 世纪 90 年代以来农村全面爆发的抗税斗争就是最好的诠释。2006 年，国家全面取消农业税，国家开始在战略上进行城乡关系调整，实施工业反哺农业、城市支持农村的政策倾斜，这实质上也是在调整国家与农民的紧张关系，因为普遍兴起的抗税斗争已经威胁到执政合法性。支撑农村税费改革的配套措施是乡镇政权的机构改革，以及村民自治制度的逐步完善。乡镇改革的核心就是精简机构，减少基层政权对乡村的行政干预，增强公共服务功能。撤乡并镇取消“七站八所”，推进村民基层民主自治，导致的后果是乡村里更多的事没有机构和人管，最突出的是农村公共产品的供给问题。更为重要的是，税改后乡镇政权的权威开始弥散。农村税费改革前，乡镇基层政权对乡村实质上是干预过多，导致国家及其代理人与农民的关系紧张；税改后，基层权力突然从乡村抽离出来，基层官员的责任意识骤降导致各种治理事务的混乱，村民自治民主管理的能力并未能有效填充这种权力转换。税费改革在减轻农民负担的同时，同样削减了基层政府及其官员的治理积极性，他们缺乏足够的责任意识。农村税改后，乡镇政权的权威性逐渐弥散，这使得曾经积压的各种纠纷爆发，并在基层得不到很好的解决，直接导致大量纠纷化解层级上移。

3. 基层治理结构性失灵

当前乡村的纠纷形成规模化，最根本的还是在于基层治理的结构性失灵。在传统的乡村，皇权不下县，以乡绅势力为核心的基层力量可以有效地维持村落社区的治理秩序，可以把这种治理模式称为“县政社治”。在“县政社治”结构里，皇权及其代理人（县令）更多的是一种象征性的权

① 关于在乡村进行国家政权建设与基层治理方式变迁的讨论，既有研究成果集中关注了清末的王权止于县政、民国的政权下沉乡镇、人民公社的政社合一、改革开放后的乡政村治等方面，杜赞奇、徐勇、于建嵘等在他们的代表性著作中各有所针对性的论述。

威，县官只要能够利用各种乡绅力量收足皇粮国税，基层的治理问题就完全由士绅与村民的自我互动完成，基层的冲突更多的是在社区范围内依仗长老权威加以解决，村民与县官的接触甚少，与县官以及背后的皇权的冲突就会更少。纠纷处理的过程中，只有村民感觉到已经冤情深重才会诉诸明镜高悬的青天县太爷，至于越过县太爷告御状更是万中有一。在“县政社治”结构中，基层纠纷更多地在基层得到了解决，而且就算解决不妥仍然是民与民的冲突，村民与士绅的冲突都较难形成。现代性政权下乡之后，“县政社治”转变成了“乡政村治”，这直接导致两个冲突增加：村民与村官的冲突增加，进而村民与乡官的冲突增加。乡镇是最基层的政权，而村治是行政的末梢，这意味着村民与国家的直接冲突呈现出常规化态势。传统的士绅治理在基层直接被村治机构代替，基层的冲突性质由民民关系转换成了官民关系。在农村税费改革前这种官民冲突的紧张关系逐渐升级，直至已经达到动摇乡村政权合法性的地步。为了改善农民与国家之间的关系，国家连续实施了税费改革和乡镇精简，更加注重村民自治。乡镇机构的精简意味着其干预能力和辐射能力的急剧下降，对于基层政府而言他们直接干预和治理乡村的资源与权力被压缩。随着乡镇财政制度的改革特别是“乡财县管”制度的落实，乡村的治理模式从“乡政村治”模式过渡到了“县政乡治”，不同的是在乡治运行的过程中村民的自治在平行实施。“县政乡治”与前面的“县政社治”与“乡政村治”相比，最大的特征是在治理的过程中基层官员与民众的更直接更频繁的互动，因此在乡村治理中官民矛盾也就更容易产生，乡村中既有的民民冲突、民绅冲突迅速地转化为了农民与乡镇甚至与县级政府的冲突。原先村治作为行政末梢与自治单元的二元结合能在一定程度转移农民与政府的矛盾，在村民看来很多“坏事”都是村里的干部自己做出来的，而与政府（至少与级别较高的政府）还没有明显的直接的关系。而今，乡治代替了村治，在乡村治理中的众多矛盾农民直接引向了基层政府，导致基层的官民纠纷直至群体性事件呈现出规模化和爆发态势。

4. 农民直接面对国家的后果

可以看到，与前面的乡村基层治理模式相比，县政乡治的变革性体现在农民直接面对国家局面的全面形成，这个逐步发生的过程可以称为国家与农民之间的治理距离的缩小化。在三种模式中，“县政社治”的治理距离最大，皇权（国家权力）不下县意味着农民与皇权接触的机会甚少；乡镇村治的治理距离居次，随着政权下沉，农民已经能够与行政的末梢村治直接互动；而县政乡治的治理距离最小，在农民与国家之间已经没有任何缓冲环节，国家的任何治理意志都要通过乡镇政府直接与农民面对才能达成。治理距离的缩小，可以保证国家意志在乡村更快捷和彻底的执行，同时国家对乡村的监管压力随着治理距离的缩小而不断增大，但这并不意味着国家对乡村的整合能力和动员能力同时增强。相反的，正是由于农民与国家的零距离接触，国家监控乡村的幅度快速扩展，国家整合乡村的成本不断提高，随着农民对国家的反应性抗争常规化，国家实施乡村动员的弥合成本（即弥合既有伤害、不信任、对抗情绪等所需要的成本）骤然上升。概括地讲，农民直接面对国家最为关键性后果包括两个方面：一是农民与国家之间的直接性对抗日常化，而且当前矛盾在不断累积叠加，同时乡村抗争出现了由个体性到群体性的发展势头，对群体性的利益和权力的诉求增强；二是国家管理乡村的社会成本不断增长，基层政府在压力型体制下不堪重负，维稳成为众多基层政府的头等大事，为此需要投入众多的人、财、物等乡村发展中稀缺的资源。

20 世纪以来，现代性国家的政权及各种组织下沉到中国乡村，传统乡村稳定的民间权逐渐被打破，在当前已经出现破碎化的态势。同时，随着国家基层政权机构的不断变革，特别是农村税费改革对乡镇政权的影响，国家力量呈现出在逐步渗入乡村之后的骤然抽离现象，使得乡镇权威的弥散性增强。基层治理由县政社治——乡政村治——县政乡治的转型，使得乡村治理结构的稳定性不足，进而使得化解基层纠纷的效能不强，基层治理结构性的失灵、基层权威断裂是导致当前乡村纠纷规模化的重要助推器。乡村治理中，农民直接面对国家及其代理人，农民与国家之间的冲突缺乏缓冲地带，在乡村针对国家的抗争性斗争日常化，并有由个体化抗争向群体性斗争逐步演化的趋势。

（三）结构性失灵：乡村纠纷整体化解机制的层层瓦解

乡村基层权威的断裂致使各种纠纷失去制衡的力量，多种官民纠纷集中爆发出来，出现以上访群体为代表的冤民群体。通过接触众多上访者，我们发现，他们都觉得自己有莫大的冤情，他（她）或他们的家人总是曾经遭受过某种冤屈，并且在乡村社区里、在乡镇政府、甚至在县市都得不到满意的解决。“上访者”是他们背负的一个体制性称谓，按照他们的情绪状态和表达方式，他们更应该被称为冤民，而且他们到处上访都只是为了一件事——伸冤。上访冤民为什么在当前大规模出现并固化下来，这与乡村纠纷整体化解机制的机构性失灵有直接的关系。

1. 乡村传统的化解机制逐步解体，使得社区内约束力减弱甚至消失

乡村纠纷的化解机制是一个有层级性和系统性的制度设计，并且主要是以化解于基层为基本原则。在国家提供的制度设计中，基层社区的人民调解、基层政府的行政干预、司法途径、上访制度是当前化解纠纷的主要制度性选择，这构成化解乡村纠纷的整体性制度机制。当前，说这个整体性化解机制的失灵，主要是指在处理农民与政府或者其代理人的纠纷中制度结构性的失灵，结构性失灵的具体含义即是不同层级的化解机制在不同程度上存在失效现象，并且由一种层级无效导致纠纷化解向更高层级转移的制度衔接仍然失效。乡村纠纷整体化解机制结构性失效最终导致了乡村纠纷结构性冲突的形成，即乡村纷繁复杂的纠纷最终转化成了农民与基层政府（包括乡镇、市县）的结构性对抗。冲突是社会存在的一种常态，乡村纠纷正是乡村社会存在的一个重要方面，理想的状态是纠纷产生于乡村并能化解于乡村。达到理想的状态需要一个关键性的支撑，就是乡村基层必须有能调解纠纷的权威主体。在传统的乡村，当地社区的乡绅、长老、族老等都在不同程度上具有这种权威，费孝通在描述乡土中国基层的礼治秩序和长老统治时就有过精彩的描述。为了维护在乡村里大家最看重的“脸面”，村民都会对自己的行为有所约束，并且对长老权威的调解行为极为尊重。同样的作为其中一份子，当事人也不能给家族和某个地方丢脸，个人的脸面和家族以及社区整体的脸面同等重要。村民对特定社区和各自家族强烈的归属感，在纠纷处理过程中使得村民在个人行为和内在诉求上都极为克制。在这种乡土性的场域下，乡村社会中的纠纷能止于社区。现代化的进程打破了乡村自我调解的功能，随着民间权威的全面破碎化，传统的礼治秩序和人们内心的约束机制逐步解体，长老权威成为乡村

治理中彻底的附庸，社区更多的成为一个居住地域，而缺少了更具约束力的社会身份和社会归属的性质。民间权威的破碎意味着乡村传统的化解纠纷于村社的机制解体，意味着在纠纷调解中社区的约束力在减弱甚至消失，纠纷不出村社演变成了纠纷必上乡镇。

2. 基层政府制度性化解机制失效，导致纠纷化解层级快速“上移”

现实中，乡村纠纷的化解不能在村社中完成，进而转向基层的乡镇政府，这种找政府要公道的行为有深刻的文化因素和政权建设因素。传统上，冤情化解总是与清官神话相互捆绑，在文化认同上虽然官不一定都清廉，公道总会在“明镜高悬”的衙门里由清官施予。同时，在政权建设的过程中，国家曾经扮演着无所不能和无所不为的角色，即使在当前全能型政府仍然没有褪色，共产党就是在为农民翻身做主和争取公道的意识形态建构中完成革命斗争和政权建设的，至今“执政为民，立党为公”仍是政府合法性的来源，所以农民还是把争取公道的希望深深寄托在党和政府的身上。农民对党和政府的高度信任使得他们在纠纷发生后纷纷迈向政府大门，不是问责而是求解。问题的关键是，在当前的纠纷中基层政府更多的是参涉者，当前的乡村纠纷实质上是官民纠纷（民资纠纷是一种变相的官民纠纷）。基层政府为了政绩诉求和迫于压力型体制，在资本引进和运作过程中已经成为官民纠纷的始作俑者，这注定了在纠纷处理中农民的利益诉求得不到主张。在纠纷谈判中，基层政府逐渐由一个农民心中公正的裁判者转变成了一个强行与民争利的恶人，甚至是帮凶。这种转化的后果是极其恶劣的，在老百姓心中基层政府的威信快速削减，直至权威弥散至尽。由于意识形态建构的作用，农民对更高级政府特别是中央的信任在这个过程中并没有降低，有时反而会增强，因为基层政府和官员越是无恶不作的“恶人”，农民在弱势处境中就越是希望中央是大慈大悲的“恩人”。中国农民当前的抗争行为仍然是规则意识很强，他们最主要的诉求还是利益而不是权力，在他们看来中央的政策主张是维护农民利益的，基层政府之所以成为损害而不是保护农民利益的恶人，是因为他们错念了中央政府惠农的“经”。农民已经认为基层政府成为损害其利益的利益集团，超越基层政府寻求更高级政府直至中央的保护成为他们迫不得已又理性自觉的行动，这导致纠纷化解的政府层级快速“上移”，而且“化解上移”已经成为一种趋势并造成了严重的社会问题，其中最主要的就是上访群体的大量出现，中央政府迫使基层政府在压力型体制下采取刚性维稳措施，导致基层官民冲突的继续升级直至不可控。超越基层政府跨越式上访，乡村纠纷“化解上移”作为一种变异的纠纷化解措施，是宪政建设滞后的结果。

3. 高层化解纠纷的体制性空置化，折返处理的循环性产生双重叠加

乡村纠纷快速“化解上移”主要依循的渠道是国家信访制度，作为化解纠纷的一种制度设计，信访制度引发的乡村“化解上移”潮（或者不应该说信访制度引发了“化解上移”潮，而是潜在的“化解上移”潮催生了信访制度）能很好地平息纠纷吗？根据既有的社会效果来判断，答案是否定的，这集中体现在很多学者对信访制度的批判上。信访制度作为“民意上达”的一种渠道，使得中央政府可以对地方官僚进行政治监控，但中央并没有能力直接解决上访群众所反映的问题，而且随着来访来信案例的增多中央对批示的执行情况也无力监督。而现实中信访行为并不因制度失效而减少，从 1992 年起全国信访总量连续 11 年上升，并在 2003 年形成信访洪峰，2003 年全国党政信访部门共受理 1272.3 万人（件）次公民来信来访，其中中央和国家机关受理公民信访量上升 46%，国家信访局受理公民信访量上升 14%，全国党政部门共接待公民集体上访 31.5 万批次，712 万人次。中央党政机关面对大规模的上访潮，采取的办法是向地方强势施压，层层落实信访维稳工作的“一票否决”。本质上看高层化解纠纷的制度设计是落空的，除了政治监控外缺乏实际有效的处理措施，形成体制性空置。体制性空置的结果就是各种自下而上的冤情需要折返处理，如果折返到基层民众仍然不能获得满意结果，他们又会继续上访中央党政机关，导致折返处理的循环。这样的循环导致两个严重的后果：一则是处理成本的叠加；二是基层民众冤气的叠加。折返处理的循环性最终导致基层县乡政府和基层民众“仇上加仇”和“冤上加冤”，致使两者的结构性对立和情绪性冲突积重难解。乡村社会纠纷化解机制的结构性失灵导致基层民众“仇冤叠加”，其后果是社会中对立群体的出现。这里的对立群体是指在既定利益格局下利益既得群体与利益落空群体，由于在实际利益纠纷的化解和均衡中对抗情绪不断积累，形成了利益群体的想象性

认同。对立群体的产生，在现实中最典型的是以穷人为代表的群体对富人、官员和警察群体的仇视，即为通常所说的仇富、仇官、仇警。对立群体的形成具有现实性和想象性。一般而言利益格局一旦形成，得利者会持续得利而失利者连续失利，利益格局中的得利者与失利者一旦发生真正的纠纷，利益调解的过程就会造成对劣势方的不公正，这种不公正是个体与个体之间的不公正，这是对立群体形成的现实性基础。实际上，并不是所有的利益优势方（富人、官员、警察）都会与利益劣势方（穷人）发生纠纷，但是通过不断发生的优势方对劣势方的利益侵害，这种劣势方就会在心理上感受到被压迫的痛苦，进而把优势方都想象成为潜在的利益伤害者，在社会中逐渐形成自我弱势群体的想象和权贵群体的想象。至此，对立群体在现实性基础上和想象性心理上正式形成，并在各种对立事件的听闻和谣传中得到固化和强化。群体间的这种对立性通过各种发生的事件和谣传事件可能会不断被强化，群体对立强化的结果就是泄愤事件的不断出现和发生频率及可能性的大增，近年来发生的重大群体性事件（或泄愤事件）都与对立群体的形成有重大关系。

二、缓解发展张力：农村稳定问题新视角

当前农村稳定问题有两个重要特征值得关注：一是以“发展”为中心；二是以“利益”为中心。发展给农村带来的不仅是机遇与和谐，还有各种张力以及由此导致的紧张关系，发展张力产生、释放和削减的过程，即是农村各种社会冲突形成、爆发和化解的过程。农村各主体间利益格局的变迁是矛盾的重要生发点，主体寻求利益的空间向度不同，冲突的生发机制就会有异，内部化的利益整合更容易激化矛盾，而外部化的利益拓展有利于抑制冲突。当前，只有理解农村发展实践中的各种矛盾，才能更好地应对发展张力产生的冲突，只有辨清农村利益格局变迁的方向，才能辨别影响农村稳定的主要群体和核心力量。以下将从引起发展张力的三个方面详细论述其对社会稳定的影响。

（一）发展张力引发社会矛盾

发展就意味着变迁，变迁即伴随着冲突和矛盾，社会发展不可能是完

全均衡和步调一致的，而且不同群体对发展的认知和要求同样存在差异，发展的客观实践与参与主体的内在期望存在着不可调和的张力，而这种发展的张力在一定程度上会引起社会矛盾。发展不仅是一个结果，更是一个过程，在这个过程中各种主体的发展诉求是不尽相同的，发展的速度必然会存在差距，发展机遇的分配一定会由于资源的有限性而出现“你有我无”或者“你多我少”的现象。社会转型中，由发展诉求、发展速度、发展机遇引发的张力，如果控制和处理不当，必然会导致农村社会的冲突和矛盾增加。

首先，发展诉求的表达。当前在中国农村的发展场域内，政府、企业和农民是最主要的参与者。政府是整体性发展战略的主导者，政绩和民心是他们推动和参与发展的重要诉求，落实到政策的执行和操作层面，各级官员特别是基层官员更加注重政绩的追求，而把同样重要的民心向背问题降格转化为不影响政绩的自我要求，这种转换宣告了国家理想型发展意愿的破产，而现实中官员落实的发展是政绩激励性的官僚型发展。在这种情况下，产业化和规模化发展是官员凸显其政绩的最佳选择，因为这既契合了我国仍然没有扭转的“GDP”政治生态，又能在执行官员的任期内显现出发展的短时效应。政府在发展产业的过程中，必不可少的发展伙伴是追求利益的企业组织。企业自身发展最大的限制是市场和资源，在市场需求基本不成问题的前提下，企业获得了资源就意味着获得了利润，特别是垄断性的资源意味着高额的利润，而在当前的中国农村，政府是帮助企业解决资源问题的最优伙伴。推动产业从而获得可见政绩的政府和寻求资源赚得利润的企业相互具有吸引力，一旦在各自的利益诉求上基本得到满足，他们就会共谋发展、共享成果、各取所需，此时缺乏参与到“发展共谋”中来的是发展的最终承担者——民众。理论上讲，发展的最大享受者和期待者是民众，发展的最大参与者和承担者还是民众，而当前发展过程中话语权最少的却是民众，他们的选择很多都是被动接受。执政为民的政府经常以民众的组织能力弱和发展能力差而“代民做主”，而唯利是图的企业是政府被邀请来协助“为民谋利”，这些本已越俎代庖的发展规划最大的缺陷还在于民众的诉求不能真正得到表达，更为直接的是民众的不同意见在更多的场合得不到充分地尊重，这直接打击了民众的积极性。

发展实践中缺乏了民众的主动参与，其成效可想而知。

其次，发展速度的差距。对于中国广大农村的民众而言，他们的发展水平与城市差距很大，广大农民流入城市成为农民工就是这种发展差距刺激的直接结果。而在村落与村落之间，由于各种资源分配的不均衡，获得更多资源支持的村落就能发展得更快，同样是辛勤劳动，村民的致富速度就存在明显的差异，这种邻近的看得见的赶超会明显地让农民羡慕和嫉妒，他们会把这种发展滞后现象归因于某种社会不公平的结果。而发展速度上的差异也会被民众归结于个人能力的异同，这种内向可控的、个人化的归因有利于削减他们对外部社会的不满。由于区域环境、村落资源和个人能力导致的发展速度的差距，民众会对自身遭受的“发展滞后”进行各种归因，而不同的归因会形成他们对发展差异的认识以及后续的改变策略。调查中已经发现，民众对发展速度的差异和发展事实的差距的拉大有十分肯定的判断，并且随着他们对已经富裕起来的地方和那里的生活有着更多的了解和向往，他们自身内在的发展意愿正在越来越强。很明显的是，由于发展差距的不断拉大，已经严重影响了村民对自身生活的满意度，他们主动的赶超心理和被动的追赶压力都在加速他们发展意愿的膨胀。对于全国性的地域差异和城乡差异，一般而言民众的接受程度是理性的，他们承认这种发展差距的巨大程度，理解出现这种差距的各种因素，他们更多地把这种发展差距理解为历史因素造成的，他们对这种发展的公平性敏感性不强，他们认识中的东部富裕是富得其所。而对于邻近身边的人快速致富的缘由，村民有很强的挖掘意愿，一方面是他们想通过模仿达到同富的目的，另一方面是带着审查的眼光在寻找他人致富的非正当性。一旦他们发现邻近的人采取了不正当的致富路径，而且这种路径严重影响了他们的发展速度，民众的不满情绪就会涌现出来，并持续积累。此时，民众处理的方式如果选择了内在合理化，他们就不会有更激进的行动，如果选择的处理方式是外部化泄愤，他们就会有试图改变这种不公平感和不公平事实的策略性行动。

再次，发展机遇的分配。农村发展实践中，最容易导致各种矛盾的是发展机遇的配置问题。对于农村而言，农民自身相互之间条件的差异性很小，能快速改变他们景象的是获得外部发展机遇，形式主要包括获得发展资源、获取发展空间和培养发展能力。发展资源在村落里的分配，精英群体总是比一般民众能获得更多，导致富者更富而穷者愈穷的循环。资源对于村落精英的优先分配，不仅仅是简单的如一般村民反映的“他们有关系”的问题，更多的是发展在基层实践必然遭受的逻辑。对于发展速度的差距引起的贫富不均，民众更多的情况是把其归结为是由个人的能力差异导致的。在村民看来，同样是劳动，自己挣得钱少而别人挣得钱多，那主要是由于自己没有技术、缺乏知识、没有本钱、不懂经营等种种原因，他们不会因为自身能力欠缺不能致富而埋怨他人因为有能力而富裕起来。机遇的内部均衡本质上是利益在村落内相对公平的分配，一旦这种相对均衡的公平被打破，很容易导致村落矛盾的增生，同时民众的不满会基于这种矛盾转向分配机遇的政府，这种转移当前已经导致民众对基层官员的极度不信任，甚至是怒恨基层官员的种种行为。农村因为发展机遇分配不均衡导致的各种冲突，根本的还是由于发展机遇本身的有限性，发展空间的有限性导致了村民更多地把视野局限在村落内部利益的调整上，在狭小的利益空间里分配机遇更容易引起冲突。而当前，农村的矛盾之所以限定在一定的程度和范围内，更重要的不是因为利益分配的公平性达到村民满意的水平（而更多的时候是情况恰好相反），而是农民把获得发展机遇的视野拓展到了外部，实现这种发展机遇外部拓展的方式正是农民自身的创造——打工。未来影响农村稳定性的主要因素，一则在于农村内部发展机遇与利益空间是否能得到扩展，二则在于巨大的农民工群体能否继续在城市获得发展机会而不会被迫返迁寻求发展。

最后，何种发展能使农民主体受益而不激化农村矛盾？在推动农村发展的三大主体中，政府是应该更加重视发展的公平性的，企业是更加倾向于追求效率的，而民众是既看重公平，也十分关注效率。三者在共同参与发展的过程中如果各自具有充分的权利和自由，形成对其中一方发展意愿过度化实施的有效制衡，这种机制下形成的发展方案及其执行的过程中，引发、激化、爆发出的冲突程度就会比较缓和。相反，一旦某一方严重偏离或偏重了各自的意愿，都会催化发展中的某些冲突明朗化，并会使更多的利益群体被吸纳和卷入冲突中来。当前，中国农村发展实践中出现了“一偏一重一轻”的现象，即政府保持发展公平性的意愿和功效在偏离，企业参与农村发展追求高额利润的程度在加重，而农民主体的发展意愿和话语权利被严重轻视。这样一来导致的发展现象十分畸形：地方政府和企业积极行动和投入共谋一方发展，而广大农民沦为改变自身命运之发展选择的观望者。当前，农村发展中的主要问题就是各发展主体的职能混淆，农村发展抑或建设本来是农民根据自身情况和意愿谋划的结果，而现在却变成了政府主导发展话语以及企业推波助澜参与夺利的局面。本应该维持竞争公平性的政府为了获得足够的发展政绩而趋向于过度支配发展所需的各种资源，而追求利润的企业更多的是被政府邀请参与农村发展，在“以资租权”后获得了各种垄断性的资源而形成与民争利的强势地位，而渴望得到发展的农民在没有获得足够的发展利益时即对发展的公平性失去了信心，伴随着他们期待的落空是民众不断增长的不满情绪，这成为影响农村社会稳定的重大隐患。农民对发展的评价，一方面在于自身获利的多少，另一方面在于在获利过程中是否得到了公平对待。发展的意义对于民众而言一定不是单纯的财富增长，更重要的是财富在增长过程中的合理分配。

（二）利益空间拓展抑制农村冲突

首先，外出务工缓解了农村矛盾集中爆发。引起社会冲突的因素有很多种，利益是其中最主要缘由之一。当前在我国农村，利益空间是十分有限的，例如土地资源一直都是农民“斤斤计较”的财富，如果农民致富的希望都完全依赖于土地，那么农户间惯常性的争田争地行为就显得十分合情合理。村落一旦获得有限的外部资源，而这种资源的有限性并不能使所有村民受益，此时就会引起有限利益在村落里进行内部分配，这种利益在空间上的内向整合更容易引起村民的不满，因为村落精英会更容易获利而其他民众会成为众多利益分享过程中的落空群体。而当前农村的矛盾能在很大程度上得到压制，最大贡献者莫过于打工经济的兴起与成功。打工，已经成为农民心中改变命运和积累财富的最有效最重要的途径。由于农业地位的下降和农业收入的降低，更多的农民离开农村走向城市，他们的利益空间由村落和田野转移到了城市和工厂。利益空间的外向拓展有利于弱化村民对分配村内有限资源公平性失当的过多关注，更多的村民把利益的获取点放置在村落外部，打工就是我国农村当前转移利益获取点的最佳方式。农民工把自身置于城市之中，他们的大部分时间和精力都集中在城市，逐渐他们的社会关系也在向外转移，他们在村里的时间十分有限。他们外出务工的主要动机是补贴家用和照顾家庭，返乡生活仍是他们大部分的最终归属，但他们的活动空间被拓展了，村民之间在挣钱问题上的竞争性几乎完全消失，因为打工的利益空间实在是太大了。农民把更多的精力分配到外出打工以及技能改进上，使得他们对村内事务的关注逐渐减少，他们逐渐看轻村落内部有限利益的分配。外出打工转移的绝不仅仅是农村的劳动力，同时转移的还有农村的利益冲突和村落内部各种利益的竞争性。

其次，是产业改变农村抑或打工改变贫困？当前，同样正在拓展农村利益空间的举措是政府主导的产业发展，在各种项目和资金的支持下全国的农村（不论贫富）都在办产业，政府倡导的产业致富之路由于政府推行的强势力量而进行得如火如荼。随着一个项目在村里的落实，村里就接受了外部的大量资源，比如基础设施建设的投资等。与打工经济不同的是，农村的产业规划涉及村民与村民、村民与企业甚至是村民与政府之间的利益竞争，这种竞争性被严重激化或者处理不当就会导致各种明争暗斗的行动。当前，对农村利益空间的拓展程度，与打工相比发展产业的效果逊色甚多。与此同时，发展产业对转移农村矛盾的功效就更加不如打工经济，有时在发展产业的过程中还会使农村既有的矛盾更加激化和产生更多新的利益冲突。农村利益空间的有限性决定了内向调整的高风险性——容易激化很多社会矛盾并导致群体之间的利益冲突，而向外拓展村落的利益空间增加了农民获取利益的多样性和差异性，能在相当程度上缓和农村发展和利益获取中的矛盾，这既发展了农村经济使农民摆脱贫困，又能减少利益分配中的矛盾保持农村社会的稳定。农村的利益空间如何才能得到合理有效的拓展，政府主导的是发展产业，而农民选择的是外出打工，这两者的契合性和背离性如何，是彼此对立还是相互补充，还有待进一步考察。

最后，农村的稳定取决于农民还是农民工？随着外出打工这种自然形成的社会流动增强，农村的群体被分成了农民和农民工两个群体，这两个群体在社会认知和社会行动等众多方面出现了明显的差异。农民常年束缚于土地的耕作，他们的生活节奏与农业生产的规律相适应。他们的利益空间更多的局限在村落内部，村落资源的分配特别是土地及其附属资源的分配严重影响着他们的生活。他们的生活参照同样局限在村落内部，邻里间观摩彼此的生活水平和消费模式，生活的满足感和尊严依赖于在土地上靠勤劳、懂经营、能吃苦取得的致富水平。而有过外出打工经历的农民在本质上已经脱离了农村的束缚，他们所从事的职业、选择的生活、形成的认知都成为他们身份转变的主要标签。在工厂里依靠单调重复的作业，从而获得相对固定且远远高于农村收入的工资，他们面对着全新的技术挑战和下岗威胁。生活在城市里，他们虽然经常受到歧视，同时他们也会有条件享受到最基本的公共服务。他们亲身体验到了穷与富的区别，财富作为一种社会区分标准深刻地影响着他们的日常生活。农民工群体在城市里生活在底层，一旦他们回到村落里境况就完全改变了。他们基本上都是家里的主要收入来源，他们的意见主导着家庭事务的安排，他们只要把城市里的钱积攒下来就能在村里获得足够的尊严。对于农村而言，农民工把自身的利益空间拓展到了城市，维持村落日常运转的是留守乡土的务农者和看家群，但真正决定着村落命运的仍然是农民工——他们既是各自家庭的主事者，也是整个村落发展的定调者。在处理生活中的不满和冲突时，留守农民和农民工这两群体不同的社会经验致使他们选择的化解方式完全不同，由此对农村社会稳定产生的影响存在巨大的差异。依赖土地生活的农民对社会不公平纵使有很多的抱怨，但他们通常会采取个人化的方式处理而最终隐忍这些不满情绪，因为他们的生活空间和活动领域都集中在村落里，发生激烈的冲突不利于他们长期的安居乐业。而农民工在村落里处理矛盾的方式更加外显化，他们在打工经历中习得了很多抗争经验，他们对眼前的冲突要么视而不见，要么就会坚决斗争。他们的个人资源、抗争经验、组织能力和维权坚决性都要超过单纯的农民，他们一旦闹事就是朝着把事闹大的方向去的，因为他们积累的对抗经验是“大闹大解决，小闹小解决，不闹不解决”。可以说，当前真正能影响农村社会发展稳定的群体不是农民而是农民工。不论是通过政策力量调节化解发展中的张力，还是通过乡村自主创新突破发展的瓶颈，不管是推行政府主导的产业发展还是尊重农民自觉选择的打工经济，不管是拓展农民获取利益的竞争空间，还是更加规范地开放农民赚钱的市场渠道，特别是维护农村的稳定问题，都需要尊重农村发展中农民的主体性，更需要回归到乡村的自治组织。乡村的不稳定可能由外部因素引起，而乡村的稳定则不能完全依赖外部力量的给予，最终还是要由乡村本身内生出一种秩序和谐和利益均衡的机制。

第四节

统筹城乡背景下的农业法制建设①

在科学发展观的指引下，农业法制建设要密切结合统筹城乡发展这一重大战略，落实以工补农、以城带乡的农业发展新方式，适时调整不适应统筹城乡发展新形势的旧观念和旧规范，及时总结推广契合新形势的探索、观念和制度。

一、农业法制建设的现状与问题

在统筹城乡发展的新视野下，我国农业法制建设有许多亟待改进和加强的地方。这些问题的成因是多方面的，我们尤其应该深刻反思这些问题的制度成因。为此，我们走访了多位在京学习打工的农民子弟，了解他们对本乡本土农业法制建设的感受和看法；我们还奔赴江西进贤县张公镇和浙江奉化市进行专题座谈、个别走访、材料搜集等工作，深入了解农村干部和普通农民对于农业政策和农业法制的认知及参与程度。通过这些工作，我们掌握了部分地方农业法制的现状及其改革探索的新经验，这加深了我们对当前农业法制问题的理解。

---

① 本节引自2010年农业部软科学课题“统筹城乡背景下农业法制建设问题研究”，课题主持人：高其才。

（一）农业法制建设的现状

经过多年的努力，我国农业立法基本实现了有法可依，农业行政执法也步入法制化轨道。在维护农民权益、推动农村改革、保障农业发展方面发挥了积极作用。但是，我国农业法制建设的总体水平仍然不高，与农业和农村改革发展的需求不相适应。

1. 农业法制框架基本成型

在稳定农村基本生产经营，加强农业资源保护和合理配置，建立现代农业和调整农村事务等主要方面都已经有了相关的法律规范，基本做到了有法可依，一个以《中华人民共和国农业法》为核心，以《中华人民共和国农村土地承包法》、《中华人民共和国农业技术推广法》、《中华人民共和国种子法》、《中华人民共和国动物防疫法》、《中华人民共和国草原法》、《中华人民共和国渔业法》、《中华人民共和国野生动物保护法》等法律，《基本农田保护条例》、《农民承担费用和劳务管理条例》、《兽药管理条例》、《种畜禽管理条例》等行政法规，《农业部立法工作规定》、《农业行政处罚程序规定》、《农业行政执法证件管理办法》、《村集体经济组织会计制度》、《农村土地承包经营权证管理办法》、《农村土地承包经营权流转管理办法》、《无公害农产品管理办法》等部门规章以及大量的地方法规和地方规章为主干的农业法律体系已基本形成。截至2008年年底，仅农业部报国务院备案的规章已达258件[①]。因此，农业法制建设大体跟上了我国法制建设的总体步伐。

2. 农业行政执法水平提升

放弃维护农业管理部门职权的单一维度，转向统筹兼顾各方法律主体，注重农民权利的主体地位，农业行政执法日益突出服务职能。1999年1月农业部印发《关于进一步开展农业行政综合执法试点工作的意见》的通知，在全国启动了农业综合执法试点工作。2008年，在《关于全面加强农业执法扎实推进综合执法的意见》（农政发［2008］2号）中，农业部提出了努力实现“三年内在全国农业县（市、区）全部实行综合执

① 张穹：“农业法制越来越人性化现代化”，《农民日报》，2008年11月15日，第2版。

法”的目标。农业综合执法是对以往计划经济体制下农业行政管理体制的改革，它是市场经济体制下依法行政理念在农业和农村工作中的具体落实，它是解决职责交叉重叠、执法政出多门、处罚随意不规范等这些老大难问题的根本出路。这是我国农业行政执法体制改革的重要探索，通过成立专门的农业行政综合执法机构，执法权从多个部门集中到一个部门，力争促成农业行政执法的精简、统一、效能。

3. 农业法制初步适应农业市场化格局

为适应国内改革和我国加入世界贸易组织的一系列新形势，农业法制进行了几次重大调整。法律文件清理有成效。适应加入世贸组织、行政审批制度改革（落实《中华人民共和国行政许可法》）和推进市场经济发展的要求，农业部先后三次组织对农业法律、行政法规和部门规章进行全面、系统地清理和修改[①]。目前，我国农业以市场为取向的改革进展明显，绝大多数农产品已经放开，农业市场也已初步形成，我国农业步入了新的发展阶段。在市场经济条件下，我国农业法制建设遵循农业市场主体多元化、契约化的特性，注重市场运行的竞争性，保障农户自主经营的市场主体地位，初步实现国家调控农业的间接化。

（二）农业法制建设的问题

农业法制建设依然是我国法制建设的薄弱环节，亟需加强和改进。统筹城乡发展进一步凸显了我国农业法制建设的全局性、艰巨性和复杂性。当前农业法制的诸多问题都是过去那种偏于一隅的发展，而不是“平等的发展”的产物。

1. 城乡法律资源不平等

依法治国是党领导人民治理国家的基本方略，法治建设的重点在农村，难点也在农村。中国最广大的土地是农村，最大多数人民是农民，最基础的产业是农业。农村法治化远比城市法治化艰巨，农民的法律意识落

① 参见王乐君、李迎宾、杨东霞、陈朱勇：“农业法制的发展与完善——农业法制建设60年回顾与展望”，《农业经济问题》（月刊）2010年第2期。

后于城市，农民权利意识弱，对与自身权益相关法律的知晓程度不高[①]，尤其是普遍存在侵犯农民民主权力、人身权利和财产权利的现象。农村法律制度供给不足，农业和农村法制落后于工业和城市法制；法律规范不契合农村，现代法律是以城市生活为原型的法律；农村司法救济落后，法律资源、法律设施集中于城市。

2. 农业立法落后于民商事立法

改革开放以来，在迅猛发展的城市工商业推动下，我国民商事法制建设成效最为显著。相比而言，我国农业方面的规范性法律文件的立法权受制于现行分割的农业管理体制，分别立法，缺乏统筹考虑，地方与中央以及地方之间经常不一致；不少农业法律法规受部门利益、行业利益垄断影响产生扭曲；我们有的农业立法政策性、原则性强，规范性和可操作性差，不能解决现实问题，也跟不上中央支农护农政策的重大转变；农业特别法不足，与《中华人民共和国农业法》配套的农业国内支持法律体系不健全；行政管理色彩的规范多，而符合市场经济要求的规范少；规定农业生产经营者义务多而权利少等。农业市场化发展亟需的“农业投入法”、“农业保险法”、“农业信贷法”等法律法规阙如。

3. 农民的法律主体地位未充分体现

平等价值没有彻底落实在农业法制的具体规范中，农业法制往往成为管制、歧视、限制农民、农村、农业的工具。尤其是在市场经济条件下，城乡市场主体地位不平等，没有给予农民和农村集体应有的平等对待。以现有法律法规对集体土地的规范为例，集体土地一般必须先转为国有土地才能用于非农业建设，才能进入土地市场（不过目前一些地方正在试点建立城乡统一的建设用地市场）。《中华人民共和国土地管理法》对于农地基于公共利益的征收或征用（第一条），对于集体所有土地依法用于非农业建设的管制（第十一条），对于农地承包的管制（第十四条、第十五条），对于农用地转为建设用地的管制（第四十四条、第六十三条），对于利用农地兴办企业的管制（第六十条），对于使用农地建设公共设施的

① 参见李小云、左停、李鹤：“中国农民权益保护状况分析——《农业法》第九章‘农民权益保护’实施情况调查”，《中国农村观察》2007 年第 1 期。

管制（第六十一条），对于村民宅基地的管制（第六十二条），对于农村集体经济组织收回土地使用权的管制（第六十五条）等等，都体现了过强的管制色彩，为工业化和城市化考虑的多，为农民和农村集体考虑的少。

4. 体现对农业“倾斜性发展”的法律不够

我们走访的一位在京务工的河南籍青年农民就特别说到，“家乡没有什么特色农产品，经济作物少，地方上也缺乏有力的引导，临界的山东那边搞得好，就是基层政府会带着做。”“最近农民自发地向毗邻的山东学习种大蒜，那东西收入高，但我们那儿不能成规模地搞，山东人就不愿过来帮忙。所以发展很慢。”不仅是缺乏有效的组织引导及政策扶持，农业发展还受制于资本不足的瓶颈，“农业可以干出一片天地，土地的价值没有得到充分利用。农村中有想法，想干事的大有人在，只是没有资金。资金缺乏，贷不到钱，小额贷款听说过，但手续繁琐，银行也不爱贷给农民。希望有个适当的渠道，比如第三方担保，通过他们把银行的钱要过来。”“经济作物投入成本也大，像种大蒜起码得投一两万元，农民都不大敢，风险太大，所以做的人也不多”①。在富裕的特色农业产业镇，面临的是如何运用适应农业的金融方式扩大市场并进一步做大做强的问题。“山东肥桃闻名中外，我老家桃园镇就是肥桃主产区。家家户户过得都不赖。”“农户自家经营为主，完全靠它吃饭的农户很少，辅助性的加工企业也有一些。”“资金上，我们那经济实力强，全国百强县（市），小钱不缺，但把果业生产搞上规模的大钱怎么弄，还是难”②。

在市场经济条件下，我们尚缺乏足够的经验制定既体现农业的高风险投入、低比较效益等弱质产业特性，又适应农业市场发展的法律制度。农业的市场开放与产业保护如何实现更好的结合，这是一个长期困扰我国农业发展的问题。一方面，农业尤其需要政府主导的强制性制度变迁，弥补市场自发制度变迁的动力不足。当然我国农业保护不宜也不能保护过度，政府应善于借助市场机制。另一方面，在市场经济条件下的农业产业保护

---

① 河南省夏邑县会亭镇在京务工人员访谈笔录，2010 年 5 月 15 日。

② 山东省肥城市桃园镇在京大学生访谈笔录，2010 年 6 月 10 日。

方面，我们的经验还很欠缺，现有农业法制没有很好地落实政府对农业发展的倾斜性扶持，农业产业保护做得很不够，资本供给不足，制度供给也不足。

（三）制度成因

农业法制建设之所以会有这些问题，根源在于农业法制不适应统筹城乡发展的新形势、新要求。在一个不断变化的大转折时代，受制于旧有的城乡二元结构的束缚，新做法、新制度又处于摸索阶段，使得这个新旧制度的转换特别艰难。

第一，在城乡二元结构下，政府绝大部分的人力、物力、财力是投向城市的，农村的基础设施建设、公共服务、产业发展等事项都靠农村自己解决，这也就是20世纪90年代农村乱摊派严重的根源所在。在中国，市民与农民、城市与乡村、工业与农业意味着身份的阻隔、空间的等级和产业的优劣。城乡二元结构造成了诸多不平等，比如农村资源要素外流，城乡要素市场非均质化，交易关系不公平。统筹城乡发展、推进城乡一体化，就是要拆除原来横亘在城市与乡村、工业与农业乃至城市居民与农村居民之间的制度性樊篱，在城乡规划、产业布局、基础设施建设、公共服务、劳动就业等方面进行调整，在户籍制度、农民工社会保障等方面进行改革，形成城乡统一的要素市场。

第二，现行体制下农业的发展能力有限。当前的农业生产仍以农户家庭经营模式为主，形成规模经营的能力有限；特别是农业自主创新力不强等因素也使得当前农业效益低下，严重影响了农业的长远发展。在江西某工业强镇，“人均不到1亩地，光靠农业无法生存。但依靠在本镇务工（本镇企业就能解决4000多人的就业）和外出务工，大部分人都容易过上小康生活。因此，镇里脱产的农民很多”。但是，这个镇的土地不易集中，“农民宁愿把那些土地当成自己的小菜园、口粮田，镇里种养植专业大户太少，也很难搞到更多的土地”，土地无法集中，集约化的现代农业就无法展开，面向市场，有效吸纳资金、技术的居间组织专业合作社也无法应运而生，“专业合作社前年就开始成立，现在镇里有7个了，但都是虚的，无法运作起来，不知道怎么弄"①。而这种无力摆脱小农生产阶段，以实现现代农业规模化生产的状况，又使得强农惠农资金只能发放给分散的农户。

第三，没有摆正平等和发展的关系，统筹城乡的具体制度设计失效。在统筹城乡的背景下，中央和地方财政支农投入明显增加，但其效果却不是总令人满意的，这些探索有许多值得总结的地方。比如以我国现有的财政体制，中央和省的财政拨款是县市搞建设极力争取的，农业领域也是如此。本来中央和省市的涉农项目资金拨下来是为了更好地扶持相对贫苦地区的发展。但在具体的操作过程中，存在一些事与愿违的现象。由于一些历史和现实的原因，有一些相对处于发展弱势的县市，由于项目资金的配套一时难以兑现，只能眼睁睁地看着把本来应该投在该地区以加快其发展的项目资金等来自上级的财政投入，却流向更为发达的地区，使弱者更弱、强者更强。这就严重违背了中央和省市财政有关农业投入的初衷，也违背了制度设计的本意。这造成了"倾斜性发展"的不当。

再以农业补贴、农业小额贷款为例。为了弥补"三农"的弱势地位，推进起点平等，农业补贴不失为一条有效的措施，但农民往往无力抵御市场侵蚀，容易陷入基于市场的被"剥夺"困境。即使在耕地相对较多的中原农村，粮食直补政策也只是短暂地给这里的农民带来了一些好处，"粮食直补之前，抛荒严重。直补之后，都愿意自己种，为拿补贴，但好处也不大，只是不亏。但是最近直补的好处又都被种子、化肥等高涨的农资价格吞了，现在种田又开始要赔钱了"②。在江西某工业强镇（耕地人均不足1亩），我们调研发现，农业发展的政策扶持不明显，专业合作社形同虚设，粮食直补、农业小额信贷效果一般。"粮食直补，直接到农户手中，有些钱，但现在种田还是收益最低的。打工、养猪、种橘子都比种田收益高。一亩地种田的纯收益才不过二三百元"。"去年小额信贷发放了300多户，计1000多万元。手续太繁琐了，利息确实有实惠。解决了

① 江西省进贤县张公镇访谈笔录，2010年8月27日。

② 河南省夏邑县会亭镇在京务工人员访谈笔录，2010年5月15日。

些问题。比如一次性的买肥料、原材料等急需的农业生产资料”[①]。由于害怕地方各级政府截留，上级政府把资金打给每一个农户的账户中，但是这些项目和钱平均一摊，结果就是项目小而散，而有些资金分配到农民手中，只有几块钱，甚至几毛钱，起不到真正的扶持作用，对农民增收、农业增效的实际作用效果不大。这也违背了制度设计的初衷，因为这不是给农民发福利，我们还远远不能建设一个覆盖全国尤其还是农村的福利社会。这些项目和钱是用来发展生产的。正是由于自组织力的不足，农民之间无法建立有效的利益联结机制。没有居于中间的组织接收这笔用于发展农业生产的钱，也就只能人手一点点了。这又造成了“平等的发展”的不当。

统筹城乡发展要落实为一项项具体的措施，这需要地方政府、农村集体因地制宜，需要充足的制度供给和资本供给。只有在不那么贫瘠的社会空间，只有提供充分的制度创新空间，爱乡爱土的农村能人们才能在土地上干出一番大事业。

二、统筹城乡下农业法制的完善

如果说城市化可以通过征地拆迁扩大城市规模的方式以减少农村的数量，工业化可以通过劳动力流动等方式把农民变市民以减少农民的数量，那么农业则是无法根本取代的。“无农不稳”，农业关联整个社会的基本需求。在新形势下，我们要以统筹城乡发展的新思路来看待农业和农村工作，改变以工业和城市为中心的片面发展，坚持对农业“平等的发展”和“倾斜性发展”相结合的科学发展。

统筹城乡所内含的“平等”观念正是现代法治的核心诉求，而法治的一般性、可预期性及其可诉性又符合市场机制下的“发展”诉求。这样看的话，农业法治内在地契合统筹城乡的平等与发展诉求。重视法治，贯彻平等，实现农业大发展也是农业法制建设的内在必然要求。因此，我们应该有效运用农业法制引导、推进和保障农业和农村的发展。

---

① 江西省进贤县张公镇访谈笔录，2010 年 8 月 27 日。

（一）基本思路

通过对农业法制状况的深入把握及相关问题的细致探讨，我们认为，统筹城乡背景下农业法制建设应该明确以下几个思路：

1. 统筹城乡的探索阶段，应该兼顾政策与法律

统筹城乡发展也不是一抓就灵，而是应该依此为契机凝聚新的共识，探索出新的实践。虽然国外农业法制发达国家的经验之一是强调依法治农，淡化政策作用[①]。但是在当前社会转型和农业结构调整的关键时期，我国农业发展具有明显的阶段性特点，这必然使得临时性、政策性的规定占优势。

如何立足这一国情平衡政策与法律的关系？我们必须意识到，习惯于并善于靠政策治理是我党的优良传统，这个传统在我国社会大转型时期具有特别重要的意义。它有利于有效凝聚共识、及时调整政策、强力贯彻执行。但是仅靠政策治理的不足也是我们早已认识到了的。因此，这不是一个政策和法律要哪一个不要哪一个的问题，而是如何平衡两者的问题。改革开放以来的农业法制长期处于一个“既依靠政策调整、又依靠法律调整时期”[②]，这是一个政策与法律交替为用的阶段。党的十六大以来的经验表明，在探索阶段，新的格局还没有完全打开的时候，连续性的政策引导体现了应对社会生活新情况新问题的灵活性和回应性。但是经过一段时间的试错之后，在政策取向日益明朗、政策体系形成的时候，就很有必要及时将政策上升为国家法律、体现为国家意志。而之后新一轮的政策探索，就应该尊重既有法律，因为这时尊重既有法律就是尊重过去行之有效的政策。这就不至于总是推倒重来，而没有一个制度变迁的渐进累积过程。

2. 以农业法制建设推动农业制度创新，促进农业发展

中国农业发展的出路是适度运用市场机制，发展有比较优势的现代农

---

① 王有强、董红：“国外农业立法的启示和借鉴”，《西北农林科技大学学报》（社会科学版），2003 年第 3 卷第 3 期。

② 曹康泰：“关于我国农业法制建设的几个问题”，全国人大常委会法制讲座第二十六讲，2004 年 3 月 2 日。

业，落实农民自主经营权，激励农民创业[①]。在20世纪80年代的法制建设中，我国农业迄今所进行的一系列改革都是在制度特别是作为正式制度的法律供给不足或滞后的情况下推进的。在“摸着石头过河”的改革话语的维护下，各地自发自主的制度创新为农业和农村的改革和发展寻到了出路，使我国农业成为整个改革的排头兵。此时的法制也能够有效地回应这些实践，及时予以法律追认，适时进行立法跟进。这一时期称得上是农业制度创新促进农业法制，农业法制保障农业发展。

因此，在统筹城乡背景下的新一轮农业法制建设中，我们很有必要加强我国农业的法治化，为农业发展提供充分的制度供给。我们既要坚持农业法制建设的有益经验，强调法制建设的回应性；又要摒除单纯的经验主义，突出法律的指引功能。

3. 用“平等”的理念来指导农业法律法规等的清理工作

农业法制建设应该打破农民与市民权利上的不平等，对农业与非农产业的不平等进行适当干预，落实实质平等；基于农业的弱质性，进行一些倾斜性的安排。在政治上尊重农民的民主权力，经济上维护农民的物质利益，保护好、发展好、实现好广大农民的根本利益，充分调动农民的生产积极性，不断解放和发展农村生产力[②]。及时把党的一系列“三农”政策制度化、法律化，确保党的农村政策的长期性和稳定性，确保农民的合法权益得到维护，确保农业发展，确保农村稳定。使党的意志转化为国家意志，实现农业法制进程同农村改革与农业发展的进程相适应。

对此，党的十六大以来已经做了一些工作。比如《中华人民共和国农村土地承包法》（2002年）和《中华人民共和国物权法》（2007年）明确了土地承包经营权和宅基地使用权的用益物权属性，在制度上确立农民自主经营的市场主体地位，确保农民的平等法律地位以及基本财产权利。《中华人民共和国农业法》经2002年的修订，“总则”增加了第七条规定，“国家保护农民和农业生产经营组织的财产及其他合法利益不受侵犯。各级人民政府及其有关部门应当采取措施增加农民收入，切实减轻农

① 参见林毅夫：《再论制度、技术与中国农业发展》，北京大学出版社2000年版。

② 陈晓华：“农业法制　以民为本”，《人民日报》，2003年12月10日。

民负担”。另外，还专门增加了第九章“农民权益保护”。党的十六大以来，通过免除农业税（2005 年 12 月，全国人民代表大会常委会废止了《农业税条例》），全面取消其他专门面向农民的各种税费，发放粮食补贴、农资综合补贴、农机具购置补贴、退耕还林补贴、家电补贴，推广农业小额贷款等一系列惠农政策的落实，农民权益特别是经济权益的状况有了较大改善。

4. 以“平等”观念指导农业法律法规等的制定

农业法制建设亟需适应新形势，将一些行之有效的政策措施上升为法律，进行相应的立、改、废工作，利用新政策提供的制度空间进行相应的法律制度创新。农业法制建设要遵循既有法律传统下法律的自发生长，实现基于权利的公平与基于利益的效率的平衡，落实一种“以权利为基础的发展观”[①]。农业法制尤其要关注弱势群体——农民的权利和法律资源问题，探索最少受惠群体最大限度受益的制度安排。农业法治化是市场经济条件下保护农民利益的重要手段[②]，农业法制尤其要落实对于农民的平等保护，尊重农民的利益诉求。

5. 推进农业综合执法

农业综合执法体现了现代法治的精神，它尊重农民的权利主体地位，坚持以依法行政方式促进农业发展。这种体现平等与发展精神的执法方式被誉为维护农民权益和保护农业发展的“绿剑”。农业综合执法要进一步整合现有执法资源，形成执法合力，实现执法的经常化、制度化，强化服务性执法。综合执法工作的重点和难点都在县级，要鼓励各地因地制宜地探索实践，创新综合执法的体制机制。

（二）重点领域

2002 年修改的农业法已经初步体现了新政策的内涵，鉴于其农业和

---

① 参见季卫东：“从边缘到中心：二十世纪美国的‘法与社会’研究运动”，载《北大法律评论》第二卷第二辑，法律出版社 2000 年 5 月版；李桂林：“法律与发展运动的新发展”，《法治论丛》2006 年第 5 期。

② 参见韩俊：“依法保障和促进农村改革、发展与稳定”，《中国农村观察》2000 年第 2 期；邹萍：“论农业法制与农民利益”，《福建论坛·经济社会版》2003 年第 6 期。

农村经济方面基本法的地位，且其纲领性和原则性的规定并无大碍，因此近期不宜频繁修正。至于具体涉农事项方面，为回应国家一系列强农惠农的新政策，进行全面而具体的制度安排，应该透过制定相应的农业投入法、农村金融法、农业保险法等支撑农业发展的配套法律法规予以解决。

1. 加紧制定农业投入（资）法

2005年"中央一号"文件提出，"尽快立法，把国家的重大支农政策制度化、规范化"。2007年"中央一号"文件提出，"加快农业投入立法进程"。2008年"中央一号"文件再次强调，"加快农业投入立法"。2008年10月召开的党的十七届三中全会作出的《中共中央关于推进农村改革发展若干重大问题的决定》，把"完善农业支持保护制度"作为近期农村六项基本制度建设之一[①]。党的十六大以来从中央到地方一系列政策文件都要求财政支出优先支持农业发展，并作出了如"各级财政对农业的投入增长幅度都要高于财政经常性收入增长幅度"等硬性规定，其核心就是要使得财政投入起到带动引领作用，推动全社会的资源要素向农村流动，建立政府主导的多元化农业投入机制。因此，将这些政策承诺上升为法律，细化为具体可操作的规范，对于贯彻落实中央要求，推进农业和农村工作全国一盘棋的发展，具有特别突出的意义。

2. 及时制定农业保险法（或条例）

农业保险容易陷入"三高"（高风险、高成本、高赔付）、"两低"（农户投保的积极性低、保险机构利润低）的困境，又容易产生逆向选择问题，商业保险难以进入，而且我国的投保主体（农民）收入又偏低。因此，必须有政府的大幅度补贴介入。鉴于农业保险的特殊性，相应地需要一套特殊的保险法律制度安排，而现有《中华人民共和国保险法》明显不能有效涵盖。近年来农业灾害气候尤其是严重灾害气候频发，农业生产风险加剧，农民亟需相关保障。农业保险条例列入国务院2008年立法工作计划，中国保险监督管理委员会与农业部、财政部共同起草的《政策性农业保险条例草案》，目前仍在论证和修改阶段。

各地方政府出于不得不解决农业灾害造成的受损农户的问题，也进行

---

① 郑新立："以六项制度建设推动农村发展"，《中国政协》2008年第10期。

了一些有益的探索，比如通过调研，我们发现在浙江奉化实行政府与保险公司按比例分摊风险的模式。为弥补保险公司开展农业保险的亏损，奉化市采取“以险养险”的方式，即政府财产的房屋财产保险、公用设施保险、车辆保险等均交给该保险公司。但是这种模式依然无法摆脱赔偿标准太低、理赔标准不统一等农业保险的老大难问题。[①] 奉化的经验还是在利用保险市场，但还有一些地方政府甚至自己直接经营农业保险，这就将风险完全转嫁给了政府，没有有效利用保险市场提供风险转移机制。这些探索表明，在现有法律框架下地方实践的制度创新空间有限，国家应该及时制定农业保险法（或条例），为地方进一步地制度创新提供新的制度空间。

3. 加强农村金融方面的法制建设

当前，从中央到地方在如何有效运用财政和税收政策的杠杆作用，引导金融资本流向农村，改善农村金融服务，健全农村金融组织体系，推进农村金融组织创新等方面已经开始进行了有益的探索，也制定了一系列的政策性法律文件。为了增加农村金融的供给，农村金融市场准入门槛放宽放低，鼓励发展多种形式的地区性中小银行，以及小额信贷组织、村镇银行、贷款子公司、农村资金互助社等新型农村金融机构，并且允许有条件的农民专业合作社开展信用合作。这一系列的新尝试也增加了农业金融的风险及监管难度，因此有必要针对农村金融的特殊性，在坚持为“三农”服务，坚持政策扶持，坚持适度竞争的原则下，为农村金融的各个环节、各个方面做好制度安排，实现农村金融法治化。

总之，农业法制建设应该尽快跟上统筹城乡发展这一重大战略转变，以平等与发展的原则贯穿始终，维护农民权利，促进农业发展，及时调整不适应新形势的旧规范和旧做法，适时总结契合新形势的新制度和新实践，推动我们农业和农村工作的全面发展。

① 浙江省奉化市农林局访谈记录，2010 年 7 月 19 日。